国家出版基金项目
NATIONAL PUBLICATION FOUNDATION

欧亚历史文化文库

总策划 张余胜

兰州大学出版社

阿富汗北部的巴克特里亚文献

上册

丛书主编 余太山

〔英〕尼古拉斯·辛姆斯-威廉姆斯 著

李鸣飞 李艳玲 译

图书在版编目（CIP）数据

阿富汗北部的巴克特里亚文献 /（英）威廉姆斯著；李鸣飞，李艳玲译. -- 兰州：兰州大学出版社，2014.12

（欧亚历史文化文库 / 余太山主编）

ISBN 978-7-311-04664-4

Ⅰ. ①阿… Ⅱ. ①威… ②李… ③李… Ⅲ. ①古文献学—研究—阿富汗 Ⅳ. ①G256.1

中国版本图书馆CIP数据核字(2014)第301852号

策划编辑　施援平
责任编辑　施援平　李江霖
装帧设计　张友乾

书　　名	阿富汗北部的巴克特里亚文献(上册)
主　　编	余太山
作　　者	〔英〕尼古拉斯·辛姆斯-威廉姆斯　著 李鸣飞　李艳玲　译
出版发行	兰州大学出版社　(地址:兰州市天水南路222号　730000)
电　　话	0931-8912613(总编办公室)　0931-8617156(营销中心) 0931-8914298(读者服务部)
网　　址	http://www.onbook.com.cn
电子信箱	press@lzu.edu.cn
网上销售	http://lzup.taobao.com
印　　刷	兰州人民印刷厂
开　　本	700 mm×1000 mm　1/16
总 印 张	51(插页8)
总 字 数	687千
版　　次	2014年12月第1版
印　　次	2014年12月第1次印刷
书　　号	ISBN 978-7-311-04664-4
定　　价	170.00元(上、下册)

图版1：文书A，婚书。

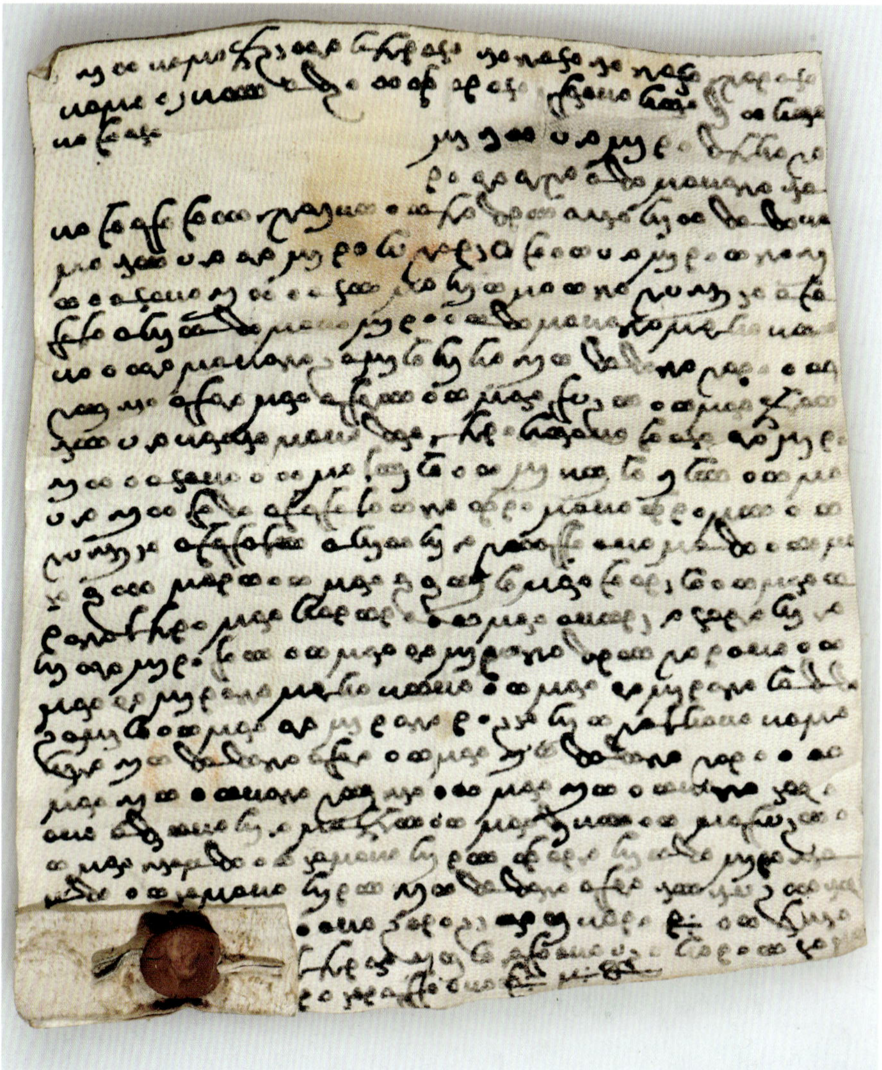

图版2：文书Y，公开信形式的官方文件，免除Bek之子Mir对他的兄弟Bab的义务。

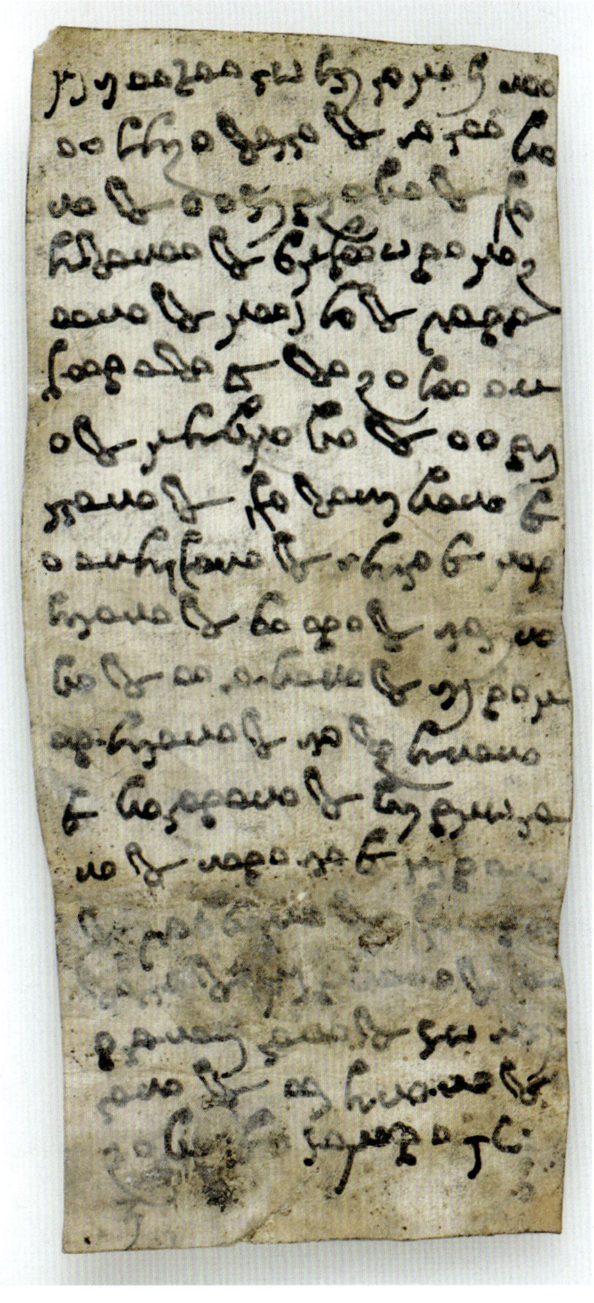

图版3a：文书ag，Golg村生产的一批葡萄酒清单。

图版3b：文书za，佛教文书。

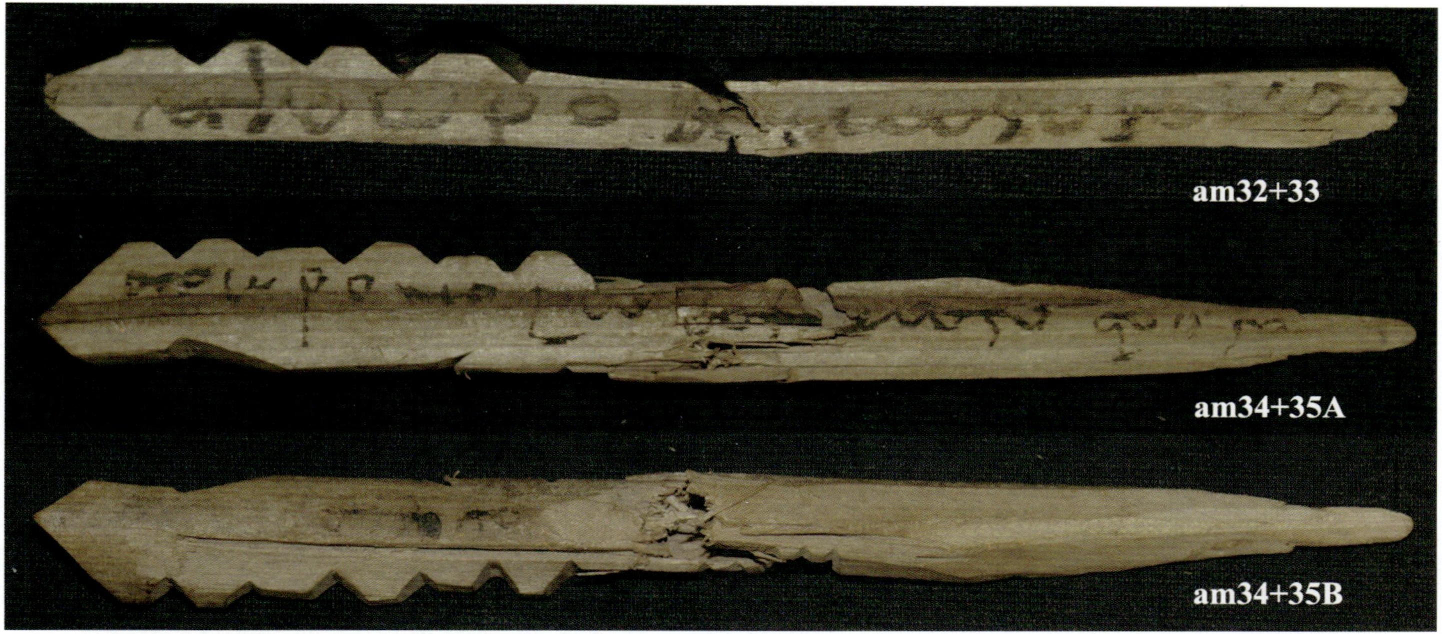

图版4a：文书am32+33和am34+35，木符。

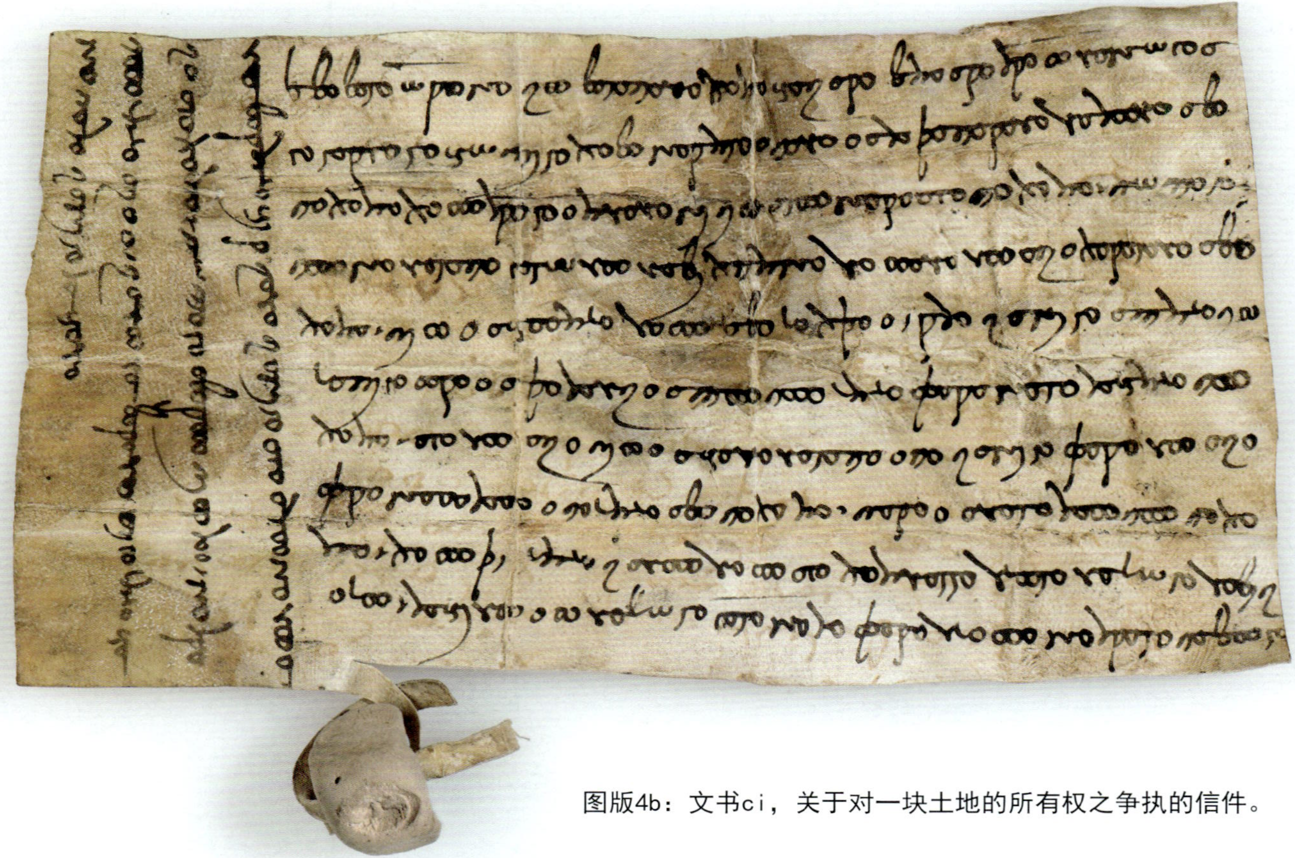

图版4b：文书ci，关于对一块土地的所有权之争执的信件。

出版说明

随着20世纪以来联系地、整体地看待世界和事物的系统科学理念的深入人心，人文社会学科也出现了整合的趋势，熔东北亚、北亚、中亚和中、东欧历史文化研究于一炉的内陆欧亚学于是应运而生。时至今日，内陆欧亚学研究取得的成果已成为人类不可多得的宝贵财富。

当下，日益高涨的全球化和区域化呼声，既要求世界范围内的广泛合作，也强调区域内的协调发展。我国作为内陆欧亚的大国之一，加之20世纪末欧亚大陆桥再度开通，深入开展内陆欧亚历史文化的研究已是责无旁贷；而为改革开放的深入和中国特色社会主义建设创造有利周边环境的需要，亦使得内陆欧亚历史文化研究的现实意义更为突出和迫切。因此，将针对古代活动于内陆欧亚这一广泛区域的诸民族的历史文化研究成果呈现给广大的读者，不仅是实现当今该地区各国共赢的历史基础，也是这一地区各族人民共同进步与发展的需求。

甘肃作为古代西北丝绸之路的必经之地与重要组

成部分，历史上曾经是草原文明与农耕文明交汇的锋面，是多民族历史文化交融的历史舞台，世界几大文明（希腊—罗马文明、阿拉伯—波斯文明、印度文明和中华文明）在此交汇、碰撞，域内多民族文化在此融合。同时，甘肃也是现代欧亚大陆桥的必经之地与重要组成部分，是现代内陆欧亚商贸流通、文化交流的主要通道。

基于上述考虑，甘肃省新闻出版局将这套《欧亚历史文化文库》确定为2009—2012年重点出版项目，依此展开甘版图书的品牌建设，确实是既有眼光，亦有气魄的。

丛书主编余太山先生出于对自己耕耘了大半辈子的学科的热爱与执著，联络、组织这个领域国内外的知名专家和学者，把他们的研究成果呈现给了各位读者，其兢兢业业、如临如履的工作态度，令人感动。谨在此表示我们的谢意。

出版《欧亚历史文化文库》这样一套书，对于我们这样一个立足学术与教育出版的出版社来说，既是机遇，也是挑战。我们本着重点图书重点做的原则，严格于每一个环节和过程，力争不负作者、对得起读者。

我们更希望通过这套丛书的出版，使我们的学术出版在这个领域里与学界的发展相偕相伴，这是我们的理想，是我们的不懈追求。当然，我们最根本的目的，是向读者提交一份出色的答卷。

我们期待着读者的回声。

总序

本文库所称“欧亚”(Eurasia)是指内陆欧亚，这是一个地理概念。其范围大致东起黑龙江、松花江流域，西抵多瑙河、伏尔加河流域，具体而言除中欧和东欧外，主要包括我国东三省、内蒙古自治区、新疆维吾尔自治区，以及蒙古高原、西伯利亚、哈萨克斯坦、乌兹别克斯坦、吉尔吉斯斯坦、土库曼斯坦、塔吉克斯坦、阿富汗斯坦、巴基斯坦和西北印度。其核心地带即所谓欧亚草原(Eurasian Steppes)。

内陆欧亚历史文化研究的对象主要是历史上活动于欧亚草原及其周邻地区(我国甘肃、宁夏、青海、西藏，以及小亚、伊朗、阿拉伯、印度、日本、朝鲜乃至西欧、北非等地)的诸民族本身，及其与世界其他地区在经济、政治、文化各方面的交流和交涉。由于内陆欧亚自然地理环境的特殊性，其历史文化呈现出鲜明的特色。

内陆欧亚历史文化研究是世界历史文化研究中不可或缺的组成部分，东亚、西亚、南亚以及欧洲、美洲历史文化上的许多疑难问题，都必须通过加强内陆欧亚历史文化的研究，特别是将内陆欧亚历史文化视做一个整体加以研究，才能获得确解。

中国作为内陆欧亚的大国，其历史进程从一开始就和内陆欧亚有千丝万缕的联系。我们只要注意到历代王朝的创建者中有一半以上有内陆欧亚渊源就不难理解这一点了。可以说，今后中国史研究要有大的突破，在很大程度上有待于内陆欧亚史研究的进展。

古代内陆欧亚对于古代中外关系史的发展具有不同寻常的意义。古代中国与位于它东北、西北和北方，乃至西北次大陆的国家和地区的关系，无疑是古代中外关系史最主要的篇章，而只有通过研究内陆欧亚史，才能真正把握之。

内陆欧亚历史文化研究既饶有学术趣味，也是加深睦邻关系，为改革开放和建设有中国特色的社会主义创造有利周边环境的需要，因而亦具有重要的现实政治意义。由此可见，我国深入开展内陆欧亚历史文化的研究责无旁贷。

为了联合全国内陆欧亚学的研究力量，更好地建设和发展内陆欧亚学这一新学科，繁荣社会主义文化，适应打造学术精品的战略要求，在深思熟虑和广泛征求意见后，我们决定编辑出版这套《欧亚历史文化文库》。

本文库所收大别为三类：一，研究专著；二，译著；三，知识性丛书。其中，研究专著旨在收辑有关诸课题的各种研究成果；译著旨在介绍国外学术界高质量的研究专著；知识性丛书收辑有关的通俗读物。不言而喻，这三类著作对于一个学科的发展都是不可或缺的。

构建和发展中国的内陆欧亚学，任重道远。衷心希望全国各族学者共同努力，一起推进内陆欧亚研究的发展。愿本文库有蓬勃的生命力，拥有越来越多的作者和读者。

最后，甘肃省新闻出版局支持这一文库编辑出版，确实需要眼光和魄力，特此致敬、致谢。

余太山

2010年6月30日

目录

上册

下册

译 序

虽然翻译了这本关于巴克特里亚文的语言和语法书，但作为译者的我之前却完全没有接触过这种语言，不知道在这类书籍的翻译中是否绝无仅有，因此特别惶恐，特别担心，总觉得既对不起原作者，也对不起中译本的读者。

尼古拉斯·辛姆斯-威廉姆斯（Nicholas Sims-Williams）教授是伦敦大学亚非学院的教授，也曾多次来国内交流和演讲。我请他介绍自己时，他这样写道："在剑桥学习了古代和中古伊朗语言以及其他的相关知识后，我就差不多一直任职于伦敦大学的亚非学院（SOAS）了。我在那教 7 种伊朗语，包括阿维斯陀语、古代波斯语、中古波斯语、帕提亚语、巴克特里亚语、粟特语和于阗语，有时候还教点古代叙利亚语。虽然关于这些语言我差不多全都发表过成果，不过我的个人兴趣还是主要集中在伊朗东部和中亚的中古波斯语方面——关于这些语言本身、关于其印欧语源及在中亚的地位，还有特别有趣的语言、文化、宗教大融合，对这些我都很感兴趣。我出版过的书主要涉及巴基斯坦北部的粟特语铭文、中国新疆的粟特语和古突厥语混合文献、阿富汗北部的巴克特里亚语文献以及柏林吐鲁番博物馆的基督教粟特语及新波斯语手稿等。"

虽然他本人不屑于提及，但我觉得还是有必要写出：尼古拉斯·辛姆斯-威廉姆斯教授曾在 1988 年当选英国学术院院士，2002 年起任"伊朗金石碑铭丛刊学会"会长，2012 年新增选为欧洲人文和自然科学院院士；1997 年获"平山郁夫丝绸之路研究奖"，2009 年获伊朗"年度图书奖"。你会不会觉得一个人能够教授（说明他精通）8 种古代语言简直要逼死我们这些庸碌之辈呢，但除了长串的出版物和所获奖项外，他的简历中还包括三部音乐作品、一部小夜曲、一部变奏曲和一部纪念作品。

这位可敬的教授曾于1997年发表过一篇他出任亚非学院教授时的就职演说，其中介绍了巴克特里亚文研究的背景和发展史，以及巴克特里亚文书对于研究阿富汗和中亚历史、语言、宗教、文化的重要意义。对于译者的我而言，这篇演讲的内容既有趣又有用，相当程度上解决了我对这项研究一无所知的尴尬状况，因此在征得作者同意后，我把演讲全文翻译出来，放在了本书的附录中，既为了我个人的学习，也为了弥补我无知无畏前来翻译这本著作的愧疚。译完这篇演讲我才知道，巴克特里亚语文书是这样重要而又有趣的史料。

竟然有译者是先翻译了全书，然后才开始了解这本书所涉及领域的粗略背景，会不会颇有些读者感叹“也是醉了”呢？说起翻译此书的缘起，还是一个充满了偶然和必然性的故事。2010年秋，德国柏林科学院吐鲁番学研究中心主任杜尔金（Desmond Durkin-Meisterernst）教授应邀来中央民族大学讲授粟特文、吐火罗文。有一次下课后，他到好友、中国社会科学院历史研究所吴玉贵研究员家中做客，同行的还有旁听杜尔金授课的中国社会科学院历史研究所李锦绣研究员和中央民族大学张铁山教授。饭后海阔天空之时，李锦绣提出要借吴玉贵的《阿富汗北部的巴克特里亚文献》（Bactrian Documents from Northern Afghanistan，也就是我们翻译的这部书），因为这部书在国内很少，吴玉贵手边的是德国朋友帮他买的。当李锦绣抱着沉甸甸的两本书爱不释手地翻阅时，杜尔金说如果大家对巴克特里亚语感兴趣，他可以在民大再开一门这种语言的课。大家自然求之不得。于是张铁山负责在民大联系教室，杜尔金回去备课。“十一”长假过后，巴克特里亚语课正式开班了！授课时间定在周一晚上7点到9点，中央民族大学的耿世民先生、张铁山及其的学生李刚、李雪，以及中国社会科学院历史研究所中外关系史研究室的李锦绣、聂静洁、李艳玲博士都来听课。秋雨绵绵的夜晚，80多岁的老先生和20多岁的学生一起在杜尔金的带领下专心致志地研读这种死语言，这是一幅多么温暖感人的画面！李锦绣说翻译这部书，从某种程度上就是要将这个画面定格，并以之纪念已故的耿世民先生和为在中国传播粟特文、吐火罗文和巴克特里亚文做出重大贡献的杜尔金先生。

由于目前既无巴克特里亚语的教材也没有专门词典，这部书成为研读此种语言的唯一资料。在学习过程中，大家越来越意识到这部书的重要，遂萌生了将之翻译成汉语的愿望。李锦绣与杜尔金谈了这一想法，并请他帮助联系本书的作者辛姆斯-威廉姆斯，希望得到辛姆斯-威廉姆斯的惠允。杜尔金慨然相助，辛姆斯-威廉姆斯也很快回信，同意翻译，并应允联系版权。在辛姆斯-威廉姆斯的帮助下，这批珍贵文献的拥有者哈利利（Khalili）教授同意授权。此书的版权事宜终于尘埃落定！由于巴克特里亚文排版困难，余太山先生决定将这部译著列入其主编的"欧亚历史文化文库"，负责"欧亚文库"的兰州大学出版社施援平女士不畏艰难，毅然接受。此书的出版也水到渠成了。

版权和出版落实之后，翻译的重任就落在李艳玲肩上。杜尔金授课时间很短，11 月初就离京回国了。李艳玲在独立探寻摸索中艰难前行。在翻译过程中，李艳玲突然喜得贵子，于是把未完成的工作交给了虽然没有参加课程，却同在中外关系史研究室的作为同事的我。我就是那样一头雾水地接下了这件工作。具体说来，序言、缩略表、译文第一部分"署明日期的文书"中 **A-J** 和词汇表为李艳玲翻译；目录，译文的其余部分，正字法和语法注释，单词表部分为我所翻译。后来辛姆斯-威廉姆斯先生为了这部中译本专门撰写了新的序言（在原序基础上做了一些增补），因此我用新译的序言替代了原序。此外，我对李艳玲博士翻译的部分做了非常少量的订正。

需要说明的是，在文书翻译的过程中，为了尽可能保证原来文书各行的内容仍在一行之中，所以在汉语行文可以理解的情况下尽量直译，保留文书原貌。英文第二人称单复数不分，在翻译时根据上下文译为"你"或"你们"，但有时英文原文在人称后标注单复数，也全部保留。数字方面，原文为英文者译为汉字，原文为阿拉伯数字者译为阿拉伯数字。涉及语法的部分，有时候汉语无法表现出英文所谓"不定式""助动词""分词"等结构，在汉译后也保留英文原文。地名和人名绝大部分保持原状，只有一少部分非常常见的地名译为中文。

如此懵懂地译出了这样重要的一本书，我感到异常不安。理论上讲，我应该先学习这门语言，然后学习相关的语言，才能够完全弄懂书中涉及的各种语法现象和词源、单词亲属关系等内容。但实际上现在除了个别涉及现代波斯语的内容外，其他部分我全都一头雾水，只能按照英文的字面意思翻译，与其说是翻译的成果，不如说是阶段性学习的结果。国内研究伊朗和中亚古代语言的学者大多精通英文，这位译者又恰巧不属于前面提到的这批人中之一，那么此书的出版是否还有必要呢？与已经出版的英文本相比，辛姆斯-威廉姆斯先生提供给我们的是最新修订版，加入了最新的文书和他对已出版的书所做的最新修订，所以个别部分会和英文原书不同，能够把这些英文本中没有的内容首先提供给我们的学者利用，成了鼓励我将其译完、尽快出版的重要动机。即使如此，语法书籍在中译之后多少感觉不如原文贴切，因为毕竟汉语不属于印欧语系，有些印欧语系的语法现象在汉语中并不存在。这也是无法解决的遗憾了。希望这本中译本能够给中国的学者学习和利用巴克特里亚语文书带来方便，也希望读者能够对我这个外行译者提出严厉的批评和指正。

李鸣飞

2014 年 10 月 8 日

1 序言

以草书形式书写在皮革、羊皮纸、织物、桦树皮或木简上面的巴克特里亚语文书达 150 多份，这是近年来最为惊人的发现之一。我们意欲尽可能完整地出版目前收集的文本。

这本中文本的巴克特里亚语文书在多个方面与英文本不同。英文本共有三卷，第一卷(*Bactrian documents from Northern Afghanistan*, I, Oxford, 2000 [2001] = *BD*1_1)包括编写时已知的所有法律和经济文书；之后出现的文书则发表在一系列文章中，最后编入了第一卷的修订版(London, 2012 = *BD*1_2)。第二卷(*Bactrian documents from Northern Afghanistan*, II, London, 2007 = *BD*2)包括书信和佛教文书，还有两件残片，由于破损严重无法确定其内容的性质。最后，完整的目录和图片都收入了第三卷(*Bactrian documents from Northern Afghanistan*, III: *Plates*, London, 2012 = *BD*3)。

现在呈现在读者面前的中文本包括了所有 *BD*1 和 *BD*2 中收录的文书，还包括重写本信件 **bi**（首次发表于 *BD*3，21 n. 6）和信件残片 jj 以及佛教桦树皮文书 **zd**（均见于 Sims-Williams 2010）。此外，虽然并不是文书，但我仍收入了佛教文本 Tang-i Safedak 铭文(**TiS**, 发表于 Lee–Sims-Williams 2003)。为了介绍巴克特里亚语文书的历史和语言学意义，这个版本中还收入了一篇我的演讲的中译文《重现古阿富汗：巴克特里亚文的解读》（见本书附录）。该演讲最初发表在一本亚非学院出版的小册子里（London, 1997）；这里翻译的版本是修订本，原文收入 V. Hansen (ed.), *The Silk Road: Key papers*, I: *The Pre-Islamic Period*, Vol. 1, Leiden, 2012, 95-114。本书还包括几张精选的各种类型的文书图片，不过限于篇幅，无法全部收入 *BD*3 中的所有文书照片（共 230 张图片）。

几年前，我们的巴克特里亚语文集仅限于苏尔赫·科塔勒（Surkh Kotal）铭文及钱币和印章上的简短文字——其他所有文本几乎无法辨认或不可理解（或两者皆具）。因而，识读和释译新文书的任务是一项巨大而又令人振奋的挑战。正如我在 *BD*1_1 的序言中所说，我不敢幻想自己已解决所有问题，但我尽量少用星号和问号。因为我觉得对任何一处不确定的地方，这些符号除了影响美观外，不能提供任何客观信息。我对文本的释译主要基于语法和表音法分析，以及不同文书中类似段落的比较。只要可能，我就提供词源（不包括人名，关于人名词源的讨论见 Sims-Williams 2010a），但通常是根据上下文确定词源，而不是相反。我一般尽可能逐字翻译，以方便查阅巴克特里亚语原文。理论上，应该添加注释，比较巴克特里亚语文书和与之相似的文书，包括源自更早期的文化（巴比伦、亚美尼亚、希腊等等）及邻近国家文化（中古波斯、帕提亚、粟特、于阗、回鹘突厥、西藏等等）的文书。但这样做会大大延迟出版，而我迫切与学界同仁分享该材料。我期待各位能确定我的释译，至少大体上足够可信，使该书有益于将来的研究。诸多舛讹无疑有待发现，需要修正，期盼各位批评、指正。

我注意到了下列对 *BD*1 的评论和介绍：G. D. Davary, *Orientalische Literaturzeitung*, CI，2006，专栏文章 714-16;J. Elfenbein, *JRAS* , N.S. , XII/2 , 2002, pp. 215-218；F. Grenet , *CRAI* , 2002 [2004] , pp. 205-208;R. Gyselen , *StIr* , XXXIII/2, 2004, pp. 312-314 ; H. Humbach , *BSOAS* , LXV/2 , 2002 , pp. 415-418 , P. O. Skjærvø , *Journal of the American Oriental Society* , CXXV/2 , 2005 [2006] , pp. 311-316;X. Tremblay , *Indo-Iranian Journal* , XLVI , 2003 , pp. 119-133 ; É. de la Vaissière , *Abstracta Iranica* , XXIII , 2000 [2002] , p. 15 ; D. Weber , *Kratylos* , 49 , 2004 , pp. 193-195；以及 Y. Yoshida , *BAI* , XIV , 2000 [2003] , pp. 154-159。还有最新发表的一篇有关 *BD*2 的评论：D. Weber , *Kratylos* , 55 , 2010 , pp. 228-231。非常感谢各位评论者的意见，我在书中合适的位置编入或提到了这些意见。我也想对 François de Blois 与 Johnny Cheung 表示感谢，他们和我释读了刊布在 *BD*2 中的所有文本。书中有

些部分要归功他们，我都以“FdB”和“JC”开头来表示，但他们对我的帮助远胜于此。另外，感谢 Almut Hintze、Mahmoud Jaafari-Dehaghi、Judith Lerner、已故的 Boris Marshak、Shaul Shaked、Ursula Sims-Williams、Prods Oktor Skjærvø、Ilya Yakubovich，尤其感谢吉田丰（Yutaka Yoshida）各种有益的意见。感谢已故的格施威彻（Ilya Gershevitch）同意我参考摩尼教巴克特里亚语残片；感谢哈利利博物馆（Khalili collection）馆长和主任 Nahla Nassar 为我在博物馆提供便利。同时，十分高兴能够借此机会感谢人文艺术研究会（Arts and Humanities Research Council），英国科学院（British Academy），伊朗语科库文集基金（Corpus Inscriptionum Iranicarum），莱弗休姆信托基金会（Leverhulme Trust）、伦敦亚非学院及国际学术联盟（Union Académique Internationale）对我致力于巴克特里亚语文书研究给予的各方面财政支持。我再一次理所当然地要感谢这些文书所有者和管理人员慨然应允我进行研究和出版。另外，还要感谢那些甘愿默默无闻的人，Muhammad Riaz Babar、已故的 General N. K. Babar、已故的 Professor Ikuo Hirayama 等先生，Isao Kurita 先生、Aman ur Rahman 先生、Lawrence J. Schoenberg 先生、Martin Schøyen 先生，尤其感谢 Nasser D. Khalili 教授。

最后，我要对本书的译者李鸣飞和李艳玲女士和促成翻译此书的李锦绣先生和本书的编辑李江霖女士表示衷心感谢，她们把这么复杂的一本书译成中文，不论是作者还是读者都应向她们致敬。

尼古拉斯·辛姆斯-威廉姆斯

剑桥，2014 年 9 月

2 参考书目（后附缩略表）

Adams, D. Q., 1998. "On the history and significance of some Tocharian B agricultural terms", *The Bronze Age and Early Iron Age peoples of Eastern Central Asia* (ed. V. H. Mair), I, Washington, D.C., pp. 372-378.

Aman ur Rahman, Grenet, F., & Sims-Williams, N., 2006. "A Hunnish Kushan-shah", *Journal of Inner Asian Art and Archaeology*, 1, pp. 125-131.

Andreas, F. C., & Barr, K., 1933. "Bruchstücke einer Pehlevi-Übersetzung der Psalmen", *SPAW*, 1933, N° 1.

— & Henning, W. B., 1933. "Mitteliranische Manichaica aus Chinesisch-Turkestan II", *SPAW*, 1933, N° 7.

Bailey, H. W., 1937. "Ttaugara", *BSOS*, VIII/4, pp. 883-921.

— 1946. "Gāndhārī", *BSOAS*, XI/4, pp. 764-797.

— 1971. *Zoroastrian problems in the ninth-century books*, Revised edition, Oxford.

— 1979. *Dictionary of Khotan Saka*, Cambridge.

Bartholomae, C., 1917. "Zur Kenntnis der mitteliranischen Mundarten II", *Sitzungsberichte der Heidelberger Akademie der Wissenschaften, Phil.-hist. Kl.*, 1917, N° 11.

Benveniste, E., 1946. *Vessantara Jātaka*, Paris.

— 1959. *Études sur la langue ossète*, Paris.

— 1964. "Éléments parthes en arménien", *Revue des Études Arméniennes*, N.S., I, pp. 1-39.

— 1979. *Études sogdiennes*, Wiesbaden.

de Blois, F., 2008. "Du nouveau sur la chronologie bactrienne post-hellénistique: l'ère de 223/224 ap. J.-C.", *CRAI*, 2006 [2008], pp. 991-997.

Boyce, M., 1954. *The Manichaean hymn-cycles in Parthian*. London.

— 1960. *A catalogue of the Iranian manuscripts in Manichean script in the German Turfan Collection*, Berlin.

— 1975. *A reader in Manichaean Middle Persian and Parthian* (Acta Iranica, IX), Tehran—Liège.

— 1977. *A word-list of Manichaean Middle Persian and Parthian* (Acta Iranica, IXa), Tehran—Liège.

Burrow, T., 1934, 1935. "Iranian words in the Kharoṣṭhi documents from Chinese Turkestan—[I], II", *BSOS*, VII/3, pp. 509-516; VII/4, pp. 779-790.

— 1937. *The language of the Kharoṣṭhi documents from Chinese Turkestan*, Cambridge.

Chavannes, E., 1903. *Documents sur les Tou-kiue (Turcs) occidentaux* (Sbornik trudov Orkhonskoj èkspedicii, VI), St Petersburg.

Clauson, G. L. M., 1972. *An etymological dictionary of pre-thirteenth- century Turkish*, Oxford.

Colditz, I., 1987. "Bruchstücke manichäisch-parthischer Parabel-sammlungen", *AoF*, XIV, pp. 274-313.

Davary, G. D., 1982. *Baktrisch: ein Wörterbuch auf Grund der Inschriften, Handschriften, Münzen und Siegelsteine*, Heidelberg.

— & Humbach, H., 1976. "Die baktrische Inschrift IDN 1 von Dasht-e Nāwūr (Afghanistan)", *Abhandlungen der Geistes- und Sozialwissenschaftlichen Klasse der Akademie der Wissenschaften und der Literatur, Mainz*, 1976, N° 1, Wiesbaden.

Degener, A., 1989. *Khotanische Suffixe* (Alt- und Neu-Indische Studien, XXXIX), Stuttgart.

Diakonoff, I. M., & Livshits, V. A., 1977-2001. *Parthian economic documents from Nisa*, Texts I, London.

Durkin-Meisterernst, D., 2004. *Dictionary of Manichaean Middle Persian and Parthian* (Dictionary of Manichaean Texts, III/1), Turnhout.

Edgerton, F., 1953. *Buddhist Hybrid Sanskrit Grammar and Dictionary, II: Dictionary*, New Haven.

Elfenbein, J., 2002. Review of *BD*1, *JRAS*, XII/2, 2002, pp. 215-218.

Emmerick, R. E., 1968. *Saka grammatical studies*, London.

— 1969. "Notes on *The book of Zambasta*", *JRAS*, 1969, pp. 59-74.

— 1981. "Khotanese *bihīya* again", *BSOAS*, XLIV/3, pp. 445-452.

— 1991. "Khotanese ma 'not'", *Proceedings of the First European Conference of Iranian Studies held in Turin, September 7th—11th, 1987 by the Societas Iranologica Europaea* (ed. Gh. Gnoli & A. Panaino), I, Rome 1990 [1991], pp. 95-113.

— & Skjærvø, P. O., 1982, 1997. *Studies in the vocabulary of Khotanese*, I, III, Vienna.

Gershevitch, I., 1954. *A grammar of Manichean Sogdian*, Oxford (= GMS).

— 1959. *The Avestan hymn to Mithra*, Cambridge.

— 1962. "The Sogdian word for 'advice', and some Muγ documents", *Central Asiatic Journal*, VII, pp. 77-95.

— 1975. "Sogdians on a frogplain", *Mélanges linguistiques offerts à Emile Benveniste*, Paris, pp. 195-211.

— 1980. "Nokonzok's well", *Afghan Studies*, II, 1979 [1980], pp. 55-73.

— 1983. "The Bactrian fragment in Manichean script", *Acta Antiqua Academiae Scientiarum Hungaricae*, XXVIII, 1980 [1983], pp. 273-280.

— 1985. *Philologia Iranica*, Wiesbaden.

Gharib, B., 1975. "Old Iranian roots *gauz-* and *gauz-* in Sogdian",

Monumentum H. S. Nyberg, I (Acta Iranica, IV), Tehran—Liège, pp. 247-256.

Ghilain, A., 1939. *Essai sur la langue parthe*, Louvain.

Gignoux, P., 1979. "Pour une origine iranienne du bi'smillah", *Pad nām i yazdān*, Paris, pp. 159-163.

Göbl, R., 1967. *Dokumente zur Geschichte der iranischen Hunnen in Baktrien und Indien*, 4 vols., Wiesbaden.

Grenet, F., 1984. "Notes sur le panthéon iranien des Kouchans", *StIr*, XIII/2, pp. 253-262.

— 2002. "Regional interaction in Central Asia and Northwest India in the Kidarite and Hephthalite periods", *Indo-Iranian Languages and Peoples* (Proceedings of the British Academy, CXVI), Oxford, pp. 203-224.

—, Sims-Williams, N., & de la Vaissière, É., 2001. "The Sogdian Ancient Letter V", *BAI*, XII, 1998 [2001], pp. 91-104.

Gulácsi, Z., 2001. *Manichaean art in Berlin collections*, Turnhout.

Gyselen, R., 2002. *Nouveaux matériaux pour la géographie historique de l'empire sassanide: Sceaux administratifs de la collection Ahmad Saeedi*, Paris.

— 2004. Review of *BD*1, *StIr*, XXXIII/2, pp. 312-314.

Hamilton, J. R., 1955. *Les ouïghours à l'époque des Cinq Dynasties d'après les documents chinois*, Paris.

Harmatta, J., 1953. "Three Iranian words for 'bread'", *Acta Orientalia Academiae Scientiarum Hungaricae*, III, pp. 245-81.

Henning, W. B., 1935. "Arabisch *ḫarāğ*", *Orientalia*, IV, pp. 291-293.

— 1937. "Ein manichäisches Bet-und Beichtbuch", *APAW*, 1936, N° 10.

— 1938. "Argi and the 'Tokharians'", *BSOS*, IX/3, pp. 545-571.

— 1939. "Sogdian loan-words in New Persian", *BSOS*, X/1, pp. 93-106.

— 1940. *Sogdica*, London.

— 1944. "The murder of the Magi", *JRAS*, 1944, pp. 133-144.

— 1945. "Bráhman", *TPS*, 1944 [1945], pp. 108-118.

— 1945a. "Sogdian tales", *BSOAS*, XI/3, pp. 465-487.

— 1946. "The Sogdian texts of Paris", *BSOAS*, XI/4, pp. 713-740.

— 1946a. "Two Central Asian words", *TPS*, 1945 [1946], pp. 150-162.

— 1948. "A Sogdian fragment of the Manichaean cosmogony", *BSOAS*, XII/2, pp. 306-318.

— 1955. "The structure of the Khwarezmian verb", *Asia Major*, N.S., V/1, pp. 43-49.

— 1957. "The inscriptions of Tang-i Azao", *BSOAS*, XX, pp. 335-342.

— 1958. "Mitteliranisch", *Handbuch der Orientalistik* (ed. B. Spuler), I/IV/1, Leiden—Cologne, pp. 20-130.

— 1960. "The Bactrian inscription", *BSOAS*, XXIII, pp. 47-55.

— 1962. "Persian poetical manuscripts from the time of Rūdakī", *A locust's leg, Studies in honour of S. H. Taqizadeh* (ed. W. B. Henning & E. Yarshater), London, pp. 89-104.

— 1965. "Surkh-Kotal und Kaniṣka", *ZDMG*, CXV, pp. 75-87.

— 1965a. "A grain of mustard", *Annali dell' Istituto Universitario Orientale di Napoli, Sezione Linguistica*, VI, pp. 29-47.

Herzfeld, E., 1938. *Altpersische Inschriften*, Berlin.

Hinz, W., 1975. *Altiranisches Sprachgut der Nebenüberlieferungen*, Wiesbaden.

Hitch, D. A., 1988. "Penalty clauses in Tumshuqese, Khotanese and the Shanshan Prakrit", *StIr*, XVII/2, pp. 147-152.

Hoffmann, K., 1976. *Aufsätze zur Indoiranistik*, II, Wiesbaden.

Hübschmann, H., 1897. *Armenische Grammatik*, I, Leipzig.

Humbach, H., 1966, 1967. *Baktrische Sprachdenkmäler*, I, II, Wiesbaden.

— 1967a. "Zu den Legenden der hunnischen Münzen, Siegel und Kontermarken", *Münchener Studien zur Sprachwissenschaft*, XXII, pp. 39-56.

— 1985. "Proto-Germanic **arma-* 'poor' and its cognates", *Sprachwissenschaftliche Forschungen: Festschrift für Johann Knobloch* (Innsbrucker Beiträge zur Kulturwissenschaft, XXIII, ed. H. M. Ölberg & G. Schmidt), Innsbruck, pp. 189-193.

— 2002. Review of *BD*1, *BSOAS*, 65/2, pp. 415-418.

Hutter, M., 1992. *Manis kosmogonische Šābuhragān-Texte*, Wiesbaden.

Huyse, P., 1998. "Quelques remarques sur deux mots iraniens", *StIr*, XXVII/1, pp. 31-40.

Isebaert, L., 1991. "Quelques considérations sur les emprunts iraniens en tokharien. Le traitement des diphtongues", *Studia etymologica Indoeuropaea memoriae A. J. van Windekens (1915-1989) dicata* (Orientalia Lovaniensia Analecta, XLV, ed. L. Isebaert), Leuven, pp. 141-150.

JamaspAsa, K. M., & Humbach, H., 1971. *Pursišnīhā: a Zoroastrian catechism*, I, Wiesbaden.

Kruglikova, I. T., 1984. "Bully iz Džiga-tepe", *Drevnjaja Baktrija*, vyp. 3, Moscow, pp. 141-151.

Lazard, G., Grenet, F., & Lamberterie, C. de, 1984. "Notes bactriennes", *StIr*, XIII/2, pp. 199-232.

Lee, J., & Sims-Williams, N., 2003. "The antiquities and inscription of Tang-i Safedak", *SRAA*, IX, pp. 159-184.

Livšic, V. A., 1962. *Juridičeskie dokumenty i pis'ma* (Sogdijskie dokumenty s gory Mug, II), Moscow.

Lüders, H., 1936. "Textilien im alten Turkistan", *APAW*, 1936, N° 3.

MacKenzie, D. N., 1967. "Notes on the transcription of Pahlavi", *BSOAS*, XXX/1, pp. 17-29.

— 1970. *The "Sūtra of the causes and effects of actions" in Sogdian*, London.

— 1972. "The Khwarezmian glossary—V", *BSOAS*, XXXV/1, pp. 56-73.

— 1974. "Finding's keeping", *Mémorial Jean de Menasce* (ed. Ph. Gignoux & A. Tafazzoli), Louvain, pp. 273-280.

— 1976. *The Buddhist Sogdian texts of the British Library* (Acta Iranica, X), Tehran—Liège.

— 1990. *The Khwarezmian element in the Qunyat al-munya*, London.

— 1995. "»I, Mani … «", *Gnosisforschung und Religionsgeschichte*: *Festschrift für Kurt Rudolph zum 65. Geburtstag* (ed. H. Preißler & H. Seiwert), Marburg, 1994 [1995], pp. 183-198.

Macuch, M., 1989. "Ein mittelpersischer *terminus technicus* im syrischen Rechtscodex des Īšō'bōẖt und im sasanidischen Rechtsbuch", *Studia semitica necnon iranica Rudolpho Macuch septuagenario ab amicis et discipulis dedicata*, Wiesbaden, pp. 149-160.

Maricq, A., 1958. "La grande inscription de Kaniṣka et l'étéo-tokharien … ", *Journal Asiatique*, CCXLVI, pp. 345-440.

Mayrhofer, M., 1963. *Kurzgefaßtes etymologisches Wörterbuch des Altindischen*, II, Heidelberg.

— 1996, 2001. *Etymologisches Wörterbuch des Altindoarischen*, II, III, Heidelberg.

Minorsky, V., 1970. *Ḥudūd al-'ālam*, 2nd edition, London.

Morgenstierne, G., 1927. *An etymological vocabulary of Pashto*, Oslo.

— 1938. *Indo-Iranian frontier languages, II: Iranian Pamir languages*, Oslo.

— 1974. *Etymological vocabulary of the Shughni group*, Wiesbaden.

— 2003. *A New Etymological Vocabulary of Pashto*, Wiesbaden.

Morimoto, K., 2003. "Bactrian Buddhist prayer texts discovered in northern Afghanistan" [in Japanese], *The history and Buddhist scholarship of Tōdaiji: Papers from the Great Buddha Symposium No. 1*, Nara, pp. 5-13 (= 206-198).

Moriyasu, T., 2004. *Die Geschichte des uigurischen Manichäismus an der Seidenstraße*, Wiesbaden.

Müller, F. W. K., 1913. "Soghdische Texte I", *APAW*, 1912, N° 2.

Narten, J., 1968. "Ved. *iláyati* und seine Sippe", *Indo-Iranian Journal*, X, pp. 239-250.

Naveh, J., & Shaked, S., 2012. *Aramaic documents from Ancient Bactria*, London.

Nyberg, H. S., 1974. *A manual of Pahlavi*, II, Wiesbaden.

Panaino, A., 2002. "Quelques réflexions sur le calendrier zoroastrien", *Iran: Questions et connaissances*, I (ed. P. Huyse), Paris, pp. 221-232.

Perikhanian, A., 1970. "On some Pahlavi legal terms", *W. B. Henning memorial volume*, London, pp. 349-357.

— 1986-7. "Notes étymologiques", *Revue des Etudes Arméniennes*, N.S., XX, pp. 37-46.

Pulleyblank, E. G., 1962. "The consonantal system of Old Chinese, Part II", *Asia Major*, IX, pp. 206-265.

Reck, C., 2004. *Gesegnet sei dieser Tag* (Berliner Turfantexte, XXII), Turnhout.

— & Sundermann, W., 1997. "Ein illustrierter mittelpersischer manichäischer Omen-text aus Turfan", *Zentralasiatische Studien*, XXVII, pp. 7-23.

Samadi, M., 1986. *Das chwaresmische Verbum*, Wiesbaden.

Schmitt, R., 1985. "Iranica Protobulgarica. Asparuch und Konsorten im Lichte der Iranischen Onomastik", *Linguistique Balkanique*, XXVIII/1, pp. 13-38.

— 2000. *The Old Persian Inscriptions of Naqsh-i Rustam and Persepolis* (Corpus Inscriptionum Iranicarum, Part I, Vol. I, Texts II), London.

Schwartz, M., 1970. "On the vocabulary of the Khwarezmian *Muqaddimatu l-Adab*, as edited by J. Benzing", *ZDMG*, CXX/2, pp. 288-304.

— 1974. "Irano-Tocharica", *Mémorial Jean de Menasce* (ed. Ph. Gignoux & A. Tafazzoli), Louvain, pp. 399-411.

— 1974a. "Sogdian fragments of the *Book of Psalms*", *AoF*, I, pp. 257-261.

— 1975. "Proto-Indo-European √*gem*," *Monumentum H. S. Nyberg*, II (Acta Iranica, V), Tehran—Liège, pp. 195-211.

— 2006. "The Hymn to Haoma in Gathic transformation: Traces of Iranian poetry before Zarathushtra", *The scholarly contribution of Ilya Gershevitch to the development of Iranian studies* (ed. A. Panaino), Milan, pp. 85-106.

Shakeb, M. Z. A., 1990. *A descriptive catalogue of the Batala collection of Mughal documents, 1527-1757 AD*, London.

Sims-Williams, N., 1975. "Notes on Sogdian palaeography", *BSOAS*, XXXVIII, pp. 132-139.

— 1979. "A Parthian sound-change", *BSOAS*, XLII, pp. 133-136.

— 1979a. "On the plural and dual in Sogdian", *BSOAS*, XLII, pp. 337-346.

— 1981. "Notes on Manichaean Middle Persian morphology", *StIr*, X/2, 1981, pp. 165-176.

— 1983. Review of Emmerick—Skjærvø 1982, *BSOAS*, XLVI, pp. 358-359.

— 1983a. "Indian elements in Parthian and Sogdian", *Sprachen des Buddhismus in Zentralasien* (ed. K. Röhrborn & W. Veenker), Wiesbaden, pp. 132-141.

— 1985. *The Christian Sogdian manuscript C2* (Berliner Turfantexte, XII), Berlin.

— 1985a. "A note on Bactrian phonology", *BSOAS*, XLVIII, pp. 111-116.

— 1989. "Sogdian", *Compendium Linguarum Iranicarum* (ed. R. Schmitt), Wiesbaden, pp. 173-192.

— 1989a. "New studies on the verbal system of Old and Middle Iranian", *BSOAS*, LII/2, pp. 255-264.

— 1990. "Persian *bahmān* 'so-and-so': an ancient survival?", *JRAS*, 1990, pp. 10-12.

— 1991. "A Sogdian greeting", *Corolla Iranica: Papers in honour of Prof. Dr. David Neil MacKenzie* (ed. R. E. Emmerick & D. Weber), Frankfurt, pp. 176-187.

— 1992. *Sogdian and other Iranian inscriptions of the Upper Indus*, II (Corpus Inscriptionum Iranicarum, Part II, Vol. III/II/2), London.

— 1992a. "The Sogdian fragments of Leningrad II: Mani at the court of the Shahanshah", *BAI*, IV, 1990 [1992], pp. 281-288.

— 1994. "Bactrian ownership inscriptions", *BAI*, VII, 1993 [1994], pp. 173-179.

— 1994a. "The triple system of deixis in Sogdian", *TPS*, XCII/1, pp. 41-53.

— 1996. "The Sogdian merchants in China and India", *Cina e Iran da Alessandro Magno alla dinastia Tang* (Orientalia Venetiana, V, ed. A. Cadonna & L. Lanciotti), Florence, pp. 45-67.

— 1997. *New light on ancient Afghanistan: the decipherment of Bactrian*, London.

— 1997a. "The denominal suffix *-ant-* and the formation of the Khotanese transitive perfect", *Sound law and analogy. Papers in honor of Robert S. P. Beekes on the occasion of his 60th birthday* (Leiden Studies in Indo-European, IX, ed. A. Lubotsky), Amsterdam, pp. 317-325.

— 1997b. "Nouveaux documents sur l'histoire et la langue de la Bactriane", *CRAI*, 1996 [1997], pp. 633-654.

— 1997c. "New finds from ancient Afghanistan" [in Japanese], *Oriente*, XVI, pp. 3-17.

— 1998. "Further notes on the Bactrian inscription of Rabatak, with an Appendix on the names of Kujula Kadphises and Vima Taktu in Chinese", *Proceedings of the Third European Conference of Iranian Studies*, Part 1: *Old and Middle Iranian Studies* (Beiträge zur Iranistik, XVII), Wiesbaden, pp. 79-92.

— 1999. "A Bactrian deed of manumission", *SRAA*, V, 1997-8 [1999], pp. 191-211.

— 2000. "Four Bactrian economic documents", *BAI*, XI, 1997 [2000], 3-15.

— 2000a. "A Bactrian Buddhist manuscript", *Manuscripts in the Schøyen collection*, I: *Buddhist manuscripts*, I (ed. J. Braarvig), Oslo, pp. 275-277.

— 2001. *Bactrian Documents from Northern Afghanistan I: Legal and Economic Documents*. Oxford, 2000 [2001] (= *BD*1_1).

— 2001a. "The Sogdian Ancient Letter II", *Philologica et Linguistica. Historia, Pluralitas, Universitas. Festschrift für Helmut Humbach* (ed. M. G. Schmidt & W. Bisang), Trier, pp. 267-280.

— 2001b. "Middle Persian *padisāy* and Old Persian *vašnā*", *Yādnāme-ye Dr Aḥmad Tafaẓẓoli. A. Tafazzoli memorial volume* (ed. A. A. Sadeghi), Tehran, pp. 59-65.

— 2002. "The Bactrian inscription on the seal of Khiṅgila", *SRAA*,

VIII, 2002, pp. 143-148.

— 2002a. "Ancient Afghanistan and its invaders: Linguistic evidence from the Bactrian documents and inscriptions", *Indo-Iranian Languages and Peoples* (Proceedings of the British Academy, CXVI), Oxford, pp. 225-242.

— 2004. "Nouveaux documents bactriens du Guzgan", *CRAI*, 2002 [2004], pp. 1047-1058.

— 2004a. "The Parthian abstract suffix *-yft*", *Indo-European Perspectives. Studies in Honour of Anna Morpurgo Davies* (ed. J. H. W. Penney), Oxford, pp. 539-547.

— 2005. "Bactrian legal documents from 7th- and 8th-century Guzgan", *BAI*, XV, 2001 [2005], pp. 9-29.

— 2005a. "Towards a new edition of the Sogdian Ancient Letters: Ancient Letter 1", *Les sogdiens en chine* (ed. É. de la Vaissière & É. Trombert), Paris, pp. 181-193.

— 2005b. "Some Bactrian seal inscriptions", *Afghanistan, ancien carrefour entre l'est et l'ouest* (ed. O. Bopearachchi & M.-F. Boussac), Turnhout, pp. 335-346.

— 2007. *Bactrian Documents from Northern Afghanistan II: Letters and Buddhist Texts*. London (= *BD*2).

— 2007a. "A Bactrian quarrel", *BAI*, XVII, 2003 [2007], pp. 9-15.

— 2008. "Bactrian tallies", *Chomolangma, Demawend und Kasbek, Festschrift für Roland Bielmeier* (Beiträge zur Zentralasienforschung, Band 12, ed. B. Huber, M. Volkart & P. Widmer), Halle, pp. 525-532.

— 2009. "Before the quarrel: a Bactrian purchase contract", *BAI*, XIX, 2005 [2009], pp. 191-198.

— 2009a. "The Bactrian fragment in Manichaean script (M 1224)", *Literarische Stoffe und ihre Gestaltung in mitteliranischer Zeit. Kolloquium anlässlich des 70. Geburtstags von Prof. Dr. W. Sundermann*

(Beiträge zur Iranistik 31, ed. D. Durkin-Meisterernst et al.), Wiesbaden, pp. 245-268.

— 2010. "Two late Bactrian documents", *Coins, Art and Chronology, II. The First Millennium C.E. in the Indo-Iranian Borderlands* (ed. M. Alram et al.), Vienna, pp. 203-211.

— 2010a. *Bactrian Personal Names* (Iranisches Personennamenbuch, II/7), Vienna.

— 2012. *Bactrian Documents from Northern Afghanistan I: Legal and Economic Documents*. Revised ed., London, 2012 (= *BD*1_2).

— 2012a. *Bactrian Documents from Northern Afghanistan III: Plates* (= *BD*3).

— & de Blois, F., 1998. "The Bactrian calendar", *BAI*, X, 1996 [1998], pp. 149-165.

— & — 2006. "The Bactrian calendar: new material and new suggestions", *Languages of Iran: Past and Present. Iranian studies in memoriam David Neil MacKenzie* (ed. D. Weber), Wiesbaden, 2005 [2006], pp. 185-196.

— & Cribb, J., 1996. "A new Bactrian inscription of Kanishka the Great", *SRAA*, IV, pp. 75-142.

— & Hamilton, J., 1990. *Documents turco-sogdiens du IX*^{e}*—X*^{e} *siècle de Touen-houang*, London.

— & Tucker, E., 2006. "Avestan *huuōišta-* and its cognates", *Indogermanica. Festschrift Gert Klingenschmitt* (ed. G. K. Schweiger), Taimering, 2005 [2006], pp. 587-604.

Skjærvø, P. O., 1976. "Sogdian notes", *Acta Orientalia*, XXXVII, pp. 111-116.

— 1985. "Khotanese *v-* < Old Iranian **dw-*", *BSOAS*, XLVIII, pp. 60-73.

— 1991. "*Ysenikāṃ*", *Studia etymologica Indoeuropaea memoriae A.*

J. van Windekens (1915-1989) dicata (Orientalia Lovaniensia Analecta, XLV, ed. L. Isebaert), Leuven, pp. 281-284.

— 2005. "An account tablet from eighth-century Khotan", *BAI*, XV, 2001 [2005], pp. 1-8.

— 2006. Review of *BD*1, *Journal of the American Oriental Society*, CXXV/2, 2005 [2006], pp. 311-316.

Smirnova, O. I., 1981. *Svodnyj katalog sogdijskix monet: bronza*, Moscow.

Steblin-Kamenskij, I. M., 1982. *Očerki po istorii leksiki pamirskix jazykov. Nazvanija kul'turnyx rastenij*, Moscow.

Sundermann, W., 1973. *Mittelpersische und parthische kosmogonische und Parabeltexte der Manichäer* (Berliner Turfantexte, IV), Berlin.

— 1974, 1975. "Nachlese zu F. W. K. Müllers 'Soghdischen Texten I', 1. Teil; 2. Teil", *AoF*, I, pp. 217-255; III, pp. 55-90.

— 1981. *Mitteliranische manichäische Texte kirchengeschichtlichen Inhalts* (Berliner Turfantexte, XI), Berlin.

— 1992. *Der Sermon vom Licht-Nous* (Berliner Turfantexte, XVII), Berlin.

— 1993. "An early attestation of the name of the Tajiks", *Medioiranica, Proceedings of the International Colloquium organized by the Katholieke Universiteit Leuven from the 21st to the 23rd of May 1990* (Orientalia Lovaniensia Analecta, XLVIII, ed. W. Skalmowski & A. van Tongerloo), Leuven, pp. 163-171.

— 1997. *Der Sermon von der Seele* (Berliner Turfantexte, XIX), Turnhout.

Szemerényi, O., 1975. "Iranica V", *Monumentum H. S. Nyberg*, II (Acta Iranica, V), Tehran—Liège, pp. 313-394.

Tafazzoli, A., 1979. Review of Boyce 1977, *BSOAS*, XLII/3, pp.

568-570.

Tanabe, K., Hori, A., et al. 1999. "Excavation at Dal'verzin Tepe, Uzbekistan, 1999" [in Japanese], *Bulletin of the Ancient Orient Museum*, XX, pp. 101-162.

Tremblay, X., 2003. "La résurrection du bactrien: à propos des *Bactrian documents*", *IIJ*, XLVI, pp. 119-133.

Weber, D., 1970. *Die Stellung der sog. Inchoativa im Mitteliranischen*, Göttingen.

— 1975. "Sogdische Miszellen", *Indogermanische Forschungen*, LXXX, pp. 90-97.

— 1985. "Khotansakisch āṣana- 'wert, würdig'", *Papers in honour of Professor Mary Boyce*, II (Acta Iranica, XXV), Leiden, pp. 675-681.

— 2004. Review of *BD*1, *Kratylos*, 49, pp. 193-195.

Yoshida, Y., 1979. "On the Sogdian infinitives", *Journal of Asian and African Studies*, XVIII, pp. 181-195.

— 1984. "On Manichaean Sogdian fragments—the lost part of the Sogdian Tale K, 'a Job story'", *Proceedings of the Thirty-first International Conference of Human Sciences in Asia and North Africa*, II (ed. T. Yamamoto), Tokyo, pp. 989-990.

— 1994. Review of Sims-Williams 1992, *BSOAS*, LVII/2, pp. 391-392.

— 1996. "Additional notes on Sims-Williams' article on the Sogdian merchants in China and India", *Cina e Iran da Alessandro Magno alla dinastia Tang* (Orientalia Venetiana, V, ed. A. Cadonna & L. Lanciotti), Florence, pp. 69-78.

— 2001. "On the Sogdian fragments of the St. Petersburg collection", *Issues in Eurasian Languages*, I (Contribution to the Studies of Eurasian Languages Series III), Kyoto, pp. 105-117.

— 2003. Review of *BD*1, *BAI*, XIV, 2000 [2003], pp. 154-159.

— 2004. "Some reflections about the origin of *čamūk*", *Papers on the pre-Islamic documents and other materials unearthed from Central Asia* (ed. T. Moriyasu), Kyoto, pp. 129-135.

— & Moriyasu, T., 1989. "A Sogdian sale contract of a female slave …" [in Japanese], *Studies on the Inner Asian languages*, IV (Annals of Foreign Studies, XIX), Kobe, 1988 [1989], pp. 1-50.

Zieme, P., 1980. "Uigurische Pachtdokumente", *AoF*, VII, pp. 197-245.

缩略表

A^2Sa =阿尔塔薛西斯二世苏萨铭文 a（ Artaxerxes II, Susa, inscription a）

abl. =离格（ablative）

acc. =宾格（accusative）

adj. =形容词（adjective）

adv. =副词（adverb）

AoF =《古典东方学研究》（*Altorientalische Forschungen*）

APAW =《普鲁士王家科学院学术会议论文集（哲学与历史分册）》（*Abhandlungen der Preußischen Akademie der Wissenschaft, Philosophisch-historische Klasse*）

Arm. =亚美尼亚语（Armenian）

Av. =阿维斯陀语（Avestan）

Bab. =巴比伦语（Babylonian）

Bactr. =巴克特里亚语（Bactrian）

BAI =《亚洲研究所集刊》（*Bulletin of the Asia Institute*）

*BD*1, 2, 3 =辛姆斯-威廉姆斯 2001/2012，2007，2012a（Sims-Williams 2001/2012, 2007，2012a）

BSO(A)S =《东方学院院刊》,《亚非学院院刊》(*Bulletin of the School*

of Oriental [*and African*] *Studies*）

Chin. =汉语（Chinese）

Chor. =花剌子模语（Choresmian）

compar. =比较级（comparative）

conj. =连词（conjunction）

CRAI =《法兰西文学院院刊》（*Comptes rendus de l'Académie des Inscriptions et Belles-Lettres*）

DB =大流士一世贝希斯顿铭文（Darius I, Bisitun inscription）

demonstr. =指示的（demonstrative）

denom. =由名词或形容词派生的（denominative）

dir. =直接的（direct）

ed. =由……编辑（edited by）

EMC =早期中古汉语（Early Middle Chinese）

encl. =前接的（enclitic）

f =下一（行/页）（and the following [line/page]）

f. =阴性（feminine）

FdB =佛朗索瓦•德布卢瓦（François de Blois）

fn. =脚注（footnote）

fut. pt. =将来分词（future participle）

Gk. =希腊语（Greek）

GMS =格施威彻 1954（Gershevitch 1954）

IE =印欧语系（Indo-European）

impv. =祈使语气（imperative）

indef. =不定的（indefinite）

inf. =不定式（infinitive）

Inscr. =铭文的 Inscriptional

intr. =不及物的 intransitive

JC = Johnny Cheung

JRAS =《皇家亚洲学会会刊》（*Journal of the Royal Asiatic Society*）

Khot. =于阗语（Khotanese）

lit. =字面意义（literally）

m. =阳性（masculine）

Man. =摩尼教（Manichean）

MMP =摩尼教中古波斯语（Manichean Middle Persian）

MP =中古波斯语（Middle Persian）

MS =写本（manuscript）

n. =中性词；注释（neuter; note）

N.S. =新辑（New Series）

neg. =否定词（negative）

nom. =主格（nominative）

NP =新波斯语（New Persian）

num. =数词（numeral）

NumH =“匈奴”钱币〔参见高堡（Göbl）1967〕（“Hunnish” coin (cf. Göbl 1967)

obl. =间接的（oblique）

OInd. =古印度语（Old Indian）

OIran. =古伊朗语（Old Iranian）

OP =古波斯语（Old Persian）

opt. =祈愿语气（optative）

Oss. =奥塞特语（Ossetic）

p. =页（page）

part. =分词（participle）

pf. =完成式（perfect）

Pkt. =帕拉克里特语（Prakrit）

pl. =复数（plural）

PN =人名（personal name）

postpos. =后置词（postposition）

pp. =过去分词；页（past participle; pages）

prep. =前置词（preposition）

pres. =现在时态（present）

pret. =过去式（preterite）

prohib. =禁止式（prohibitive）

pron. =代词（pronoun）

Pth. =帕提亚语（Parthian）

rel. =关系词（relative）

sg. =单数（singular）

Skt. =梵语（Sanskrit）

Sogd. =粟特语（Sogdian）

SPAW =《普鲁士科学院研究通报（哲学与历史分册）》（*Sitzungsberichte der Preußischen Akademie der Wissenschaft, Philosophischhistorische Klasse*）

SRAA =《丝绸之路艺术与考古研究》（*Silk Road Art and Archaeology*）

StIr =《伊朗学研究》（*Studia Iranica*）

subj. =虚拟语气（subjunctive）

Tk. =突厥语（Turkish）

Toch. =吐火罗语（Tocharian）

TPS =《语言学会会刊》（*Transactions of the Philological Society*）

tr. =翻译（translate）

trans. =及物的（transitive）

v =背面（verso）

V =未定元音（unspecified vowel）

vb =动词（verb）

ZDMG =《德国东方学会季刊》（*Zeitschrift der Deutschen Morgenländischen Gesellschaft*）

3 目录

绝大部分文书写在皮革或羊皮纸上，**C** 和 **za** 写在织物上，**zd** 写在砖上，还有一系列非常短的文本刻在木条上（**am**1-38）。所有文书在这里分为六组：

（1）契约、收据这样的法律文书都署有日期，按照编年排列（**A-Y**，需注意 **M** 是一个重写本，其之前文本也收入并编为 **m**，编为“**li**”的文书晚于 **l** 但早于 **J**）；

（2）严重残损的文书(**aa-ae, an**)，无法确定日期；

（3）清单和账单(**af-am**)，包括刻在木条上的一组文书(**am**1-38)；

（4）信件，部分按照假设的编年分组排列(4.1 **ba-bi**; 4.2 **ca-cr**; 4.3 **da-dg**; 4.4 **ea-eh**; 4.5 **ja-jj**)，无法确定日期的文书放在最末(4.6 **xa-xt**)；

（5）无法确定性质的残片(**ya-ye**)；以及

（6）佛教文书(**za-zd**)。

Tang-i Safedak 铭文(**TiS**)放在佛教组文书最末。

实际上所有的法律文书（第 1-2 组）都使用了标准形式，我称之为形式 1a, 1b, 2a, 或 2b，而大多数信件（第 4 组）则使用形式 2b 或形式 3。形式 2b 和 3 有一个共同特点，即文本的主要部分隐藏在密封的文书中，外部只有一个很小的区域写着清晰易读的客套语和收件人姓名（即一个“地址”）。少数不符合此种特点，但从内容来看是信件的文书通常为复本或草稿（例如 **jf** 基本可以肯定是这种情况），或者是本来要塞进一个密封信函中的（例如 **cp**，第 29-36 行）。

这些标准形式大致如下：

形式 **1a** = 一页上有文书的两个复本。上方复本（密封的）卷起来，用一条或多条细绳或皮带穿过两个复本之间的孔然后系上；下方复本（公开的）只是非常松散地卷着或折着。最多有五个黏土封印盖在细绳或皮带上，每个穿线或皮带的孔旁边有一个。这些封印用字母（A、B、C…）标识放在目录后，从最左边的封印开始（指的是在阅读文书时，带封印的文书卷在上方，下方公开复本文字方向正确可读时）。有时候，密封部分的文本会在背面继续写至结束（不过文书封印之后这些内容是看不见的）。有时候各位封印者的名字会竖着从上往下写在下方（公开）复本文本背面。如果把文书转 90°来看这些名字，会发现最上面的名字和封印 A 对齐，往下一个一个排列。

形式 **1b** = 和 **1a** 一样，不过两个复本之间空白的部分从右边到中间撕开，上方复本曾竖着折过一次，然后再卷起来封印。下方复本情况各异，有的卷着，有的竖折一次再横折一次，有的竖折然后再卷或者折成风琴褶。这个形式中封印者的名字从不写在背后（就目前所见）。封印最多 3 个。

有些文书保存状况不好，难以分出是形式 1a 还是 1b，这种情况下，最好的办法就是称之为“形式 1”。

形式 **2a** = 文书或信件仅一份（公开）文本，有最多 6 枚封印，每一个都由一根细绳或皮带穿过一个或一对靠近页面底部的孔固定。为了防止皮革从打孔处撕开，文书可能会折成双层以便加固。在 **M** 中，文书底边从右侧撕开到中间（参见形式 1b），撕开的皮革折向左侧；在 **R** 和 **S** 中底边向上折叠，**Y** 则加上了一个矩形皮革补丁。在 **S** 中，有两行位于页面底部的文本，当底边向上折时，这两行字会隐藏起来，这说明这件文书最初本来要做成形式 2b（见下文）。在形式 1 中，我提到了首字母大写的封印，从左侧封印（= A）开始。在 **S** 和 **Uu** 中被识别为属于封印者的标记竖着写在背面的绳孔旁边。不过由于下面没空了，所以标签向上而非如形式 1a 中向下排列。想要识读这些竖着写的名字，同样需要把文书转 90°，但转的方向和形式 1a 相反，因此和第一枚封印对齐的标签不再在顶部而在底部。

形式 **2b** = 文书或信件仅一份（密封）文本，横着卷起或折了数次，有一个或更多封印，每一个都有细绳或皮带穿过位于皮革页面底部的孔来固定。如果需要的话，文本会在背面上方继续写至结束。一些文字（例如，一个地址）会写在正面或背面的底部，有时候在绳孔上方，更常见的是在绳孔下方，因为这样的话，即使文书密封，这些文字仍然可见。

如果一件文书原封未动，无法分辨到底是形式 2a 还是 2b，这样的文书被称为“形式 2”。形式 2b 似乎用于信件，不过形式 2 的法律文书也许全都打开了（ = 形式 2a），封印仅用于证明其权威性。使用形式 2a 的信件也许是一封“公开信”。所收信件中至少 **Y**（同时也是一件法律文书）和 **xb** 是形式 2a 之例。（另一方面来讲，**xl** 也许曾使用形式 2b 作为“密封信件”寄出，打开后被以形式 2a 重新封印。）

形式 **3** 是最典型的巴克特里亚信件形式（见图 1，2）。此类文书是宽为高两倍的矩形。毛皮光滑的一面永远是正面。在正面底边，从右侧向左到接近左边的地方切下来一细条，作为皮带绕信件一周将其密封。（有时候这条皮带遗失了，但通过矩形页面上以前连接皮带的凸起部分，仍可辨认出这种形式。）正面左侧有一条宽边空白，如果需要的话，这块区域用于（首次）续写文本，竖着从顶部写到底部。如果还需要在正面续写文本的话，任何地方都可以用来写，只有外侧用来封印的地方除外。对于初次、第二次、第三次和第四次续写文本时的不同书写方向有严格规定，见下附图表。（**xe** 有些微例外。**cp** 中第四次续写仍然不够，于是用了另外一小块皮革写完文书，这一小块文书推测本来放在主页面内，然后一同折起密封。）信件完成后先竖折一次（不是从正中间位置），然后横折三次，用皮带绕过然后黏土封印。地址总是写在图表中 G 区域。这一区域在信件折叠后仍然可以见。有时候会在区域 F 写着注解，这是密封后的另一可见区域。

数件此种形式的信件是重写本。当皮革被重复使用时，仍然用光滑的一面作为正面，但页面有时候会翻转 180°，此种情况下原来的皮带被拿掉，然后在对面重切一条皮带。如果原先的地址没有被完全去掉，那么就会出现在 Ji-Fii 区域（即原先的 G 区域）。

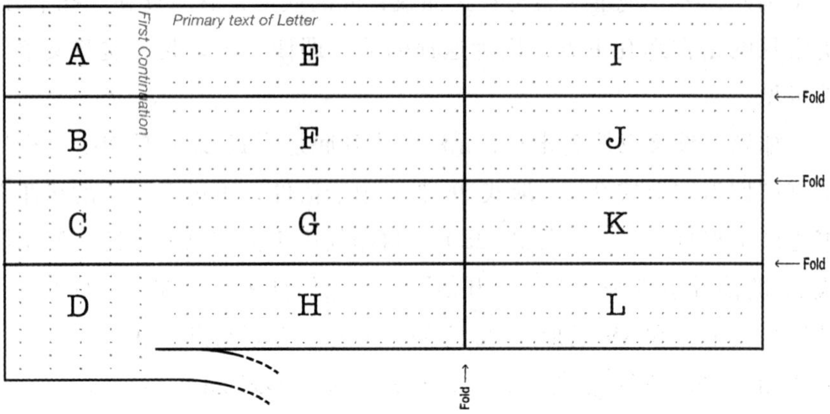

图 1　形式 3，正面

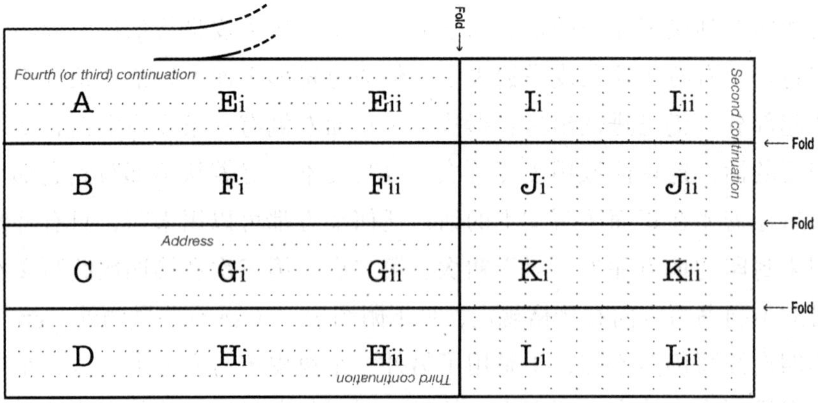

图 2　形式 3，背面

所标注尺寸均为最大值，写为宽 X 高。如果是残片或不规则形状，则为实际测量最大尺寸，而非假设其原本为矩形而推测其原尺寸。

3.1　署明日期的文书

A

年份：110　文书类型：婚书

描述：形式 2？正面：35 行（正文）+ 1 行（封印者姓名？）。背面：空白。正文完整，只有最后几行有很小损坏。下方页边有孔，旁有封印，还有一行书写痕迹。

封印：2 枚封印，其中一个有姓名 *βαβο*，印在文书发现时系着的细绳上。

发表：*BD*1, pp. 32-35。有一张很小但可辨认的上半部分照片见 Sims-Williams 1997c, fig. 18。

（平山郁夫丝绸之路博物馆 Hirayama Ikuo Silk Road Museum, No. 104128）

Aa

年份：13（？）4　文书类型：2 金第纳尔的收据

描述：形式 1b。正面：5 行（密封复本）+ 2 行（公开复本）。背面：空白。上方（密封的）复本完整，有一道竖折痕迹。上下复本之间横着从左侧到中间撕开，有为了穿过系绳的孔，但下方（公开的）复本只有极小的非常模糊的残片。

发表：Sims-Williams—de Blois 2006, pp. 185, 187。

（Sam Fogg Rare Books）

B

年份：137　文书类型：多份面粉、谷物和葡萄酒等物的收据

描述：形式 1b。正面：8 行（密封复本）+ 9 行（公开复本）。背面：空白。文书完整，褪色，但除少数（不影响文字）的洞外无损坏。在公开复本文字下方有大面积皮革空白。

封印：1 个完整的封印，印在（显然是一条皮带）穿过的两复本文字之间切割光滑的孔上。

发表：Sims-Williams 2000 （No. 1); *BD*1, pp. 36-37。

（平山郁夫丝绸之路博物馆，No. 104126）

C

年份：157　文书类型：赠送地产的契约

描述：形式 1a。正面：21 行（密封复本）+ 23 行（公开复本）。背面：空白。文书完整，写在织物上。公开复本上有小洞和磨损。

封印：原有 5 个，A，B，C，D（遗失），E，全都印在一条未解开的细绳上。封印 A 刻有 *σọλọυανο* (或 *σαλο-, σολα-, σαλα-*)。

发表：*BD*1, pp. 38-41。

（哈利利博物馆，DOC 119）

D

年份：195　文书类型：一块地产产出税收的结算单

描述：正面：6 行。背面：空白。小的矩形文书，几乎是完整的但破碎了，一部分文字不见了。这件文书曾被横折一次、竖折一次，但不清楚是否封印过。（文书的右下方有一些裂缝和孔，其中有的孔似乎是人为切割的。）

发表：*BD*1, pp. 42-43。

（哈利利博物馆，DOC 73）

E

年份：243　文书类型：一份谷物的收据

描述：形式 1b。正面：1 行（密封复本）+ 5 行（公开复本）。背面：空白。小的，差不多是方形的残片，底部有宽边。密封复本只有最后一行的一部分尚存，公开复本是完整的。两复本之间空白处左侧可见一绳孔。绳孔的位置和上方右边切割处均显示出这个残片是形式 1b 而非 1a。文书的下半部分折了四次。

封印：文书带有一枚连着皮带的松开的封印。

发表：Sims-Williams 2000 (No. 2); *BD*1, pp. 42-43。描述和照片之前曾发表在 *Text Manuscripts and Documents from 2200 BC to 1600 AD*, Sam Fogg Rare Books, Catalogue 16, London, 1995, pp. 18-19。

（现在不知去向，曾经藏于 Sam Fogg Rare Books）

F

年份：247　文书类型：释放契约

描述：形式 1a。正面：11 行（密封复本）+ 18 行（公开复本）。背面：8 行（密封复本内容的继续），3 行（封印者的名字）。保存相当好的文书，有一些撕裂。写得很快的潦草字迹。

封印：原本有 3 枚封印，A 和 B（B 损坏了），连同原本属于 C 的细绳未打开。

发表：Sims-Williams 1999; *BD*1, pp. 44-47。

（平山郁夫丝绸之路博物馆，No. 103696）

G

年份：249　文书类型：一份谷物的收据

描述：形式 1b? 正面：9 行。背面：空白。小的，差不多是方形的残片，底部有宽边，可能下半部分文书是形式 1。沿着残片右边上方有整齐的切割处，显示很可能是形式 1b 而非 1a。现存复本内容基本上是完整的，只是有一些洞和其他破损，尤其是在行末。文书下半部分似乎本来是卷着的（没有竖折过）。

发表：*BD*1, pp. 48-49。

（哈利利博物馆，DOC 96）

H

年份：250　文书类型：多份谷物和麦秆的收据

描述：形式 1b。正面：11 行（密封复本）+ 8 行（公开复本）。背面：空白。两片残片现在重新合在一起。上半部分残片(DOC 57)，原本是密封复本，内容基本完整，只缺少量字母，主要集中在左侧边和中央竖折线处。下半部分复本(DOC 104)破碎，无页边存留。根据两片残片连接处可见的绳孔位置判断，上半部分内容本来是由一枚封印密封的。

发表：*BD*1, pp. 48-49。

（哈利利博物馆, DOC 57 + DOC 104）

I

年份：260　文书类型：买卖或出租地产的契约

描述：形式 1a? 正面：2 行（密封复本）+ 11 行（公开复本）。背面：2 行（封印者的名字）。文书中部残片，包括一小片左侧边。在两个复本之间缺口处可见一个绳孔。由于形式 1b 的文书尚无背面写名字的，因此此文书可能是形式 1a。

发表：*BD*1, pp. 50-51。

（哈利利博物馆，DOC 103）

Ii

年份：260　文书类型：买卖（或出租）地产的契约

描述：形式 1? 正面：22 行。背面：空白。破损严重的残片，有一部分顶部和左侧页边。由于文书卷得很紧，残片可能来自一个形式 1 文书的密封复本。和 **I** 非常像，可能是一个抄手所写。

发表：*BD*1, pp. 52-53。

（哈利利博物馆，DOC 102）

J

年份：295　文书类型：买卖地产的契约

描述：形式 1a。正面：31 行（密封复本）+ 28 行（公开复本）。背面：5 行（封印者名字）+ 1 行（字母 *χþ*，在背面底部，抄手写了 *χþovo* 的开头，然后发现写在了羊皮纸错误的一面）。完整的文书，保存完好，只有密封复本右上方有一点点虫蛀洞。

封印：有 5 枚封印和细绳，全都完整。

发表：*BD*1, pp. 54-61. 有一张清晰的公开复本的照片和一张小但是可用的背面照片分别见于 Sims-Williams 1997b, p. 642 和 Sims-Williams 1997c, fig. 21。

（哈利利博物馆，DOC 7）

K

年份：356　文书类型：借出谷物和葡萄酒的契约

描述：形式 2。正面：14 行（正文）+ 3 行（注解）。背面：空白。基本完整，有少许小洞。在正文下方空白处中央切出一个方孔，推测本来是为了封印的。

封印：一个打开的封印（没有皮带）在文书里面卷着。

发表：*BD*1, pp. 62-63。

（哈利利博物馆，DOC 9）

L

年份：379　文书类型：买卖地产的文书

描述：形式 1a。正面：34 行（密封复本）+ 31 行（公开复本）。背面：5 行（封印者的名字和头衔）。文书完整，保存完好，只有少量表面磨损。

封印：原有 5 枚封印，其中 B 和 E 原封未动，连同属于 A 和 D 的细绳。

发表：*BD*1, pp. 64-71。

（哈利利博物馆，DOC 6）

M

年份：388　文书类型：偿还借贷的收据

描述：形式 2a。正面：8 行。背面：空白。文书完整，几乎无损，是一件较小的接近矩形的文书，从一件较大的文书上切割下来。（这个重写本的之前文本见下方 **m**）下方页边从右侧到中央撕开，折向左侧，为的是在双层厚度的皮革上穿一对用于封印文书的孔。

发表：*BD*1, pp. 72-73。

（哈利利博物馆，DOC 3）

m

文书类型：出租（？）一个葡萄园（？）的契约

描述：正面：20 行。背面：空白。用于重写文书 M。

发表：*BD*1, pp. 72-73。

（哈利利博物馆，DOC 3，较早文本)

N

年份：407　文书类型：和平协议书

描述：形式 1a。正面：31 行（密封复本）+ 22 行（公开复本）。背面：4 行（封印者的名字和头衔）。保存完好。

封印：原有 4 枚封印，A、B、D 未打开，连同属于 C 的细绳。封印 B 刻有这样的痕迹：*]ọφ[* 。

发表：*BD*1, pp. 74-79。

（哈利利博物馆，DOC 8）

Nn

年份：436　文书类型：买卖地产的契约

描述：形式 1a。正面：24 行（密封复本）+ 21 行（公开复本）。背面：7 行（密封复本内容的继续）。文书完整，保存得相当好，有轻微磨损和一些小洞，公开复本的左侧边磨损较严重。

封印：原有 3 组封印和细绳，封印均未打开。

发表：*Manuscripts of the Silk Road*, Sam Fogg Rare Books, Catalogue 29, London, 2004, p. 41 （彩色照片); Sims-Williams 2005, pp. 12-13; Sims-Williams 2009。

（Sam Fogg Rare Books）

O

年份：440　文书类型：和平协议书

描述：皮革或羊皮纸，形式 1a。正面：12 行（密封复本）+ 22 行（公开复本）。背面：11 行（密封复本内容的继续）。文书完整，保存完好，只有背面有少许虫蛀。

封印：原有 3 枚封印，A（遗失）、B、C（遗失），均未打开，盖在一条细绳上。

之前发表在：Sims-Williams 2007a (q.v. 部分发表)。密封复本的一张彩色照片发表在 Sims-Williams 2004, 1051, fig. 2。

（私人藏品，Virginia；之前藏于 Sam Fogg Rare Books）

P

年份：446　文书类型：买卖一名男性奴隶的契约

描述：形式 1a。正面：10 行（密封复本）+ 26 行（公开复本）。背面：1 行（密封复本内容的继续）+ 5 行（封印者的名字和头衔）。文书的大片残片，只有少数几行是完整的。文字末尾保存情况极差，但似乎并没有整行的缺损。

封印：原本应该有 5 个（或 6 个）绳孔，前 3 组皮带和封印未打开。第三组有两枚封印，分别在皮带两侧（封印 C 和 C'）。

发表：*BD*1, pp. 82-87。一张较小但是可用的公开复本的照片见

Sims-Williams 1997c, fig. 23。

（哈利利博物馆，DOC 113）

Q

年份：449　文书类型：贷款契约

描述：形式 1a。正面：23 行（密封复本）+9 行（公开复本）。背面：11 行（密封复本内容的继续）+6 行（封印者的名字和头衔）。密封复本内容保存完好，但是有一连串虫眼。公开复本只有开头部分存留，每一行都损坏得比上一行更严重。

封印：有 5 个绳孔，前两组皮带和封印都遗失了。第三组皮带未打开，有两枚封印，分别在皮带两侧（封印 C 和 C'），第五组和封印 E 也未打开，一个打开的封印（ =D？ ）和文书卷在一起。

分别：*BD*1, pp. 88-91。

（哈利利博物馆，DOC 114）

R

年份：452　文书类型：和平契约书

描述：形式 2a。正面：22 行。背面：空白。保存完好。

封印：原有 2 枚封印，但只有盖封印的皮带（穿过底边的孔）仍在。

发表：*BD*1, pp. 92-93（通过照片的初步识读）; Sims-Williams 2005, pp. 14-15。

（Sam Fogg Rare Books）

S

年份：470　文书类型：和平协议书

描述：形式 2a。正面：28 行（正文）+2 行（注解）。背面：4 行（识别封印者的标签）。文书完整，保存完好，只有些许小洞和一条影响正面第一行的撕裂。正文下方是一块空白，再往下是封印绳孔；文书底边折叠两次，形成一个小卷，密封绳通过小卷同时使得页面最下方两行文字部分可见。背面文字基本上都被磨掉了。

封印：有 4 枚封印和 3 条细绳，全都未打开。（第 2 条细绳有两枚封印，B 和 B'，分别在绳两侧）。封印 C 有刻写痕迹，末尾大概是 *]α̣δ̣ο* 。

发表：*BD*1, pp. 94-97（通过照片的初步识读）; Sims-Williams 2005, pp. 16-17。

（Schøyen collection, MS 4581）

Ss

年份：476　文书类型：借贷 100 德拉克马（drachmas）的契约

描述：形式不明。正面：11 行。背面：1 行，字迹较大。来自一件文书的左上角的残片。

发表 Sims-Williams 2005, pp. 18-19。

（Sam Fogg Rare Books）

T

年份：478　文书类型：赠送一份地产和一名女奴的契约

描述：形式 1b。正面：23 行（密封复本）+ 22 行（公开复本）。背面：空白。基本上完整的文书，在边缘处和公开复本的折叠处有些许破损，折叠方式是风琴褶而非卷起来。但复本的有些地方污损，墨水晕开或者是磨掉了。

封印：原有 2 枚封印，其中封印 B 和部分属于封印 A 的皮带未打开。

发表：*BD*1, pp. 98-105。

（哈利利博物馆，DOC 10）

Tt

年份：483　文书类型：赠送契约

描述：形式 2a。正面：27 行。背面：空白。保存完好的完整文书。

封印：原有 3 枚封印，封印 A 未打开，盖封印 B 和 C 的皮带也未打开。

发表：Sims-Williams 2005, pp. 18-19。

（Sam Fogg Rare Books）

U

年份：490　文书类型：出租葡萄园的契约

描述：形式 1b。正面：25 行（密封复本）+ 27 行（公开复本）。背面：空白。文书完整，边缘处和公开复本的折痕处稍有破损，公开复本折成风琴褶而非卷着。

封印：3 枚封印都未打开（不过封印 B 破碎了）。

发表：*BD*1, pp. 106-113。

（哈利利博物馆，DOC 5）

Uu

年份：500　文书类型：和平协议书

描述：形式 2a。正面：32 行。背面：9 行（识别封印者的标签）。文书完整，保存完好，只有正面前三行文字处有撕裂，表面少许磨损。

封印：原有 6 枚封印，其中 C、D、E 和 F 连同属于封印 A 和 B 的细绳未打开。

发表：Sims-Williams 2005, pp. 20-21。一张数码照片见：http://www.nb.no/baser/schoyen/4/4.4/ms4580.jpg.

（Schøyen collection, MS 4580）

V

年份：507　文书类型：买卖地产的契约

描述：形式 1a。正面：40 行（密封复本）+ 45 行（公开复本）。背面：空白。文书完整，保存完好，只有底边附近有一道撕裂。

封印：3 个未打开的封印。

发表：*BD*1, pp. 114-25。

（哈利利博物馆，DOC 55）

W

年份：525　文书类型：买卖地产的契约

描述：形式 1b。正面：33 行（密封复本）+ 33 行（公开复本）。背面：空白。文书完整，保存完好，只有少量虫眼。密封复本顶部有一道撕裂在书写文字之前已经缝合。

封印：原有 3 枚封印，（A）皮带和带着指印的封印均未打开；（B）细绳和盖在上面的封印均未打开；（C）细绳未打开，封印遗失。

发表： *BD*1, pp. 126-135。

（哈利利博物馆，DOC 116）

X

年份：527　文书类型：和平协议书

描述：形式 1b。正面：22 行（密封复本）+ 31 行（公开复本）。背面：9 行（密封复本内容的继续）。文书完整，保存完好，只有几个虫眼。

封印：2 枚封印，均未打开。其中封印 A 有名字 *στ̣ιο σαγο πορο* "Sag 之子 Stiy(?)"，封印 B 有名字 *βαυο* "Bah"。

发表：*BD*1, pp. 136-143。

（哈利利博物馆，DOC 112）

Y

年份：549　文书类型：公开信格式的法庭审判

描述：形式 2a。正面：27 行。背面：空白。保存完好的矩形文书。第 4 行和第 3 行的后半部分是插图。

封印：1 枚盖在左侧底部的封印未打开，一条短皮带通过此封印绕过文书，为了加固此处，有一块矩形皮革补丁。

发表：*BD*1, pp. 144-145。

（哈利利博物馆，DOC 117）

3.2　无法确定日期的文书和残片

aa

文书类型：买卖地产的契约

描述：形式 2? 正面：36 行（正文）+ 3 行（注解，包括封印者的名字）。背面：空白。文书呈碎片状，破损褶皱，但仍保留部分四边。部分文字磨去。左上角残片被发现时在文书里，上有第 1-5 行开头内容。文书原有 1 枚或 2 枚封印，应该是盖在文书底部（一枚在中间，一枚可能在右边）第 36 行之后的空白处，但文书这部分已经损毁。

发表：*BD*1, pp. 148-151。

（哈利利博物馆，DOC 109）

ab

文书类型：买卖地产的契约

描述：形式 2a。正面：21 行（正文）+ 2 行（注解，包括封印者的名字，部分被封印本身盖住了）。背面：空白。文书下半部分不完整，顶部破碎。

封印：3 枚封印，均未打开，盖在文书底部正文下方，有短皮带穿过文书。

发表：*BD*1, pp. 150-151。

（哈利利博物馆，DOC 111）

ac

文书类型：贷款契约

描述：形式 2a。正面：5 行（正文）+ 1 行（注解）。背面：空白。条状皮革，切割整齐。左页边损毁，但文字内容并未丢失。正文下方有两个孔，一条皮带穿过第 2 个孔，并盖有一个封印。

封印：封印和皮带均未打开。

发表：Sims-Williams 2000 (No. 3); *BD*1, pp. 152-153。

（Sam Fogg Rare Books）

ad

文书类型：不明确

描述：形式 1？正面：9 行。背面：空白。一件文书的底部残片，带有部分左边和底部页边。由于文书底部没有用于盖封印的孔的痕迹，因此很可能是形式 1 而非形式 2。

以上描述为首次发现文书时的状况。其后该文书经多人之手，最终切割成多条并失散了。有 5-6 行内容的文书条早在 2005 年时由 Bart 和 Joyce De Gregorio 作为学术收藏的一部分，捐赠给了宾夕法尼亚州（PA）路易斯堡（Lewisburg）巴克内尔大学（Bucknell University）的克拉克·贝特朗图书馆（Clarke Bertrand Library），见：http://www.bucknell.edu/Library_computing/Collections_and_Borrowing/Special_Collections_University_Archives/Special_Collections/Major_Gift s/De_Gregorio_ study_collection/Bactrian_Fragment.html. 文书其余部分目前下落不明。

发表：*BD*1, pp. 152-153。

（见上文，之前藏于 Sam Fogg Rare Books）

ae

文书类型：买卖或出租一份地产（？）的契约

描述：形式 1a？正面：11 行。背面：1 行（从右角写向正面文字，可能是封印者的名字，如果是这样，那么形式大概是 1a）。无页边的不规则残片。表面过于黯淡只能读出少数单词。

发表：*BD*1, p. 153。

（哈利利博物馆，DOC 59）

an

文书类型：一笔钱的收据

描述：形式 2a。正面：5 行。背面：空白。文书完整。

封印：封印残损，但一小片仍在穿过底部页边的细绳上。

发表：Sims-Williams 2005, pp. 20-21。

（Sam Fogg Rare Books）

3.3 清单和账单

af

文书类型：不同人名的人提供的人的清单

描述：正面：4 行。背面：黯淡的字母痕迹。完整的小型文书，底部有宽边，竖折后横着卷起。底部页边的左侧有切割出的方孔，也许有带着封印的皮带曾穿过此孔。（绳孔和背面褪色的字迹可能与之前一位使用这块皮革的人有关。）

封印：1 枚揭下的封印卷在文书里。

发表：*BD*1, pp. 156-157。

（哈利利博物馆，DOC 69）

ag

文书类型：不同名字的人生产的多份葡萄酒清单

描述：正面：20 行。背面：空白。文书完整，卷着，松散地系着一条羊皮纸（羊皮纸上可以读出一些字母）。

封印：1 枚封印上有名字（？）*φαρα̣λ̣ο̣* “Faral”，封印盖在羊皮纸条上。

发表：*BD*1, pp. 156-157。

（哈利利博物馆，DOC 115）

ah

文书类型：提供给不同名字的人的多份未指明商品的清单

描述：正面：9 行（横着写）+ 3 行（竖着写）。背面：1 行。接近矩形的页面，有数条平行的横折线。页面顶部被切割掉了。第 1-9 行的内容看起来是完整的，虽然写在页面非常边缘的地方，左侧没有任何空边。第 10-12 行从上往下写在空旷的右侧边上。因为页面顶部切掉了，所以第 11-12 行的开头内容遗失，但第 10 行看上去是完整的，好像是文书折叠后加上去的内容。竖着写的穿过背面的文字推测是最先而非最后完成的。文书没有任何被密封过的迹象。

发表：*BD*1, pp. 158-159。

（哈利利博物馆，DOC 87）

ai

文书类型：名字和数字的清单

描述：正面：12 行。背面：空白。不规则残片，没有页边。

发表：*BD*1, pp. 158-159。

（哈利利博物馆，DOC 58）

aj

文书类型：为不同名字的人提供的动物付款的清单

描述：正面：10 行。背面：1 行。小型但完整的矩形文书。

封印：1 枚封印盖在一条皮带上，皮带穿过位于文书底部第 10 行中间的孔。皮带伸出封印的长度足以环绕文书将其系上。

发表：*BD*1, pp. 160-161。

（哈利利博物馆，DOC 121）

ak

文书类型：不同名字的人提供的羊的清单

描述：正面：21 行。背面：5 行。条状皮革，朝着底部逐渐变细。所有页边都保存着一部分，但顶部呈狗耳状，开头和末尾一些行的文字内容丢失。这两部分呈对称状。

发表：Sims-Williams 2000 (No. 4); *BD*1, pp. 160-161。

（Sam Fogg Rare Books）

al

文书类型：开支账单

描述：正面（？）：12 行。背面（？）：13 行。矩形残片。两面的顺序呈对称状，方位无法确定。不过光滑的一面可能是正面，粗糙的一面大概是背面。这样的话，背面（末尾部分遗失）直接接续着正面（开头遗失）。页面右边缘缺了一细条，因此每一行末尾都遗失了一些字母。残片中央还有一些洞，背面（？）严重磨损。文书是重写本，在某些地方，之前的内容（用较小字体所写）仍清晰可辨。

封印：文书卷起，系着（但不牢固）一圈细绳，盖着一枚封印。

发表：*BD*1, pp. 162-163。

（哈利利博物馆，DOC 90）

am1-38

文书类型：递送收据的记录

描述：一组 28 枚木片，每一片均有纵向裂缝，并刻着最多三行文字。主要的文字总是刻在内侧平坦的表面（ = A），通常是 1 行，有时候也会在末尾下方加一点内容。凸起的一面（ = B）通常空白，有时候这一面也会削平，尤其是如果这一面也刻字的话。**am3** 例外，这一件几乎是方形并且在三面都刻字（A-C）。在文字上方或者下方（或者都有）时常有一些刻痕，也许是表示物品的数量或提供的方式。很多木片从中间破掉，这样就只有一头保存下来。有时候破口明显是人为的，有一部分是用小刀切割。在 Nos. 5 + 6, 14 + 15, 32 + 33 和 34 + 35 的情况中，两半可以拼在一起（虽然破口已经很旧了）。

发表：Sims-Williams 2008。关于 **am**1-29 的最初版见 *BD*1, pp. 166-169。关于 **am**30-38 的描述和照片见 *Manuscripts of the Silk Road*, Sam Fogg Rare Books, Catalogue 29, London, 2004, pp. 38-39。

(**am**1-29:Muhammad Riaz Babar 先生藏品；**am**30-38: Sam Fogg Rare Books)

[关于 **an** 见 **ae** 之后。]

3.4 信件

3.4.1 ba-bh

一组信件，时间似乎非常接近文书 **B**（年份 137，大约相当于公元 359/360）。[1]将文书 **ba** 系于公元 4 世纪下半叶，是因为其中提到了名为 Warahran 的贵霜沙（Kushan-shah），**bb-bg** 与 **ba** 相关，是因为提到了 Khwadew-wanind 一名，**bh** 与 **bg** 相关则因为 Burz-mihr Khahran 一名。（当然，任何一处单靠人名推导的日期都不可能完全可靠，因为一个名字，或者甚至名字加上教名，都不一定只属于一个人。）**be** 是重写本 **cn** 的之前文本，这一事实提供了关于文书组 **ba-bh** 和 **ca-cr** 之间系年关系的进一步证据。

ba

描述：形式 2b? 正面：15 行。背面：6 行（正文内容的继续）+ 1 行（地址）。文书完整，只有一些小洞和撕裂（包括一组绳孔显示出这封信原本是被两个封印所密封），但表面有一些水渍，部分文字已经褪色不清。

发表：Sims-Williams 1997c, pl. 13 (正面照片); *BD*2。

（哈利利博物馆，DOC 79）

〔1〕此处及之后，换算成公元年时，是基于假设用于这些文书系年的朝代开始于公元223年。（见 de Blois 2008）。

bb

描述：形式 3。正面：11 行（E-L）+ 1 行（A-B）。背面：3 行（地址，G）。皮带和封印遗失（不过见下文）。然而文书完整，只有上方边缘有少许洞和一些损坏，影响了第 1 行。因为皮革变暗导致正面部分模糊。背面文字褪色，非常模糊。

封印：信被发现的时候被重新折叠并且由一条皮带缠绕（看起来是不同种类的皮革），上有封印。该皮带似乎是人为的粘在了文书背面。

发表：*BD*2。

（哈利利博物馆，DOC 78）

bc

描述：形式 3。正面：9 行（E-L）+ 4 行（A-D）。背面：9 行（I-L）+ 2 行（H-D）+ 1 行（A-E）+ 3 行（地址，G）。皮带和封印遗失（不过见下文）。然而文书完整，有一些似乎因为虫蛀造成的虫眼和表面损坏。重写本。背面有之前文本的地址 3 行，部分可见，在区域 Ji-Fii。

封印：有一个打开的封印和一条嵌入其中的细绳。

发表：*BD*2。

（哈利利博物馆，DOC 125）

bd

描述：形式 3。正面：11 行（E-L）+ 4 行（A-D）。背面：4 行（I-L）+ 3 行(地址，G)。根据影印件识读。封印和大部分皮带遗失。不过文书完整，虽然在影印件上一部分内容模糊不清。

发表：*BD*2。

（General N. K. Babar 藏品）

be

描述：形式 2b。正面：16 行。背面：4 行（正文内容的继续）+ 3 行（地址）。重写本 **cn** 的之前文本，参见该条，不过刻意没有全部抹掉。页面底部，钻石形绳孔下方，一小块皮革遗失，推测是封印绳撕掉时造成的。

发表：*BD*2。

（哈利利博物馆，DOC 72，之前文本）

bf

描述：形式 3。正面：9 行（E-L）+3 行（A-D）。背面：2 行（地址，G）。信件左半部分写在柔软褶皱的皮革上，皮带和封印遗失。两面的内容均褪色磨损。

发表：*BD*2。

（私人藏品）

bg

发表：形式 3。正面：15 行（E-L）+5 行（A-D）。背面：3 行（地址，G）+1 行（Fii-Fi）。信件完整，发现时为密封状态。皮革硬脆。正面文字大体保存良好，不过皮革表面曾被虫蛀，但背面内容磨损严重。

封印：未打开，根据 Judith Lerner 博士，与 **bh** 封印相同。

发表：*BD*2。

（哈利利博物馆，DOC 127）

bh

描述：形式 3。正面：11 行（E-L）。背面：2 行（地址，G）+1 行（F）。信件完整，发现时密封。上等羊皮纸（或牛皮纸？）。大体上字迹整洁规范，但字母 *o*/*α*/*δ* 常常脏污或重复。

封印：未打开，根据 Judith Lerner 博士，与 **bg** 封印相同。

发表：*BD*2。

（哈利利博物馆，DOC 126）

bi

描述：形式 3。正面：14 行（E-L）+4 行（A-D）。背面：3 行（I-L）+不确定痕迹（地址，G）。重写本 **co** 的之前文本，参见该条，不过刻意的没有全部抹去，在紫外线下部分可见。

发表：*BD*3, 21 n. 6。

（Lawrence J. Schoenberg collection）

3.4.2 **ca-cr**

一组信件，日期可能接近文书 **C**（年份 157，大约相当于公元 379/380 年）。**C** 中的一个名字 Yamsh-spal Burnikan，亦见于 **ca**。信件 **ca-cb** 相关是因为 Yamsh-khwadew-bandag Pabagan 一名，**cb-ci** 则是因为 Nawaz Kharugan (或者像 Nawaz Kharan 这样的异体)。信件 **cj-cp** 也有名字 Nawaz，但没有教名，这就使得之间的对应关系不那么确定，**cq** 与 **cj** 相关则是因为 Kalu-ardag 或 Kulu-ardag 一名。最后，**cr** 实际上所署日期和文书 **C** 相同（年份 157），但它又与文书组 **da-de** 相关（详见下文）。

ca

描述：形式 3。正面：9 行（E-L）+ 4 行（A-D）。背面：4 行（I-L）+ 3 行（地址，G）。信件完整，保存完好，只有一些很小的污渍。根据照片识读。

封印：未打开。

发表：*BD*2。

（General N. K. Babar 藏品）

cb

描述：形式 3。正面：10 行（E-L）。背面：3 行（地址，G）+ 2 行（F）。信件完整，保存良好，只有折痕处有些许磨损。

封印：初次发现和拍照时未打开，但现在已遗失。

发表：*BD*2。

（平山郁夫丝绸之路博物馆，No. 104130)

cc

描述：形式 2b。正面：13 行。背面：6 行（正文内容的继续）+ 2 行（地址）。无损坏，仅背面文字有些微磨损，还有少许小洞。背面的地址（2 行，每一行中间都有缝隙，应该是缝隙处曾有封印或封印绳）书写方向与正文相反，与正文分开，之间有空白。背面底部的空白处有两个用于封印绳的孔。

发表：*BD*2。

（哈利利博物馆，DOC 93）

cd

描述：形式 3。正面：11 行（E-L）+ 3 行（A-D）。背面：3 行（地址，G）。皮带和封印遗失（不过见下文），文书完整，只有两个小洞。

封印：打开的封印，缠着一部分皮带，卷在信中。

发表：*BD*2。

（哈利利博物馆，DOC 89）

ce

描述：形式 3。正面：7 行（E-L）。背面：3 行（地址，G）。信件完整，只是没有皮带和封印（不过见下文）。背面的地址只有部分可读。重写本。在背面有属于之前文本的 3 行地址在区域 Ji 部分可见，在区域 Fii 可以明显看到这些内容的末尾被擦掉了。

封印：连同这一信件文书，还有一个打开的封印一起被送进哈利利博物馆并拍照，现在无法确定封印和信件之间的关系。

发表：*BD*2。

（哈利利博物馆，DOC 62）

cf

描述：形式 3。正面：10 行（E-L）+ 4 行（A-D）。背面：3 行（地址，G）。背面区域 B 和 Fi 的墨水痕迹可能是文书更多内容的参与痕迹，但实际上无法肯定到底是不是书写笔迹。信件完整，发现时为密封状态。

封印：未打开。（和 **cg** 的封印状态一样。）

发表：*BD*2。

（哈利利博物馆，DOC 75）

cg

描述：形式 3。正面：10 行（E-L）+ 5 行（A-D）。背面：2 行（地址，G）。几乎完整的信件，不过有一些表面损坏，还有两个大洞，影响到了第 2-3 行和第 11-13 行。

封印：初次发现和拍照时未打开，但现在断成两截并且被从皮带上拿下来了。（和 **cf** 封印的情况相同。）

发表：*BD*2。

（哈利利博物馆，DOC 71）

ch

描述：形式 3。正面：15 行（E-L）+ 6 行（A-D）。背面：4 行（地址，G）。信件完整，发现时为密封状态。正面部分脏污，还有一些黑色墨点，以及由于折得太紧，有一些对面的墨迹印过来的痕迹，但并不影响文字识读。

封印：未打开。

发表： *BD*2。

（哈利利博物馆，DOC 124）

ci

描述：形式 3。正面：10 行（E-L）+ 4 行（A-D）。背面：3 行（地址，G）。信件完整，发现时密封。重写本。正面只有之前文本的模糊痕迹可见，不过背面属于之前文本的 4 行地址位于区域 Ji-Fii，仍大体可读。

封印：未打开。

发表：Sims-Williams 1997, pl. 1-2 (照片); *BD*2。

（哈利利博物馆，DOC 66）

cj

描述：形式 3。正面：11 行（E-L）+ 4 行（A-D）。背面：3 行（地址，G，不可读）。信件完整，据说发现时为密封状态。重写本。正面基本不可见之前文本。不过背面在区域 D-A 很明显有之前文本内容继续的痕迹，或许在区域 Ji[-Fii]还有之前的地址。

封印：未打开。

发表：*BD*2。

（哈利利博物馆，DOC 68）

ck

描述：形式 3。正面：7 行（E-L）。背面：不确定痕迹（地址，G）。皮带和封印遗失。不过信件完整。（亦见 **xj**。）

发表：*BD*2。

（哈利利博物馆，DOC 100）

cl

描述：形式 3。正面：11 行（E-L）。背面：2 行（地址，G）。信件完整，发现时密封。笔迹与 **cm** 相同。折痕显示出该文书是重写本，不过之前文本已经毫无留存，只有背面有些许不明确的痕迹在区域 Ji（地址？）和 Ki（注解？）。

封印：未打开。

发表：*BD*2。

（哈利利博物馆，DOC 77）

cm

描述：形式 3。正面：13 行（E-L），在末尾几乎全都缺一些字母。背面：7 行（第二次续写，I-L）+ 2 行（地址，G）。左边缘和右边缘均有损坏，皮带、封印以及左页边全都遗失（左侧边应该写有数行文字）。笔迹与 **cl** 相同。

发表：*BD*2。

（平山郁夫丝绸之路博物馆，No. 104127）

cn

描述：正面：11 行。背面：空白。重写本。看上去是完整的，但唯一的地址却属于之前文本（参见 **be**）。这一事实，包括潦草的字迹以及之前文本未被完全抹去，说明这封信可能只是个草稿或者副本。

封印：收到时打开的封印（和皮带）均卷在文书中。

发表：*BD*2。

（哈利利博物馆，DOC 72）

co

描述：形式 3。正面：10 行（E-L）。背面：3（？）行（地址，G）。

信件完整。根据质量不佳的影印件和照片识读，这些影印件和照片上背面的地址只能部分读出。重写本。（之前文本见 **bi**。）

封印：损坏了但未打开。封印上有一个肖像，右侧刻有巴克特里亚文的 *ζον ·[*。由于封印左侧损坏了，因此大概可以把文字重构为 *[να]ọα̣—ζο ν ·[....]*。

发表：*BD*2。

（Lawrence J. Schoenberg collection）

cp，1-28，37-9 行

描述：形式 3。正面：10 行（E-L）+ 5 行（A-D）。背面：8 行（I-L）+ 3 行（H-D）+ 2 行（A-E）+ 3 行（地址，G）。信件完整（但 29-36 行见下文），据说发现时是密封的。非常清晰的深色字迹，保存完好，只有背面区域 A-H 有些许磨损。重写本。之前文本包括最少 10 + 5 行（正面，E-L + A-D）和 7/8 + 2/3 行（背面，I-L + G）没有被完全抹去，但已经几乎全都被新信件的内容覆盖，新信件内容的排布与之前内容每一行都在同一位置。

封印：未打开。封印处有印章（tamga（？））的印迹，环绕着巴克特里亚文字，大概可以读成 *π̣ι̣δακ̣ο μọλρο*“Pidak 之印”。

发表：*BD*2。

（哈利利博物馆，DOC 85）

cp，29-36 行

描述：正面：8 行。背面：空白。一小片文书，包括 **cp** 的末尾内容（笔迹相同），无疑最初是放在信件中一同密封的。

发表：*BD*2。

（平山郁夫丝绸之路博物馆，No. 104131）

cq

描述：形式 3。正面：13 行（E-L）。背面：3 行（地址，G）。信件完整，发现时密封。上等羊皮纸。大体清晰的深色字迹，保存完好，只有少许磨损。

密封：未打开。

发表：*BD*2。

（哈利利博物馆，DOC 74）

cr

年份：157

描述：形式 3。正面：6 行（E-L）。背面：3 行（地址，G）+1 行（B）。在横折线和竖折线处有些许磨损，左右边缘处损坏，皮带和封印遗失，第 1-5 行末尾的一些文字也没有了。有一片主要的残片和三片较小残片，看起来是同一件文书，但没办法拼在一起。三片小残片中最大的一片两面都是空白，或许是左页边，较小的 2 片似乎是第 2-3 行和 4-5 行末尾的文字（包括第 4 行最尾端的字母）。

发表：*BD*2。

（私人藏品）

3.4.3 da-dg

一组信件，年代接近文书 **D**（年份 195，大约相当于公元 417/418 年）。**da** 和 **dd** 均系于年份 198，**de** 为年份 199；三件信件均来自 Keraw O(h)rmuzdan，较早的 **cr**（年份 157，见下文）和未署年份的 **db-dc**（放在这一组而非 **cr** 组是因为他们的收件人大体和 **da** 以及 **dd-de** 的一样）也是。信件 **df** 和 **dg** 收件人均为同一个 Nabag，**da-dd** 的收件人中也有他。

da

年份：198

描述：形式 3。正面：9 行（E-L）+3 行（A-D）。背面：3 行（地址，G）+3 行（B-F）。两片不规则形状残片（DOC 97：页面的左侧边；DOC 98：页面中央，包括下页边的一部分），在多个点上可以拼合。

发表：*BD*2。

（哈利利博物馆，DOC 97 + 98）

db

描述：形式 3。正面：6 行（E-L）。背面：3 行（地址，G）。磨损的残片，包括上边和右侧边缘。

发表：*BD*2。

（哈利利博物馆，DOC 83）

dc

描述：形式 3。正面：5 行（E-L）+ 4 行（A-D）。背面：2 行（地址，G）。信件完整，保存完好。根据影印件识读。

封印：未打开。我仅从一张草图上看到封印情况，有人像印章的印迹和巴克特里亚文，也许和 **dd** 相同。

发表：*BD*2。

(私人藏品）

dd

年份：198

描述：形式 3。正面：8 行（E-L）。背面：3 行（地址，G）+ 1 行（B）。完整，保存完好，写在白色皮革上的信件。背面的文字几乎全都抹去，但正面的文字是清晰的深色。

封印：未打开。封印处有人像印章的印迹和巴克特里亚文字。在哈利利博物馆还有两件文书带有同样的印章印迹，分别是 DOC 145 和 146 (亦参见上文 **dc**)。见 Sims-Williams 2005b, p. 339 以及 p. 344 的 fig. 7，其中的文字读为 *κιρδιροοαραρανο ραþτ[. . .]*。进一步检查可以看到在第 1 行（已经遗失）的末尾下方还有第 2 行字迹：*κα̣δα̣[γ]ο̣βιδ̣[ο]*。这部分文字是目前为止保存最好的。从书写风格来判断，*-βιδ̣[ο]*应该是第一次刻上去的，而 *κα̣δα̣[γ]ο̣-*刻得更轻，是不太美观的方形字母，或许是第二次加上去的。

发表：*BD*2。关于封印见上文。

（Aman ur Rahman collection）

de

年份：199

描述：形式 3。正面：6 行（E-L）+ 4 行（A-D）。背面：空白。一封信件的破碎残片，字迹模糊。第一次写的信只保存了第 1-4 行和

8-9 行，还存留了大部分左侧页边的续写内容。

发表：*BD*2。

（Sam Fogg Rare Books）

df

描述：形式 3。正面：8 行（E-L）+ 1 行（A-D）。背面：最少 2 行的痕迹（地址，G）。虽然文书磨损严重，尤其是左侧页边，但内容大部分是完整的，但文字大量褪色难以辨认。

发表：*BD*2。

（Sam Fogg Rare Books）

dg

描述：形式 3。正面：4 行（E-L）。背面：2 行（地址，G）。两片不规则形状残片（DOC 82：包括上下页边的残片；DOC 65：严重磨损的右上角残片），无法拼合，但明显是同一封信的残片。

发表：*BD*2。

（哈利利博物馆，DOC 65 + 82）

3.4.4 **ea-eh**

一组信件，年代接近文书 **E-H**（年份 243—250，大约相当于公元 465/6—472/3 年）。信件 **ea** 和 **ed** 均有系年，分别为年份 239 和 252（或 242？）。信件 **eb** 和 **ec** 的收件人均为 Shabur Peshladan/Pushladan，**ea** 也提到了这个人名。信件 **ee-eh** 均提到了文书 **G** 和 **H** 中见过的人：包括 **ee** 中的 Muzd Kharagan 和 4 封信件中均有的 Ormuzd Burnikan/Bunukan。

ea

年份：239

描述：形式 3。正面：9 行（E-L）+ 5 行（A-D）。背面：3 行（地址，G）+ 1 行（B-F）。上等的，几乎是白色的皮革。皮带和封印均遗失。然而信件完整。背面的内容部分磨损。大体上是仔细的书写，使用较大的、整洁的字体，不过 *α*/*δ* 的左上角通常打开，看起来就好像

是一个 *v*。

发表：Sims-Williams 1997, pl. 3; 1997b, p. 640; 1997c, pl. 16（正面的照片）; *BD*2。

（哈利利博物馆，DOC 2）

eb

描述：形式 3。正面：10 行（E-L）+ 7 行（A-D）。背面：3 行（地址，G）。信件完整，写在皮革上，皮革现在已经酥脆，部分透明。部分可以辨认的字迹在折叠时印在了另一侧（从正面左边印到右边，右边印到左边都有）使人有一种该文书为重写本的错误印象。背面内容大部分磨损。

封印：一块封印连同嵌入黏土的细绳系在皮带上。由于封印不是粘在信上的状态，因此无法确定封印和文书的关系。

发表：*BD*2。

（哈利利博物馆，DOC 4）

ec

描述：形式 3。正面：9 行（E-L）+ 6 行（A-D）。背面：4 行（I-L）+ 4 行（地址，G）。信件完整，发现时密封。薄而脆的皮革，横折线处有裂缝。有几段很轻微的被淡红色泥土弄模糊了。

封印：未打开。

发表：*BD*2。

（Schøyen collection, MS 2013）

ed

年份：252（或 242？）

描述：形式 3。正面：8 行（E-L）。背面：3 行（I-L）+ 3 行（地址，G）+ 2 行（F）。皮带和封印遗失。薄而皱的皮革，由于太脆无法弄平，有很多裂缝和洞。右边破损严重，因此正面左页边的全部内容都丢失了。一部分文字褪色，尤其是第 1-3 行和背面的内容。

发表：*BD*2。

（General N. K. Babar 藏品）

ee

描述：形式 3。正面：11 行（E-L）+ 4 行（A-D）。背面：3 行（地址，G）。有内容但是破损的信件残片，发现时密封。左侧边、中央的一大片和底边均遗失。

封印：密封。

发表：*BD*2。

（哈利利博物馆，DOC 107）

ef

描述：形式 3。正面：8 行（E-L）+ 2 行（A-D）。背面：8 行（I-L）+ 2 行（H-D）+ 痕迹（地址，G）+ 1 行不可辨认文字（F）。皮带和封印遗失，左侧边遗失，因此写于正面这区域的大部分内容也都丢失了。然而总的来说还算完整，但是竖折线和横折线处都破损得很厉害，几乎破成了两半。

发表：*BD*2。

（哈利利博物馆, DOC 60）

eg

描述：形式 3。正面：7 行（E-L）。背面：4（？）行痕迹（地址，G）。硬皮革，表面外部变黑，因此地址几乎全部不可辨认。皮带和封印遗失。然而信件大体完整，除了边缘和折痕处有损坏。相当不规则的难看字迹。

发表：*BD*2。

（哈利利博物馆，DOC 94）

eh

描述：形式 3。正面：8 行（E-L）。背面：4 行（I-L）+ 3 行（地址，G，严重褪色）。白色皮革，破碎，有水渍。一片不规则形状的信件残片，有右边和底边。没有哪一行是完整的。皮带和封印遗失，正面左页边全部遗失，这一区域本来应该有数行文字。根据皮革上的折痕和背面地址的位置来看，正面顶部应该有两行文字全部遗失了。

发表：*BD*2。

（哈利利博物馆，DOC 84）

3.4.5 **ja-jj**

一组信件，应该都不早于 **ea-eh** 组，有的可能相当晚。信件 **ja-jb** 提到了嚈哒人 *yabghu*（**eh** 中也有），**jc-ji** 明显更晚，因为在上颚元音前有两个 δ，这一用法最早出现在 **ea** 中（见“正字法和语法注释”§6.1.1），以及/或者音写字母 *Δ* 的使用——这在嚈达人时期之前未见过（见“正字法和语法注释”§6.1.1）。

ja

描述：形式 3。正面：11 行（E-L）+ 1 行（A-D）。背面：2 行（地址，G）+ 1 行（B-F）。发现时折叠且密封，但打开后变成了两片（左右分开了），这两片完全无法拼合。

封印：未打开。

发表：*BD*2。

（哈利利博物馆，DOC 76）

jb

描述：形式 2b。正面：12 行 + 1 行（地址）。背面：1 行（正文内容的继续）。除了正面文字略有磨损外无损坏。在正面正文和下方地址之间的空白处中央有一个用于封印的小孔。

封印：有一个打开的封印。

发表：*BD*2。

（哈利利博物馆，DOC 110）

jc

描述：形式 2。正面：11 行 + 1 行（地址）。背面：6 行痕迹（正文内容的继续）。有很多影响到文字的洞，不过是完整的文书。

发表：*BD*2。

（哈利利博物馆，DOC 86）

jd

描述：形式 2。正面：10 行。背面：空白。一封信件的不规则形状残片，包括上边的一部分和正面正文下方的一小块空白。

发表：*BD*2。

（Sam Fogg Rare Books）

je

描述：形式 2b。正面：11 行 + 1 行（地址）。背面：空白。完整，保存完好的信件，发现时卷着，而且由一个盖在皮带上的封印封着，皮带穿过位于正面正文和底部地址之间的空白处中央的孔。

封印：未打开。

发表：*BD*2。

（现不知所踪）

jf

描述：正面：22 行。背面：3 行（正文内容的继续）。完整，未损坏的一小片文书，写在白色皮革上。正面文字大体清晰，虽然有多处墨水晕染，但背面由于表面粗糙所以非常难读。文书明显没有写过地址，也没有封印，可能是两封信的草稿或者副本。

发表：*BD*2。

（Aman ur Rahman collection）

jg

描述：形式 2。正面：11 行 + 1 行（地址）。背面：空白。一封信的大部分，包括三面边缘，只是没有底边，但大量破损，有很多洞。表面破碎，多处文字磨损。

发表：*BD*2。

（私人藏品）

jh

描述：形式 2b？正面：13 行。背面：2 行（地址）。信件写在白色硬皮革上，完整，仅在折痕处有损坏。文书横折 5 次，这样折完之后就只有背面的地址能看见了，但不清楚到底是如何封印的。下页边看上去好像沿着下边缘几乎全都被扯下来，因此皮革两端都保留着凸起处（参见形式 3），但由于文书的下边缘是折在信里面的，所以看不出这条撕下来的边跟封印有什么关系。

发表：*BD*2。

（私人藏品）

ji

描述：形式 2（可能是 2b）。正面：8 行 + 1 行（地址）。背面：6 行（正文内容的继续）。基本上完整的信件，写在薄脆的皮革上，有多处裂缝和破损。数处字迹因表面的脏污而模糊，此外，尤其是背面，多处磨损。正面正文下方，皮革从中央几乎撕开到右边缘。一条皮带从裂缝中穿过，但上面并没有封印。

发表：*BD*2。

（Sam Fogg Rare Books）

jj

描述：正面：12 行。背面：11 行。一封信或一封信的草稿的破损残片，包括一边页边的一部分。两面都用同样方式书写。

发表：Sims-Williams 2010, pp. 205-209，照片在 p. 211。

（私人藏品）

3.4.6 xa-xt

目前无法判断年代的信件。

xa

描述：形式 3。正面：9 行（E-L）。背面：3 行（地址，G，严重褪色）。基本完整的信件，发现时密封。上边缘有损坏，还有一个影响到第 4-7 行的大洞。重写本。正面左页边可以看到之前文本的痕迹。

封印：初次见到和拍照时未打开，不过现在打开了。

发表：*BD*2。

（哈利利博物馆，DOC 108）

xb

描述：形式 2a。正面：9 行 + 1 行（地址）。背面：空白。完整，保存良好的信件。在正文和地址之间的空白处有一个封印盖在一条皮带上，皮带穿过两个孔。封印右侧的皮革从边缘到中间撕裂，或许这件文书最初是打算做成文书 **M** 那样的形式。

封印：未打开。有人像印章的印迹，左侧和上方有巴克特里亚文，或许应该读作 *σ̣α̣ρ̣το þ̣α̣β̣ο̣ρ̣α̣νο*。（根据 Judith Lerner，可能是跟 **xc** 一样的封印）

发表：*BD*2。

（哈利利博物馆，DOC 67）

xc

描述：形式 2b。正面：13 行 + 1 行（地址）。背面：3 行（正文内容的继续）。最右侧丢失了一细条，因此每一行都不是很完整。在正面正文和底部地址之间的空白处有一些小洞，其中有一个钻石形的孔明显是为了封印而人为切割的。

封印：有一个打开的封印。（根据 Judith Lerner，可能是跟 **xb** 一样的封印）

发表：*Text Manuscripts and Documents from 2200 BC to 1600 AD*, Sam Fogg Rare Books, Catalogue 16, London, 1995, pp. 18-19 (关于正面和封印的描述和照片); *BD*2。

（现不知所踪）

xd

描述：形式 3。正面：8 行（E-L）+ 2 行（A-D）。背面：仅有痕迹（地址，G）。白色皮革。一封信件的不规则形状残片，包括左页边的一部分和一小块可辨认的顶部边缘的一部分。由于可以重构第 3 行的末尾，因此可以明确第 4 行末尾基本上没有遗失，第 5 行末尾则什么都没有。中央的横折线正位于上下边缘中间，据此可知在现存的第 8

行之下应该不会有更多文字了。

发表：*BD*2。

（哈利利博物馆，DOC 91）

xe

描述：形式 3。正面：12 行（E-L）+ 4 行（A-D）。背面：8 行（I-L）+ 2 行（E!）+ 3 行（地址，G）。完整的信件，发现时密封。字形难看，有多处修改和插入的内容。背面的部分文字磨去了。重写本，但之前的文本只能读出单个字母。（背面优先使用区域 E 而非区域 H 说明羊皮纸的表面可能在区域 H 曾被削刮过。）

封印：初次发现和拍照时未打开，但现在从文书上拿下来并且损坏了。

发表：*BD*2。

（哈利利博物馆，DOC 64）

xf

描述：形式 2。正面：11 行。背面：4 行（正文内容的继续）。包括部分顶部边缘的残片。

发表：*BD*2。

（哈利利博物馆，DOC 88）

xg

描述：形式 3？正面：10 行。背面：空白。残片，包括顶部和底部边缘，可能还有一小部分右侧边。大部分内容被水洗掉或者褪色了，尤其是残片的下半部分。（注：DOC 81A 是一片柔软皮革的空白残片，其形状大小和现存的 81B 相同，可能在某种情况下他们曾被包缠在一起。）

发表：*BD*2。

（哈利利博物馆，DOC 81B）

xh

描述：形式 2。正面：9 行。背面：3 行（正文内容的继续）。一页顶部的残片。大部分内容磨损或者褪色了。

发表：*BD*2。

（哈利利博物馆，DOC 99）

xi

描述：形式 3。正面：13 行（E-L）。背面：3 行（地址，G）+区域 F 和 I-L 的书写痕迹。皮带和封印遗失。然后文书完整，除了一些小孔和裂缝外无其他损坏。文本内容严重褪色，大部分不可读。背面区域 I-L 的书写痕迹也许是之前文本的，不过并没有其他迹象说明这是一个重写本。

发表：*BD*2。

（哈利利博物馆，DOC 61）

xj

描述：正面：6 行。背面：空白。小型但完整的信件，没有地址或封印，之前是折在文书 **ck** 中。

发表：*BD*2。

（哈利利博物馆，DOC 95）

xk

描述：形式 3。正面：10 行（E-L）+ 2 行（A-D）。背面：2 行（地址，G）。很脆但看起来完整，只有一些洞和裂缝，尤其是在横折线处。

封印：未打开。

发表：*BD*2。

（哈利利博物馆，DOC 123）

xl

描述：形式 2a（但见下文）。正面：14 行 + 2 行（地址）。背面：空白。完整的信件，没怎么损坏。封印被一条穿过两个孔的细绳系着，一个孔在中间，另一个在正文和地址之间空白处的左侧。封印的位置不在中间说明原本可能是形式 2b，封印绳本来是穿过中间的一个空然后绕过文书系上，第二个孔是后来加在左边的，为的是重新把封印黏在打开的信上。

封印：未打开。

发表：*BD*2。

（哈利利博物馆，DOC 101）

xm

描述：形式 3。正面：8 行（E-L）。背面：3 行痕迹（地址，G）+ 不确定的痕迹（I-J）。完整的信件，发现时密封。保存完好，不过背面的文字几乎全都磨掉了。

封印：未打开。

发表：*BD*2。

（哈利利博物馆，DOC 120）

xn

描述：形式 3。正面：12 行（E-L）。背面：3 行（地址，G）+ 1 行（F）。信件完整，发现时密封。上等羊皮纸。

封印：未打开。

发表：Sims-Williams 1997c, pl. 11-12（照片）; *BD*2。

（哈利利博物馆，DOC 70）

xo

描述：形式 2? 正面：16 行。背面：空白。一封信件上竖着的一条，包括顶部边缘的一部分和正文下方的空白区域。这封信件由一条穿过空白区域的洞的皮带系成筒状，但封印遗失了。

发表：*BD*2。

（哈利利博物馆，DOC 92）

xp

描述：形式 2b? 正面：16 行。背面（写的方向和正面相反）：11 行（正文内容的继续）+ 2 行（地址）。似乎文书的顶部和左边缘在文书写成后被粗糙地修剪过，因此几乎每一行的行首几个字母、整个第 1 行（除了最后几个字母）和地址的第 3 行（包括应该是位于背面最底部的绳孔）全都遗失了。这似乎说明该皮革本来打算用于重写。总之，原始文本完全没有被除去，很清晰的保留下来，除了地址之外完全可读。

发表：Sims-Williams 1997c, pl. 10（正面照片）; *BD*2。

（哈利利博物馆，DOC 1）

xq

描述：形式 3。正面：8 行（E-L）+ 3 行（A-D）。背面：2 行（I-L）+ 3 行（地址，G）。皮带和封印遗失。然而信件完整，只有几个洞和横折线及竖折线附近的裂缝，两条最大的裂缝影响了第 2-4 行和第 14-16 行（地址）内容。文书正面镜像印过来的字迹显示出信件在墨水完全干透之前就被很紧地折叠起来了。

发表：*BD*2。

（哈利利博物馆，DOC 122）

xr

描述：形式 3。正面：8 行（E-L）。背面：1 行（I-J）+ 2 行（地址，G）。信件右半部分有水渍，很脆，沿着三条横折线有裂缝。皮带和封印遗失，正面整个左页边也没有了，这个区域应该最起码有两行文字。

发表：*BD*2。

（哈利利博物馆，DOC 56）

xs

描述：形式 2? 正面：4 行。背面：空白。可能是一件完整的文书（看起来不太像信件，因为完全没有任何问候语，也没有地址）。底边很宽，中央有用于穿封印绳的钻石形绳孔。

发表：*BD*2。

（Sam Fogg Rare Books）

xt

描述：形式 3。正面：10 行（E-L）+ 4 行（A-D）。背面：10 行（I-L）+ 2 行（A-E）。皮带和封印遗失。然而文书完整。重写本，在背面的区域 I-L 可以清楚地看到两次用不同颜色墨水书写的文本。正面文本完全褪色了，显示出说不定这张皮革本来打算用第三次。背面的文字相较之下更易辨识，不过地址已经完全磨去了。第一次发现和拍照的时候皮带和封印就遗失了，但文书折叠着，并且用一条独立的皮带系着，现在那条皮带也不见了。

发表：*BD*2。

（哈利利博物馆，DOC 106）

3.5 不确定性质的残片

ya

描述：正面：3 行。背面：空白。小型残片，可能包括一部分左边缘。

发表：*BD*2。

（哈利利博物馆，DOC 105）

yb

描述：正面：6 行。背面：空白。破碎的，不规则形状的残片。

发表：*BD*2。

(私人藏品）

yc

描述：正面：2 行。背面：2 行。细条状。

发表：*BD*2。

（哈利利博物馆，未编号）

yd

描述：形式 2a? 正面：大约 7 行不可辨识文字。背面：似乎是空白。文书下方折起来，一个封印和系在一条细绳上，细绳穿过双层厚度皮革上的两个孔。一部分上边缘也保存着，如果是这样的话，这件文书相当短。

封印：未打开。

发表：*BD*2。

（哈利利博物馆，DOC 63）

ye

描述：正面：最少 3 行。背面：空白？不规则形状残片，两边都弄黑了，因此只有一小部分字母可读。

发表：*BD*2。

（哈利利博物馆，未编号）

3.6　佛教文书

za

描述：写在一条织物上的文书。正面：20 行。背面：空白。文本上方和下方是两幅画，好像是重绘的，分别是佛像和一个饮者带着头巾和腰带。多处破洞和撕裂，其中一个位于佛像胸部的矩形孔好像是人为切割的。顶部附近，接近佛像头部左侧，一块黏土封印系在一根细绳上。

封印：未打开。

发表：Sims-Williams apud Morimoto 2003, pp. 8-10 (有印刷错误); *BD*2。照片之前发表在 Sims-Williams 1997c, pl. 13。

（哈利利博物馆，DOC 130）

zb

描述：无法拼合的两片残片，但是是同一叶（folio）的左右两端，可能是来自一个菩提装（poṭhī format）抄本，虽然有装订空的部分已经缺失了。正面：左上角有数字 α′ = “1”(?) + 8 行。背面（和正面书写方向相反）：8 行。

发表：Sims-Williams 2000a; *BD*2。

（Schøyen collection, MS 2419/1-2）

zc

描述：正面：9 行字母。背面：2 或 3 行痕迹。细条，可能是来自一件文书的右侧边缘，还有一道竖着的长裂缝。底边折起，沿着折痕有一排 3 个针眼，显示出此残片原本所在的那一页早先跟另外一页钉在一起。最早获得此残片时，它和一枚封印以及一片小的巴列维文书(=DOC 129)卷在一起，但无法确定它们之间有什么关系。（也许这件残片是作为一根皮带穿过巴列维文书上方页边上平行的两条缝来封印文书的）。

发表：*BD*2。

（哈利利博物馆，DOC 128）

zd

描述：两片桦木制菩提叶。叶 1：5 行。叶 2：3 行。（每一叶的另一面都有 5 行梵文。）

发表：Sims-Williams apud Karashima 2008, pp. 89-90 和 pl. 25; Sims-Williams 2010, pp. 203-205，图片在 p. 210。

（栗田美术馆 Isao Kurita collection）

哈利利博物馆文书索引

DOC 1	**xp**
DOC 2	**ea**
DOC 3	**M, m**
DOC 4	**eb**
DOC 5	**U**
DOC 6	**L**
DOC 7	**J**
DOC 8	**N**
DOC 9	**K**
DOC 10	**T**
DOC 55	**V**
DOC 56	**xr**
DOC 57 + 104	**H**
DOC 58	**ai**
DOC 59	**ae**
DOC 60	**ef**
DOC 61	**xi**
DOC 62	**ce**
DOC 63	**yd**
DOC 64	**xe**
DOC 65 + 82	**dg**
DOC 66	**ci**
DOC 67	**xb**
DOC 68	**cj**
DOC 69	**af**
DOC 70	**xn**
DOC 71	**cg**
DOC 72	**cn, be**
DOC 73	**D**
DOC 74	**cq**
DOC 75	**cf**
DOC 76	**ja**
DOC 77	**cl**
DOC 78	**bb**
DOC79	**ba**
DOC 81B	**xg**
DOC 82：见 65	
DOC 83	**db**
DOC 84	**eh**
DOC 85	**cp**
DOC 86	**jc**
DOC 87	**ah**
DOC 88	**xf**
DOC 89	**cd**
DOC 90	**al**
DOC 91	**xd**
DOC 92	**xo**
DOC 93	**cc**
DOC 94	**eg**
DOC 95	**xj**
DOC 96	**G**
DOC 97 + 98	**da**

DOC 99	**xh**
DOC 100	**ck**
DOC 101	**xl**
DOC 102	**Ii**
DOC 103	**I**
DOC 105	**ya**
DOC 106	**xt**
DOC 107	**ee**
DOC 108	**xa**
DOC 109	**aa**
DOC 110	**jb**
DOC 111	**ab**
DOC 112	**X**
DOC 113	**P**
DOC 114	**Q**
DOC 115	**ag**
DOC 116	**W**
DOC 117	**Y**
DOC 119	**C**
DOC 120	**xm**
DOC 121	**aj**
DOC 122	**xq**
DOC 123	**xk**
DOC 124	**ch**
DOC 125	**bc**
DOC 126	**bh**
DOC 127	**bg**
DOC 128	**zc**
DOC 130	**za**
未编号	**yc**
未编号	**ye**

其他来源的文书

Aman ur Rahman	**dd**
	jf
M. R. Babar	**am**1-29
N. K. Babar	**bd**
	ca
	ed
Fogg	**Aa**
	Nn
	R
	Ss
	Tt
	ac
	ak
	am30-38
	an
	de
	df
	jd
	ji
	xs
平山郁夫	**A**
	B
	F
	cb
	cm
	cp, lines 29-36

栗田功	**zd**
Schoenberg	**co**
Schøyen	**S**
	Uu
	ec
	zb
Yushodo	**E**
	xc
（无名氏）	**O**
	bf
	cr
	dc
	je
	jg
	jh
	yb
（切开消失）	**ad**

4 文本

文本撰写遵循以下原则：

下加点（例如：*α̣β̣ο̣*）表示不确定的识读。

圆点（•）表示一个无法辨认的字母。

[ ]表示重构字母，该处文本损坏或无法辨识。

< >表示第二次加上的词或者字（通常在行上）。

( )表示抄手遗漏的词或者字，例如漏写。（刻意的简写只在有可能引起歧义的时候才会扩展成原写法，就像在文书 **R**21 中，扩写成 *μ̄ο̄λ̄ρ(αγ)ο*“盖印文书”与 *μολρο*“印”相区别。）

{ }表示应该删掉的写错的词或字（例如重复的错误拼写）。

标点符号和像字母上加横线这样的注音符号，都是以大致接近文书上显示的样子呈现在出版物中的。不过用单个字母表示数字的情况都按照通常的希腊数字来转写了（例如 *α*′、*β*′、*γ*′，不过，*α* = 1000），而没有完全采用本来文书的写法（通常是特别精心修饰过的形状或者是符号和点）。关于巴克特里亚文书和碑铭中数字符号的全面讨论参见 Sims-Williams 1999a。

以 *α* 开头的形式，类似于数字 *α*′，经常见于 *αβο*“致”和 *ασο*“来自”一类信件中的起始词。这时被转写为大写字母 *A*。不太常见的以 *α*-开头的复杂形式，见于 **A**1 和 **ab**20，也转写为大写字母 *A*，但应该注意，这里的用法与 *αβο* 和 *ασο* 中的开头字母 *α* 不同。

关于转写为符号 *Δ* 的情况，见“正字法和语法注释”，§6.1.1。

字母 *ο* 从不和下一个字母连写，因此可以与 *α* 和 *δ* 区分，后两者通常和后面的字母连写，要不然最起码也有一个朝向它的笔画。因此不连写的形式总是被转写成 o，即使是在应该是 *α* 的情况下亦如此，因为有明显证据指出字母 *α* (= ā 或 ă)时常简化为 o，或者干脆在晚期巴克特里亚文中就消失了。有时候字母 **o**（尤其是后面跟着另一个 **o** 的时候）会带一个指向右下角的笔画，目前还不清楚此种写法是否有语言含义。此类情况在文书中用 *o'* 来表示，例如 *ιαο'ο*“谷物”(**K**5, 8, 16)，*βο'νο*“土地”(**L**7')，*ιο'νο*“学徒”(?) (**N**14')，*ιο'οηδανο*“外部”(**U**10)，*ταο'ανο* (**W**31') 或 *ταο'οανο*“好”(**Y**24)，*γαο'οανο*“责任、债务”(**Y**21)。

一个长横线(—)表示一块面积，通常在一个词中，例如因为皮革上本来有瑕疵，或者，如果是在字母之外的标记，则表明该处被黏土封印盖上了。

一个曲线(~)表示一个简单的末笔或者一个复杂一点的尾部装饰（通常类似于 *-ασασ*, *-σανν-*, *-σαι* 等），这种装饰表示一个单词（通常是缩写）是文本内容最后一个词。

在脚注中，有时候用一个竖线(|)来表示一个单词分属两行。

有时候同一份文书在一张页面上有两个复本。这种情况下，为了便于比较两个复本，第二（公开）复本放在第一（密封）复本下方。在第二复本的字母代号后加一撇（例如 **C'**），用来与第一复本代号相区别（例如 **C**）。由于两个复本有时候差别相当大，因此所有复本均分别翻译。

4.1 署明日期的文书

A1 *χþονο ρ´ ι´ Αυρηζνο*[a] *μα̅ο̅ σ̅α̅χ̅το Αβαμοχοινο*[a] *ρωσο καλ̣δο νοβιχτο μο ολοβω-*

A2 *στογο μαλο αβο μο ρωβαγγο þα̅ρ̅ο̅ αβιιο ανδαγο σιδο στηβο ριζδο αζδηβδο ειμουανο αστ-*

A3 *ηβιγανο αζαβοργανο οιγαλφανο μολροδηβγα̣νο κ̣ιδο ι ωνδο λιβο ζαγ̣ινδο ταδο αβο μασκο̣*

A4 *πιδοναμγο νοβιχτιγινδο οδο κιδο ι ωνδο λιβο ναζανινδο ταδοιηνο αβο μο νιγο λιστοβαρο κι̣-*

A5 *ρδο πισ̣ο οινδοω̅ρ̅ο̅μ̅οζδο κολαγανο ιανδαγοβιδο οδο πισο χοαδηολαδο ιαστονικανο οδο πι̣-*

A6 *σο οαραζοω̅ρ̅ο̅μ̅οζδο χοασραογανο οδο πισο αβδαβοκο παβογανο οδο πισο ασπαλομ̅ι̅ρ̅ο̅*

A7 *ιωλικανο οδο πισο βαγοβα̅ο̅ ι̅α̅βιϸταδο οδο πισο μανδαρουανισο στηβιγαν̣ο αζαβοργανο̣*

A8 *οιγαλφανο μολροδηβγανο πιδοοασατο χοακαμο χοασινδο βαγοφαρνο ζαμωδο̣ πο̅ρ̅ο̣̅*

A9 *οδο βαβο οδο πιδοκο βαγοφαρνο ποραναvο ζαουοζαδγανο κιδο ωσο νοβανδο νινδοκο ι ω-*

A10 *χϸοβαδογα̣νο πιδο αζαδο ασπασο ποροχηζαμο μισιδο ζιϸτο μα̣νο βαγοφαρνο ασαφαγο*

A11 *φαροοηϸο οδασαφαγο νωγοσανινδο ιαλωγδο ασονωυο ειο ζινο κιδο ραλικο να̣μο φαρι-*

A12 *μουανο πο̅ρ̅α̅ν̅ανο ολο φαρο βαβο οδο̣ φαρο πιδοκο ιθαυατανο ληρηιο αζο βαγοφαρνο̣*

A13 *αβο μασκο νοβιχτισο ζινο κιδο ραλικο ναμο ασνωυο ασνωυογωγγο αβο οισπο αστο σ̣ιδ̣ο̣μ-*

A14 *ηνο ωσο αστο οδο σιδανο ασο μαβρισο αλφανζαμηιο ιθασαγωνδο ασνωυο πορδο αβο*

A15 *λριγδο σαγωνδο αβο μο λαμο νοβανδανο οτο πιδοοασατο βαβο οδο πιδοκο αγγιτιδο αμαχ-*

A16 *ο μανο βαβο οδο πιδοκο αβο ραλικο ολο ολογωγγο αβο οισπο αστο σιδομηνο ωσο αστ-*

A17 *ο οδο σιδανο ασο μαβρισο αλφανζαμηιο φινζο φρομανζο ιθασαγωνδο αβο μο λαμο νοβα-*

A18 *νδανο οτανο μαπαδοαρχανηιο αζο βαβο οδαζο πιδοκο ανδαρο ολο αβο κιρδο οδο μαζαδ̣ο πιδο-*

A19 *ρωφσο αβο λριγδο σιδανο ραλικο μαυοσινδηιο οδο καλδανο αζο βαβο αλαζο πιδοκο ανδαρο̣*

A20 *ολο κιρινδηιο αλο αζαδο πιδορωφσο ληρινδηιο σιδανο ραλικο μαυοσινδηιο ταδανο̣*

A21 *λαυινδηιο ταο̣ανο αβο ϸα̅ο̅γ̅α̅νο γαζνο ζαροζιδγο κ΄ διναρο οδο δαφρηλο φαρο παδαρλο̣-*

A22 *γο [ο]το πιδοοασατο νινδοκο μοζδαοανινδο πο̅ρ̅ο̅ ο̅δο ιαμϸοβανδαγο οδο παπο οδο ιατο̣*

A23 *νινδοκο πο̅ρ̅α̅ν̅ανο κιδο καδγο ωχϸοβαδογανο ριζδο κοοαδο αμαχο αβο ραλικο χοαδοζ-*

A24 *ιþτο οτο πιδιδο ιειρο υοσινδαμο οτανο μαπαδοαþχανινδηιο αζο νινδοκο οδαζο ιαμþọ-*

A25 *βανδαγο οδαζο παπο οδαζο ιατο φαρο ραλικο ιαοαργο οδο ταραζο αβο λαδο οδο μασιδανο α-*

A26 *σọ ραλιḳο αζιιηιο οδο σιδανο ασο ραλικο πορο αζιιηιο ταδανο πιδο χοβο χοαρηιọ*[b]

A27 *οτο πιδο υαργο κιρηιο πιδο αζαδο ασπασο σαγωνδο νιιαγο οδο πιδο κιρδο οδο σιδαụọ*

A28 *λ̣ογδο αζιιηιο τạḳοοαδανο πιδο οδο ιμαδο οδο γωυριγο ụοσινδηιο*[c] *αβηγο αβο λαδο ταδ̣[ο]-*

A29 *ιανο λαυινδηιο οδο καλδανο αζο νινδοκο αλαζο ιαμþοβανδαγο αλαζο παπο αλαζο ιατο οιζạ-*

A30 *γγ[οδ]αρο κιρηιο αλδανο φαρο ραλικο ιαοαργο αλο ταραζο λαυινδηιο οδαλδο ιθαχοανịụδ̣-*

A31 *ηιο κọοαδομηνο αβο ραλιḳο ζạδικανο βανζο αλο μαρηγο βουδο βηγο πιδο αζαδο ασπασο*

A32 *σαγωνδο νιιαγο οδο πιδο ταδο λαυινδηιο ταοανο αβο þαογανο γαζνο ζ[α]ρ̣οζιδγο κ΄ διναρο*

A33 *οδο δαφρηλο φαρο παδαρλογο οτομηνο ιθαησο χοανδο ọδọ ọịσ̣ạρọ [ναοαο]ορο*[d] *αβουδ̣ηιο*

A34 *ναμαγγọ κωσ̣οβο α΄ βαρζο α΄ οανοσ̣τ̣ọσ̣ιγο α΄ ραγαζο •΄[.............. ......]δ̣ομιγγο α΄ λ̣ι-*

A35 *σ̣τ̣οβạνδιγο δ΄ þḳομιụο*[e] *β΄ καφþινο ιογδιγο γ΄ ποσọ β΄ [.............. γανδο]μ̣ο μιδọ γ΄*

在页面底部

A36 *].....αụολạ..[*

[a]*A-* 在这里表示一个普通的 *α-* 前面加了一个花式，看上去像一个超大号的 *κ*。参见 **ab**20 的注。 [b]*-α-* 有污迹,然后在下面重写了。 [c]或 *υοσινδ(ινδ)ηιο*。 [d]似乎不是*]αρο*。 [e]或 *þκαμινο, þνομικο*，等。

(**Aa**1) *[χ]þονο ρ΄ λ̣΄ δ΄ δηματριγανο* (**Aa**2) *μαυο οδο ιαρωσο δινο*

(**Aa**1′) *[. . . δ]η[μα]τρ[ι]*(**Aa**2′)*[γανο...μαυο οδο ιαρωσο] δ̣ινọ* ··· (**Aa**'结尾)

πιδο(**Aa**3)ροβδο μανο βασοκο[a] ασο ζοοανι(**Aa**4)νδο χαραγανο ζαροζιδγο

δι(**Aa**5)ναρο β´ ταδιιο ταοι̣ σιρ̣γο

[a] 较小可能是 βο-。

(**B**1) χþ̣ονο ρ´ λ´ ζ´ þ̣αβα̣το μαυο πι(**B**2)δ̣οροβδ̣ο μανο α̣σπαλοβιδο

(**B**1′) χþο̣ν̣ο ρ´ λ´ ζ´ þαβατο μα̣υο (**B**2′) πιδοροβδ̣ο μανο ασπαλοβιδο

α̣σ̣αφ(**B**3)α̣γο̣ ζο̣οανινδο αμβαροβι̣ρσα(**B**4)ρλογο σιδασο ι ναμαγο

(**B**3′) α̣σ̣α̣φαγο ζοοανιν̣δο αμβαρο(**B**4′)βιρσαλογο σι̣δ̣α̣σ̣ο̣ ι ναμ̣αγο

ν̣ιβισιδο (**B**5) αρδο οδο ιαοι μιδο μ´ μολο (**B**6) σα̣βολο ι´ β´

νιβισ(**B**5′)ιδο αρδο οδ̣ο̣ [ια]ο̣ι̣ μιδο μ´ (**B**6′) μολο σαβο̣λ̣ο ι´ β´

ζιμ̣οο̣ηζγο ι´ ο̣αþ(**B**7)ο̣ γωνζο ι´ οργιγο[a] βα̣ν̣δ̣ο ι´ δ̣´ (**B**8)

ζιμοοηζ(**B**7′)γο λασο οαþ̣ο γωνζο λασο ορ̣(**B**8′)γιγο βανδο ι´ δ´

μιργο α´ ταδιιο τ̣αοι̣ σιργο

μ̣ιργο α´ (**B**9′) ταδιιο ταοι̣ σι̣ργο

[a] οργο 的变体。

(**C**1) χþονο ρ´ ν´ ζ´ δρηματιγανο μ̅α̅ο̅ ε̅δ̣̅ο̅ μο λαþνοβωστογο μαλο νιβιχτο

(**C**1′) χþο̣ν̣ο ρ´ ν´ ζ´ δρηματιγανο μ̅α̅ο̅ ε̅ιδο μο λαþνοβω[στ]ο̣γο μαλο ναβιχτι

αβο μο ρω(**C**2)βαγγο þ̅α̅ρ̅ο̅ αβιιο ανδαγο σιδο ρηγανο ραζινδο πισο

α(**C**2′)βο μο κανδοβαναγγο þαρο αβιιο ανδαγο σιδο ρηογανο ριζδ̣ο̣ πισο

εμουανο ζαβοργανο οιγαλφανο κιδο (**C**3) πιδο μιλανο αρομαστινδο

ειμουανο α̣ζα̣δ̣ο̣β(**C**3′)οργανο ο̣ιγαλφανο κιδ̣ο πιδο μιλανο αρμαστινδ̣ο πισο ω̅ρ̅ο̅μ̅ο̅ζ̅δ̅ο̅ ‾‾ β̣ορζαδορανο οδο πισο χοηοι

οτοιη[νο]α̣βο μ̣α̣σ̣κο ταβδο πισο ωρ̅ο̅(**C**4′)μοζδο βορζαδορανο οδ̣ο̣ πισο χοηο

κοσιρδαχμιγο[a] οδο (**C**4) βα̣γολαδο μαρ̣οκανο οδο πισο φαροοαραζο

κοσιρδ̣α̣χμιγο οδο π̣ι̣[σο βαγο]λ̣α̣δο μα̣ρ̣[ο]κ̣α̣ν̣ο̣ ο̣δο πισ̣(**C**5′)ο φαροοα̣ρ̣α̣ζο

μαλρογοσιγο οδ̣ο πισο μανδαρουανισο ρ̅α̅ρ̅ιγαν(**C**5)ο πιδοοησατο

μαλρογοσιγο οδο πισο μα̣ν̣δ̣α̣ρ̣ου̣α̣νισ̣ο̣ ραρ̣ι̣γα̣ν̣ο̣ π̣[ιδοο]η̣[σα]τ̣ο̣

χοακαμο χοασινδο ρ̣α̅ρ̅ο̅ο̅ανινδο ιρηογαν̣ζιγο ισκαχο[b] π̅ο̅ρ̅ο̅ φαραφαγο

χο̣α̣κα(**C**6′)μ̣ο χοασινδο ρ̣α̅ρ̅ο̅οανιν̣δο ιρηογανζ̣ιγο ισκατο̣[b] π̣ο̣ρ̣[ο] φ̣αραφαγο

πιδ̣(**C**6)οοησημο ιαμροσπαλο ιαμροσπαλο πο̅ρ̅ο̅ ι̅βορκανο μισιδο αστο

πιδοοηση̣μο ια(**C**7′)μ̣ροσπαλο̣ ιαμροσπαλο πο̅ρ̅ο̅ ι̅βορν̣ικανο[c] μ̣ισιδο α̣στο

μανο ρ̣α̅ρ̅ο̅ο̅ανινδο ζαμιγο (**C**7) σαδγο χοβομο π̅ι̅ρ̅ιρτο αβο (ο)αδωδο ειο

μ̣α̣ν̣ο̣ ραροοανινδο ζαμ̣ιγο σαδ̣(**C**8′)γο χοβομο π̅ι̅ρ̅ι̅ρτο αβο οαδωδο ειο

ζα̣μιγο σιδο λαροκαδο ριζδο κοαδο αβο ιζαμιγο ει(**C**8)μο

ζαμιγο σιδο λαροκαδο ριζδ̣ο̣ κοαδο αβο ιζαμιγο̣ (**C**9′) ειμο

παδουαμονδιγινδο ασο μ̅ι̅ρ̅ο̅ασανο οδο ασο νημορωσο τασα̣ρ̣ο ιαβο υαμονδο

παδουαμονδιγινδο ασο μ̅ι̅ρ̅ο̅α̅σ̅ανο οδο ασο νημορωσο τασαρο ιαβο υαμονδο

οδο ασο (**C**9) μ̅ι̅ρ̅ο̅νοφρανο ιαμροσπαληλο ζα̣μιγο οδο ασο αβαχρανο

οδο (**C**10′) ασο μιρονοφρανο ιαμροσπαληλο ζαμιγο οδο ασο αβαχρανο

μ̅ι̅ρ̅ο̅βανδαγο ισταχιρσιγο ρο(**C**10)ζγο ταδομο λαδο μασκο ναβιχτογο

μ̅ι̅ρ̅ο̅βανδαγο ισταχι(**C**11′)ρσιγο ροζγο ταδομο λαδο μασκο ναβιχτογο ζαμιγο οδο ιαβο σιδο οαρο νạυαγγο λαϸνο φαραφαγο (**C**11)

ροζγο οδ̣ο ιαβọ σιδο οạρο ναυạγγο λα(**C**12′)ϸνο φαραφαγο

ιαμϸο(σπαλο) πιδο κιρδο ασπαχτο οτομο αγγιτο ασαφạγο ιαμϸοσπαλο

ιαμϸοσπαλο πιδο κιρδο ισπαχτο οτομο αγγιτο ασαφαγο ιαμϸοσ̣(**C**13′)παλο

παλαϸνο πισιδο ϸαδο υονασι(**C**12)νδημο ιθᾱσ̄ ᾱτ̄ανο μαπορσο ζοριγο μασκο

παλαϸνο πισιδο ϸαδο υονασινδημο ιθᾱσ̄ ᾱτ̣̄ανο μαπọρσο ζοριγο μασκο

ναβιχτογο ζαμιγο οδο ιαβο σιδο οαρο ναυαγγο τα(**C**13)οι ιαμϸοσ παλο

ναβι(**C**14′)χτ̣ογο ζαμιγο οδο ιαβο σιδο οαρο ναυαγγο ταοι ιαμϸ̣[οσ] παλο

χοβηιο χοζηιο χοαρηιο ληρηιο αλο πσ̄ρ̄ᾱνανο αλο φορζινδανανο

χοβηιο χοζηιο χοαρηιο λη(**C**15′)ρηιο αλο πσ̄ρ̄ᾱνανο οδο ạλο φọρζινδανανο

αβ(**C**14)σαχοανο αβοισαρο ασο μωσο αβο ιαοηδανο ζοριγο οδο

αβοσạχοαṿο ạβ[ο]ọισạ[ρο] ασο μωσο αβο (**C**16′) ịạọη̣δ̣αṿο ζοριγο οδο

καλδανο αστηιο μαπορσο ζοριγ(**C**15)ο άλο αζο ϸαροοανι(νδο) χοαδο

κạλδανο αστηιο μαπọρσ̣ọ ζορι[γ]ọ ạλ̣[ο α]ζọ ϸ̣[α]ροοανινδọ χọ(**C**17′)ạδ̣ọ

αλο μανο βραδο αλο μανο πορο αλο μανο φορζινδο κιδανο αλ(**C**16)αφαγο

αλο μạṿο βραδο αλọ μανο πσ̄ρ̄σ̄ ᾱλο μανο φορζιṿδ̣[ο] κ̣ι[δ]ạṿọ αλαφạγο

ιαμϸοσπαλο αλο αλο ταο βραδο αλο αλο ταοι π̄σ̄ρ̄σ̄ ᾱλ̄ο αλο ταοι

ιαμϸοσπ̣ạλ̣ο αλο (**C**18′) ạλ̣ο ταọι βραδọ αλọ αλο ταọι πσ̄ρ̄σ̄ ᾱλ̄ο ταοι

φορζινδ̣ο πιδο μασκο (**C**17) ναβιχτογο ζαμιγο αλο πιδο ιαβο σιδο

φọρζινδο πιδο μασκọ ṿαβιχτογο αγγαργο αλọ π̣ιδο (**C**19′) ιạβο σιδο *οαρο ναυαγγο χοανδο οισαρδο αβζιιηιο ταδοιηιο ̣ιχοαν*(**C**18)*δο οδο οισαρο*

οαρο ναυαγγο χοανδο οισαρδο αβζιιηιο ταδοιηιọ [ι]χ[οαν]δ̣ο ο̣δ̣ο οισαρο

μαοαοαρηιο οτο λα̅η̅ι̅ο μισο αβινδαμο αβο ϸαυογανο γαζνο ζαροζιδγο

μαοαοαρη(**C**20′)*ι̣ο οτο λα̅η̅ι̅ο μισο αβινδαμο αβο ϸαυογανο γαζνο ζα̣ροζιδγο*

δι̅ν̅α(**C**19)*ρο κ′ οιστο οδο δαφρηλο φαρο παδαρλογο οτο φιϸαοσο μο*

διν̣αρο κ′ οιστο οδο δαφρη(**C**21′)*λο φαρο παδα̣ρλογο οτο φιϸαοσο μο*

λαϸνοβωστογο χοζο οδο ο(**C**20)*αοαραδο σαγωνδο αβο μασκο*

λαϸνοβωστογο χοζο̣ [ο]δο οαοαραδο σαγωνδο αβο (**C**22′) *μ̣ασκο*

ναβιχτογο οτο αβο μο λαϸνοβωστογο μανο ϸα̅ρ̅ο̅οανινδο (**C**21) *αλο μασκο*

να̣βιχτογο οτο αβο μο λαϸνοβωστογο μανο̣ ϸ̅α̅ρ̅ο̅ο̣[ανι]ν̣δο αλο μασκο

ναβιχτιγο οιγαλφανο μολρο ταβδο α̣το χοζο οδο οαοαραδο

ναβιχτιγο (**C**23′) *ο̣ι̣γαλφα̣νο μολρο ταβδο ατ̣ο χοζο οδο οαοαρα̣δο*

[a]*χ* 是 *ο* 或 *α* 的变体。 [b]两者读法都很明确（虽然字母 *τ* 和 *χ* 在此文书中非常相似）。[c]*ιβορκ*-的变体。

D1 *χϸονο ρ′ ϙ′ ε̣′ μα̣[ο]*

D2 *καλδο κηραο χο̣ηο αβο κ[••••]*

D3 *α̣ρμαστο ταδο̣ι̣η̣ι̣ο αζγα̣[δο*[a] *κη]-*

D4 *ραο λιστηγι̣ρδο αζγαμ[ο]ν̣[••••]-*

D5 *ο οδο ϭ̣ωραϭ̣ο ο̣δο ασπαν[δο ι]αο̣[ι]*

D6 *τασκο ξ′ δ′*[b]

[a]好像不能复原为 *αζγα[μο]*，因为那样的话 *μ* 的底部应该可见。 [b]或 *β′*？两个数字都很模糊。

(**E**) *[. . .*

(**E**1′) *χþọνο*[a] *σ′ μ′ γ′ αββο μισι*(**E**2′)*δο αγαδο ασπιιο κανδοβα*(**E**3′)*νζιγο ασο*

ε](**E**1)*[ι]ọ ταọι σιργ[ο]*

μοζδο παδοαγρ[α](**E**4′)*αβο*[b] *ιαοι αγρηοι ι′ ταδο ε*(**E**5′)*ιο ταοι σιργο*

[a] *χþν*-的变体?好像不能复原为 *αζγα[μο]*，因为那样的话 *μ* 的底部应该可见。 [b] 或 *παδοαγρα|δβο*，但很难认为是这个形式。

(**F**1) *χþονο σ′ μ′ ζ′ μαυο σπανδαρομιδο ρωσο ωρομοζδο καλδο ναβιχτο*

(**F**1′) *χþονο σ′ μ′ ζ′ μαυο σπανδαρομιδο ρωσο ωρομοζδο καλδο ναβιχτο*

μολρ(**F**2)*ογο αβηסαχοανιγο αβο μο λαναγγο þαρο αβο βορζαοιδο αβο λιζο*

μολρογο αβησαχοα(**F**2′)*νιγο αβο μο λαναγγο þαρο αβο βορζαοιδο*

αβο καδαγοβιδο (**F**3) *αλβαρο αζδηβιδο ζαροοηρο οιβριιανο οδο πισο*

αβο καδαγοβιδο αλβαρο πισο ζαροοηρο οιβριια(**F**3′)*νο οδο πισο*

ταλμοζηνο οασαροβιδο καλδο (**F**4) *πιδοοασαδο χοακαμο οδο χοασινδο ασβιδο*

ταλμοζηνο οασαροβιδο καλδο πιδοοασαδο χοακαμο οδο χοασινδο ασβιδο

νονοκανο ιθαο κοοαδομο αβο ζηρ(**F**5)*ο βαγοβανδαγο πορο ασο*

[νο](**F**4′)*νοκανο ιθαο κοοαδομο αβο ζηρο βαγοβανδαγο πορο ασο*

ιαμþολαδο οδασο σαδαιωλο οδασο ταιαγο πιδοοδιγο ζαδ(**F**6)*γο*

ιαμþολαδο οδασο σαδαιωλο οδ[ασο] (**F**5′) *ταιαγο πιδοοδδ[ι]γο ζαδγο*

χιρδο πιδο σποριγο οαυαγο ταδομο ωσο ασαφαγο ζηρο πιδο χοβο σαρο

χιρδο πιδο σποριγο οαυαγο ταδομο ωσο ασαφαγο ζηρο πιδο (**F**6′) *χοβο σαρο* οαυ(**F**7)αγο σποριγο αγγιτο πισιδο χοαδο ραδ̣ο {ραδο} οδο υονοσινδο

οαυαγο σποριγο πιδοροβδο πισιδο χο̣αδο ραδο οδο υονοσινδο

κιρδιμο οτομο (**F**8) το ζηρο αζαδο αβησαχοανο οδο αβηαο̣[ι]σαρο υιρτηι̣ο̣

κιρδιμο ο̣τ̣ο̣[μ](**F**7′)ο το ζηρο αζαδο αβησα̣χοανο οδο αβηαοισαρο υιρτηιο

ταδο παρσο μαβαρο ζα(**F**9)μανο το ζηρο αζαδο αβησα̣χοανο οδο

ταδανο παρσο μαβαρο ζαμανο το ζ(**F**8′)ηρο αζαδο αβησαχοανο οδο

αβηαοισαρο βοοηιο ασαμαγο ασβιδο χο̣(**F**10)αδο οδασο μανο βραδ̣αρο

αβηαοισαρο βοοηιο ασαμαγο ασβιδο χο̣αδο οδασο μανο (**F**9′) βραδαρανο

οδασαμαχο πο̣ρανο ο̣δασαμαχο φρο̣ζινδινανο̣ ο̣(**F**11)δασο ανδαρο κισο οτο

οδασαμαχο πορανο οδασαμαχο φροζινδινατ̣ο οδασο ανδαρο κισο οτο

κιδανο ασταδ̣ο̣ παρσο μαβα̣ρο ζαμανο υ̣αρασο̣ κισο αλδαζ(*背面*, **F**12)ο

κιδ̣α̣(**F**10′)νο αστα̣δ̣ο παρσο μαβαρο ζαμανο υαρασο̣ κ̣ισο αλδαζο

ασβιδ̣ο̣ χο̣αδο οδαλδο μανο βραδο οδαλδο πορο̣ ο̣[δ]α̣λδο̣

ασβιδο νονο̣κανο χοαδο οδαλδο̣ (**F**11′) μανο βρα̣δ̣ο ο̣δ̣αλδο πορο οδαλδο

φροζινδο κιδα(**F**13)νο αβα̣φα̣γο ζηρο πιδο μαρηγο

φροζινδο οδαλδο ανδαρο κισο κιδανο αβα̣φαγο ζη̣(**F**12′)ρο πιδο μα̣ρηγο

ιονο αρκαραδ̣ο̣ αβο λαδ̣ο χοινινδο βοοαδο (**F**14) ανδαρο̣ μ̣ολρογο οδαλ̣δ̣ο̣

ιο̣νο αρκαραδο αβο λαδο χοινινδο βοοαδο ανδαρο μο̣λρογο οδαλ̣δ̣[ο] (**F**13′)

πωσταγο παροβαραδο οτο ιθα̅ο̅ χ̅ο̅ι̅ν̅α̅δ̅ο̅ κ̅οοαδο μα̣(**F**15)νο α̣[σ]βιδο ασαφαγο

πωσταγο παροβαραδο οτο ιθα̅ο̅ χ̅ο̅ι̅ν̅α̅δ̅ο̅ κ̅οοαδο μανο ασβιδο α̣σ̣α̣φα̣γο̣ *ζηρο πιδο　　　χοβο σαρο οαυαγο σποριγο νιστο πιδοροβδο ο*(**F**16)*τομο*

ζηρο πι̣δ̣[υ] (**F**14′) *χ̣ο̣βο σαρο οαυαγο σποριγο νιστο πιδοροβδο οτομο*

το ζηρο αζαδο　　　ναυιρτηιο ταδηιο χο̣{ι̣}ανδο[a]

το ζηρο αζαδο αβησαχοανο (**F**15′) *οδο αβηαοιṣα̣ρο ναυιρτηιο ταδηιο χοανδο*

ο̣δο οισαρδο αβο λαδο μα̣(**F**17)*χοζο οδο μαο{ο}αοαρο　　αβοδηιο οτο μισο*

οδο οισαρδο αβο λαδο μαχοζο　　οδο μα(**F**16′)*οαοαρο　　αβοδηιο οτο μισο*

πορδαγο βοοαδο ταοανο　　　βρηδαγανο̣ (**F**18) *ζαροζιδαγο　　　διναρο*

πορδαγο βοοα̣δ̣ο ταοανο αβο γαζνο βρηδαγανο　　ζαρο(**F**17′)*ζιδαγο δ̣ι̣γ̣αρο*

ν′ δαφρηλο φαρο παδοιαρλαγο οτο μολρογο　　μανο ασ(**F**19)*β̣ιδο αλο*

πανζασο ν′ δαφρηλο φαρο παδοιαρλαγο οτο μολρ(ογ)ο μανο ασ̣β̣ι̣(**F**18′)*δ̣ο̣ α̣λ̣ο*

οιγαλφανο ταβδο ταδο χοζηιο

οιγαλφανο ταβδο ταδο χοζο　　οδο οαοαρηιο σαγονδαβο μασκο ναβι[σιδο]

背面

Fv1　*ασβιδο τα̣β[δο]*

Fv2　*ζ[α]ρ̣οοηρο τ[αβδο]*

Fv3　*τ̣α̣λ̣μ̣ο̣ζ̣ηνο τ̣αβ̣δ̣ο*

[a] 因为行 13 和行 14 的 *χοιν-* 持续出现造成的拼写错误。

G1　*χ̣β̣ονο σ′μ′ θ̣′μ̣α̣υο δρημα̣τ̣[ιγανο]*

G2　*μιṣιδο πι̣δ̣ο̣ρ̣ο̣β̣δ̣ο̣ μ̣α̣νο μ̣οζ[δο ι χαρα]-*

G3　*γανο ι κα̣νδογο̣ληρο*[a] *ασοφαγο ω̣[ρο]-*

G4　*[μ]ο̣ζ̄δο̄ ι βο̣[ρνικα]υ̣ο σιδαβο καναρ̣[αγγα]-*

G5　*νο ιαοι [•]ι[••• σα]γ̣α̣δ̣ο*[b] *ασο ι χοβο οαρ̣[ζο μι]-*

G6　*σιδο μανο μοζδο πιδοροβδο ιαοι̣[αγρ]-*

G7　*ηαοι ρ´οδο κ´ασποριγο κοα̣δ̣[ο να]-*

G8　*β̣ανδοφαγο ωρομο̄ζδο̄ σ̄αγισο ν̣[ωζιδο]*

G9　*τ̣α̣δο ειο τ̣α̣ο̣ι̣ σ̣ιρ̣γο*

[a]*κανδογο-* 或 *-γα-*? 这个有问题的字母有一笔伸出去指向下一个字母，但没有和下一个字母连起来。 [b]可能是*[π]ι[δοσα]γαδο*。

(**H**1)　*[]χþονο σ´ ν´ μᾱο̣̄ α̣ρ̣δ̣[]*(**H**2)*ηþιοþτογο μισιδο　πιδορο̣*(**H**3)*βοδο*[a] *μανο*

(**H**1′) *[χþο]νο σ´ ν´ μᾱο̄ ᾱρ̄δ̣[ηιο]*(**H**2′)*[þτογο μισιδ]ο̣ π̣ι̣δ̣ορβαδο*[b]　　*μανο*

μοζδο　　　　*ι χᾱρ̄ᾱγ̄ανο ι κ[α]*(**H**4)*ν̣δογοληρο ασαφαγο ωρομο̄ζ̄δο̣̄* (**H**5)

μ̣[ο](**H**3′)*[ζδο . . .*　　　　*κα]*　*ν̣δογοληρο [. . .* (**H**4′) . . .

[β]ορνικανο σιδαβο καναραγγανο (**H**6) *ι̣αοι*　*οδο ο̣αþο σαχσιδο παρο*

β]ο̣ρνικανο̣[. . . (**H**5′) . . .　　　　*ια]ο̣οαρδοι[*[c] . . .

οι(**H**7)*[σπ]ο ασο ι νωγο*　*αβαρο*　*ρ´ οδο ατα*(**H**8)*ο αργηοι ιαοι οδ̣ο ς´ ναγγο*

(**H**6′) . . .　　*ν]ωγο̣*　*αβ[αρο . . .* (**H**7′) . . .　　*αργ]ηοι ι̣α̣[οι . . .*

οαþο̣ (**H**9) *[α]σποριγο κοαδο [να]βανδοφαγο* (**H**10) *ω̣ρομο̄ζδο̄ σαγισο νωζιδο*

(**H**8′) . . .　　*]κ̣[οαδο . . .*

ταδο ειο̣ (**H**11) *[τ]αοι σιργο*

. . .

[a]原文作*-βαδο*。 [b]原文如此。 [c]不太可能是 *ι]αο-*。

I1′　*[χ]þ[ον]ο̣ σ´ ξ´ μᾱο̄ ᾱβανο καλδο̣[*

I2′　*[πισο εμ]ο̣υανο αζαδοβορ̣[γανο*

I3′　*[　αρμαστ]ινδο οτηνο̣[*[a]

I4′　*[　　　]τ̣αιο*[b] *πανδο̣[κανο*[c]

I5′ *[ ]πιδο μο χο̣βο σιν̣[δο*

I6′ *[ ]ν̣ο ριζδο αβφαγο*[d] *ια̣[μβο*

I7′ *[ ]ο̣τηνο αβο ηβ[οδαλαγγο τωγο*

I8′ *[ασ]ιδο αβο ι ηβ[οδαλαγγο τωγο*

I9′ *[οαραζο]χαγο παδ̣[ουαμονδο*[e]

I10′-11′: *痕迹*

I1 *[ ]ζ[ ]μ̣....[ ]ο αβο̣ γ[αζνο* *ωρο]-*

I2 *μ̣οζδο πορδογο βοοαμο̣[*

背面

Iv1-2[f] *ζα̣[νδοκο] ραμ̣ο̣γ[ολο]*

[a]*οτο* 的变体。 [b]或*]γαιο,]υαιο*。 [c]或 *πανδα[*。 [d]原文如此。 [e]或 *παρ[ο]?* [f]两行对应一个封印。

Ii1 *[]χρ̣ονο σ′ ξ′*[a] *μα̅ο̅̅ α̅ν̅ιαβανο καλδο̣ [* *αβι]-*

Ii2 *[ιο]α̣νδαγο ασιδο ιαμαργο ριζδο πισο εμο̣υ̣[ανοαρ]-*

Ii3 *[μαστ]ινδο οτηνο αβο μασκο μολρο ταβδοοα̣ρ̣[*[b] *]-*

Ii4 *νδο ιαμβανο οδο πισο ωρομοζδο γαροβιδα[νο* *]*

Ii5 *[μ]α̣νο ζινδοκο οδο μανο ραμογολο ι ζινδ̣[οκο*[c] *πορο* *]*

Ii6 *[ωρο]μ̅ο̅ζ̅δο πιδοοιησιμο ι σασανο πορο μαλ̣[ριγοηβο]-*

Ii7 *δ̣α̣λ̣αγγο τωγγο*[d] *ζαρο οδο ποσο αβαυαγαδδιμο̣[* *ηβοδαλα]-*

Ii8 *γγο τωγγο*[d] *τογαδδηιο ασιδομηνο*[e] *ωσοαγγι[τινδο* *]*

Ii9 *[μασκ]ο̣ ναβιχτιγο ζαρ̣α̣νο̣*[f]*[ζ]•β̣α̣γ[*[g] *]*

Ii10 *[ ]λ̣ο ραμανο αβ[ο]ρ̣[••]γ[ο]*[h] *νισαροο̣[* *κο]-*

Ii11 *σοκο φριιαχοδαρο οδαλο κοσοκο*[d]*κιμβδαρο̣[* *παδο]-*

Ii12 *ναμονδο ιαβαβοδαχμο παδουαμονδο̣[*

Ii13 *[νημο]ρωσοβαρο χο̣α̣βα̣ο̣[ανδο*

Ii14 *[ζ]ω̣νο ι πορ[*

Ii15 *χοαρο ιασπαλ̣[*

Ii16 *[]παδουαμονδ̣[ο*

Ii17 *[ ]τ̣α̣οι ιαμβ̣[ο*

Ii18 *[ ]•απ[*

Ii19 *[ ]αιοκι[παδο]-*

Ii20 *[α]χβανηιοι̣[ ]-*

Ii21 *ν̣δ̣ο̣ ιθαο ατ[ο*

Ii22 *[ ]δ̣α̣νο̣ [*

[a]ξ′ 写在两个擦去的数字上面（可能是 *ν′θ′*）。 [b]*οαþ[? οφ[?*。 [c]写在擦去的 *ρ……[*上。 [d]原文如此。 [e]*ασιδομο* 的变体。 [f]或 *ζαδανο, ζαρονο, ζαδονο*。 [g]或 *]•βομ[* 等。 [h]或 *] þ[••] μ[ο],]φ[••]υ[ο]*，等。

(**J**1) *αχþονο σ′ ρ′ ε′ μανο σιοανο καλδο ναβιχτο μολραγο μαχιρσοβωστι*

(**J**1′) *αχþονο σ′ ρ′ ε′ μανο σιοανο καλδο ναβιχτο μολραγο μαχιρσοβωστιγο*

μαλο αβο μ[α]λ̣ραγγο (**J**2) *þαυρο αβο χαρανο αλβαρο πισο ιατακο*

μαλο αβο μαλραγγο þαυρο αβο χαρανο αλβα̣(**J**2′)*ρο πισο ιατακο*

σιβοκανο οδο πισο μιροþαβορο ιωλαβανο ο̣δ̣ο πισο (**J**3) *βαγοοανινδο μαþανο*

σιβοκανο οδο πισο μιροþαβορο ιωλαβανο οδο πισο βαγοοανινδο μαþανο

οδ̣ο πισο μανδαρουανισο αξαδοβοργανο οιγαλφανο κιδο οαλ[ο]π̣[ι]δ̣ο (**J**4)

οδο πισο μανδαρουανισο αξα(**J**3′)*δοβοργανο οιγαλφανο κιδο οαλο πιδο*

μιλανο αρμαστινδο οτηνο αβο μασκο μολρο ταβδο

μιλανο αρμαστινδο οτασιμο ιερο ζανινδο οτηνο αβο μασκο μολρο ταβδο

καλδο πιδοοιησαδο χογαμο χοσινδο μανο̣ οιη[μ](**J**5)*μο βορζομιυρο πορο*

καλδο πιδο(**J**4′)*οιησαδο χογαμο χοσινδο μανο οιημο βορζομιυρο πορο*

οδο μανο βαγορημαρηγο βορο πορο μαλριγο þαυο μαρηγο κιδομηνο (**J**6) *βονο*

οδο μανο βαγορημαρηγο βορο πορο μαλριγο þαυο μαρηγο κιδομ(**J**5′)*ηνο βονο* *καδγο οιηϸοοαραζανο ριζδο   πιδοοιησιμο αβαφαγο ριϸτακο οαραζοϸαβορο*

καδγο οιηϸοοαραζανο ραζινδο πιδοοιησιμο αβαφαγο ριϸτακο οαραζοϸαβορο

πορο οδο αβαφ(**J**7)*αγο οαραζοϸαβορο   βορζομιυρο πορο μαλριγο ϸαβορο*

πορο οδο αβαφαγο   οαραζοϸ(**J**6′)*αβορο βορζομιυρο πορο μαλριγο ϸαβορο*

ϸαβọρανο μαρηγο   μισιδο μανο

ϸαβορανο μαρηγο κιδδηνο βονο καδγο βορζομιυρανο ραζινδο μισιδο μανο (**J**7′)

οιημο οδο μανο (**J**8) *βαγορηιομαρηγο ασκωρο οδο οαρηβοστο ωζαμο*[a]

οιημο οδο μανο   βαγορημαρηγο   ασκωρο οδο οαρηβοστọ ωζα{α}μο[a]

οτομηνο ηβοδαλοχοηọοανο τωγο   αστοργο ασταδο

οτομηνο ηβοδαλαγγο   τωγο ασο καδγο αστοργο σαχσαδο το(**J**8′)*γδο*

αβọ (**J**9) *καδγο ταδομο   αβο καδγο ανδαρο σαγισο ταοι νιστο*

ταδομηνο αβο καδγο ανδαρο σαγισο ταοι νιστο ασταδο

ασο κοαδομηνο   ηβοδαλαγγο τωγο τογδδηιο ασιδομηνο αστ(**J**10)*ο μαληλο*

ασιδομηνο   αβο   ηβοδαλαγγο τωγο λαδδηιο   ασιδομηνο αστο   μαληλο

αβο μαλρο αγγαργο παροιαβιγο χοβομο   βοναγο πιδοριϸτο ειο

(**J**9′) *αβο μαλρο αγγαργο παροιαβιγο χοβομηνο   βοναγο πιδọριϸτο ειο*

αγγαργο ασιδο σαγγινο ριζδο αστο   μ(**J**11)*ασκο   ναβιχτιγο*

αγγαργο ασιδο σαγγινο ριζδο   οτο εμο αβο   μασκο   ναβιχτιγ[ο] (**J**10′)

αγγαργο πιδο ιαοι παραγανο λοχσο ζ′ αλο κασοκο φριιαχοδαρο οδαλο

αγγαργο

κασοκο καμβοδαρο ασο (**J**12) *κοαδο εμο παδουαμονδδιγινδο ασο μιρ̄σ̄ασανο*

παδουαμονδδιγινδο ασο μιροασανο

κινο ταχμο παδουαμονδο οδο πιδοβιλδο ταοιηλο ριþτακο

κινο ταχμο οδο παροκινο αρλο παδουαμονδο οδο πιδοβιλδο ταοιηλο ριþτακο

(**J**13) *χοβο αγγαργο οδο παροκινο οαραζοχαγο ροζγο οδασο μιροναφρανο*

χοβο (**J**11′) *αγγαργο οδασο μιυροναφρανο*

þαυοπανδαγο παδουαμονδο οδασο αβαχ(**J**14)*ρανο þαυοπανδαγο οδο πιδοβιλδο*

þαυοπανδαγο παδουαμονδο οδασο αβαχρανο þαυοπανδαγο οδο πιδοβιλδο

ταοιηλο ριþτακο χοβο αγγαργο παδουαμονδο οδασο νημορωσο

ταοιηλο ριþτακο χọ(**J**12′)*βο αγγαργο παδουαμονδο οδασο νημορωσο*

þαυραβανο α(**J**15)*γγαργο παδουαμονδο ταδομο ωσο παραλαδο ι μασκο*

þαυραβανο αγγαργο παδουαμονδο ταδομο παραλạδο

ναβιχτιγο αγγαργο μανο οιημο οδο μανο βαγορηιομαρηγο

μανο οιημο οδο μανο βαγορ(**J**13′)*ημαρηγο ι μασκο*

—

ναβιχτιγο αγγαργο σαγονδο πιδο παδουαμονδδιγανο ναβιχτιγινδο

φα(**J**16)*ρ̣αφαγο ριþτακο οδο φαρα*(*φα*)*γο οαραζοþαβορο αβο ζαροξιδαγο*

φαραφαγο ριþτακο οδο φαραφαγο οαραζο(**J**14′)*þαβορο αβο ζαροξιδαγο*

δδιναρο η′ οτομηνο αγγιτινδο οαυαγο οισπο ασπορο οτο κι(**J**17)*ρδαμο þαδο*

δδιναρο η′ οτομηνο αγγιτινδο οαυαγο οισπο ασπορο οτο κιρδαμο þαδο οδο υονοσινδο οταλο φρογαοαμο ασιδο ναλο μιυγαρο ταδο ωσο ασο

οδο υονοσινδο οδαλο φρ(**J**15′)*ογαοαμο ασιδο ναλο μιυγαρο ταδο ωσο ασο*

μανδορονιγο ρωσο παρσο μαβαρο ζαμα(**J**18)*{α}νο ι μασκο ναβιχτιγο αγγαργο*

μανδορονιγο ρωσο παρσο μαβαρο ζαμανο ι μασκο ναβιχτιγο αγγαργο

σαγονδο πιδο παδουαμονδδιγανο ναβιχτιγινδο ιαββο οδο πανδαγο ασιδο

σαγονδο πιδο (**J**16′) *παδουαμονδδιγανο ναβιχτιγινδο ιαββο οδο πανδαγο ασιδο*

οαρο ναυαγγο ταδο (**J**19) *ταοι ριϸτακο οδο ταοι*

οαρο αβο αγγαργο ναυαγγο ταδο ταοι ριϸτακο οδο ταοι

οαραζοϸαβορο οδο τωμαχο[b] *βραδο οδο τωμαχο πορο οδο τωμαχο*

οαραζοϸα(**J**17′)*βορο οδο τωμαχο βραδο οδο τωμαχο πορο οδο τωμαχο*

φροζανδανο χοβο οδο χο(**J**20)*ζο αβοδδηιο ασο μωσο αβο ιαοιηδανο ζοριγο*

φροζανδανο χοβο οδο χοζο αβοδδηιο ασο μωσο αβο ιαοιηδανο ζορι (**J**18′)*γο*

αβηιουαργο[c] *αβηιοτωγο αβηιουαγγο αβηιοαβφαγγο κοαδδηνο υαρσο κι*(**J**21)*σο*

αβηυαργο αβητωγο αβηχοανδο αβηοισαρο κοαδδηνο υαρσο κισο

οιζανδογαρο μαβοδδηιο οτο ναπαδοαχϸανιμο αζο οιημο οδο ναζο

οιζανδογαρο μαβοδδηιο οτο ναπαδοαχϸανιμο αζο οι(**J**19′)*ημο οδο ναζο*

βαγορημαρηγο πιδο μασκο ναβιχτιγο

βαγορημαρηγο οδο ναιαμαχο φροζανδανο κιδο πιδο μασκο ναβιχτιγο

αγγαργο σαγι(**J**22)*σο σαχοανο οδο οισαρο νιστο οτο καλδο*

αγγαργο μισο σαγισο χοανδο οδο οισαρδο (**J**20′) *αβζιιενδδηιο οτο καλδο* *ιθαο̅ α̅σταδο οτασο μανδορονιγο ρωσο παρσο μαβαρο ζαμανο αζο οιημο*

ιθαο ασταδο <ο>τασο μανδορονιγο ρωσο παρσο μαβαρο ζαμανο αζο οιημο

οδο ναζ(**J**23)*ο βαγορημαρηγο οδο ναιαμαχο βραδο οδο ναιαμαχο πορο*

οδαλαζο βαγορημαρηγο οδαλο̣ (**J**21′) *ιαμαχο βραδο οδαλο ιαμαχο πορο*

οδαλο ιαμαχο φροζανδανο κιδο πιδο μασκο ναβιχτιγο αγγαργο (**J**24) *σαγισο*

οδαλο ιαμαχο φροζανδανο πιδο μασκο ναβιχτιγο αγγαργο σαγισο

χοανδο οδο οισαρδο αβζιιαμο οδαλδο αβο τωμαχο αβο λαδο οδαβο

χοανδο οδο οισαρδο αβζιια̣μο̣ (**J**22′) *οδαλδο αβο τωμαχο αβο λαδο αβο*

ραζογολο οιηλαμο οδαλδο ιθαο̅ χ̅οηναμο

ραζογολο οιηλαμο οδαλδο ιαγγαργο πιδοκαρλαμο οδα̣λδο ιθαο̅ χ̅οηναμο

κοαδομη(**J**25)*νο μασκο ναβιχτιγο αγγαργο φαρο τωμαχο νιστο παραλαδο*

κοαδομηνο ι μασκο ναβι(**J**23′)*χτιγο αγγαργο φαρο τωμαχο νιστο παραλαδο*

οτομηνο οαυαγο οισπο ασποριγο νινδο αγγιτο ταδομηνο χοα(**J**26)*νδο οισαρο*

οτομηνο οαυαγο οισπο ασπορο νινδ̣ο αγγιτο ταδομηνο χοανδο οισαρο

υαρσο αβο λαδο οαοαρο μαβοδδηιο οτο μισο τωζαμο ταοανο

α̣β(**J**24′)*ο λαδο υαρσο οαοαρο μαβοδ̣δηιο οτο μισο τωζαμο ταοανο*

αβο γαζνο αβο ρ̄αυαγανο ζαροζιδαγο δδιναρο κ΄ (**J**27) *οδο κ΄ δδιναρο*

αβο γαζνο αβο ρ̄αυαγανο ζαροζιδαγο δδιναρο κ΄ οδο κ΄ δδιναρο (**J**25′)

φαρο παδοιαρλιγο τωζαμο οτο καλδο ανδαρισο κισο ασταδο κιδο μασκο

φαρο παδοιαρλιγο τωζαμο οτο καλδο ανδαρισο κισο ασταδο κιδο μασκο ναβιχτιγο αγγαργο πιδοκαρλαδο οταβο̣ (**J**28) *τωμαχο αβο λαδο οδαβο*

ναβιχτιγο αγγαργο πιδοκαρλαδο οταβο τωμαχο αβο λαδο ο(**J**26′)*δαβο*

ραζογολο οιηλαδο ταδαζο οιημο οδαζο βαγορημαρηγο οδο ιαμαχο

ραζογολο οιηλαδο ταδαζο οιημο οδαζο βαγορημαρηγο οδο ιαμαχο

φροζανδανο αβο λαδο λαδο ϸοα(**J**29)*μο οτο αβηβινδο κιραμο ασο* <ι̣>[d]

φροζανδανο αβο λαδο λαδο ϸοαμο οτο αβηβινδο κιραμ(**J**27′)*ο ασο*

παδοιαρλιγο οδαλδο αβο λαδο λαδο ναϸοαμο οτο αβηβινδο νακιραμο ασο

παδοιαρλιγο οδαλδο αβο λαδο λαδο ναϸοα̣μο οτο αβηβινδο νακιραμο[e] *ασο*

παδοιαρλιγο {οδαλδο} (**J**30) *{αβο λαδο λαδο ναϸοαμο οτο αβηβινδο νακιραμο*

παδοιαρλιγο

ασο παδοιαρλιγο} ταδο δαραφηλο ταοανο τωζαμο σαγονδαβο μασκο (**J**31)

ταδο δαραφηλο ταοανο τωζαμο σαγο(**J**28′)*νδαβο μασκο*

ναβισιδο οτο μολραγο μαχιρσοβωστιγο χοζο οδο οαοαρο αβοδδηιο ασιδαβο

ναβισιδο οτο μολραγο μαχιρσοβωστιγο χοζο οδο (*ο*)*αοαρο αβοδδηιο ασιδαβο*

οιγαλφανο αβιστανο μαβοδδηιο

οιγαλφανο αβιστανο μαβοδδηιο

背面

Jv1 *οιημο*

Jv2 *βαγορημαρηγο*

Jv3 *ια̣τ̣α̣κο σιβοκανο*

Jv4 *μιροϸ̣α̣βορο ιωλαβαν̣ο̣*

Jv5 *βαγοοα̣νινδο μαϸαν̣ο*

[a] 原文如此。 [b] *ταο* 的变体。 [c] *αβηιοσ*-的变体？ [d] 不确定，起首处 *π*- 上的短斜线可能只不过是偶然画上去的。 [e] 第二个 *α* 污损并重写了，不太可能是 *νακιρδαμο*。

K1 *αχϸονο τ´ ν´ ς´ μανο μιρογανο*

K2 *ρωσο γωϸτο καλδο αγγιτο μανο τητ-*

K3 *ο ϸαβορανο σωπανο οτο μανο πιιο*

K4 *σοροσαυιγο σωπανο ασοφαγο μοζδο*

K5 *παζοβορανο ιαο'ο γωρο λασο ι´ οτο*

K6 *σιλγο σπαλιγο κ´ α´ βαμδδιγο*[a] *οιταβο*

K7 *σοφαρο <μανο> ταδο καλ̣δαζο τητο οτο αζο*

K8 *πιιο λασο γωρο ιαο'ο οτο οιστο οτο σοφ-*

K9 *αρο σπαλιγο μολο̣ αβο ριζμο αβο ζαμα-*

K10 *νο νατωζανο ταδο πορδογο βοοανο̣*

K11 *αζο τητο οτο αζο πιιο ιωγο πιδ̣ο πανζ-*

K12 *ο οτο αζο τητο ασο πιιο πιταδιμο ταδ̣-*

K13 *ο κα̣λδο πιιο νατ̣ωζ(α)δο ταδαζο τητο ασ̣ο̣*

K14 *χοβο τωζα̣[ν]ο*

在页面底部

K15 *ιπ̣ιδ̣οναμαγ[ο κι]ρ̣δο μα̣υ̣ο τητο οτο μα̣-*

K16 *υ̣ο πιιο αβοφα̣γο̣ μ̣ο̣ζδο πιδ̣ο ιαο'ο οτο̣*

K17 *σιλγο*

[a] 或 *βαμαδιγο*?

(**L**1) *αχϸονο τ´ ο´ θ´ μανο αββο καλδο ναβιχτο μολρα̣γο μαχιρσοβωστιγο*

(**L**1') *αχϸονο τ´ ο´ θ´ μα̣υ̣ο αββο κα̣λδο̣ ναβ̣ι̣χτ̣ο̣ μολρ̣α̣γο μαχιρσοβωστιγο*

μ(**L**2)*αλ̣αβο̣ οοαρνοοαγγο̣ ϸαρο* *αζδδη̣βιδο βα̣γο ι οαχϸο* *κιδο μαλαβο*

μαλαβο[a] *οαρνοοαγγο*[b] *ϸαρο* (**L**2') *αζδδ̣ηβιδο βα̣γο ι̣ ο̣αχα̣ϸ̣ο*[c] *κιδ̣ο μ̣αλαβο* οαρνο (**L**3) ασπισαμο οδο πισο τωρομανο ασπανδαγανο οδο πισο σισανο

ο̣αρν̣ο̣ ασπισ̣α̣μο̣ οδο πισο τωρομανο ασπανδαγανο ο̣δο πισο σισανο̣ (**L**3′)

σιβοκανο οδο πι(**L**4)σο σαμβο αβχαραγανο οδο πισο μανδαρουανισο βαριγανο

σιβοκανο οδο πισο σαμβο α̣βχαραγανο οδο πισο̣ μανδαρουανισο βαριγανο

καλδο πιδοοιησ̣(**L**5)αδο χογαμο χοσινδο μανο οαραζοοιηβο μοζδο πορο

καλδο πιδ̣ο̣οιησαδο χογαμο χο̣(**L**4′)σινδο μανο οαραζοοιηβο̣ μοζδο πορο

οδο μανο μοζδ̣ο οαρ(**L**6)αζο̣οιηβο πορο οαρνοοιγο $\overline{\chi\bar{\alpha}\rho\bar{o}}$ μαρηγο κιδομηνο

οδο μαν̣ο̣ μοζδο οαραζοοιηβο̣ πορο̣ ο̣αρνο̣ο̣ι̣γο $\overline{\chi\bar{\alpha}\rho\bar{o}}$ $\overline{\mu\bar{\alpha}}$ρη(**L**5′)γο κιδομηνο

ι βονο καδγο ζιναδασαγα(**L**7)νο ριζδο πιδοοιησαμο αβαφαγο βαζανοκο

ι βονο καδγο ζιναδασαγανο ριζδο πιδοοιησαμο αβαφαγο βαζανοκ̣ο̣

πηβταμσο[d] πορο οδο αβαφαγο (**L**8) ζονολαδο οδο αβαφαγο σαγο οδο

πηβτασμο[d] πο̣ρο ο(**L**6′)δο αβαφαγο ζο̣ν̣ολαδο ο̣δο αβαφαγο σαγο οδο

αβαφαγο τοτο βαζανοκο πορανο μαλριγο φρο(**L**9)μ̣α̣ριζμο̣ βαβορανο μαρηγο

αβαφαγο τοτο βαζανο̣κ̣ο πορανο μαλριγο φρομα̣(**L**7′)ρ̣ιζμο βα̣β̣ορανο μαρηγο

κιδδηνο ι βονο καδγο υονοσηχανο ριζδο μισιδαζο ο(**L**10)αραζοοιηβο

κιδδηνο ι βο′νο καδγο υονοσηχανο ριζδο μισιδδαζο[d] οαραζοοιηβο

οδαζο μοζδο παρο πορδδιγο α̣σταδαμο ταδομηνο αβο καδγο ανδαρο

οδαζ(**L**8′)ο̣ μοζδ̣ο πα̣ρ̣ο πορδδιγο ασταδαμο̣ τ̣αδομηνο αβο καδ̣γο ανδαρο

σαγι(**L**11)σο τα̣οι γ̣ιστο ασταδο ασιδομηνο αβο ι παρο α̣ματηιο

σαγισο ταοι νιστο ασταδο ασιδομηνο̣ αβο̣ (**L**9′) ι πα̣ρο α̣ματηιο *ασιδομηνο αστο μαληλο αβο* (**L**12) *οαρνο αγγαργο παροιαβιγο ειο αγγαργο*

ασιδομηνο α̣στο μαληλο αβο οαρνο αγγαργο παροιαβιγο ειο αγγαργο

ασιδο σαγαδαγο ριζδο αστο πιδο ιαοι παραγανο (**L**13) *μιδο β′ αλο*

ασιδο σαγαδαγο ριζδο (**L**10′) *αστο πιδο ιαοι παραγανο μιδο β′ αλο*

κασοκο φροιαχοδαρο οδαλο κασοκο καμβαταρο ασο κοαδα̣βο ι μασκο

κασοκο φροιαχοδαρο οδ̣αλο κασοκο καμβαταρο ασο κοαδαβο ι μασκο

να(**L**14)*βιχτιγο αγγαργο εμο παδουαμονδδινδο ασο μιυροασανο*

ναβι(**L**11′)*χτ̣ι̣γο αγγαργο εμο̣ παδουαμονδδιγινδο ασο μιυροασανο οδα̣σ̣ο*

οαχϸοιαμϸο αγγαργο παδου(**L**15)*αμονδο οδασο νιμορωσο*

αβαχρανο οαχϸοιαμϸο αγγαργινο παδουαμονδο (**L**12′) *ο̣δ̣ασο νιμορω̣σ̣ο*

τωοιηλο βαζανοκο χοβο αγγαργο παδουαμονδο οδο πιδο(**L**16)*βιλδο*

τ̣ω̣οι̣η̣λ̣ο̣ βαζανοκο χοβο αγγαρ̣γο παδουα̣μονδο οδο πιδοβιλδο

αβχαραγανο αγγαργο οδασο μιυροναφρανο βορζομιρανο αγγαργο

αβχαραγανο αγγαργο οδασο (**L**13′) *μιυροναφρανο βορζομιρανο α̣γγαργο̣*

πα̣δουαμο(**L**17)*νδο ο̣δασ̣ο αβαχρανο οαχϸοιαμϸο αγγαργο παδουαμονδο*

παδουα̣μονδο

ταδομηνο ωσο παραλαδο αβ(**L**18)*ο ι μασκο ναβιχτιγο αγγαργο σαγονδο*

ταδομηνο̣ ω̣σο παραλαδο αβο ι μασκο ναβιχτιγο αγγα̣(**L**14′)*ργο σαγονδο*

πιδο παδουαμονδδιγανο αβανδαρο ναβισιδο ιαββο ο(**L**19)*δο ι πα̣νδαγο ασιδο*

πιδο παδουα̣μονδδιγανο αβανδαρο ναβισιδο ιαββο οδο ι πανδαγο ασιδο̣ οαρο ναυαγγινδο φαροφαγο βαζανοκο οδο φαροφαγο ζονολαδο οδο (**L**20)

οαρο ναυαγγινδο φαροφαγο βα̣(**L**15′)*ζα̣γο̣κο οδο φαροφαγο ζονολαδο οδο*

φαροφαγο σαγο οδο φαροφαγο τοτο οδο φαρο τωμαχο βραδο οδο φαρο

φαροφαγο σαγο οδο φαροφαγο τοτο οδο φαρο τωμαχο

τωμαχο πο(**L**21)*ρο φροζανδανο αβο ζαροζιδαγο δδιναρο κ´ οτομηνο*[e]

φροζανδανο αβο (**L**16′) *ζα̣ροζιδαγο δδιναρο κ´ οτομηνο*

αγγιτινδο ι οαυαγο[f] *οισπο ασπο*(**L**22)*ριγο οτο κιρδδαμο þαδο οδο υονοσινδο*

αγγιτινδο ι οαυαγο οισπο ασποριγο οτο κιρδδαμο þαδο οδο υονοσινδο

ταδο ωσο ασο μανδο'ρονιγο ρωσο παρσο μαβαρο (**L**23) *ζαμανο αβο ι*

ταδο ωσο ασο (**L**17′) *μανδορονιγο̣ ρωσο παρσο μαβαρο ζαμανο αβο ι*

μασκο ναβιχτιγο αγγαργο ταοι βαζανοκο οδο ταοι ζονολαδο οδο ταοι σαγο

μασκο ναβιχτιγο αγγα̣ργο ταοι βαζανοκο οδο ταοι ζονολαδο οδο ταοι σαγο̣

(**L**24) *οδο ταοι τοτο οδο {οδο} τωμαχο βραδο οδο τωμαχο*

(**L**18′) *{οδο ταοι σαγο̣} ο̣δο τ̣αοι τοτο οδο τωμαχο βραδο ο̣δο τωμαχο*

πορο φροζανδανο βονο πιδοριþτο (**L**25) *χοβο οδο χοζο αβοδδηιο χιρσο*

πορο φροζανδανο βονο πιδοριþτ̣ο χοβο οδο χοζο αβ(**L**19′)*οδδηιο χιρσο*

αχριιανο χοαρηδο οδο ληρηδο ασο μωσο αβο ιοοιηδδ̣ανο ζορι(**L**26)*γο*

α̣χριιανο χοαρηδο οδο ληρηδο ασο μωσο αβο ιοοιηδδανο[g] *ζοριγο*

αβη̣τ̣ωγο οδο αβηυαργο αβηχοανδο οδο αβηοοισαρο κοαδδηνο {κ̣} υαρσο

αβητωγο οδο αβηυαργο αβηχοανδο̣ (**L**20′) *οδο αβηοο̣ι̣σα̣ρο κοαδδηνο υαρσ̣ο* κισο οιζ(**L**27)ανδογα̣ρο μαβοδδηιο

κισο οιζαν̣δ̣ογα̣ρο μαβο̣δ̣δ̣ηιο οτηιο παδοαχραvηιο ασο μαβαρο απαρσο

—

τ̣οι βαζαν(**L**21′)ο̣κο αλο ι χοβο καδγιγαν̣ο αβο ι μασ̣κο̣ ναβιχτ̣ιγο αγγαργο

—

παραλαδο οδο ναβαγο αβο ωσταδο οδο̣ ι̣^{h} ο̣ιχρηγανο αβο κιρδο (**L**22′) ο̣δ̣ο

—

λα̣ρ̣ν̣ο̣ αβο αμβαγδο οδο χοαδο̣ αβο δ̣δριγδο σαγονδο υαρσο χοα̣δ̣ο ριμαδ̣ο̣

οτακαλδο ιθαο ασταδο οτασο μανδορονιγο ρωσο παρσο μαβαρο ζαμανο

οτακαλδο ιθαο ασταδο οτασο μανδορονιγο ρ(**L**23′)ωσ̣ο̣ π̣α̣ρσο̣ μ̣αβαρο ζαμανο

(**L**28) αζο οαραζοοιηρο οδαλαζο μοζδο οδ̣αλ̣ο̣ ια̣μαχο βραδο οδαλο ιαμαχο

αζο οαραζοοιηρο οδαλα̣ζο μοζδο ο̣δ̣αλο ιαμαχο βρα̣δο οδαλο ιαμαχο

πορο φροζανδανο πιδο (**L**29) ι μασκο να̣βιχτιγο αγγαργο μισο υαρσο

πορο φροζανδανο πιδο ι (**L**24′) μασ̣κ̣ο̣ ναβιχτ̣ιγο αγγαργο μισο υαρσο

σαγισο χοανδο οδο οισαρδο αβζιιαμο οδαλο αβαφαγο βα̣ζανοκο ο̣δ(**L**30)αλο

σαγισο χοανδο οδο οισα̣ρδο αβζιια̣μ̣ο οδαλο αβαφαγο βα̣ζανοκο οδαλο̣

αβαφαγο {σ̣} ζονολαδο οδαλο αβαφαγο σαγο οδαλο αβαφαγο τοτο οδαλο

αβαφαγο ζονολ(**L**25′)αδο οδαλ̣ο̣

αβο τωμαχο βραδο οδ̣αλο (**L**31) αβο τωμαχο πορο φροζανδανο αβο λαδο

αβο τωμαχο βραδο ο̣δ̣αλο αβο τωμαχο πο̣ρο φροζανδανο αβο λαδ̣ο *ραζογολο οιηλαμο*

*ραζογολο οιηλαμο οδαλο ι μασκο ναβιχ(***L26′***)τιγο ạγγαργο ασο τωμαχο*

*οδαλο ιθαο χοηγ̣ạṃο κοαδομηνο (***L32***) φạρο τωμαχο νιστο*

πιδοκạρ̣λạμο οδαλο ιθαο χοηναμο κοαδομηνο φαρο τωμαχο νιṣτο[i]

παραλαδο ταδομηνο ι χọạνδο οισαρο αβο λαδο ναρσο οαοαρο

παραλαδ̣ο ταδομηνο[j] *ι χο(***L27′***)ạνδο οισạρ̣ο αβο λαδο ναρσο οαοαρο*

*μαβọδδηιο οτο μισο (***L33***) τωζαμο ταοανο αβο γαζν̣ọ ϸαυογανο ζαροζι[δ]αγο*

μαβοδ̣δηιο οτο μισο τωζαμο ταοανο αβο γαζνο ϸạυογανο ζαροζιδαγο

*δδιναρο μ′ οδο δαραφηλο ταοανο φαρο πα(***L34***)δοιαρλιγο πορδδιγο*[k]

*δδιναρο μ′ (***L28′***) οδ̣ọ δ̣αρạφηλο ταọạνο φαρο παδοιαρλιγο πορδδ̣ιγο*

βοοạṃο οδο τωζạṃọ

βοαμο οδο τωζαμο οτακαλδọ ανδạριṣο κισο ạσταδο κιδαβο ι ṃασκο

—

*ναβι(***L29′***)χτ̣ιγο αγγαργο ασο τωṃαχο πιδ̣οκạρ̣λαδο τạδ̣αζọ ọạρ̣αζοοιηϸο*

—

*ναβανδο τωμαχο αβο λαδο λαδο ϸαοạμο οτο αβηβινδο κιρ(***L30′***)ạṃο ασο ι*

—

παδοιạρλιγọ οτạκαλδδαβο[d] *λ̣ạδ̣ọ λ̣ạδ̣ọ ναβανδ̣ο τ̣ῳμαχο ναϸαοαμο οτο*

—

*αβηβι(ν)δο νακιραμο ασο ι παδοιαρλιγο ταδο δạραφ(***L31′***)ηλ̣ο ταοạνο τωζạṃọ*

—

σ̣[α]γο̣[ν]δ̣α̣βο̣ μ̣α̣σ̣[κο] γ̣αβισιδ̣ο̣

背面

Lv1 *[ο]α̣ρ̣α̣ζοοιη̣ϸο*

Lv2 *β̣α̣γο̣ οαχϸο̣*

Lv3 *τω̣ρομανο*

Lv4 *σ̣ι̣σ̣[α]νο*

Lv5 *σαμβ̣ο*

[a] 可能是 *μαλβο* 的变体。 [b] *–αγο* 的变体？ [c] 或 *οαχϸο*（如果 *χ* 和 *ϸ* 之间污损的字母意思是被删除的话）。 [d] 原文如此。 [e] *οτο μι-*的变体。 [f] 羊皮纸上 *οαυ-* 和-*αγο* 之间的一个洞。 [g] 原文如此，双写的 *δδ* 在这个复本中特别清楚。 [h] 不确定，可能是偶然写上的。 [i] *νινδο* 的变体？ [j] *οδο-*的变体？ [k] 这个单词后面的短竖线推测是偶然画上的。

M1 *αχϸονο τ´ π´ η´ μαυο χανδδιγο καλδο*

M2 *αγγιτο μανο νανηβανδο ασαφαγο μοσο πο-*

M3 *ζζο αβοραδανο δδραχμο κοαδαγο γ´ ασπ-*

M4 *οριγο ασιδασο μωιανο παρο κιρδδιγο ασταδδι-*

M5 *νδο τακαλδασο μαβαρο απαρσο μωιανο αβ-*

M6 *αφαγο μοσο οδαλαβο ταοαγγο καδγιγανο αχ-*

M7 *ασαδο ταδαζο νανηβανδο ι ιωγο πιδο λοο τ-*

M8 *ωζανο*

重写本的之前文本

m1 *••]γο̣[ ]ρ̣[ο]ζ[γο*[a]

m2 *]ρ̣ι̣ζδο παδο[υαμονδιγινδο*

m3 *••]ο̣ ζαμιγο οδα̣σο̣ μ̣ι̣[ρον]α̣[φρανο •]ι̣[••*

m4 *••]βανδο ι ζαρδ̣ορ̣σ̣α̣•ζο̣[*[b] *ο]δ̣α̣[σ]ο̣ γ̣ι̣μορω̣[σο*

m5 *ταδ]ομηνο̣ λ̣α̣δ̣ηιο μ̣ι̣σ̣ο μ̣.....*

m6 *]οτομη̣νο λαδη̣ι̣ο̣ μ̣ι̣σ̣ο̣ κ̣.....*

m7 *παν]δαγο οδ̣ο̣ α̣δ̣ο̣ρα̣σ̣τ̣ο̣ γ.....*

m8]........... μ̣ανο γω̣βο ......

m9 ••]•ο̣ ταδομηγ̣ο̣ ωσ̣ο α̣.....

m10 ••]•ι̣•ο πιδο ι′ ζ′ δδ̣ιγ̣α̣[ρ]ο κ̣αλ̣δο̣ ....

m11 ••]ο τα̣δ̣ο βοα̣δ̣ο κ̣.....

m12 φ]α̣ρ̣οφαγο̣ ......

m13 ••]η̣ι̣ο ζαρο ι̣′ ζ′ δδ̣[ιν]α̣[ρ]ο ....

m14 ••]ο παρσ̣ο λαυ̣ηδο ο̣τ̣α̣κ̣α̣λ̣δ̣ο̣μ̣ηγ̣ο̣ •[

m15 ••]το μ[α]βοο̣ι̣γ̣δηιο ο̣δ̣ο̣ μιζο̣......[c]

m16 ••]ο οδο μ̣ανο βο̣ρο ια̣........

m17 ••]γ̣δ̣ο ι′ ζ′ δδ̣ιγ̣αρο̣ ω̣σ̣ι̣δ̣[ο] .....

m18 ο]α̣ϸο ληραμο ι μ̣αρο φο̣ϸ̣[ταδο

m19 ••]αμ̣ο αβιτα.....[d]

m20]φα̣ρ̣ο̣ ομ̣ω......

[a] 或 ρ[ι]ζ[δο。 [b] 或 ζαρνο-。 [c] 或 μιζα..... [d] 或 αβιτο.....

(**N**1) χϸονο υ′ ζ′ μαυο χανδιγο ρω(**N**2)σο α̣ϸ̣ταδο καλδο ναβιχτο μολρα̣γο

(**N**1′) χϸονο υ′ ζ′ μαυο χανδδιγο ρωσο αϸτα̣δ̣ο καλδο ναβιχτο μολραγο

πι(**N**3)τανοβωστιγο μαλαβο σαμιγγανο ω(**N**4)δαγο αβο σανδαρανο αβο

πιτανοβωστιγο μα(**N**2′)λαβο σα̣μιγγαγ̣ο ωδ̣αγο αβο σανδαρανο αβο

ρωβοχαραγγο (**N**5) αλβαρο πισο φραμαριζμο ϸαβορα̣νο ια(**N**6)βζοδοφαραυο

ρωβοχαραγγο αλβαρο πισο φραμαριζμο ϸαβορανο̣ ιαβζοδοφ(**N**3′)αραυο

χαγανο ταποαγλιγο υιλιτο(**N**7)βηρο ρωβοχαρο παροπαζο χο̣δ̣δηο οδο (**N**8)

χαγανο ταποαγλιγο υιλιτοβηρο ρωβοχαρο παροπαζο χοδδηο οδο

πισο χολχανο ιενηλο ταρχανο οιλαργανο χο(**N**9)δδηο οδο πισο σορηνο

πισο χολχανο ιενηλο ταρχανο (**N**4′) οιλαργανο χοδδηο οδο πισο σορηνο *ρωβοχαρανο φραμα(**N**10)λα̣ρο μισιδο πιτιιεμα̣ζο σαμοσιτο βιιανοβιδο*

*ρωβοχαρανο φραμαλαρο μισιδο πιτ̣ιιεμαζο σαμοσιτο βιιανο(**N**5′)βιδο*

*πο(**N**11)ρο μαυωνιγο κ̣ιδομηνο χανο βιιανοβιδανο ραζινδο (**N**12) ρωβοχαρο*

πορο μαυωνιγο κ̣ιδομο χανο βιιανοβιδανο ραζινδο ρωβοχαρο

*μαρηγο φαραφαγο τακο βητο πορο μαδριγο (**N**13) κιδδηνο ι χανο*

*μαρηγο φαραφα̣γο τακο β(**N**6′)ητο πορο μαδδριγο κιδδηνο ι χανο*

βορζομιρανο ρα̣ζινδο[a] *ρωβοχαρο μαρηγο (**N**14) κοαδο αριστο πισαγδαμο*

*βορζομιρανο ραζινδο ρωβοχαρο μαρηγο κοαδο α̣ριστο πισαγδα̣(**N**7′)μο*

*κοα̣δασο μανδορον̇ιγο ρωσο παρσο μαβα̣ρ̣ο (**N**15) ζαμανο πιδο ζα̣οο*

κοαδασο μανδορονιγο ρωσο παρσο μαβαρο ζαμανο πιδο ζαυρο[b]

*ναγαμβαμο να̣πιδο ζαυρο ναπιδο ηνδοιλ(**N**16)σιγο ναπιδο αβιρτ̣α̣ο̣ανο*

*ναγαμβαμο ναπιδο ζαυρο̣ (**N**8′) ναπιδο ηνδοιλσιγο ναπιδο αβιρταοανο*

*ναπιδο λιζο παροιρτα̣οο ναπιδο ολο (**N**17) ζαδακο ναπιδο βρα̣δο ναπιδο πορο*

ναπιδο λιζο παροιρταοο ναπιδο ολο ζαδακο

*ναπιδο πιδαργανο ναπιδο α(**N**18)ββο ζαμιγο ναπιδο ροζγανο ναπιδο βανζο*

*ναπι(**N**9′)δο πιδαργανο ναπιδο αββο ζαμιγο ναπιδο ροζγανο ναπιδο βανζο*

*μαρηγο ναπιδο ζαριγγο (**N**19) σιμινο ναπιδο στωροβαλο ασο ναζαρο*

*μαρηγο ναπιδο ζαριγγο σιμινο (**N**10′) ναπιδο στωροβαλο ασο ι ναζαρο*

*δδιναρο οιταβο α′ πανο γαμβο μι(**N**20)υγαρο νακιραμο δαγογγο*

*δδιναρο οιταβο α′ πανο βαστο γαμβο μιυγαρο νακιραμο δαγογγο (**N**11′)*

κοαδαβο οιραλανο γαοινδοβαρο ζιγαβαρ(**N**21)γο αβηλαδδιγο

κοαδαβο οιραλανο γαοινδοβαρο αβηλαδδιγο ζιγαβαργο

πηδαγο βοοαδο[c]

πηδαγο βοοαμο οδο δδρουμινο δδρουμι(**N**12′)νο γ̣αρκαραμ̣ο[d] οδο χοβιγο

—

χοβιγο ναληραμο οδο πιδο καδαμο υαρσο ζαγγο γαμβο οιχο̣(**N**13′)ασο[e]

πιδο καδαμο υαρσο ζαγγο

μιυγαρο βοοαδο πιδο καδαμο υαρσο ζαγγο γαμβο μιυγαρο πιδο αβιρταδανο[f]

αζο σαμοσιτο (**N**22) αλο μαναγγο βραδο

οδαλο πιδο (**N**14′) υαρκο ιο′νο ασα̣μαγο[g] σαμοσ̣ιτο οδασα̣μαναγγο[h] βραδο

πορο φαρζινδανο αβηλαδδιγο ζιγαβαργο οιζιιανο

πορο φαρζινδανο γα̣μβο μιυγα̣(**N**15′)ρο βοοαδο

(**N**23) ταδαζο σαμοσιτο μαναγγο βραδο πορο φα̣ρζινδανο χοαδο μιραμο

ταδαζο σαμοσιτο οδο μαναγγο βραδο πορο φα̣ρζινδανο

οδο̣ (**N**24) ˏα υαζα̣ρο

ταοανο τ̣ωζα̣(**N**16′)νο αβο[i] ρωβοχαραγγο γαζνο ζαρο δδιναρο ˏα υαζαρο

δδιναρο ζαρο αβο ρωβοχαραγγο γαζνο τωζαμο οδο ˏα

ταοανο{ταοανο}τωζ(**N**17′)αμο οδο ˏα

υαζ(**N**25)αρο διναρο ζαρο φαραφαγο τακ̣ο φαρο ταοαγγο βραδο

υαζαρο διναρο[j] ζαρο φαραφαγο τακο οδο φα̣ρο ταοαγγο βραδο (**N**18′)

πορο φαρζινδα(**N**26)*νο τωζαμο οτο ῑθᾱσο παρσο τογδο ταοανο*

πορο φαρ̣ζινδανο τωζαμο οτο ῑθᾱσο[k] *παρσο τογδο ταοανο*

πιτανοβωστιγο μολραγο (**N**27) *χοζο οαοαρο αβοδηιο σαγονδαβο*

πιτανοβω(**N**19′)*στιγο μολρ̣αγο χοζο οαοαρο αβοδηιο*[l] *σαγον*(*δ*)*αβο*

μασκο ναβισιδο ασωσαβο ιαοηδανο (**N**28) *ζοριγο οτο μολρ̣αγο πισοοα̣ριγο*

μασκο ναβισιδο ασωσαβο ιαο(**N**20′)*ηδανο ζοριγο οτο μολραγο πισοοαριγο*

παροβαρμιγο ναβιχτιγινδο κ̣ιδδηιο ναρσο̣ (**N**29) *εζβαρα̣δο ταδο*

παροβαρμιγο ναβιχτιγινδο κιδδηιο (**N**21′) *ναρσο εζβαραδο ταδο*

δαγογγηλο οαοαρο παρμανο βοοαδο σαγονδο φα̣ραφαγο (**N**30) *τακο φα̣ρο*

δαγογγηλο οαοαρο βοοαδο σαγονδο φα̣ραφαγο τακο οδο φα̣ρο̣

ταοαγγο καδαγιγανο ναβισιδο οτο δρουμινο δρουμινο (**N**31) *ερκαραμο*

(**N**22′)*ταοαγγο καδα̣γιγανο ναβισιδο̣*[m]

οδο χοβιγο χοβιγο ληραμο σαγονδο πιταδαμο

—

背面

Nv1 *σαμοσιτο*

Nv2 *χο̣ηο*

Nv3 *χολχανο*

Nv4 *σορηνο*

[a] *ριζ*-的变体。 [b] *ζαοο*(因为预期)的误写。 [c] 原文如此。 [d] *να*- 写得很难看。 [e] 或 *οιχ{α̣}|ασο*? [f] 好像不是 *αβιρταοανο*。 [g] 或 *ασομαγο*。 [h] 写得很难看。可能是 f 的误写或 *οδασο μαναγγο*。 [i] -*ο* 写得很难看，看上去像-*αι*。不是 *αβο ι*，因为那个看着像 *ι* 的字母和前面的字母连写了。 [j] 较小可能是 *δδιναρο*。 [k] 在 *θ* 下面的圈里有一个点。 [l] 较小可能是 *αβοδδηιο*，但是单词最后写得

很难看。 [m]结尾是花式（看上去像-*ασασ*）。

(**Nn**1) *αχϸονο υ′ λ′ ς′ μαυο αββο ρωσο οαδο καλδο ναβιχτο χιρσο*(**Nn**2)*βωστιγο*

(**Nn**1′)*αχϸονο υ′ λ′ ς′ μαυο αββο ρωσο οαδο καλδο ναβιχτο χιρσοβωστιγο*

μαλο αβιιο ϸαυρο ασιδο λιζγο ραζινδο εζδδηβιδο βαγο (**Nn**3) *οαχϸο*

μαλο αβιιο ϸαυρ(**Nn**2′)*ο ασιδο λιζγο ραζινδο εζδδηβιδο βαγο οαχϸ[ο]*

οαρσοχοανδδιγο λαδοιανο λαδοα̣γαλγο ακιδδηιο ναμο

οαρσοχοανδδιγο λαδο̣ιανο λαδοαγαλγο ακιδδηι(**Nn**3′)*ο ναμο οδο*

αβ(ο) (**Nn**4) *υαρογο ζαμιγο βοοαδογινδο οδο εζ<δδ̣>η{δ}βιδο*

οαρσοχοανδανο αβο υαρογο ζα̣μιγο βοοαδογινδο ο̣δο εζδδηβιδο

κολζανο λιζγοσιγ(**Nn**5)*ο καροοαλο οδο πισο μανδαρουανισο*

κολζ(**Nn**4′)*ανο λιζγοσιγο καροοαλο̣ οδο <πισο̣> μανδαρουανισο*

ζαβοργανο οιγαλφανο ακιδδ(**Nn**6)*ηνο μοδδραγο χιρσοβωστιγο αβο*

ζαβοργανο οιγαλαφανο[a] *ακιδδηνο μολρα*(**Nn**5′)*γο χιρσοβωστιγο αβο*

μανιυο πιδοναμο οιγαλφο ναβιχτι(**Nn**7)*γινδο οταβο μασκο ταβδο*

μανιυ[ο]π̣ιναμο οιγαλφο ναβιχτιγινδο οταβο μασκο ταβδο

πιδοοασαδδιδο χογαμο χοσινδο μανο βαι̣ο οδαζο (**Nn**8) *χαιο*

πιδο(**Nn**6′)*οασαδδιδο χογαμο χοσινδο μανο βαι̣ο ιωζο πορο οδαζο χαιο*

οδαζο ιωζο οδαζο οανακο χοασο πορανο λιζγοσιγο

οδαζο ιωζο οδαζο οανακο χοασο πορανο̣ (**Nn**7′) *λ̣ιζγοσιγο <ακιδ̣ο̣μηγο̣* καναγο γωζογανο μα̣(**Nn**9)ρηγο ακιδομηνο

(καδαγο)[b] νανανο ραζινδο> καναγο γωζογανο μαρηγο ακιδομηνο

καδαγο νανανο ραζινδο πιδοοησιμο αβαφαγο βρα̣μ̣αρζο (**Nn**10)

καδαγο νανανο ραζινδο πιδοοησιμο αβαφα̣(**Nn**8′)γο βραμαρζο

οδαβφαγο μωιανο λαγοκο πορανο ακιδδηνο κ[ο]αδαγο λαγοκανο

οδαβαφαγο μωιανο λαγοκο̣ πορα̣νο ακιδδηνο κα̣δ̣α̣γο[c] λαγοκανο

ραζινδο κανα(**Nn**11)γογωζογανηλο μαρηγο μισιδο μανο βαιο ιωζο πορο

ραζινδο καναγο̣(**Nn**9′)[γ]ωζογανηλο μαρηγο μισιδο μανο βαιο ι̣ωζο πορο

οδο μανο χαιο οδο μα(**Nn**12)νο ιωζο οδο μανο οανακο χοασο πορανο

οδο μανο χαιο οδο μανο οανακο χοασο πορα̣νο̣ (**Nn**10′)

λιζγοσιγο ακιδομηνο καδαγο να̣γ(**Nn**13)ανο ραζινδο μισιδο μανο βαιο (οδο

[λι]ζγοσιγο ακιδδηνο[d] καδαγο νανανο ραζινδο μισιδο̣ μανο βαιο οδο

μανο)[b] χαιο χαγαναγγο τωγο οδο χοηοαγγο ναργο αβ(**Nn**14)ιωγο

μανο χαιο χαγαναγγο̣ τωγο̣ (**Nn**11′) [οδο χο]ηοαγγο ναργο αβιωγο

ϸοδο ταδο̣μο αβο καδαγο α̣νδαρο προαρζο νιστο σταδο σκοαδομο

ϸο̣δ̣ο ταδομο αβο καδαγο α̣νδ̣αρο προαρζο νιστο σταδ̣ο σκ̣̅ο̣̅α̣δομο̣ (**Nn**12′)

χαγανα(**Nn**15)γγο τωγο οδο χοηοαγγο ναργο τογδαδο σαγονδασο ιαββο

[χαγαναγγ]ο τωγο οδο χοηοαγγο ναργο τογδαδο σαγο̣ν̣δασο ιαββο

ζαμιγο ωσιδομο αστο (**Nn**16) μανο βαιο αβο ιαββο λαργο ζαμιγο ταδομο

ζα̣μ̣ιγο ωσιδο αστο μα̣νο βαιο αβο λαργο ζα̣μιγο ταδο̣μ̣ο̣

παραλαδο φαροαφαγο βραμαρζο (**Nn**17) *αβο ζαρο ϸανοζιδαγο*

(**Nn**13′) *[παραλαδο]φαροφαγο βραμαρζο αβο ζαρο ϸανοζιδα̣[γ]ο*

δδιναρο κ′ οδο ε′ οτωσο αβο μασκο ναβιχτιγο ζαμιγο (**Nn**18) *εμο*

δ̣διναρο κ′ οδο ε′ ο̣τωσο αβο μα̣σ̣κο ναβιχτιγο ζαμ̣ιγο̣ εμο

παδοναμονδδιγινδο ασο μιυροασανο καλφο ιαββο ναμονδο

παδο(**Nn**14′)*[ναμονδδ]ιγινδο ασο μιυροασ{ασ}ανο*[e] *καλφ*[d] *ιαββο ναμ̣ονδο*

οδασο μιυρονα̣(**Nn**19)*φρνο*[d] *γαροαβχηζο ναμονδο οδασο αβαχρανο*

ο̣δ̣α̣σο μιυροναφανο[d] *γαροα̣βχηζο ναμονδο ο̣δ̣α̣σ̣ο̣ αβαχρανο̣* (**Nn**15′)

<••αγοσ̣ι̣δ̣ο̣ρ̣α̣γισαγγο ναμονδο> α̣β̣ονιιανανο ρ̣οζγο παροβαρο

<[••αγοσιδο]ρ̣α̣γ̣ι̣γοσα̣γγο ναμ̣ο̣ν̣δο> [αβονι]ι̣α̣ν̣α̣νο ροζγο {πα̣}[f]

ναμο(**Nn**20)*νδο οδασο νιμβρωσο κινοσαργο*[g] *αββολανο ναμονδο μισιδο μανο*

ναμονδο οδασ̣ο̣ νιμβρωσο[h] *κιν̣οσαργο ιαββολανο ναμονδο μισιδο μανο*

βαιο (**Nn**21) *οδο μανο χαιο οδο μανο ιωζο οδο μανο οανακο χοασο*

β̣αιο ο̣δο μα̣(**Nn**16′)*[νο χαι]ο̣ οδο μ̣α̣νο ιωζο οδο μανο οανα̣κο χ̣ο̣ασο*

ποράνο ακιδομηνο καδαγο (**Nn**22) *ναναvo ραζιν(δ)ο ταδομηνο ωσο*

πο̣ρ̣α̣ν̣ο ακιδομηνο καδαγο ναναvo ραζινδο ταδομηνο (**Nn**17′) *[ωσο*

παραλαδο φαροφαγο βραμαρζο ακιδο πιδο μασκο να(**Nn**23)*βιχτιγο ζαμιγο*

]π̣[α]ρ̣α̣λαδο φαρο̣φαγο βραμαρζο α̣κιδο πιδο μ̣α̣σκο ναβιχτιγο ζαμιγο

αβαφαγο βραμα̣ρζο κισο ηβαδο ιωλαδο οισηραδο λαδο χοιναδο

αβαφαγο βραμαρζο κισο ηβαδο ιωλα̣δο ο̣ι̣(**Nn**18′)*[σ]η̣ραδο λαδο χοιναδ̣ο̣* *λαστα*(**Nn**24)*νο κιραδο ταδασο οισπο παδαρλιγανο αβηβινδο*[i] (*背面,* **Nn**25)

λαστανο κιραδο ṭαδασο ọισπο πạδαρλιγο αβηβινδο[j]

κιριμο οδο αβηβινδο νακιρανο οδαβο λαδο λαδο (**Nn**26)

κιριμο οδο καλδο[g] *αβηβινδο νακ̣ι*(**Nn**19′)*[ραν]ọ ọδαβο λαδọ λạδο*

ναϸοοανο ταδο ταọοανο τωζανο αβο γαζνο γωζ(**Nn**27)*αναγγο*[d] *ζαρο*

ναϸοοανο ταδο ταοọανọ τωζανο ạβο γαζνο γωζαναγγο[d] *ζαρο*

<ϸạνο>ζιδαγο δδιναρο ν′ πανζασο οδο ν′ δδιναρο (**Nn**28) *φαροφαγο*

ϸανοζιδαγο δδιναρο ν′ οδọ (**Nn**20′) *[ν′ δδιν]ạρο φαροφạγο*

βρạμαρζο τωζανο οδο φ(α)ρο ταοαγγο βραδọ (**Nn**29) *ζαδακο φορζανδανο*

βραμαρζο τωζανο οδο ταοαγγọ βṛαδο ζαδακο φορζανδανο

τωζανο οδο ειο μολραγο χιρσοβ(**Nn**30)*ωστιγο*

τωζανο οδο παρσο τογδο (**Nn**21′) *[ταοοανο ε]ιο μολραγο χιρσοβωστιγọ*

παρσο τογδο ταοοανο χοζο (οα)οοαρο βοọαδο[k] *σαγον*(**Nn**31)*δαβο μασκο*

χοζο οαοοαṛο βοαδο σαγονδạβο μασκο

ναβιχσιδο[d]

ναβιχσιδο[d] ———

[a] 或-*λοφ*-。 [b] 漏写。 [c] S 由于中间的单词非常模糊，因此无法排除此副本其实和密封副本有同样拼写错误的可能性。 [d] 原文如此。 [e] 错误的重复。 [f] 没写完，大概是被删除了。 [g] 首字母涂改过。 [h] -*ωγο* 的误写。 [i] 改行末尾处空白。 [j] 似乎是 *αβηι*-的变体。 [k] 写作 *βοααδο*。

(**O**1) *αχϸονο υ′ οδο μ′ μανο σαβολο καλδομο ναβιχτο* (**O**2) *χοησαοοβωστιγο*

(**O**1′) *αχϸονο υ′ οδο μ′ μανο σαβολο καλδο ναβιχτο χοησαοοβω*(**O**2′) *στιγο* *μαλαβο σωζαργανο αβο καλφ αβι*(**O**3)*ιο þαρο ασιδο στωφ ραζινδο πισο*

μαλαβο σωζαργανο αβο καλφ αβιιο þαρο ασιδο αστωφ ραζι(**O**3′)*νδο πισο*

βαγο οαχþο βαγανο (**O**4) *þανο ακιδαβο στωφ σπισινδο οδο πισο ζολαδο*

βαγο οαχþο βαγανο þανο ακιδο αβο στωφ σπισινδο οδο πισο (**O**4′) *ζολαδο*

πιδο(**O**5)*οδδιγο χαρο οδο πισο μανδαρουανισο αζαδοβοργανο* (**O**6) *ακιδαβο*

πιοδδιγο χαρο οδο πισο μανδαρουανισο αζαδοβοργανο ακιδο

χοησαοοβωστιγο ταβδο μισιδο ασταδο αχασο(**O**7)*μανο ιωβιγο αστωφσιγο*

χοη(**O**5′)*σαοοβωστιγο ταβδο μισιδο ασταδο αχασο μανο ιωβιγο αστωφσιγο*

ακιδομο καδαγο ιωβιγανο ραζι(**O**8)*νδο πιδοοδδιγο χαρο μαρηγο οδο*

ακιδο(**O**6′)*μο καδαγο ιωγανο ραζινδο ζολαδο πιοδδιγο χαρο μαρηγο*

μαναγγο βραδο πορο πι(**O**9)*δο δαγογγο ιαοοαρο ακιδο μανο ιωβιγο αβαφαγο*

αβαφαγο

βρα(**O**10)*μαρζο δαγογγο αχασαδδηιο ακιδο βραδο πιδο χαγγαρο*

βραμα(**O**7′)*ρζο δαγογγο αχασαδδηιο ακιδο {ασομαγο ιωβιγο} βραδο πιδο χαγγαρο*

ζι(**O**11)*δδιμο ταδο*

ζιδδιμο (**O**8′) *οδο ταοο βραμαρζο αβισταοοαγο κιρδδημο*[a] *ταδο παþτο ναυαþταμο*

ταοο βραμαρζο αλμαγο ιωβιγο πιδολαδδι(**O**12)*γο πισαγαδαμο οτομο*

χο(**O**9′)*αδο οδο πιδολαδδιγο πισαγδαμο οδομο*

λαδδηιο χοησαοο μανο ιωβιγο οδο (*背面,* **O**13) *μαναγγο βραδο πορο*

λαδδηιο χοησαοο μανο ιωβιγο {φα(**O**10′)*ρο}*[b]

φαροφαγο β̣ρ̣α̣μ̣[αρ]ζ[ο

φαροφαγο βραμαρζο λαγοκο πορο κοαδο πιδδιιο αχασο ασιδο <μανο> ιωβιγο̣

τ](**O**14)*αδο*

(**O**11′) *ασ̣ασκοφαγο βραμαρζο ασταδο βραδο πιδο χαγγαρο ζιδδιμο ταδο*

μισο αζο ιωβιγο χοαδο να̣υ[ο] μ̣α̣ν̣[αγ]γο β̣ραδο

μισο̣ (**O**12′) *ναυο αχασαμο ναυο αζο ιωβιγο χοαδο οδο ναυο μαναγγο βραδο*

(**O**15) *οδο ναυο μαναγγο πορο*

πο(**O**13′)*ρο οδο ναυο μαναγγο χοβιγο τοχμιγο οδο ναυο*

αβαφα[γο]β̣ρ̣α̣μ̣α̣ρ̣ζο̣ (**O**16) *μ̣ισο αχασ̣αδο*[c] *καλδο αχα̣[σ]α̣ν̣ο̣[*

μαναγγο ϸαρι(**O**14′)*γο καλδο αχασανο*

αζο]ι̣[ωβιγο]χ̣ο̣α̣δ̣ο̣[[d] *ο]*(**O**17)*δαλο μαν̣α̣γγο̣ β̣ραδο̣ π̣ο̣ρ̣ο̣*

αζο ιωβιγο χοαδο οδαλο μαναγγο βραδο̣ οδα(**O**15′)*λο μαναγγο πορο οδαλο*

α̣β̣[αφαγο βραμαρζο

μαναγγο χοβιγο τοχμιγο οδαλο ϸαρι̣(**O**16′)*γο οδαλο ωδαγοσιγο*

ταδομο] (**O**18) *χοανδο {ν̣δ̣ο}*[e] *ο̣ισ̣αρο αβο λαδο ο̣α̣υ̣οαρ̣ο̣ μα̣β̣[οδδηιο]* (**O**19) *οδο*

ταδομο χοανδο οισ̣αρο αβο λαδο οαοοαρο̣ (**O**17′) *μαβοδδηιο*[f] *οδο*

μ̣ισο̣ ταοοανο τωζανο̣ α̣βο̣

μισο ταοοανο τωζανο αζο ιωβιγο χοαδ̣(**O**18′)*ο οδ{δ}ο μαναγγο βρ(α)δο πορο αβο*

γα̣ζνο γω̣ζο(**O**20)*γα̣να̣γγο ζαροζιδαγο δδιναρο ν′ ο̣δ̣ο̣ ν̣′ δ̣δ̣ι̣[ναρ]ο̣* (**O**21)

γαζνο γωζογανοχοηο(**O**19′)*οαγγο ζαροζιδαγο δδιναρο ν′ οδο ν′ δδιναρο* *φ[α]ρ̣[ο]φ[αγο] βρ̣α̣μ̣α̣ρζο τωζαμο*[g] *ο<τ̣ο̣>*[h] *παρσ̣ο τ̣ογδο τ̣α̣ο̣*(**O**22)*οαγ̣ο ε̣ι̣ο̣*

φαρο(**O**20′)*φαγο βραμαρζο τωζαμο   οδο   παρσο τογδο ταοοανο   ειο̣* (**O**21′)

χοησαο̣ρ̣βωστιγο χ̣ο̣ζ̣ο̣   ο̣α̣[οοα]ρ[ο]..[.....]...[i] (**O**23) *σ̣α̣γ̣ο̣ν̣δ̣ο*

μολραγο χοησαοοβωστιγο χοζο οδο οαοοαρο   αβο̣(**O**22′)*δδηιο   σαγονδο*

αβο μασκο̣ [γ̣α̣]β̣ισιδ̣ο̣

αβο μασκο ναβισιδο

[a] 末尾的-*ο* 看上去部分与前面的-*μ*-重叠，使后者显得像-*γ*-。 [b] 错误的重复。 [c] f 的误写或 *αχασαμο*? [d] 不确定。 [e] 错误的重复？不是 *οδο*。 [f] *μαβοοδηιο* 的误写。 [g] 可能是 *τωζαδ*-涂改过的。 [h] 两个字母（可能是-*το*，肯定不是-*δο*）添加在行之上一个倾斜的角上。 [i] 很难把这一行末尾的痕迹解释成预期的 *αβοδδηιο* 或 *βοοαδο*。

(**P**1) *αχþονο υ′ μ′ ς′ μανο αββο ρωσο οαυ[μανο . . .*

(**P**1′) *αχþονο υ′ μ′ ς′ μανο αββο ρωσο οαυμανο̣[καλδο ναβιχτο μολραγο*

μαχιρσο](**P**2) *βωστιγο μαλαβο σαμιγγανο ωδαγο αβο μαρωγα̣[νο . . .*

μαχιρσοβωστι](**P**2′)*γο μαλαβο σαμιγγανο ωδαγο αβο μαρωγανο αβο*

. . .   *εζδ]*(**P**3)*δηβιδο βαγο*   *ραμοσητο*

ρω̣[βοχαραγγο οασαρο εζδδηβιδο   βα](**P**3′)*γο   ραμοσητο λαδοιανο*

—

λαδοαγαλγο οαρσοχο̣ανδο ακιδ̣[δηιο σπασο μαλαβο μαρω](**P**4′)*γανο αβο̣*

εζ<δδ̣>ηβιδο ζονολαδο

οασαρινδο εζδδηβιδο   ζονολαδο þαβορανο ι̣α̣[β]ζο̣δοφα̣[ρανο χαγανο

ρωβ[οχαρο . . .

ταπαγλι](**P**5′)*νο νιλιτοβηρο ρωβοχαρο οδο πισο χοσαροο ταρχανο οδο π̣ισο* *δδ]*(**P**4)*ηβοραζο*

δδ̣[ηβοραζο . . . ρωβο](**P**6′)*χ̄ᾱρ̄ᾱγγο οασαροβιδο χαιιαχο οδο πισο*

—

μανδαρουανισο αζαδοκαρο ακιδ̣ο ο[αλο πιδο μιλα](**P**7′)*γγο αρμαστινδο οτασο*

μισιδο ωσο παραλαδο μανο ιασκολο οδο μανο

εμο σαχοανο ζανινδο μισιδο ωσο παραλαδο μανο ι̣[ασκολο . . .] (**P**8′) *μανο*

ιει[ζδογιρδο . . .

ιειζδογιρδο καοο πορανο χοα̣στα̣οιγο ακιδο ωσο μαλαβο σ̣α[μιγγανο

. . .] (**P**5) *φαραφ*(*α*)*γο φανζο*

ωδα](**P**9′)*γο αρμαναμο οδο ιαμαχαγγο βραδο πορο φαρφαγο φανζο οδο*

φαρφαγο οινδμ̣αργο φαρφαγ[ο . . .

φαρ[φαγο οινδ](**P**10′)*μαργο οδο φαρφαγο ποσκο βαγομαρηγο πορανο*

ακιδδ](**P**6)*ηνο χανο γαβαλιιανο γιρλινδο*

ακιδδηνο χανο γαβα[λ]ι[ιανο] (**P**11′) *γιρλινδο οδο φαρο ταμαχαγγο βραδο*

βαλακο α′ χοβο βραδ̣[διγο . . .

πορο φορζανδανο βαλακο α′ χ[οβο](**P**12′)*μηνο βραδδιγο ειο βαλακο ασιδο*

...] (**P**7)

χαλασο ναμδο ταδδηιο αβο σοδο οιγνο δδριγδο (**P**13′) *ναμο*[a] *ϸιιαδο αβο*

δδραχμο γ′ ταδο ωσο

δδραχμο παρσαγγο γ′ ταδο ωσο αβο μασκο ναβιχτιγο βαλακο ταο(**P**14′)*ο*

—

φανζο ọδο ταοο οινδμαργο χοβο χοζο βοιηιο αλο βραδο πορο οδαλο

παδοαχϸανηδο

*φορζανδ̣(***P***15′)ανο σαοοαλο ασωσ̣αβο ιαοιηδανο ζοριγο οτο μισο παδοαχϸανηδ̣ο*

ασιδδηνο •[. . . δδ](**P**8)*ριγδο παραλαδο ναβαγο*

ασιδδηιο[b] (**P**16′) *υαρσο κιρδο αριμαδο χοαδο δδριγδο παραλαδο ναβαγο*

ωσταδο λαϸνο αμβαγδο πιδ̣[ο . . .

ωσταδο λαϸνο αμβαγδο̣ (**P**17′) *αχρινο οιχρινο κιρδο πιδο γαοοανο πιδοκιϸ̣το*

. . .] (**P**9) *υιρτο*

*πιδο σπασο αζαδο υιρτο ταδδ̣(***P***18′)ηιο πιδο̣ οισπο ζαγγο παδοαχϸανηιο κιρδο*

—

ασιδαβο δδραχμο χιρσιγο̣ οδαβο (**P**19′) *χοβο νιζαδαγο μαρηγο αβδδινινδ̣ο οτο*

καλδο κισο

καλδο ωσο̣ ασταδο ασο μανδο̣ρονιγο ρ̣ω̣[σο] (**P**20′) *οδασο μαβαρο ζαμανο κισο*

πιδο χαλα̣σ̣ο αβαφαγο φανζο

υαρσο ακιδο πιδο χ̣α̣λασο αβαφαγο φανζο̣[οδαβο] (**P**21′) *[τ]αμαχαγγο*

αχασ[αδο . . .

καδαγιγα̣νο κισο αχασαδο πιδο γαλιγο πιδο βαλινζακο αγισινδ̣[δηιο . . .

. . . *ιασκο]*(**P**10)*λο οδ̣αζο ιαζδογιρδο*

α](**P**22′)*[ζο] ιασκολο οδαζο ιειζδογιρδο οδο ιαμαχαγγο καδα̣γιγανο* *χοηδαγο αβημινδο κιραμο* *κα̣[λδο . . .* (*背面,* **P**11) *. . . κ]ι̣ρδδο*

χοηδαγο[α]β[ημινδο κιρα](**P**23′)*[μο οτα]κ̣αλδο χοηδαγο αβη̣μινδ̣ο κιρ̣δο*

ταδο

ναϸιαμο οτασιδο̣ ναρσο κι[ρδο . . . (**P**24′) *. . .]φαρφαγο φανζο ο̣[δο]φ[α]ρ̣ο*

α′ β′ τωζαμο

ταμαχαγγο̣ κα̣[δαγιγανο . . . (**P**25′) *. . . μαχιρσο]βωστιγο ο̣[. . .]αρδδινδο̣[. . .*

—

（*P26′*）*只有痕迹*

背面

Pv1 *ια̣[σ]κ̣ο̣λ̣ο*

Pv2 *βαγο ρα̣μο̣σητ̣ο̣*

Pv3 *ρωβο̣χαρ̣ο̣*

Pv4 *[χοσα]ρ̣οο τα̣ρ̣χαν̣ο*

Pv5 *[δδηβ]ορα̣ζο*

[a] 写的不清楚，但没有其他可能的读法。 [b] 原文如此。

(**Q**1) *αχϸονο υ′ μ′ θ′ μανο βιδ̣δινωσαρλο* *ρωσο δδινο καλδο να*(**Q**2)*βιχτο*

(**Q**1′) *αχϸονο υ′ μ′ θ′ [. . .]β̣[ι]δ̣διγονωγοσαρλο ρωσο δδινο καλδο ναβιχτο*

παροβωστιγο *μαλαβο σαμιγγαν̣ο̣ ωδα̣[γο α]βο μαρωγανο αβο̣* (**Q**3)

παρο(**Q**2′)*βωστιγο μαλαβο̣[. . .* *αβ]ο μαρωγανο αβο*

ρωβοχαραγγο οασαρο εζδδηβιδο *βαγο ραμοσητο λαδοιανο λαδοαγαλγο*

ρωβοχ̄ᾱρ̄ᾱγγο οασαρο εζδδ̣(**Q**3′)*[η]βιδο βαγο ραμο̣[σητο . . .* *λαδο]αγαλγο*

(**Q**4) *οαρσοχοανδο ακιδδηιο σπασο* *νιϸαλμο* *μαλαβο μαρωγανο*

οαρσοχοανδο ακιδδηιο σπασο οδο νιϸ[α](**Q**4′)*[λ]μο μαλαβο μαρ[ωγανο* *αβο οα(***Q***5)σαρινδο εζδδηβιδο ζονολαδο ϸαβορανο ιαβζοδοφαρανο*

*. . . οασαρινδ]ο εζ̣δ̣δηβιδο ζονολαδο ϸαβορανο ιαβ[ζοδο](***Q***5′)φαρανο*

*χαγανο τα̣(***Q***6)παγλινο υιλιτοβηρο ρωβοχαρο πισο ταρχανο χοσαρο̣ο*

χα̣[γανο . . . υιλιτοβη]ρ̣ο ρωβοχ̄ᾱρ̄ο οδο πισο ταρχανο χο̣σ̣α̣[ροο

*ταρχανο πο(***Q***7)ρο οδ̣ο πισο δδηβοραζο ρωβοχαραγγο οα̣σαροβιδο χαιιαχο*

*. . . (***Q***6′) . . . ρω]βοχ̄ᾱρ̄ᾱγγο οα̣σαροβιδο χαιιαχο*

*οδο πισο μα(***Q***8)νδαρουανισο αζαδοκαρο ακιδο οαλο πιδο μιλαγ[γ]ο̣[*

*οδ̣ο̣[. . . (***Q***7′) . . .*

*αρ]μαστινδο οτασο ε(***Q***9)μο σαχοανο ζανινδο μισιδο ωσο α̣γγιτο μανο δδηβο*

*αρμαστ]ι̣νδο οτασο εμο σαχοα̣[νο . . . (***Q***8′) . . .*

*ι̣αλ̣ογανο πορο ταρμ̣ιδδι(***Q***10)γο ζα̣δ̣αγο ασο λιζο ακιδομηνο χανο υωριγανο*

. . . ταρμ]ι̣δδιγο ασο λιζο ακ̣[ιδομο . . .

*γιρλινδο οδο ωσο μαλαβο σα(***Q***11)μιγγανο ωδαγο αρμαυιμο οδο μα̣νο*

*. . . (***Q***9′) . . .*

οιραζοφινζο δδηβο ολο οδο μαχαγγο[a] *(***Q***12) βραδο πορο ασαφαγο*

*. . . ο]λ̣ο̣ ακιδ̣ο̣[μο . . . (***Q***′结尾)*

*χοδδηοομαρηγο οδασαφαγο οισβοργομαρηγο αλο βρ(***Q***13)αδρανο υινοσαρο πορανο οδασο ταμαχαγγο βραδο πορο̣ φο̣ρ̣ζανδανο δδραχμ̣(***Q***14)ο καοοαδο σιμινο ϸιζγο ωδαγο οιζινδδιγο παρσαγ[γο μ′] παρο πιδο οαχο ταδο (***Q***15) λαυαμο αβο οισο μανο β′ παρσαγγο καοοαδο οα̣χ̣[ο ο]δ̣ο καλδο ταοο χοδδηοο(***Q***16)μαρηγο οδο ταμαχαγγο καδαγιγανο χοβο δδραχμο γαοοανζιγο βοοαδο κοαδο (***Q***17) μισο πιδο οαχο υιρτο ναριμαδο ταδο αβαμαχο* *πιδοοασινδανο πιδο α´ μανο* (**Q**18) *απισταρο ιαζδο κιρο ταδο λαυαμο μ´ καοοαδο αλο ιασαδαγο οαχο αβο ζαμανο σπο*(**Q**19)*ριγο καλδο λαδο ναφιιαμο ταδο παδοαχϸανηιο τογο χοδδηοομαρηγο οδο* (**Q**20) *ṭαοοαγγο βραδο πορο ασαμαχο πιδοοασινδανο χολιστο*[b] *αβηπαροδωγο καδαγο* (**Q**21) *αβανδαρονιγο βηνιγο ζιιανο κιρδο στωρο μαρ[σκονδο]δογγο ζιιανο κιρδο ασι*(**Q**22)*δο α´ β´ εζαδο οδαβαμαχο πιδοοασινδανο χοαδ[ο •]υιτο*[c] *οισκαβδο αβο χοβο* (**Q**23) *υαργο ωσταδο ταδδηιο πιδο ζιιανο αυμαρο οιτο ζιδαγο αβισκαβδδιγο αβο χο*(*背面*, **Q**24)*βο υαργοληρο οιτο καλδο μασκο ναβιχτιγο δδρα*(**Q**25)*χμο οαχο αλο μαδαριγο σποριγο αβιρηδο κοαδασο* (**Q**26) *ζιιανο οιλιστο κιρδο ναπαδοαχϸαναμο ναγιρτο ναλαδ*(**Q**27)*ο γοβαδο νασασκιγο παροβωστιγο σωγανδο λαδο οτο* (**Q**28) *καλδο πιδο ζιιανο γιρζαμο αλασο χοβο πιτανο δδρωγο* (**Q**29) *ανδαροζαγγο κι[ραμ]ο ταδο ταοοανο τωζαμο φαρο λαδο*(**Q**30)*βαρο αβο γαζνο δδραχμο παρσαγγο π´ οδο μισο π´ πα*(**Q**31)*ρσαγγο φαρο παδοαρλιγο τωζαμο οδο ειο παροβωστι*(**Q**32)*γο πισοοαριγο παρβαρμιγο ναβισιδο ακιδδηιο υαρσο αβ*(**Q**33)*ηγο εζβαραδο ταδο φαρο οισο κισο οοοαρο παρμανο* (**Q**34) *βοοαδο*

背面

Qv1-2[d] *δδηλο*[e] *οιραζοφινζ[ο*

Qv3 *β[αγο ραμοσητο]*

Qv4 *ρ[ω]βοχαρο[*

Qv5 *ταρχανο*

Qv6 *δδηβοραζο*

[a] *μαν*-的变体？ [b] 或 *χω*-。 [c] 或*]μιτο*, *]γιτο*（但不是 *αγ]γιτο*，因为那样第一个 *γ* 的尾巴应该可以看到）。 [d] 两行对应一个封印。 [e] 原文如此。

R1 *αχϸονο υ´ ν´ β´ μανο αββο σαχτο κ´ κα-*

R2 *λδο ναβιχτο μο̅λ̅ρ̅α̅γ̅ο̅ χοησαοοβωστιγο αβο γαζο αβο*

R3 *ιανδαρο ωδαγο πισο σιτο γαζο υαμαρογαρο πιδοοασαδδι-*

R4 *δο μανο παπο οδο μανο γαμανιγο οδο μανο γαζαρο σαο-*

R5 *ογο πορανο γαζιγο αβαφαγο καναγο γογνο πορο οδαβα-*

R6 *φαγο μωιανο λαγοκο πορο λιζγοσιγο οδαβαφαγο φινζο-*

R7 *λαδο χαγοσιγο ασιδο πιδο αγαδαγο ιανο αβο λιζγο αρμαυηιο ο-*

R8 *το ιθααυασιδο μανο παπο αλαφαγο καναγο ο̣δαλαφαγο μωιανο*

R9 *οδαλαφαγο φινζολαδο αχασο οδο λαδοβαριγο σταδο οτομη-*

R10 *νο πισο σωρο οαλαχοσιγο καροοαλο γοβαδο οδομηνο σα-*

R11 *χοανο οδο ιαχασο αματο οδομο χοησαοο λαδδηιο πιδο Δαγογγο*

R12 *ιαοαρο κοαδασο μανδορονιγο ρωσο οδασο μαβαρο ζαμανο*

R13 *α̣ζο παπο οδο μαναγγο βραδο ζαδακο φορζανδανο αβαφαγο*

R14 *καναγο̣ οδαβαφαγο μωιανο οδαβαφαγο φινζολαδο οδαβο ταμα̣-*

R15 *χο βραδο ζαδακο φορζανδανο αχσαδο ναγο παδαχβανιμο*

R16 *οδο ναγο λαδο γοβαδο οτακαλδο Δογγο ασταδο κοαδο αχσανο ταδο ταο-*

R17 *ανο τωζανο αζο παπο οδο μαναγγο βραδο ζαδακο φορζανδα-*

R18 *νο αβο σκαγογωζογαναγγο γαζνο Δραχμο καοοαδο ρ΄ οδο μι-*

R19 *σο ρ΄ Δραχμο καοοαδο φαραφαγο καναγο οδο φαραφαγο μωια-*

R20 *νο οδο φαραφαγο φινζολαδο οδο φαρο ταμαχο βραδο ζαδακο*

R21 *φορζανδανο τωζανο οτο παρσο τογδο ταοανο μσ̅λ̅ρ̅(αγ)ο χοησαοο-*

R22 *βωστιγο χοζο οδο οαοαρο βοοαδο*[a]

[a] 最后一笔画出去了。

S1 *ι αχβονο υ΄ ο΄ μανο βοχσιγο ρω̣σ̣ο ριβτο̣ κ̣αλδο ναβιχτο̣ μο̣-*

S2 *δδραγο χοησιιαοοβωστιγο μαλαβο γαζο αβο οανινδανο αβο λιζο α-*

S3 *λβαρο πισο σηρο τορκο γαζο ταδονο οδαζδδηβιδο σιτο γαζο υο-*

S4 *μαρογαρο μισιδο πιδοοασαδο χογαμο χοσινδο μανο πωτανο οδο μανο̣*

S5 *μιιαρο φαρνοα̣γαδο πορανο ασο βονοσογολιγο κιδο ωσο πιδο αγαδαγο*[a] *ια-*[b]

S6 *νο αβο γαζο αρμαυαμο οδαβο σηρο τορκο γαζο ταδονο σπισαμο αχβα-*[c]

S7 *γγο μαρηγανο αβοφαγο βαζο οδαβοφαγο γογναγο*[d] *οδαβοφαγο γωρδο λι-*

S8 *ζγιγανο χοδδηοο μαγατορο βοκολαυο μαρηγανο μισιδο μανο πωτα̣-*

S9 *νο οδο μανο μιιαρο αλοφαγο βαζο οδαλ̣οφαγο γωγναγο οδαλφαγο γωρδο̣*

S10 *σαχοανο οδο λαδο οδο αχασο σταδο ταδο μαχο σαχοανο ματο οδο μαχο ιαχασο αβσι-*

S11 *στηιο πισο σηρο τορκο γαζο ταδονο οδο πισ̣ο σιτο γαζο υομᾱρογαρ-*

S12 *ο οδο μαχο λαδδηδο ειο χοησιιαοο πιδο Δαγογγο ιαοαρο κιδο ναγο παδαχ-*

S13 *ϸαναμο αζο πωτανο οδο ναγαζο μιιạρο οδο ναγο μαχαγγο βραδο ζαδα-*

S14 *κο φορζανδανο οδο ναγο ανδαρισο κισο υαρσο πιδδιιο λαδο αχασο ασιδο μαχο*

S15 *πιδοοασινδανο αλφαγο βαζο οδαλοφαγο γωγναγο οδαλοφαγο γωρδο σταδο*

S16 *ταδο πιΔιιο σαχοανο υαρσο κισο ιοστο οδο αχασαδο ναγο παδαχϸαναδο οτο καλδ̣ọ*[e]

S17 *ạσταδο*[f] *ασο μανδορονιγο ρωσο οιταβο ιαοοηδανυ ζοριγο κιδο {πιδο} πιΔι-*

S18 *ιο λαδο αχασο ασιδο μαχο πιδοοασινδανο αλοφαγο βαζο οδαλοφαγο γωγναγọ ọ-*

S19 *δαλοφαγο γωρδο σταδο κισο ιωλαδο οδο οισηραδο οδο αχασαδο λαδο γοβαδο λạστανọ*

S20 *κιραδο αλο μαχο πιδοοασινδανο χοαδο οδαλο μαχαγγο βαραδο ζαδακο χοαδο οδαλο*

S21 *ανδαριọο κισο υαρọο πιδο μαχαγγο παρο αχασαδο ταδανο μαχο πιδοοασινδανο ναβα-*

S22 *ỵδο αβο λ̣αδο λαδο ϸαοαμο οδανο χοηδαγο οδο βηβινδο κιρανο ασο οισπουανο οι-*

S23 *σηρινδανο οτο καλδο ναβανδο αβο λαδο λαδο ναϸαοαμο οδανο χοηδαγο οδο βη-*

S24 *βινδο νακιραμο ασο παδαρδδιγο οδασο χοβο πιτανο Δρωγομιγο οδο ανδạ-*

S25 *ροζαγγο κιραμο σαγονδο χοαδο πιταδαμο οδαβο μασκο ναβισιδο ταδο ταοανο τωọ-*

S26 *ζαμο αβο γαζνο λαδοβαραγγο δδραχμο κοοαδο σ´ οδο μισο σ´ δδραχμο κοαδ̣ọ*

S27 *αβο παδαρδδιγο τωζαμο οτο μοδδραγο χοησιιαοοβωστιγο οαοαρο οδο παρμα-*

S28 *νο βοοαδο*[g]

在页面底部

S29 *αχϸονο υ´ ο´ {μ̣ạυọ} μ̣ανο βοχσιγο μ[οδδ]ρ̣(αγ)ο ειο χοησιιαọọ μ̣ạνο πωτανο*[h]

S30 *οδο μανο μ̣ι[ιαρο (+/-. . .) ταβδο]*

背面[i]

Sv1-2[j] *[σηρο] τ̣ọ[ρκο]*[k] *τ̣ạβ̣δ̣ọ*

Sv3-4[l] *π̣ι̣δ̣ọ[ο]ạσ̣ι̣ṿδ(α)νọ*[m] *τ̣[α]β[δο]*

[a] 或-*σο*。 [b] 或 *ιο*-。 [c] 或 *αχϸο*-。 [d] 原文如此。 [e] 或 *οτακαλδ̣ọ*。 [f] 较小可能读作°*καλδ̣|ọ σταδο*。 [g] 最后有一个花式（看上去像 *ασα*——）。 [h]*πωταρο* 的误写，可能写的时候想着后面的 *μι[ιαρο]*。 [i] 都非常可疑。 [j] 两行都对应封印 B(对应封印 C 没有书写痕迹)。 [k] 或*[γαζο] τ̣ạ[δονο]*? [l] 两行都对应封印 A。 [m] 原文如此?

Ss1 *ι αχϸονο υ´ ο´ ς´ μạυο νωγοσαρδο αβο ιαρ̣γαοο ρọσο*

..................[.................................... *παρ]-*

Ss2 *οβωστιγο μαλαβο αμβηρο̣ π̣ι̣σο βαγο ρα̣μο̣σ̣ητ̣ο̣ ο̣δο π̣ι̣σο αχϸ̣[ο*[a]

...........]π̣α̣ρ[.................................]-

Ss3 *τισο βηρδ̣ο πορο βωχαρο̣ ο̣δ̣ο̣*[b] *μα̣ν̣ο αχϸο̣ ι̣[αμϸοβανδαγ]ο π[ορο οδο*

μανο] φιν[ζολαδο ....]

Ss4 *αμβηροσιγο οασαροσιγανο οδο ι μαχαγγο β̣[ραδο] ζα̣δακο φ[ορζανδανο*

ασαφαγο .... αμβηρο]-

Ss5 *σιγηλο οασαροσιγο οδασο ταοοα[γγο]β̣ρ̣α̣δ̣ο̣ ζαδακο̣ δ̣δ̣ραχμ̣ο̣*

[..]

Ss6 *σαδο σ´ παρο ζαμανοβαστιγο [πιδο δογγο]ι̣α̣οοα̣ρ̣ο κοοαδο*

πιτα̣δ̣(δ)ι̣μ̣[α]ζ[ο[c] *......]•[..]*

Ss7 *ν̣δορο οιταβο β´ μαυ̣ο̣ ....[........ ο]τ̣ο καλδο Δογγο ασταδο κο̣ο̣α̣δ̣ο*

μα̣[χο[d] *................................... υι]-*

Ss8 *[ρδδι]ι̣ο̣ μ̣α̣νο αβο ιαργαοο αβο ωρο̣[μοζδο ρωσο]α̣β̣ι̣ιηλο*[e] *αχϸο α̣σ̣ο̣ ι̣ μασκο̣*

γ̣[αβιχτιγο

Ss9 *[ ]β̣ρ̣α̣δο πορο φο̣ρ̣[ζανδανο ....] ναϸιιαμο ταδασο ζαμ̣[ανο*

Ss10 *[ ].......[ ].......... ζαμ̣[ανο*

Ss11 *[ ]..[*

背面

Ssv1 *]...μανο*

[a] *ϸ* 的痕迹相当清楚，但复原不确定。 [b] 非常可疑，然而看上去不太可能读成**βωχαρο*(σ)*ιγο*，**βωχαραγγο* 等，因为 *ι*（或甚至 *γ*）的尾部应该可见。 [c] 原文如此？本应有第二个 -*δ*- 但肯定没写。 [d] 或 *μα̣[νο]*。 [e] -*β̣ι̣*- 非常清楚。

(**T1**) *αχϸονο υ´ ο´ η´ μαυο βιδδιιονωσαρδο καλδο*

(**T1′**) *α̣χϸονο υ´ ο´ η´ μαυο βιδδιιονωσαρδο καλδο ναβιχτο εμο μοδδραγο μισιδο*

μανο βαγοαζιιασο στορογο τοροσανζο οισλογδο χοτολογο (**T2**) *ταπα̣γλιιο*

μανο βαγοαζιιασο στορογο τοροσανζο οισλογδο χο(**T2′**)*τ̣ολογο τ̣απ̣α̣γλιιο* *βιλγανο σαβουο χινζωιο χαλασανο οισλογδο καδαγοστ̣ανο ασο*

βιλγανο σαβοουο χινζωιο χαλασαν̣ο οισλογδο καδαγοστανο φινζο ασο τᾱο̄

βαγο καμιρδο

βαγο καμιρδο λαδοιανο αβορδοαγαλγο̣ (**T**3′) *στορογο οηζο οδο ο̄ᾱρσοχοδανο*

σασκο καμιρδοφαρο βηκο (**T**3) *πορο κηδο πιδο βανοζινιιαγγο ζαο̄ο̄ κιδο*

λιδο πιδο βαν̄ο̄ζινιιαγγο ζαοο κιδο

λαρσιγγο σταδο οδο μορδδιιο ταδομο ασο καμιρδο βαγο

λᾱρσιγγο οδο μο̄ρδδι σταδο ταδο ταοο βαγο καμιρδο

στορογο οηζο οδο (**T**4) *{οδο}*

βαγανο (**T**4′) *þανο σασκο καμιρδοφαρο κηδο στορογο*

οαρσοχοδανο λιδο κιδδηιο παρσο ζονδδιιο οδο δδρογο κιρδο

οαρσοχοδανο οδο υο̣γ̣αμοδανο κιρδο κιδαβο

ταδο ωσο μανο χι(νζ)ωιο

βανοζινιιο ασο λαρσο βογδο οδο ζαοο̄ (**T**5′) *λ̣α̣δο ταδο ωσο μανο χινζωιο*

καδαγοστανο φινζο πι(**T**5)*δο βανο̄ζ̣ινιιαγγο ζαοο αβο ταο̄ο̄ καμιρδο βαγο*

καδαγοστανο φινζο πιδο βανοζιν̄ιιαγγο ζαοο αβο ταοο καμιρδο βαγο

οδαβο ταοο κ̣αμιρδοφαρο κηδο πιδοφαρο κιρδο αββο ζαμιιο τα(**T**6) *ληλο*

οδαβο ταοο καμιρδοφαρο (**T**6′) *κηδο πιδοφαρο κιρδο αββο ζαμ̣ιγο ταληλο*

αβο ασπο τιδο αγγαραγο κιδο βαþονανο παρογανο ναμ̣ινδο οδομο λαδδηι

αβο ασπο τιδο αγγαραγο κιδο β̣αþονανο παρογανο ναμ̣ινδο οδομο λαδδηιο μισο μασκονδο ιωγο ζινο κιδο οαρ(**T**7)αγο ναμο σιδομο ασο βρηδαγο

μισο μασκ̣(**T**7′)ο̣νδο ιωγο ζινο κιδο οα̣ραγο ναμο σιδομο ασο βρηδαγο

οδασο οηβορογο ασο ο̄ο̄νο α̣γγιτ̣ο πιδο στορογο γαοανο πιδο σανο οδο πιδο

οδασο οηβορογο ασο οο̄ν̄ο πιδ̣ο στορογο γαοανο πιδο σανο

σηρο βινζο (**T**8) ταδο ωσο παδαχϸανηι παρσο μ̣αβαρο ζαμανο

σ{α}ηρο[a] βινζο αγγιτο (**T**8′) [τα]δο ωσο παδαχϸανηιο παρσο μαβαρο ζαμανο

παρσο ανδαρο̣γ̣ιιο ρωσανο τοο καμιρδο βαγο οδο τοο καμιρδοφαρο (**T**9)

παρσο ανδορονιιο ρωσανο τοο καμιρδο βαγο οδο τοο καμιρδοφαρο κηδο

πιδδιιο αββο ζαμιγο πιδο αγγαραγο κιδο βαϸονανο παρογανο ναμο σιδο

πιδδιιο αββ(**T**9′)[ο ζαμ]ι̣ι̣ο̣ πιδο αγγαραγο βαϸονανο παρογανο ναμο σιδο

μανο χινζωιο καδαγοστανο φινζο πιδο (**T**10) στορογο πηρο οδο πιδο

μανο χινζω̣ιο καδαγο̣στανο φινζο πιδο στορογο πηρο οδο πιδο

υοναμοδανο λαδο ταδο παδαχϸανηδο εμο ζαμιιο χοαρδο οδο

υ[ον]α[μοδανο λα](**T**10′)[δ]ο̣ ταδο παδαχϸανηδο εμο ζαμιγο χοαρδο οδο

δδριγδο αβηπαρο οδο αβηπαδδι(στο) (**T**11) αβητωγο οδο αβηοαλαγο[b]

δδριγαδο αβηιοπαρο οδο αβηπαδδιστο αβητ̣ωγο οδο αβηο̄ᾱλαχο[b]

αβηστορογοπαδδιστο οδο αβηζινακο

αβηστορογοπαδδιστο οδο αβηζι(**T**11′)[ν]α̣κο μ̣ανο βᾱσ̄τ(αγ)ο ο̣δο {μαυ̣ο̣

—

βασταγο} μανο λαρζο οδο μανο σπαχνι̣ι̣ο μανασο αλβαρο χοδδη̣οᾱγγο *ζαμιγο χοαρο οδο λ̣ηρο*

φρομανο μαυασο ϸαρολ̣ηρο μαυασο ϸαρ(**T**12′)*[ι]ιανο ι ζα̣μιιο χο̣αρο οδο λ̣ηρο*

οδο ζινο κιδο οαραγο ναμο (**T**12) *αβο χανο φινζο δδριγδο παρσο*

οδο ζινο κιδο οαραγο ναμο παδαχϸανηιο αβο χανο δδριγδο παρσο

παραλαδο πα̣δα̣χϸανο πιδο γαο̣ανο πιδοκιϸτο πιδο σπασο

παραλαδο αμβαγαδο πιδο γαοα̅νο πι(**T**13′)*δ̣οκιϸτο πιδο σπασο*

παδα(χ)ν̣ωρο κιρδο οδο ταοο καμι(**T**13)*ρδο βαγο*

παδαχνωρο κ̣ιρδο σογγο υαρσο χοαδο ρημαδο οδο ταο̣ο καμιρδο βαγο

οηζο οδο ο̣αρσοχοδανο οαχαδο οδο αβζαοαδο οδο τοουο καμιρδοφαρο

οαρσοχοδανο οαχαδο οδο αβζαοα̅δο οδο τοο καμι(**T**14′)*ρ̣δοφαρο*

κηδο πιδδιιο πιδοφαρο σιδομο αβο (**T**14) *βαγο*

κηδο[c] *ρωσο ρωσο ζαμανο ζαμανο πιδοο πιδοφαρο σιδομο αβο βαγο*

κιρδο οδαβο ταοο̣ ταδο ρωσο ρωσο αβο καμιρδο βαγο οδαβο μισο βαγανο

κιρδο οδαβο ταοο ταδαβο καμιρδο βαγο οδαβο μισο βαγανο̣

σπασο σπισο οδο

(**T**15′) *σ̣πα̣σο σπισο οδο ραϸτιλαφο οδο αβοοαγιϸανο λ̣ηρο οδο αβο μανο̣*

ιανο οδο αγαλγο χωζο ασο

[ο]δ̣αβο̣ μ̣αναγγο πορο οδαβο βρηδαγανιιανο ιανο οδο αγαλγο χωζο (**T**16′)

μανα̣(**T**15)*γγο λιστο οδασο μαναγγο πορο οδ̣ασο βαρηδαγανιιο μαρδο οδο*

ο̣δο

μαυο παδαχβανο βοοαδο παρσο μαβαρο ζαμανο κισο μαζο χινζω(ιο)

μαυο παδαχβανο βοοαδο παρσο μαβαρο ζαμανο υαρσο κισο μαζο χινζωιο

(**T**16) καδαγοστανο φ(ι)νζο χοαδο οδο μαυο μαναγγο πορο φροζινδ̣α̣νανο

καδαγοστανο φινζο χ(ο)αδο[d] οδο μαυο μαναγγο πορο φροζινδαγ̣ (**T**17′)*[ανο]*

μαυο ανδαρο βρηδαγανιιο μαρδο μαζαδο μαρδο οδο μαυο (**T**17) παχβιιο

οδο ναυο ανδαρο βρηδαγανι̣ιο ναυο ζαδο μαρδο οδο ναυο παχβιιο

κιδανο αβο ταοο βαγο οδαλο ταοο καμιρδοφαρο κηδο αλο αβο

κιδα̣νο αβο ταοο <βαγο> οδαλο αβο ταοο καμιρ(δ)οφαρο κηδο

ταοαγγο βραδο πορο φροζινδανο πιδδιιο αββο ζαμιγο̣ (**T**18) οδαλο πιδο ζινο

πιδδιιο αββο ζαμι̣*[ο]* (**T**18′) *[οδα]*λο πιδο ζινο

κιδο οαραγο (ναμο) κισο αχσαδο οδαλο αφακαραδο καραλαδο ιωλαδο

κιδο οαραγο γ̣αμο οδο τανο κισο αχασαδο αφακαραδο καραλαδο ιωλαδο

οισηραδο αβο λαδοβρανο[b] οηλαδο δδρωγο αλο γα̣(**T**19)μανο κ̣ιραδο πωστιιο

δδρωγο γαμανο κιραδο πωστιιο

αζαβαραδο ταδο τωζαδο ταοανο αβο γα̣ζανο βρηδαγο[e] ζαροζιδαγο

αζαβαραδο ταδο τωζα̣*[δο]* (**T**19′) *[ταοανο]*α̣βο γαζανο βρηδαγανο ζα̣ρο̣ζι̣δαγο

δδιναρο ρ′ οδο δα̣ραφηλο ταοα̅ν̅ο̣ (**T**20) αβο παδοιαρλιιανο τωζαδο οδο

δδιναρο ρ′ σ̣αδο ο̣δο δαρα̣φηλο ταοανο αβο παδοιαρλιιανο τωζαδο οδο

εμο πωστιιο μανο βαγοα̣ζ̣ι̣ιασο στορογο τοροσανζο οισλογδο

εμο πωστιιο μαν̣ο βαγ*[οαζι]*(**T**20′)*[ιασο στορογο]* τ̣ο̣ροσ̣α̣ν̣ζο οισλογδο *χοτολο ταπαγλιιο βιλγανο σα*(**T**21)*βουο χινζωιο χαλασανο οισλογδο*

χọτολọγο ṭαπạγλιọ βιḷγạυọ ṣαβọυọ χιṇζωịọ χạλαṣαυọ ọιṣλογδο

καδαγοστανο φινζọ πιδο βạγαγγο πηρο οδο ταρσο οδο πιδο χοβο

κ̣α̣δ̣α̣γọστανο φινζο πιδο βαγαγγο πηρο [. . .] (**T**21′) *[. . . ο]δο πιδο χοβο*

αραχαλο εμο πωστιιο ταβδο (**T**22) *ταδο χοζο οαοαρο οδο πα̣ρομα̣νο βοοαδο*

αραχạλọ ε̣μο πωστιιο τα̣β̣δο ταδο χọζọ ọα̣ọα̣ρο βọ[ο]α̅δ̅ο

οδο πιδδι σαχοανο αβṣιυο καδαγοστανο ποροβαργο πιδογαμοβαργο

οδο πιδδιιο σαχοανο αβσιυο καδαγοστανο ποροβαρα̣γο πιδο[γαμο](**T**22′) *[βαργο*

σταδο οδο βαραλ(**T**23)*βαγο καδαγοσταṿọ σπα̣λοβιδο*

υομ]α̣ρογαργο <σταδο> οδο βαραλβα̣γο καδαγοστανο σπαλοβιδ̣ο

ọαρλογανανο χοδδηο λιστοληργο β̣οοα̅δ̅ο ||||||

οαρολọγα̣ṿα̣ṿọ χοδδηο λιστοληργο βοοαδο ||:||

[a] 因重复前面的 *σανο* 造成误写。 [b] 原文如此。 [c] δ 下有点。 [d] *χαδαο* 或 *χαδο* 的误写。
[e] 较小可能是 *βαρη-*。

Tt1 *ι αχβουο υ′ π′ γ′ μανο υορηζυο οδο ρωσο ριβτο καλδο ναβιχ-*

Tt2 *το μοδδ̣ραγο πιδο κιρδ̣ο ạσπασο βονο παλọβωṣτιγο μαλαβο λιζγο αβο λι-*

Tt3 *ζο αḷβαρο πισο βαγο οαχβο βαγανο β̣αυο λαδοιαυο λαδοα[γα]λ̣[γ]ο κιδαβọ*

Tt4 *λιζγο νιβλμινδο*[a] *οδο πισο υιλιτοβηρο λιζγο καροοαλọ ọδọ μι-*

Tt5 *σο πισο μαν{αν}δαρουανισο*[b] *ζαδοβοργανο οαγαλφα̣νο ακιδο μοδδρα̣γọ*

Tt6 *παλοβωṣτιγο αβο μανιιο πιδοναμο οαγαλφο υαβιχτιγινδο*

Tt7 *οδδηνο αβο μασκο ταβδο*[c] *ιαδαυηιο ασιδο τοο βαβαιο οδο τοο α̣βγ[α]-*

Tt8 *σο οδο τοο ζολ[α]δο γωζογανο καναγο πορανο λιζγιγο χοβομọ μα̣ρ̣-*

Tt9 *ηγανο αβομαγο ασπριγγο κανδορα̣υο ορβιμαυο λιζγο χοηοο χοζο*

Tt10 *γαβδδιγο οδο ραδο ασπασηδο οδαζο ασο τομαχαγγο παρο βου̣δο*[d] *αχυ̣ο̣ρ̣ιγο*[e]

Tt11 *ταδομο ωσο πιδο ρα(δ)ο ασπασο οδο πιδο γαβδδιγο γαμ̣ο̣β̣α̣υ̣ο̣*[f] *α̣ρχαλαδο̣ ο̣-*

Tt12 *δο λαδδηιο μαλαβο λιζγαγγο οαραλανο παλο οδο ναυαλο ουο̣πα̣λο οδο α̣-*

Tt13 *βγαγο ασιδοτηιο χοβο ασ̣ταδο πιδο δογγο ιαοοα̣ρ̣ο̣*[g] *κ̣ο̣οαδασο υιλιτοβηρ̣-*

Tt14 *ο οδασο χαιοβητο υιρδδιγο παλο οδ̣ο̣ ναυαλο οδο αβγαγο τ̣αοο βαβαιο βοο̣α̣[δο]*

Tt15 *χοαδαλο βραδανο οδαλο φορ̣ζ̣α̣υ̣δ̣α̣νο δογγο κοαδδ̣ηνο υαρσ̣ο κισο αχα̣σ̣α̣δ̣[ο]*

Tt16 *οδο κιρτο μαπαδοχρανο οτωσο καλδο δογγο (ασταδο)*[h] *ασ̣ο μαν{αν}δορονιγο*[i] *ρ[ωσο]*

Tt17 *οδαλασο μαβαρο ζαμανο παρσο κισο υαρσο α̣κιδ̣αβοφαγο βαβαιο οδα̣β̣[ο]-*

Tt18 *φαγο αβγασο οδαβοφα̣γο ζολαδο γωζογανο οδαλαβο τομαχα̣γγο βραδο πορο φ-*

Tt19 *ορζα̣νδα̣νο πιδο μασκο ναβιχτιγο τηιαυ̣ο̣*[j] *αβγαγο οδο ναυαλο κ̣ισο σ̣αγισ̣ο̣*

Tt20 *ιωλαδο οδα̣λο αχασαδο λαδο γοβαδο ληστανο κιραδ̣ο̣ πωστιγο οδαλο μοδδραγο αζβ[αρ]-*

Tt21 *αδο καβογγο οδαλο νωγο ταδο οισουανο οισηρινδανο οδο αζγαδαγο πιδδιηλο πωσ̣[τ]ι[γο]*

Tt22 *χοανδο οσαρο αβο λαδο (ο)αοοαρο οδο παρμανο μαβοοαδο οδο μισο ταοοανο̣ τω̣-*

Tt23 *ζ(αδ)ο ακιδο υαρσο οισηρινδο χηζαδο αβο γαζνο λαδοβαραγγο δδραχμο κοοαδο [π]α̣υ̣ζο-*

Tt24 *σαδο φ´ οδο μισο φ´ δδραχμο κοοαδαβοφαγο*[k] *βαβαιο οδαβο ταοοαγγο βραδο*

Tt25 *πορο φορζανδανο τωζαδο οδο παρσο το:γδο ταοοανο ει̣ηλο μοδδραγο*

Tt26 *παλοβωστιγο χοζο οηζο οδο (ο)αοοαρο παρμανο βοοαδο σαγονδαβο μασκο ναβι-*

Tt27 *σιδο*[l]

[a] 原文如此，参见 Uu4。 [b] 错误的重复，参见行 16。 [c] *ταδβο* 的误写。 [d] *βορ̣δο* 或 *βοα̣δο* 的可能性较小。 [e] 或 *αχ(ν)ω̣ρ̣ιγο*? [f] 非常不确定。 [g] *ιααοα̣ρ̣ο̣*的误写。 [h] 整个单词漏写。 [i] 错误的重复，参见行 5。 [j] 或 *τηιο*-?后面的部分非常模糊，但 *τηιο̣*不像一个完整的单词。 [k] 原文如此。 [l] 跟着一个花式，看上去像“*ασα____:-*”。

(**U1**) *αχρονο υ´ ρ´ καλ̣δο ναβιχτο εμοδδρογο βονοοαρζοβωστιγο οδο*

(**U1´**) *αχρονο υ´ ρ´ καλδο ναβιχτο εμοδδρογο* <*β̣ονοοαρζο̣βω̣σ̣τ̣ιγο*>

χοξογανιγο μαλαβο μαδδρο ωδαγο (**U**2) *ρωβοχαρανο αλοβαρο*

μαλο αβο μαδδρο ωδαγο αβο χαροσταιο ρωβοχαραγγο αλοβαρο

πισο πoροκο σαμοσιτανο οδο πισο οαχϸοβαγο κιδαβο γανδαρο

πισο ποϸ̣[••](**U**2′)*πο*[a] *σαμοσιτανο οδο πισο οαχϸβαγο σιδαβο γανδαρο*

σπι(σι)νδο πισο (**U**3) *βαιοριζμο μαδδρο*

σπισινδο οδο πισο οαρανο σπανδογανο οδο πισ̣ο̣ βαι̣οριζμ̣ο̣ (**U**3′) *μαδδρο*

φρομαλαρο οδο πισο μισο αζαδοκα{α}ρανο κιδο οαλο αβο μιλαγγο σταδδινδο

φρομαλαρο οδο πισο μισο αζαδοκαρανο κιδο οαλο πιδο μιλανο αρομαστινδο

οδασο εμο (**U**4) *ερο ζανινδο καλδο πιδοοασαδο*

οδο ασο εμο ερο ζανι(**U**4′)*νδο χογαμο οδο χοσινδο καλδο πιδοο̣ασαδο*

μανο οαχϸομαϸη̣γο ορωλανο οδο μανο ορωλο οδο μανο υιλιτο(**U**5)*βηρο*

μανο οαχϸμαϸ̣ηγο ορωλοιανο οδο μανο ορλο οδο μανο υιλιτοβηρο

αβοφαγο βηκο καμιδοφαρο πορο οδαβοφαγο καμιδοφαρο βηκο πορο

αβο(**U**5′)*φαγο βηκο καμιδοφαρο πορο οδαβοφαγο καμι[δο]φαρο βηκο πορο*

πιδο δαγογγο ιο′(**U**6)*(ο)αρο κιδανο αστηιο μαχο*

πιδο δαγογγο ιο′οαρο κιδανο αστ(**U**6′)*ηιο μανο οαχϸομαϸηγο ορλανο οδο*

ροζγο ιωγο κιδο οαδαμοστανο ναμο

μανο ορωλο οδο μανο υιλιτοβηρο ροζγο ιω̣γο κ̣ι(**U**7′)*δο οαδαμοστανο ναμο*

ταδο μαχο ωσο λαδο αβοφαγο βηκο βο(**U**7)*νο οαρζιασ̄ οδο πιδο σποριγο*

ταδο μαχο ωσο λαδο αβοφαγο βηκο βονο οαρζοιασ̄ οδο πιδο σποριγο οαυαγο οδο μαχο αγγιτο οαυαγο ασοφαγο βηκο πισιδο χοαδο

(**U**8′) *[ο]α̣υ̣α̣γο̣ ο̣δο μ̣αχο αγγιτο οαυαγο πισιδο χοαδο ασο*

ϸαδο οδο υονο(**U**8)*σινδο κιρδαμο μασκονδο*

τασ̄αγγο παρο ϸαδο οδο υονοσινδο κιρδαμο μα̣[σ]κ̣[ο](**U**9′)*νδο ιω̣γο̣ α΄*

αμορατο <α΄> οδο γασ̄ κιϸαγο α΄ οδο ποσο ς΄ οδο ασο οαυαγο

αμορα̣τ̣ο οδο γασ̄ κιϸαγο α΄ ιωγο οδο ποσο ς΄ οδασο οαυαγο

σα(σ)κοφαγο βηκο (**U**9) *υαρσο σαγισο νιστο ωζαδο ταδο ωσο χοαρο οδο*

σασκοφαγο βηκ̣ο̣ (**U**10′) *υαρσο σαγισο̣ ν̣ιστο ωζαδο ταδο ωσο χοαρο οδο*

ληρο το βηκο χοαδο αλ̣ο βραδο

λ̣η[ρ]η̣δ̣ο εμο ροζγο κιδο οαδαμοστανο ναμο το̣ β̣(**U**11′)*ηκο χοαδο αλ̣ο βραδο*

πορο φροζινδδινανο σο'οαλο (**U**10) *παλο οδο πιριϸτο ασο ωσο οιταβο*

πορο φροζι{ι}νδδινανο σο'οαλο παλο οδο πιριϸτο ασο ωσο οιταβο

ιο'οηδανο[b] *ζαμανο οδο σιδαβο εμο ροζγο υαργο κιρδο γασ̄οιδο* (**U**11)

ιο'ο(**U**12′)*ηδανο ζορ̣ιγο οδο σιδο πιδο εμο ροζγο*

—

ασο σαρδο αβο σαρδο μολο αζιιαδο κασο̣κο οδο ναβισο ταδο νι(**U**13′)*ρδδιγο*

σογγο αβο ροζγο

βαγο τᾱο βηκο χοβο οδο χοζο βοοαδο οδο οαρζοιασ̄ βαγο σογγο αβο ριζμο

αβδδινινδο

ωδαγο αβδδι(**U**14′)*νινδο σηλοσιγο οδο σαβαγο οαναγγο οδο χανο οδο* ταδο οισο αζο[c] βηκο χοαδο κιρομο οδο

πορτοβαρσο οδο σιταγο[d] αναυαγδο οδο

αστο παδουαμονδο αβο εμο ροζγο (**U**12) κιδο οαδαμοστανο ναμο ασο

αστο παδουạ(**U**15′)μονδο αβο εμο ροζγο κιδο οαδαμοστανο ναμο ασο

μιροασανο ροζγο κιδο οκοσακο ναμο οδο ασο μιροναφρανο ροζγο

μιροασανο ροζγο κιδο οκοσακο νạ(**U**16′)μο οδασο μιρονιφρανο ροζγο

κι(**U**13)δο παλοκανο ναμο σιδο ταō βηκο χοαδο χοβινδο οδο ασο αχρανο

κιδο παλḳạṿọ ναμο σιδο ταō βηκο χοαδο χοβινδο οδο ασο (**U**17′) αχρανο

þαυοπανδαγο οδο ασο νιμορωσανο υα(**U**14)μαγηλο παλακανο υαμονδο οδο

þαυοπανδαγο οδο ασο νιμορωσανο υαμγηλο παλκανο υαμονδο

ωσο σιδο ασο σαρδο αβο σαρδο αβο εμο ροζγο κιδο οαδαμοστανο ναμο μολο

—

(**U**15) αζιιαδο κασοκο οδο υαβισο ταδο υιρδδιγο βαγο ταō βηκο χοβο οδο χοζο

—

βοοαδο οδο οαρζοιαō σογγο αβο ριζ(**U**16)μο ωδαγο αβδδινινδο υαβαγο οδο

—

σηλοσιγο οαναγγο οδο χανο οδο πορτοβαρσο οδο σιτα{α}γο[e] αναυαγδο ταδο

ταδο

ωσο χοαρ(**U**17)ο οδο ληρηδο εμο ροζγο κιδο οαδαμοστανο <ναμọ> ασο

ωσο χοαρο οδο ληρ(**U**18′)ηḍο εμο ροζγο

κωσο αβο κωσο οδασο υαμονδο (αβο υαμονδο) το βηκο χοαδο αλο βραδο

το βηκο χοαδο αλο βραδο

πορο φρο(**U**18)ζινδδινανο σο'οαλο παλο οδο πιριϸτο

πορ̣ο φροζινδδινανο σο'οαλο ασο κωσο οδαβο κωσ̣ο̣

ωσιδο

(**U**19') ασο υαμονδο αβο υαμονδο σογγο μαρο αβο μασ̣κ̣[ο] γ̣αβισιδο ωσιδο

κιδανο ασταδο παρσο μαβαρο ζαμανο οδο παρσο ανδορονιγο ρω(σο)

κιδανο ασταδο παρσο μαβαρο ζα̣(**U**20')μανο οδο παρσο ανδορονιγο

(**U**19) αλ̣δαζο οαχϸομαρηγο ορωλανο οδαλδαζο ορωλο οδαλδαζο

αλδαζο οχϸμαρηγο[a] ορωλανο οδαλδαζο ορωλο οδαλδαζο

υιλιτοβηρο οδαλδο μαχαγγο βραδο πορο φροζι(**U**20)νδδινανο οδαλο

υιλιτοβη(**U**21')ρο οδαλο μαχαγγο βραδο πορο φροζινδδινανο οδαλο

ανδαρο ρωβιιο οδαλο βαμοιανιιο μαρδο κιδαβο βηκο χοαδο οδαλο

ανδαρο ρωβιιο οδαλο βαμοιανιιο μαρδο (**U**22') κιδαβοφαγο βηκο χοαδο

αβοφαγο καμιδοφα̣ρ(**U**21)ο οδαλο αβο τομαχαγγο[f] βραδο πορο φροζινδδινανο

οδαλο αβο ταδ̄αγγο βραδο πορο φροζινδδινανο

πιδο εμο ροζγο αχασαδο κιδο οαδαμοστανο ναμο α̣ϸ̣(**U**22)καραδο

π̣ιδο εμο ροζγο αχα̣{σ̣}(**U**23')σαδο κιδο οαδαμοστανο ναμο αρκαραδο {καραδο}

καρλαδο ιωλαδο χοιναδο οισηραδο αβο λαδοβαρανο αβο λαδο πισο

καρλαδο ιωλαδο χοιναδο οισηραδο αβο λαδοβαρανο (**U**24') αβο λαδο πισο *οηλαδο σαγισο δδρωγο οδαλο γαμινο ανδαρο*(**U**23)*ζαγγοδαρο κιραδο σογγο*

οηλαδο

μαρο ναβισιδο ανδαρο μοδδρογο αβηγο αζοβαραδο καβογγο οδαλο νωγασαρο

ανδαρο μοδδ̣ρ̣ογο αβηγο αζβαραδο καβογγο οδαλο νω̣γαριιο[g]

ταδδη(**U**24)*ιο χοανδο οισαρο αβο λαδοβαρανο αβο λαδο πισο μαχο̣ζο οδο*

ταδδηιο χοανδο ο̣(**U**25')*ι̣σαρο αβο λαδοβαρανο π̣ισο μαχοζο οδο*

μανο οο'οαρο βοοαδο οδο μισο ταδ̄οανο τω(**U**25)*ζαδο αβο γαζνο*

μανο οο'οαρο βο̣οὰδο[h] *οδο μισο τᾱδ̄οανο τωζαδο αβο γαζνο*

βρηδαγανο ζαροζιδαγο δδιναρο ρ´ οδο φ´ δδραχμο αβο

βρηδα̣(**U**26')*γανο ζα̣ροζιδαγο δδιναρο ρ´ σαδο οδο φ´ δδραχ̣μ̣ο* <*α̣βο*

παδοιαρλιγανο τωζαδο μ̣ο̣[ ][i]

παδ̣ο̣ιαρ̣λ̣ιγο̣ τωζαδο> *μοδδ̣ρογο ταβδο μανο οαχ̣ρομαρηγο ορωλανο* (**U**27')

—

π̣ιδο χοβο ρουο οδο πιδο μαναγγο πιδοοαυανο ταβδ̣ο̣[ ]μ̣οδδροδδηβανο ταδο

—

χοζο οο'οαρο βοοαδο

[a] 原文如此。 [b] *ιο'οο̣*-的变体。 [c] 原文如此。 [d] 见下一条注。 [e] 或读作 *σιταδγο* 并因此修正了 U14'中的相应形式。 [f] 原文如此（不是 *ταμ-*）。 [g] *νο-* 也有可能。 [h] 第二和第三个字母之间有不清楚的标记。 [i] 文本非常突然地在页边结束了，虽然在 f 区或下面另一行还有足够空间。

Uu1 *αχρονο φ´ μανο ποσιγο ρωσο μ̣ι̣υ̣ρο καλδο ναβιχ-*

Uu2 *τ̣ο μοδδραγο χοασοιαοοβωστιγο̣ πισο βαγο οαχβο βαγα̣-*

Uu3 *νο βαυο οαρ̣σοχονδδιγο υοναμγο ακιδδηιο ασπασο ο-*

Uu4 *δ̣ο νιβλμο*[a] *αβο λιζαγο ληρινδο οδο πισο ραυολο λι-*

Uu5 *ζαγοσιγο καρ̣οοαλο*[b] *οδο πισο οιιοσο οολαχο καροΔαρ-*

Uu6 *ο οδο πισο ιακανο ταδανο οδο πισο βαβαιο οδο πισο*

Uu7 *σαλακο οδο πισο υαμαχοανδο λιζαγοσιγανο χοιια-*[c]

Uu8 *δαρο οδο κισαδαρανο μισιδο ασταδο μανο χαιο οδο*

Uu9 *μανο χατολο παβαγο πορανο οδο μαχαγγο ζαδακο*

Uu10 *φροζανδα̣νανο λιζαγοσιγανο ιανο γωζαγανο γα-*[d]

Uu11 *ριγο βα̣υο μαρηγανο̣ αλαφαγο μηιαμο οδαλοφ-*

Uu12 *αγο ζολ̣αδο πιιο πορανο λιζαγοσιγηλο ιαυαμγο χο-*

Uu13 *δδηοο μαρηγανο οδαλο τομαχαγγο ζαδακο φροζ-*

Uu14 *ανδανο αχασο ασταδο πιδοο παρο ασιδο νωσπιλο σαμι-*

Uu15 *γγανιγο α̣χα̣σαδαμο ταδο ωσο μανο χαιο οδο μανο χα-*

Uu16 *τολο οδο μαναγγο*[e] *ζαδακο φροζανδανο ασαφαγο̣*

Uu17 *μηιαμο οδασοφαγο ζολαδο ασο νωσπιλανο ταοανο̣*

Uu18 *ασποριγο αγγιτινδο ακιδο μαχο ασο ωσο αβο ιαοοηδα-*

Uu19 *νο ζοραγο μανο χαιο οδο μανο χατολο οδο μαχαγγο ζα-*

Uu20 *δακο φροζανδανο αλαφαγο μηιαμο οδαλοφαγο ζ-*

Uu21 *ολαδο οδαλο τομαχαγγο ζαδακο φροζανδανο υαρσο*

Uu22 *σαγισο αχασο νιστο ναγο πιδο μαρηγιγο οδο {οδο}*[f] *ναγο πι-*

Uu23 *δο τ̣αοανο οδο ναγο πιδο παρο ναγο πιδο κασοκο οδο*

Uu24 *ναγο πιδο υαβισο οδδηνο αχασαδο ναγο παδοχαβανα̣-*

Uu25 *μο ναγο πιδο μαρηγιγο οδο ναγο πιδο νωσπιλανο ταο̣-*

Uu26 *ανο οδο ναγο πιδο ανδαρο παρο οτακαλδδ̣ηνο σαγισο αχα-*

Uu27 *σαμηιο αλο πιδο μαρηγιγο οδο πιδο παρο ταδο μαχο χοαν-*

Uu28 *δο οισαρο αβο λαδο παραμανο μαγο βοαδο οδο μισο ταοα-*

Uu29 *νο τωζαμηιο αβο γαζανο λαδοβαραγγο Δραχμο κο̣αδο*

Uu30 *φ΄ οδο μισο φ΄ Δραχμο φαροφαγο μηιαμο οδο φαρο τα̣-*

Uu31 *οαγγο βρ(α)δο ζαδακο τωζαμηιο οδο παρσο*[g] *ταοανο μοδδρ(αγ)ο*[h]

παρμα-

Uu32 *νο βοαδọ*[i]

背面

Uuv1 *ταβαδο*[j]

Uuv2-3[k] *þαριγανο ταβαδọ*

Uuv4 *οιιọσ̣ο ταβδο*

Uuv5 *ρανολο τ̣α̣βαδο*

Uuv6-7[k] *οαχþο βαγο ταβαδο*

Uuv8-9[k] *πιδοοασινδο ταβαδο*

[a] 原文如此，参见 **Tt**4。 [b] *καραοαλο* 的误写。 [c] 较小可能是 *χοιιο-*。 [d] 较小可能是 *γο-*。 [e] 原文如此，*μαχαγγο* 的误写。 [f] 错误的重复。 [g] *τογδο* 可能遗漏了。 [h] 参见 **R**21，该文书中的 *μολρ(αγ)ο* 上加横线表示是缩写。 [i] 最后有一个花式。 [j] 原文如此。 [k] 两行对应一个封印。

(**V**1) *ι αχþονο φ´ ζ´ μανο νωγοσαρδο καλδο ναβιχτο* *χιρσοβωστιγο*

(**V**1′) *ι αχþονο φ´ ζ´ μανο νωγοσαρδο καλδο ναβιχτο μολραγο χιρσοβωστιγο*

μαλαβο <*ρι*>*ζμο*[a] *αβο κανọ* (**V**2) *αβο λιζο αζδδηβιδο* *πισο βαγο οαχþο*

μαλαβο *κανο* *αβο λιζο αζδδηβι*(**V**2′)*δο πισο βαγο οαχþο*

λαδοιανο βορδογαλαγο στοργο οαρσοχονδδιγο ακιδδηιο (**V**3) *σπασο μαλαβο*

λαδοιανο βορδογαλαγο στοργο οαρσοχονδδιγο ακιδαβο

κανινδο *οδο πισο* *σωρο σπανδαγανο χοδδηοο ριζμο þαραβο οδο*

κανο σαπισινδο οδο πισọ (**V**3′) *σω̣ρο σπανδαγανο χοδδηοο ριζμο þαραβο οδο*

πισο μισο να(**V**4)*μαχονδο ωδαγοσιγο ζαδοκαρο ακιδο οαλο* *πιδο μιλαγγο*

πισο μισο ναμαχονδο *ωδαγοσιγο ζαδοκαρο ακιδο ο̣̄*(**V**4′)*αλο πιδο μιλαγγο* αρμαστινδο οδασιμο σαχοανο ζανινδο (**V**5) καλδο πιδοοασαδο χογαμο οδο

αρμαστινδο οδασιμο σαχοανο ζανινδο καλδο πιδοοασαδο χογαμο οδο

χοσινδο λαδο οδο παραλαδο μανο αβσιυο οδο μανο σωρο οδο μα(**V**6)νο

χοσινδο μα(**V**5′)νο αβσιυο οδο μανο σωρο οδο μανο

οαχβοβορδο οδο μανο μηιαμο οαυρανο πορανο

οαχβοβορδο οδο μανο μηιαμο οαυρανο πορανο ρωβοχαρο μαρ(**V**6′)ηγο

ακιδαμηνο[b] χανο σπανδαγανο ραζινδο ρω(**V**7)βοχαρο μαρηγο μισιδο

ασιδαμηνο[b] χανο σπανδαγανο γιρλινδο μισιδο αστο

λαδο οδο παραλαδο χογαμο οδο χοριμο αγγαραγο ιωγο

μαχο αββο ζαμιγο αγγαραγο

αβο ιασκινο παρο(**V**8)ιαβιγο χοβομηνο βονο πιδαργανο ιειο

μαλαβο ιασκινο ιωγο ιẹιο (**V**7′)

αγγαραγο ασιδο ζηρδο οιιαγο γιρλινδο

αγγαραγο ασιδο ζηρδο οιιαγο γιρλινδο ταδομο ωσο λαδο οδο παραλαδο

αβφαγο ζαροιωλο (**V**9) ζαριωλο[b] πορο οδαβφαγο

χογαμο οδο χοσινδο αβφαγο ζαροιω(**V**8′)λο ζαροιωλο πορο οδαβφαγο

βρηδαγο οδαβφαγο σανδο

βρηδαγο οδαβφαγο σανδ̣ο οδαβο ταμαχαγγο βραδο πορο φροζανδανανο (**V**9′)

λογορανο[c] μαρηγο ακιδο χανο μαλαβο ριζμο σορ(**V**10)χιυο λιζακο γιρλινδο

λογορανο μαρηγο ακιδο χανο μαλαβο ριζμο σορχιυο λιζακο ραζινδο *λαδδηιο οδο παραλαδο αγγαραγο   ασιδο ζηρδο οιιαγο ναμο πιδο δδραχμο*

*λαδδηιο οδο παραλαδο αγγαρ̣(***V***10′)αγο ασιδο ζηρδο οιιαγο ναμο πιδο δδραχμο*

*ταζαυο σιμι(***V***11)γγο ϸιζγο ωδαγο οιζινδδιγο σαδο ρ´ οδο πανζασο   ν´*

ταζαγο σιμιγγο   ϸιζγο ωδαγο οιζινδδιγο σαδο ρ´ οδο πανζασο {ο̣} (**V**11′) *ν´*

οδομο αγγιτινδο οισο σποριγο ϸαδο υονοσινδο κιρδδιμο (**V**12) *πιδοσαχτο*

οδομο αγγιτινδο οισο σποριγο ϸαδο υονοσινδο κιρδδιμο   πιδοσαχτο

οαυαγο φρογαυο ζανιμο ασιδο   ναυο μηγαρο   ωσο αβο μασκο

οαυαγο φρογαο̄ο̄ ζανιμο ασιδο̣ (**V**12′) *ναυο μηγαρο ιαοαρο ωσο αβο μασκο*

ναβιχτιγο αγγαραγο ασιδο ζηρδο   ναμο   ιειο (**V**13)

ναβιχτιγο αγγαραγο ασιδο ζηρδο οιιαγο ραζινδο σαοαλο ιειο

παδουαμονδδιγινδο   ασο μιροσανο κινο οδο παροκινο αγγαραγο

*παδουα̣(***V***13′)μονδδιγινδο ασο μιροσανο κινο οδο παροκινο αγγαραγο ασιδο*

σαλαρανο   οδασο μιροσανηλο παρο πιδοβιλδο̣ (**V**14) *κινο   οδο*

*σαλαρανο χοβο οδασο μιροσανηλο   κι(***V***14′)νο οδο*

παροκινο αγγαραγο ασιδο χοδδηοο βαραδδικανο   ρωβοχαρο

παροκινο αγγαραγο ασιδο χοδδηοο βαραδδιγανο <χοβο> ρωβοχαρο

*λαδδιγινδο οδασο μιροναφαρανο   σ(***V***15) πανδαγανο*

λαδδιγινδο οδασο μιρονφαρ(ανο) (**V**15′) *αγγαραγο σπανδαγανο   χοβο*

αγγαραγο παδουαμον(δ)ο οδο πιδοβιλδο ασο μιροναφαρανηλο

οδο πιδοβιλδο ασο μιροναφαρανηλο παρο

*σαπανδαγανο αγγαραγο παδουαμονδο ασιδο μι(***V***16)ιαυο οιιαγο ναμο*

*σπανδαγανηλο αγγαραγο παδουαμονδο̣ (***V***16′) ασιδο μιιαυο ναμο*

οδασο νιμορωσανο κησονανο αγγαραγο παδουαμονδο ασιδο ναροο̅α̅νο γιρλινδο

οδασο νιμορωσανο κησονανο αγγαραγο παδουαμονδο ασιδο ναροο̅α̅νο ραξινδο

*οδασο βαρχα(***V***17)νο αγγαραγο παδουαμονδο ασιδο χαροβιγανο ασο*

*(***V***17′) οδασο βαρχανο αγγαραγο ασιδο χαρβιγανο ασο*

σπανδαγανο χιρσαγινδο παλαγο γιρλινδο ταδομο ωσο λαδδηιο

*σπανδαγανο χιρσαγινδο παλαγο ραξινδο ταδομο ωσο λαδο (***V***18′) οδο*

*σαγονδο (***V***18) πιδο δ′ παδουαμονδο βανδαρο*

παραλαδο χογαμο οδο χοσινδο σαγονδο πιδο δ′ παδουαμονδο βανδαρο

ναβισιδο αββο οδο ζαμιγο αυαγγο οδο ναυαγγο ιαδογαδαυο οδο

*ναβισιδο αββο οδο ζαμι(***V***19′)γο αυαγγο οδο ναυαγγο ιαδογαδαυο οδο*

*οιζαδαυο ασο κω(***V***19)σο αβο κωσο οδασο υαμονδο αβο υαμονδο ασο*

οιζαδαυο ασο κωσο αβο κωσο οδασο υαμονδο αβο υαμονδο

ανδορονιγο ρωσο παρσο[d] *μαβαρο ζαμανο οδασο μωσο αβο ιαοηδανο (***V***20)*

—

ζοραγο βηυοτωγο οδο βηυοπαρο οδαβηυοπιδδιστο ασο οισο

*(***V***20′) βηγοτωγο οδο βηγοπαρο οδο βηγοπιδδιστο οδο βηυοβιδδινο ασο οισο*

*κισο πιδδιγο αγγαραγο ασιδαβο μασκο ναβισιδο οδο (***V***21) þαοιδο*

*κισο πιδδιγο αγγαραγο̣ (***V***21′) ασιδαβο μασκο ναβισιδο οδο þαοιδο* *παραγανο αβο αγγαραγο ιαοο δ′ γωρο αλο κασοκο φαιαδαρο*[b]

αβο αγγαραγο ιαοο παραγανο δ′ γωρο αλο κασοκο φιιαδαρ[ο] (**V**22′)

οδαλο καμβαταρο κασοκο ωσο παδαχφανηι(**V**22)*{ι}ο τοο*

αλο κασοκο καμβαταρο ιαοαρο ωσο παδαχφανηιο τοο

ζαροιωλο οδο τοο βρηδαγο οδο τοο σανδο οδο ταμαχαγγο βραδο πορο

ζαροιωλο οδο τοο βρηδαγο οδο τοο σανδο (**V**23′) *οδο ταμαχαγγο βραδο πορο*

φροζανδανανο ασο ανδο(**V**23)*ρονιγο*

φροζανδανανο ιειο αγγαραγο ασιδαβο μασκο ναβισιδο ασο ανδορονι(**V**24′)*γο̣*

ρωσο παρσο μα(βα)ρο ζαμανο οδασο μωσο αβο ιαοηδανο ζοραγο αγγαραγο

ρωσο παρσο μαβαρο ζαμανο οδασο μωσο αβο ιαοηδανο ζοραγο

ασιδαβο μασκο ναβισιδο χοαδο χοαρδο̣ (**V**24) *οδο δδριγδο παρσο*

χοαδο χοαρδο οδο δδριγδο {ο} (**V**25′) *παρσο*

παραλαδο ναβαγο ωσταδο οιχαρηγανο κιρδο αλο ανδαρο ζαμιγο

παραλαδο βαγδο ναβαγο ωσταδο οιχαρηγανο[e] *κιρδο*

μιγδο[f] *βαυαρο οδο*

αβο πορο οολοβαρο λαδο ναβανδο λο(**V**26′)*γδο ναμαγγο βαυαρο οδο*

βαγολαγγο (**V**25) *κιρδο λαχμιγο οδο λαχρατανιγο κιρδο αβο πορο οολοβαρο*

βαγολαγγο κιρδο λαχμιγο οδο λαχρατανιγο κιρδο

λαδο ναβανδο λογδο ναμαγγο αβαδο κιρδο ναρ(**V**26)*δδιγανο υιρτο*

αβαδο κιρδο ναρδδιγα(**V**27′)*ν̣ο υιρτο αλο ανδαρο*

νωιο νακαν(δ)ο ασιδο υαρσο χοαδο ριμαδο σαγονδο χοβαοανδο

ζαμιγο μιγαδο νωιο νακανδο ασιδο υαρσο χοαδο ριμαδο σαγονδο χοβαοανδο

αβο χιρσαγο βονο πιδαργανο πα̣(**V**27)*δαχϸανινδο ακιδο ναυο*

α(**V**28′)*βο χιρσαγο οδαβο βονο πιδαργανο παδαχϸανινδο ακιδο ναυο*

παδαχϸανινδο υαρσο κισο ιειο αγγαραγο ασιδαβο μασκο ναβισιδο κισο

παδαχϸανινδο υαρσο κισο

ασφαγο ζαρ̣(**V**28)*οιωγο*[b] *οδο ναυο ασφαγο βρηδαγο οδο ναυο ασφαγο σανδο*

—

οδο ναυο ασο ταμαχαγγο βραδο πορο φροζανδαναν[ο] (**V**29) *αχσαδο οδο ναυο*

—

πιδοκιϸτο οδο ναυο ζιδο

πιδ̣[ο](**V**29′)*κιϸτο οδο ναυο ζιδο ναυο γαμανο κιρδο ναυο χοδδηοο μαρδο οδο*

—

ναυο ρωβιγο οδο ναυο βαμο̣(**V**30′)*ια̣νιγο οδο ναυο ωδαγοσιγο οδο ναυο μαχο*

οδο ναυο πωστιγο αζγαδο καβογγο οδο ναυο νωγο

χοαδο πιδοοασινδδιγανο

ναυο χιρσο̣(**V**30)*βωστιγο οδο ναυο ναβαγοβωστιγο οδο ναυο*

—

οιχαρηγανοβωστιγο καλδο δογγο ασταδο ασο ανδορονιγο ρωσο

καλδο δογγο ασταδο ασο ανδορονιγο̣ (**V**31′) *ρωσο*

*παρ̣(**V**31)σο μαβαρο ζαμανο ακιδο κισο αχσαδο πιδοκαρλαδο χοαρδο οδο*

παρσο μαβαρο ζαμανο ακιδο κισο πιδοκαρλαδο χοαρδο οδο

δδριγδο νανο υιρζαδο γαμανο κιραδο

*δδριγδο νανο υιρζαδο αλο αν(**V**32′)δαρο πωστιγο μολραγο*

—

αζβαρ̄ᾱδο καβογγο αλο νωγο αλο χιρσοβωστιγο αλο ναβαγοβωστιγο αλο

—

*οι(**V**33′)χαρηγανοβωστιγο πιδοκαρλαδο οδαβο λαδο οηλαδο*

*ταδο̣ (**V**32) οαλο μαχο πιδοοασ̣ινδδιγανο*

*ταδαζο σωρο οδαζο οαχϸοβορδο οδαζο μη(**V**34′)ι̣α̣μο οδο μαχαγγο βραδο πορο*

δογγο πιτιιαμο οδο μαχο πιταδδηιο ακιδαβο

*οδο μαχαγγο φροζανδανανο δογγο πιτιιαμο οδο μαχο πιταδδηιο ακιδα̣(**V**35′)βο*

οισο λαδο λαδο

οισο λαδο λαδο ναβανδοφαγο ζαροιωλο οδο ναβανδοφαγο βρηδαγο οδο

—

*ναβανδοφαγο σανδο οδο̣ (**V**36′) ναβανδο ταμαχαγγο βραδο πορο φροζανδανανο*

*οδασο οισο αχασο οδασο ο̣(**V**33)ισο*

*ϸασ̄ᾱμο οδασο οισο λαδο οδασο οισο πιδοκαρδο οδα̣σ̣ο̣ (**V**37′) ο̣ι̣σο*

πιδοκαρδο χοηδαγο οδαβυηβινδο[g] *κιραμο καλδαβο οισο λαδο ναβανδο νανο*

αχασο χοηδαγο οδαβυηβινδο κιραμο καλδαβο οισο λαδο ναβανδο νανο þαοαμο οδασο οισο πιδοκαρ(**V**34)*δο χοηδαγο οδαβυηβινδο νακιραμο*

þαοαμο οδασο οισο αχαṣο (**V**38′) *χọηδαγο οδαβυηβινδο ναυο κιραμο*

οδαλαζο σωρο χοαδο οδαλαζο οαχþοβορδο οδαλαζο μηιαμο οδαλο

οδαλαζο σωρο οδαλαζο οαχþοβορδο οδαλαζο μηιαμο οδα̣(**V**39′)*λο*

μαχ(**V**35)*αγγο βραδο πορο φροζανδανανο*

μαχαγγο βραδο πορο φροζανδανανο αλο σπανδαγανιγο χοδδηοο αλο

χοαδο πιδοκαρλαμο χοαρδọ[h] *οδο δδριγδο ναυο*

μαρηγο χοαδο αχασαμο ọ(**V**40′)*[δ]ọ πιδοκαρλαμο χοαρδο οδο δδριγδο ναυο*

υιρζαμο αλο ανδαροζ(**V**36)*αγγο πωστιγο μολραγο αζβαραμο οδασο*

υιρζαμο αλο ανδαροζαγγο[i] *πωστιγο οδο μολραγο αζβα*(**V**41′)*ραμο οδο*

χοβο χονδαυο οδασο πιτανο ανδδαροζαγγο[j] *κιραμο σαγονδο χοαδọ*

χοβο πιτανο οδο χοβο χονδαγο ανδαροζαγγο οαρο κιραμο σαγονδο χοαδο

(**V**37) *πιταδδηιο οδαβο μασκο ναβισιδο ταδο οαλο ασο οισο λαδο*

πιταδδηιο οδαβο (**V**42′) *μασκο ναβισιδο ταδα̣σο οισο λαδο*

βηλαδδιγο βοοαμο οδο μισο ταο̄ᾱνο τωζαμο (**V**38) *αβο γαζνο βρηγανο*

βηλαδδιγο βοοαμο οδο μισο ταο̄ᾱνο τωζαμο αβο γαζνο βρηγανο (**V**43′)

δδραχμο σιμιγγο þιζγο ωδαγο οιζινδδιγο ναρηιοσαδο τ′ οδο μισο δαρφηλọ

δδραχμο σιμιγγο þιζγο ωδαγο ọιζινδδιγο ναρηιοσαδο τ′ οδο μισο δαρφηλο

(**V**39) *ταοανο αβο παδοιαρδδιγανο τωζαμο οδο λαυαμο οδο παρσο τογδο*[k]

ταο̄ᾱνο αβο πα(**V**44′)*δοιαρδδιγανο τω̣ζαμο*[l] *οδο παρσο τογδο*

ταδ̄ᾱνο χιρσοβωστιγο χοζο̣ (**V**40) *οηζο οαυοοαρο οδο παρμανο* *βοοαδο*
ταδ̄ᾱνο χιρσοβωστιγο χοζο *οηζο οαυοοαρο οδο παρ*(**V**45′)*μανο βοδ̄ᾱδ̄ο*

σαγονδαβο μασκο ναβισιδο
σαγονδαβο μασκο ναβισιδο

[a] *ζι*-的变体？ [b] 原文如此。 [c] 写作 *λοργο*-，其中 *ρ* 被刮掉了。 [d] *μαρσο* 的误写。 [e] -*η*-是-*ο*-的变体？ [f] 看上去像 *μιυδο*，但 *υ* 出奇得小。 [g] *οδαβο* 的变体。 [h] 可能是 *χοαρο* 的变体。 [i] –*ζαμο* 的变体？ [j] 原文如此？ [k] *τω*-的变体？ [l] *το*-的变体？

(**W**1) *αχϸονο φ′ κ′ ε′ μανο ποσιγο καλδο ναβιχτο μολραγο χιρσοβωστιγο*
(**W**1′) *αχϸονο φ′ κ′ ε′ μανο ποσιγο καλδο ναβιχτο μολραγο χιρσοβωστιγο*

μαλαβο γανδαρο πισο (**W**2) *βαγο οαχϸο λαδοιανο* *βορδογαλαγο στοργο*
μαλαβο γανδαρο πισο *βαγο οαχϸο λαδοιανο* (**W**2′) *βορδογαλαγο στοργο*

οαρσοχονδδιγο ακιδαβο γανδαρο σαπισινδο
οαρσοχονδδιγο ακιδδ̣ηιο *σπασο οδο ναϸαλμο μαλαβο γανδα {ρο}ρινδο*

οδο πισο οι(**W**3)*σβοροζινιιο σαμοσιτανο* *ϸαβορανο φρομαλαρο οδο πισο*
οδο πισο οισβοροζινιιο *σαμοσιτα*(**W**3′)*νο ϸαβορανο φρομαλαρο οδο πισο*

μισο ναμαχονδο *ωδαγοσιγο ζαδοκαρ*(**W**4)*ο ακιδο οαλο πιδο μιλαγγο*
μισο ναμαχοανδο ωδαγοσιγο ζαδοκαρο *ακιδο οαλο πιδο μιλαγγο*

αρμαστινδο ατασιμο[a] *σαχοανο ζανινδο καλδο πιδοοασαδο χογαμο* (**W**5)
αρμαστινδο οδασιμο (**W**4′) *σαχοανο ζανινδο καλδο πιδοοασαδο χογαμο*

χοσινδο λαδο οδο παραλαδο μανο οορωλο οδο μανο υιλιτοβηρο βαυο ποραυο
χοσινδο λαδο οδο παραλαδο μανο οορωλο οδο μανο υιλιτοβηρο βαυο ποραυο

οδο μανο ζαρδο (**W**6) οορωλο πορο γανδαριγο χοιαχο

(**W**5′) οδο μανο ζαρδο οορωλο πορο γανδαριγο χοιαχο ρωβοχαρο μαρηγο

ακιδομο χανο οορωλανο γιρλινδο ρωβοχαρο μαρηγο πιδο (**W**7) δογγο ιαοαρο

ακιδαμηνο χανο οορωλανο γιρλινδο μισιδο

ακιδομο στοργο γαζιτο οδο βαριτο λαδο

μαχο (**W**6′) πιδοοα̣σινδδιγανο στοργο ταζιιαγγο γαζιτο οδο βαριτο λαδο

σαχσαδο ταδομο αβο χανο

σαχσαδο οδο μισο ναβισο παρο πορδδιγο σταδαμο ταδο μαχο αβο χανο (**W**7′)

ναρσο ανδαρο ιαο(**W**8)οανο νιστο σταδο ακιδο γαζιτο οδο

δογγο ταοο ιαοανο νιστο σταδο ακιδο μαχο ταζιιαγγο γαζιτο οδο

βαριτο λαδο ϸιιαδδηιο ασιδο μαχο αστο αββο

βαριτο οδο μισο παρο ματο οδο λαδο ϸιιαδδηιο̣ α̣σ̣ιδο μαχο (**W**8′) αστο

οδο ζαμιγο αγγαρα(**W**9)γο ιωγο μαλαβο ιασκισαγγο ραγο

μαληλ̣[ο] αβο ιασκισαγγο ραγο αγγαραγο

ιειο αγγαραγο ασιδο νωγοφαρνανο γιρλινδο

ιωγο χοβο μαχο βονο πιδαργανο ιειο αγγαραγο ασιδο νωγοφαρνανο γιρλινδ̣[ο]

ταδομο ωσο παραλαδο (**W**10) αβφαγο οαυρανο ο̣δαβφαγο μιρο βηκο

ταδο μαχο (**W**9′) ωσο παραλαδο αβφαγο οαυρανο οδαβφαγο μιρο βηκο̣

πορανο ιασπιιο σηρο μαρηγο πιδο δδραχμο

π̣ο̣ρ̣ανο ιασπ̣ιγο σηρο μαρηγο πιδο σποριγο οαυαγο πιδο δδραχμο (**W**10′)

*ταξαγο σιμι(***W**11)*γγο ϸιζγο ωδαγο ọιζινδδιγο χοατο ξ΄ οδο μαχο αγγιτινδο*

ταξαγο σιμιγγο ϸιζγο ωδαγο οιζινδδιγο χοατο ξ΄ οδο μαχο αγγιτινδọ

*οισο σποριγο ϸαδο υονοσινδο κιρδαμο πιδọ(***W**12)*σαχτο οαυαγο φρογαοο*

οισο σποριγο ϸαδο υονοσινδο κιρδαμο πιδοσαχτο οαυαγο (**W**11′) *φρογαοο*

ζαναμο ναγο μηγαρο ωσο αστο αβο αγγαραγο ασιδο νωγοφαρνανο ναμο

ζαναμο ναγο μηγαρο ωσο αστο αβο αγγạραγο ασιδο νωγοφαρνανο γιρλινδο

*παδουạμο(***W**13)*νδο ασο μιροσανο αγγαραγο ασιδο πιρωζοβαρνο ναμο*

παδουαμονδο ασο μιροσανο αγγαραγο (**W**12′) *ασιδο πιρωζοβαρνο ναμο*

*οδασο μιρονφαρανο οαρασ̄ạ̄γ̄γο ροζγο ρηγο πạδọ(***W**14)*υαμονδο οδασο*

οδασο μιρονφαρανο οαρασ̄ᾱγγο ροζγο ρηγο παδουαμονδο οδασο

νιμορωσανο[b] *σινζο σαοανο αγγαραγο παδουαμονδο οδασο αχρανο*

νιμορωσανο σινζο σαοανọ (**W**13′) *αγγαραγο παδουαμονδο οδασο αχρανο ταχμο*

κινο αββο οαλο ασιδαβο (**W**15) *ιασκινο ϸαοιδο οδο οαζιδο τοχμανο ιαοο*

κινο αββο οαλο ασιδαβο ιασκινο ϸαοιδο οδο οαζιδο τοχμανο ιαοο αβο

πανζασο ν΄ καβσο αλο κασοκο φριιαδαρο αλο κασοκο

αγγαραγο (**W**14′) *πανζασο ν΄ καβσο αλο κασοκο φιιαδαρο αλο κασοκο*

*καμβαταρ(***W**16)*ο ταδομο ωσο λαδο οδο παραλαδο αγγαραγο σαγονδαβο*

καμβαταρο ταδο μαχο ωσο λαδο οδο παραλαδο αγγαραγο σαγονδαβο

σοφαρο παδουαμονδο βανδαρο ναβισιδο αββο οδο ζαμιγο αναγγο (**W**17)

μασκο ναβισιδο (**W**15′) *αββο οδο ζαμιγο*

οδο ναυαγγο ασο κωσο αβο κωσο οδ̣ασ̣ο ναμονδο αβο ναμονδο

ασο κωσο αβο κωσο οδασο ναμονδο αβο ναμονδο αναγγο οδο

βηγοτωγο βηυαργο βηπαρο βηπιδδιστο ασο οισο (**W**18) *κισο*

ναυαγγο βηγοτωγο βηυαργο βηπαρο βηπιδδιστο (**W**16′) *ασο οισο κισο*

πιδδιγο αγγαραγο ασιδαβο μασκο ναβισιδο παδαχβανηιο

πιδδιγο αγγαραγο ασιδαβο μασκο ναβισιδο παδαχβανηιο τοο οαυρανο οδο τοο

ασο ανδορονιγο ρωσο

μιρο οδο τα(μα)χαγγο βραδο ποṛο (**W**17′) *φροξανδανανο ασο ανδορονιγο ρωσο*

παρσο μαβαρο ζαμανο οδασ̣ο (**W**19) *μωσο αβο ιαοηδανο ζοραγο τοο οαυρανο*

παρσο μαβαρο ζαμανο οδασο μωσο αβο ιαοηδανο ζοραγο

οδο τοο μιρο οδο ταοαγγο βραδο πορο φροξανδανανο

ιειο αγγαραγ̣ο [ασ]ιδαβο

χοαδο (**W**20) *χοαρδο οδο δδριγδο παρσο παραλαδο*

{μ̣α̣}[c] (**W**18′) *μασκο ναβισιδο χοαδο χοαρδο οδο δδριγδο παρσο παραλαδο*

αμβαγδο ναβαγο ωσταδο οιχαρηγανο κιρδο αλο ανδαρο ζαμιγο μιγδο

αμβαγδο ναβαγο ωσταδο οιχαρηγανο κιρδο αλο ανδαρο ζαμιγο μιγδ̣ο (**W**19′)

αβο (**W**21) *πορο οολοβαρο λαδο ναβανδο λογδο*

βαυαρο οδο βαγολαγγο κιρδο αβο πορο οολοβαρο λαδο ναβανδο λογδο

ναμαγγο βαυαρο οδο βαγολαγγο κιρδο λαχμιγο οδο λαχβατανιγο κιρδο ασιδο

ναμαγγο λαχμιγο οδο λαχβατανιγο κιρδο ασιδο

(**W**22) *υαρσο* *χοαδο ριμαδο σαγονδο χοβαοανδο αβο δδραχμο χιρσαγο*

υαρσο (**W**20′) *χοαδο ριμαδο σαγονδο χοβαοανδο αβο δ̣δραχμο χιρσαγο*

βονο πιδαργανο παδαχφανινδο ακιδο υαρσο κισο (**W**23) *πιδοκιρτο οδο* *ζιδο*

βονο πιδαργανο παδαχφανινδο ακιδο υαρσο κισο̣ *π̣ιδοκιρτο̣* (**W**21′) *ζιδο*

οδο γαμανο κιρδο ναγο παδαχφανινδο

οδο γαμανο κιρδο ναγο παδαχφανινδο ναγο ρωβιγο οδο ναγο βαμοιανιγο ναγο

οδο ναγο

τορκο ναγο ταζιγο ναγο ω̣[δαγο]σ̣ιγο ναγο̣ (**W**22′) *ανδαρο υαρσο κισο ναγο*

πωστιγο αζγαδο ναγο καβογγο ναγο νωγο

πωστιγο αζγαδο ναγο καβογγο ναγο νωγο ναγο χιρσοβωστιγο ναγο

—

ναβαγοβωστιγο ναγο λαρυ̣ο̣παλαρνο̣(**W**23′)*βωστιγο ναγο*

—

χοδδηοοβορδοβωστιγο ναγο ανδαρο υαρσο πωστιγο ναγο μολραγο αζγαδο

(**W**24) *καλδο δο̣γγο ασταδο*

παδαχφανινδο καλδο δογγο ασταδο ασο ανδ̣(**W**24′)*ορονιγο ρωσο παρσο μαβαρο*

υαρσο κισο ακιδο

ζαμανο υαρσο κισο ακιδαβφαγο οαυρανο οδα̣βφαγο μιρο οδαβο ταοαγγο

αχασαδο πιδοκαρλαδο ιωλαδο οισηραδο

βραδο πορο φρο̣(**W**25′)*ζανδανανο αχασαδο πιδοκαρλαδο ιωλαδο οισηραδο* χọαρδο οδο δδριγδο ναγο υιρζαδο αλο (**W**25) ρωβιγο αλο βαμοιανιγο αλο

χοαρδο δδριγδο ναγο υιρζαδο

τορκο αλο ταζιγο αλο ωδαγοσιγο αλο ανδαρο υαρσο κισο αχασογαργο πηδαγο

ανδαρο

βοō̄ā̄δο ταδο (**W**26) οαλαζο οορωλο οδαζο

πωστιγο μολραγο αζβαραδο ταδο ο(**W**26′)αλαζο οορωλο οδαζο

υιλιτοβηρο οδαζο ζαρ̣δο οδο μαχαγγο βραδο πορο φροζανδανανο δογγο

υιλιτοβηρο οδαζο ζαρδο οδο μαχαγγο βραδο πορο φροζανδανανο δογγο

πιτιιαμο οδο (**W**27) μαχο πιταδδηιο ακιδαβο οισο λαδο λαδο ναβανδο

πιτιιαμο οδο μαχο πιταδδ̣(η)(**W**27′)ιο ακιδαβο οισο λαδο λαδο ναβανδο

þαοαμο οδασο οισο αχασο οδασο οισο πιδοκαρδο χοηδαγο

þαοαμο οδασ̣ο οισο αχασο οδασο οισο πιδοκαρδο χοηδαγο

οδαβ{ο̣}(**W**28)υηβινδο κιραμο καλδαβο ο̣ισο λαδο̣ λαδο ναβανδο ναγο

οδαβυηβινδο κιραμο καλδαβο οισο (**W**28′) λαδο λαδο ναβανδο ναγο

þαοαμο οδασο οισο αχασο χοηδαγο οδαβυηβινδο

þαοαμο οδασο οισο αχασο οδασο οισο πιδο̣καρδο χοηδαγο οδαβυηβινδο κιρδο

ναγο (**W**29) κιραμο οδαλο μαχο χοαδο πιδοοασινδδιγανο αχασαμο

ναγο þιιαμο οδαλο μα̣(**W**29′)χο χοβο[a] πιδοοασινδδιγανο αχασαμο

πιδοκαρλαμο χοαρδο δδριγδο ναγο υιρζαμο αλο ανδαρ(**W**30)ο πωστιγο

πιδοκαρλαμο χοαρδο οδο δδριγδο ναγο υιρζαμο αλο ανδαρο πωστ̣ι̣γο *μολραγο αζβαραμο καβογγο αλο νωγο*

μολραγο αζ(**W**30′)*βαραμο οδασο χοβο χονδαγο οδο χοβο*

—

πιτανο δδρογο οδο ανδαροζαγγο οαρο κιραμο σαγονδο μαχυ χοαδο πιταδδηιο

ταδο μαχο χοανδο

οδαβο (**W**31′) *μασκο ναβισιδο ταδασο οισο λαδο βηλαδδιγο βοοαμο*

οδο οισαρο αβο λαδο οαυοαρο παρμανο μαγο (**W**31) *βοō̄ā̄δο οδο μισο*

οδο μισο ταο'ανο

τωζαμο ταοανο αβο γαζνο βρηγανο̣ δ̣δραχμ̣ο ταζαγο σιμιγγο ϸιζγο

τω̣ζαμο αβο γα̣ζνο βρηγανο δ̣δραχμο ταζαγο (**W**32′) *σιμιγγο ϸιζγο*

ωδαγο οιζινδδιγο σαδο ρ´ οι(**W**32)*στο κ´ οδο μισο δαρφηλο ταοανο αβο*

ωδαγο οιζινδδιγο σαδο ρ´ οδο οιστο κ´ οδο μισο δαρφηλο ταοανο αβο

παδοιαρδδιγανο τωζαμο οδο παρσο τογδο ταοανο

παδοιαρδδιγανο τωζαμο οδο παρ(**W**33′)*σο τογδο ταοανο μολραγο*

χιρσοβωστιγο χοζο οηζο (**W**33) *οαυοαρο οδο παρμανο βοοαδο σαγονδαβο*

χιρσοβωστιγο χοζο οηζο οαυοοαρο οδο παρμανο βοοαδο σαγονδαβο

μα̣σκο ναβισιδο

μασκο ναβισιδο

[a] 原文如此。 [b] -*ω*-后有一个污点。 [c] 较小可能是 *μο*。

(**X**1) ι αχϸονο φ´ κ´ ζ´ μαυο δδρημιταγανο καλδο ναβιχτιμοδδρογο μαλο αβο

(**X**1′) αχϸονο φ´ κ´ ζ´ μαυο δδρημιταγανο καλδο ναβιχτιμοδδ̣ρογο μαλο αβο

ζοοηρο λιζο οαργονα(**X**2)νο αλβαρο πισο αζοδδ̣ηβιδο σαβολινο

ζοοηρο λιζο αβο οαρ(**X**2′)γονα[νο]α̣λβαρο πισο αζοδδηβιδο σαβολινο

οαργονανο χοδδηιο καδαγοστανο σπαλοβιδο οδο πισο μισο ϸαρι(**X**3)ιο

οαργονανο χοδδηιο καδαγοστανο σπαλοβιδο οδο̣ πισο (**X**3′) μισο ϸαρινο

ωδασιιο αζαδοκαρνο[a] κιδο οαλο πιδο μιλαγγο αρμαστινδο οδασιμο σαχονο

ωδασινο αζαδοκαρανο κιδο οαλο πιδο μιλαγγο αρμαστινδο οδασιμο σαχονο

ζανινδο μισιδο μα(**X**4)νο καμιρδοφαρο οδο μανο βαβο βηκο πορνο[a]

ζανινδο (**X**4′) μισιδο μανο καμιρδοφαρο οδο μανο βαβο βηκο πορανο

αλοφα̣γο οαυρανο οδαλοφαγο μιρο οοχωϸ (**X**5) σταδο οδο

αλοφαγο οαυρανο οδαλο(**X**5′)φαγο μιρο βηκο πορανο οοχωϸ σταδο οδο

μαχο μαρδο ασο μαρδο νιϸμαρο σταδο ωσο μαχο δογγο πιδαγγηραδο

μαχο μαρδο ασο μαρδο νιϸμαρο σταδο ωσο μα(**X**6′)χο δογγο πιδαγγηραδο

ακιδο (**X**6) μαχο οοχορτιιο ναβαρτιδο οδο χανο ναϸτιιο ναβαρτιδο ταδο

ακιδο μαχο οοχορτιιο ναβαρτιδο οδο χανο ναϸτιιο ναβαρτιδο ταδο (**X**7′)

ωσο πισο βαυο (**X**7) κοραδο υομαργαρο οδο πισο μισο κοροαδδιιανο

μαχο ωσο πισο βαυο κοροαδο υομαργαρο οδο <πισο> μισο κοραδδιιανο

υαλοπισαγο κιρδο οδο μαχο κινο οδο βηρο(**X**8)ματο οδο μαχο χανο οδο

υαλοπισαυο κιρδο οδο μα(**X**8′)χο κινο οδο βηρoματο οδο μαχο χανο οδο *τανο οδο ạστο οδο ωσταμο ναβισο οδο κασοκο ϸιζγο* *οδο ραγο γαρ*(**X**9)*ο*

τανο οδο αστο οδο ωσταμο ναβισο οδο κασοκο ϸ(**X**9′)*ιζγο οδο ραγο γαρο*

οδο ταγο *ιωγογγινδο οδο δογγο ζοσ̄ᾱμ̄ο σογγο* *βραδο*

οδο ταγο βανζο οδο μαρηιο ιωγογγινδο οδο δογγο ζοσ̄ᾱμ̄ο σογγο (**X**10′) *βραδο*

αλο βραδο αβδδινινδο οδο ζινο κι(**X**10)*δο ζηρανο ναμο πιδο υαρηιο ληραμο*

αλο βραδο αβδδινινδο οδο ζινο κιδο *ζηρανο ναμο πιδο υαρηιο ληραμο*

αζο καμιρδοφαρο *οδαζο οαυρανο οδαζο μιρο* (**X**11) *οδο ναπαδαχϸαναμο*[b]

αζο κα(**X**11′)*μιρδοφαρο οδαζο οαυρανο οδαζο μιρο* *οδο ναπαδαχϸαναμο*

αζο καμιρδοφαρο οδο *ναγο αζο βαβο οδο ναμαναγγο*[a] *βραδο πορο* (**X**12)

αζο καμιρδοφαρο οδο (**X**12′) *ναγο αζο βαβο οδο ναμαχαγγο* *βραδο πορο*

φροζινδδινανο ακιδαβο τ̄ᾱσ̄σ̄ οαυρνο[a] *οδαλο* *αβο ταοο μιρο ζιγο οδο*

φροζινδδινανο ακιδαβο τᾱσ̄σ̄ οαυρανο οδαλο (**X**13′) *αβο τᾱσ̄σ̄ μιρο ζιγο*

βηλαδδινο κιρα(**X**13)*ṃο οδο νạκινο ληραμο οδδηνο ναγο αβο χοδδηοαγγο*

αβηλαδδινο κιραμο *οδο νακινο ληραμο οδδηνο ναγο αβο χοδδηοαγγọ*

τανο πισηβαμο οδο ναγο αβο *ανδα*(**X**14)*ρκισαγγο*

(**X**14′) *τανο πισηβαμο οδο ναγο αβο ϸαραγγο οδο ναγο αβο ανδαρκισαγγο*

οδο ναγο γιρζαμο οδο ναγο ασιδο *μαχο* *αβο χανο αστο οδο ωσταμο*

οδο ναγιρζαμο *οδο* *σιδο* (**X**15′) *μαχο υαρσο αβο χανο*

ασταδο βανζο ο(**X**15)*δο μαρηιο στωρο* *οδο ανδαρο σισο*

αστο *βανζο οδο* *μαρηιο ναβισο οδο κασοκο*

ακιδδηνο ασο ταμαχο *αβηιο βαραμο ασιδο*

ταδδηνο ασο ταμαχαγγο λιστο (**X**16′) *αβο ανδαρο τανο* *ναβαραμο ασιδο*

πιδο οοσπο (**X**16) *σισο παδαχβανηδο σογγο βραδο αλο βραδο*

πιδο οοσπο *σισο παδαχβανηδο σογγο βραδο αλο βραδο αβο χο*(**X**17′)*βο*

αβδδινινδο *οδο ναγο τογο*[c] *οαυρανο οδο* (**X**17) *τογο μιρο παδαχβανηιο*

χανο αβδδινινδο[d] *οδο ναγο τογο οαυρανο οδο ναγο* *τογο μιρο παδαχβανηιο*

ακιδαβο μαχαγγο *τ[α]νο ζιγο* *οδο* *μηγαρο κιρηιο*

ακιδαβο μα(**X**18′)*χαγγο τανο* *ζιγο κιρηιο οδο ναγο μηγαρο*

οδο νακι(**X**18)*νο δδραγδο οδο ναγο* *σασκο μαχο*

οδαβηιολαδδιιο κιρδο οδο *κινο* *δδραγδο οδο ναγο* (**X**19′) *σασκο μαχο*

ωζο οδο ιαοᾱν̄ο οαστο ασιδο ιωγογγο ζοσ̄ᾱμο οδο (**X**19) *[μαχο]ϸιζγο οδο*

ωζο οδο ιασ̄ᾱν̄σ̄ οαστο ασιδο ιωγογγο ζοσᾱμ̄ο οδο *μαχο* *ϸιζγο οδο*

ραγο ιωγογγο *βοσ̄ᾱδ̄σ̄ πορδο χοαρδο πορδαγγιτο αβο χανο ωσο κιδασο*

ραγο ιωγογγο (**X**20′) *βοσ̄ᾱδ̄ο πορδο χοαρδο πορδαγγιτο αβο χανο ωσο κιδασο*

(**X**20) *μαχο ασο* *σοφαρο*[e] *βραδο ασιμο σαχονο ασιδαβο* *μασκο ναβισιδο*

μαχο ασο <*σο*>*φαρο* *βραδο ασιμο σαχονο ασι*(**X**21′)*δαβο μασκο ναβισιδο*

ανδαρζαγγο κιραμο (**X**21) *αλο ιωγο αλο βιδδιγο ναγο ζοοαμο αλο ζιγο*

ανδαρζαγγο κιραμο *αλο ιωγο αλο βιδδιγο ναγο ζοσ̄ᾱμο αλο ζιγο* (**X**22′)

βηλαδδιιο οδο λαστ(αν)ο κιραμο οδαβο (**X**22) *χανο οοχωϸ κιρδαδο οδο καρο*

αβηλαδδιυο οδο λαστανο *κιραμο οδαβο* *χανο οοχωϸ κιρδαδο οδο καρο δογγο ζανινδο* *κιδο δανομανο μαρδο ζιγο βηλαδδι(背面,* **X**23)*γινδο αλο*

*δογγο ζανινδο α(***X**23′)*κιδο δανομανο μαρδο ζιγο βηλαδδιιο κιρδο* *αλο*

ασομạγο καμιρδοφαρο οδαλο ασομαγο βαβο οδαλο *ασο τ̄ᾱσ̄ο̄* (**X**24)

μανο καμιρδοφαρο[f] *οδαλο* *μανο βαβο ο(***X**24′)*δαλο* *τ̄ᾱσ̄ο̄*

οαυρνο[a] *οδαλο ασο τᾱσ̄ο̄ μιρο*

σ̄αυρανο οδαλο *τᾱσ̄ο̄ μιρο* <*οδαλο βηκο οδαλọ χαμιρο καμιρδοφαρο*

*οδαλο ασο μαχαγγο βραδο πορο φροζινδδινα(***X**25)*νο*

πορανο> *οδαλο* *μαχαγγο βραδο πορο φροζινδδινανο κιδο υαρσο* (**X**25′)

ταδο πιδο γοστο γωλạνο ασο χανο αβηιοβαγο ϸαοαδο ωσο

ασο μαχο κιρδ̣αδο[g] *ταδο πιδο γοστο γωλανο ασο χανο αβηιοβαγο ϸο̄ᾱδ̄ο̄* *ωσο*

κιδα(σ)ιμο[h] (**X**26) *σαχονο δδρωγο*

κιδανο ασταδο παρσο (**X**26′) *μαβαρο ζαμανο κιδασιμο σαχονο*

ανδαρζαγγο κιραδ̣ο βαϸλαδο λαστανο οοχωϸ *κιρδαδο*

*ανδαρζαγγο κιραδο βαϸλαδο λαστανο οοχωϸ ανδαρζαγγο κι(***X**27′)*ραδο*[i] *αλο*

ταδọ (**X**27)[j]

ανδαρο πωστιγο μοδδρογο αβηιο βαραδο καβογγο οδαλο νωγο ταδδηιο πισο

—

*λαδοβαρ(***X**28′)*ανο ανδαρο μοδδρογο οδο λαδο οοσαρο οοσπο αγιρο*

τωζαδο ταο̄ᾱνο *αβο γαζανο*

*οδαβηπαρμανο βοοινδδο οδο μισο τω(***X**29′)<*ζαδο*> *ταοανο*[k] *αβο γαζανο* *βρηδαγανο ζαρζιδαγο Δι*(**X**28)*ναρο* *ρ´ δαρφηλο αβο* *παδοαρλιγανο*

βρηδαγανο ζαρζιδαγο Διναρο *σαδο ρ´ δαρφηλο αβο* (**X**30′) *παδο̣αρλιγανο*

τωζαδο *παρσ̣ο τογδο* *ταοανο εμο̣* (**X**29) *πωστιγο χοζο οοηζο*

τωζαδο οδο παρσο τογ(*δ*)*ο ταοανο ι̣μο*[l] *πωστιγο̣*

μαρμανο[m] *βοσ̄α̅δ̅σ̄ α̅σο ταβο οδασο ναβηγο σαγονδ̣αβο̣* (**X**30) *μασκο*

παρμα(**X**31′)*νο βοοαδο* *σογγα̣βο* *μα̣σ̣κο*

ναβισιδο |: *οδασο ι αβηιο ανδαρο πωστιγο καβογγο ο̣δ̣ο̣ νωγο* (**X**31) *ναβι̣σ̣ι̣δ̣ο̣*

αβηιοπαρμανο βοοινδαδο οδδι πωστιγο χοζο οοηζο παρμανο βοοαδο̣

—

[a] 原文如此。 [b] 写作-*χοαν*-。 [c] 不太可能是 *τουο*。 [d] 变自 *αβδδινο* 或 *αβδδινδ*-? [e] 可能其实是 *σαφαρο*? [f] -*ρ*- 和-*δ*-之间有一个点。 [g] 也可读成 *κιρδδο* 或 *κιραδο*。 [h] 可以读成 *κιδδιμο*（未修正），但-*ασ*-感觉上必须有。 [i] 或 *κιρδδο*。 [j] 该行起始处有一小块空白。 [k] -*α*-和-*ο*-之间有一个点。 [l] 不太可能是 *εμο*。因为空间不够而缩写了。 [m] *παρμανο* 的误写。

Y1 *πιδο ναμο ιεζιδασο κηραυοτογγανο τογγανοσπαρανο*

Y2 *ναμοοινδαδο αβζοδοφαρανο χαγανο καδγοβιδο καδγα̣*-

Y3 *νο ϸανο* *μισιδο ωσο μιρο βηκο πο*-

Y4 *ρο ασο ασπο αβο μαναγγο τα*-

Y5 *νο ϸαχοϸαδο σπασινδο οδδηο*[a] *βραδο αστο κιδο βαβο να̣*-

Y6 *μο ταδο ωσο ασο μιρο ιωπαριο ϸοδο ωσο μιρο δογγο πι*-

Y7 *δοοανανο πιδοοαναδομο κιδομο δογγο πωστιγο αϸ*-

Y8 *χαλο ακιδαβο μ̣ανο μιρο οδαβο μαναγγο μασκονδα*-

Y9 *νο οδασο μαναγγο ζαμιιο κικο πιδο βαβαγγο παρο οδο̣*

Y10 *παδδιστο αχασο μαγο αχασαδο οδο μαγο χωζαδο οδο μαγο ιεσαδο*

Y11 *ταδο ωσο ναγατο μανο βαγο σηρο καδγανο ϸανο ασο μιρο̣*

Y12 *πιδοοαυανο οδομο λαδδιιο οδο μινδδιιο σιιαδο οδομο*

Y13 *ωσο πιδο χοβο αϸχαλο δογγο φρομανο φρομαδο οδο*

Y14 *πωστιγο αϸχαλαδο ακιδο κισο παδαχϸανο μαβοοαδο μα̣-*

Y15 *γο αζαδο μαρδο οδο μαγο αζαζαδδιιο μαγο ϸαριιο οδο μαγο δδ-*

Y16 *ραγγοληρο μαγο καρδαρο οδο μαγο ανδαρισο υαρσο κισο*

Y17 *κιδασο μιρο χοαδο οδο μαγο ασο μιρα̣γγο*[b] *βραδο πορανο οδο*

Y18 *μαγο ασο μιραγγο μασκονδανο οδο μαγο ασο μιραγγο ιαββο̣*

Y19 *ζαμιιο οδο μαγο ασο μιραγγο ροζγο κιδο παλκανο ναμο*

Y20 *κισο πιδο βαβαγγο αχασο οδο μαγο πιδο βαβαγγο παρο οδο*

Y21 *μαγο πιδο οδαναγγο παδδιστο οδο μαγο πιδο οδαναγγο γαο'ο-*

Y22 *ανο αβιδανο κισο μαιεσαδο οδο μαγο βιναδο οδο μαχωζαδο ο-*

Y23 *δο μαγο σταμβο οδο γαμανο κιραδο φαρσο κιδαβο μιρο στα-*

Y24 *μβο οδο γαμανο κιραδο πιδο βαβαγγο αχασο ταδο τωζαδο ταο'-*

Y25 *οανο ζαροζιδ̣αγο δδιναρο ρ´ οδο λιστο-*

Y26 *ληραγο πιδδιιο σαχοανο ωζο κοροαδο υομα̣-*

Y27 *ρογαρ αχϸονο φ´ μ´ θ´*

[a] 原文如此。 [b] 变自 *μιμα-*?

4.2 无法确定日期的文书和残片

aa1 *χϸογ̣[ο]ρ̣´*[a] *[ ]μ̣αο •[ ]π̣ω̣σ̣τ̣ο̣γο μαλο̣*

aa2 *νιβο̣χ̣τ̣ι αβ[ο μο κανδ]οβα̣γ̣α[γγο ϸαρο] αβιιο ανδαγο σιδ[ο]*

aa3 *φρομ̣ουδ̣[ομαργο]ριζ[δ]ο α̣[ζδηβιδο]ειμουανο οιγαλφα̣γ̣-*

aa4 *ο κιδ̣ο λ̣ι̣β[ο ζανινδο] ταδο̣[ ]ο•[•]π̣ω̣στογο μ̣ανιγο*

aa5 *λ̣ι̣σ̣τ̣ο̣β̣α̣[ρο*[b] *] κιδο̣[ν]αζα̣νινδ̣ο τ̣αδο πηναμγο̣*

aa6 *γ̣αβο̣χ̣τ̣ι[γινδο]ο̣ο̣ηϸο̣ ....οκο ιωγο̣αβδαβο οαχϸοοα-*

aa7 *νινδ̣ο ια̣[μϸοοανι]νδο πιδο̣ο̣ησατι λα̣δογοζγο̣ ι̣ι̣ωλ̣ο̣[γο]-*

aa8 *ζγο πορ̣[ο ι]φ[ρομ]ο̣υ̣δομαργι̣γο̣ μι̣σ̣ι̣δ̣ο α̣ζο̣ κ̣η........[ ]*

aa9 *παρο πορδο̣γη̣[μ]ο τ̣αδ̣ομ̣ο̣ ....ι̣ ιβα̣.........ρ̣α̣ν̣ο̣ ο̣•[ ]*

aa10 *........μ̣ο̣ π̣ι̣σιδο̣ .... πα̣ρ̣ο̣ [νατ]ω̣ζη̣ι̣ο̣ α̣σ̣ιδ̣ο̣ ....*

aa11 *.. α̣γγ[αρ]γο χο̣β̣ο̣ παρ̣ο[ια]β̣[ιγο].......... αβο φρομο̣υ̣[δο]μ̣αρ̣-*

aa12 *γο̣ τιδο̣ αβο ιρω̣βο̣.......ο*[c] *σι̣δ̣ο̣ ....τι ριζδο κοαδο̣ α̣βο̣ ι̣[α]-*

aa13 *γγαργο̣ ει̣μ̣ο π̣α̣[δου]α̣μ̣ι̣ν̣δ̣[ι]γινδο ασ̣ο μιυροα̣[σανο].........*

aa14 *φο̣ρ̣.....[ασο ν]ημορωσο ϸαοροσ̣π̣α.................*[d]

aa15 *.....α.....[ ]καδο̣[αγ]γα̣ρ̣γο οδ̣α̣σ̣ο̣ μ̣ιυ̣ρ̣ο̣ν̣[α]-*

aa16 *[φρανο]•ο τα̣δ̣[ομ]ο παρα̣λ̣α̣δ̣ο̣ μ[α]σ̣κο*

aa17 *ν̣ιβ̣ο̣[χτογο]ο̣δ̣ο̣ ια̣β̣ο σιδο οαρ̣ο̣ ν̣ιυα̣γγο ο-*

aa18 *τι χ[ ]φρ̣ω̣δ̣ο̣κ̣ο ναμο ιφρ̣ω̣δαγο̣*

aa19 *πο̣[ρο]κ̣.....α̣τ̣ο οτι αγγιτ̣ι μανο μο̣*

aa20 *λ̣α̣[δογο]ζγο̣ ....σο μα̣σ̣κ̣ο ν̣ι̣β̣ο̣χ[τ]ο̣γο̣ αγγαργο̣ ....-*

aa21 *ρω̣[....]..... α̣ργο̣ σ̣π̣ορ̣ο̣ σ̣ιδ̣ο̣μ̣ο̣ ..... ιχο̣[....]ο̣ σ̣..........γο σ̣[....]*

aa22 *...... πισ̣[ι]δο ϸαδη̣μ̣ο οτ̣ι ν̣α̣μ̣ι̣υ̣γα̣ρημ̣ο̣ ....[ ]*

aa23 *[μ]α̣πορ̣σ̣ο ζοριγο μα̣σ̣κ̣ο̣ ν̣ιβ̣ο̣χ̣τ̣ο̣γο αγγα̣ργο [ ]-*

aa24 *[̣•]ο̣ χοβηιο χοζο χοα̣ρη̣ι̣ο̣ [λ]η̣ρ̣ηιο αλο χοβ̣ο ζαδ̣ι̣[κο]*

aa25 *α̣λο ι̣ χοβο φ[ο]ρ̣ζινδαν̣α̣[ν]ο ασ̣ο μω̣[σο] α̣βοοαδ̣ο̣*

aa26 *[]αβοσα̣χο̣α̣ν̣ο αβοοισα̣ρ̣ο̣ οδαλ̣δ̣[α]ν̣ο̣ α̣σ̣τηιο̣[μαπ]-*

aa27 *[ο]ρ̣σ̣ο̣ ζορ̣ι̣γο σιδανο αζο̣ λ̣αδογο̣ζγο χοαδο ι λ[•]-*

aa28 *[ ]ο̣ α̣λ̣ο μανο πορο̣ α̣λ̣ο μαν̣ο φορζιν̣δα̣ν̣[]-*

aa29 *[ανο αλ]ο̣ α̣ν̣δαρισο κισ̣ο̣ κ̣ι̣δ̣α̣ν̣ο̣ α̣λο φρ̣ω̣δ̣ο̣[κο]*

aa30 *[σ]ι̣γι̣σ̣ο χοηνηιο ο̣ι̣σ̣α̣ρ̣[δο αβ]ζ̣ι̣ι̣η̣ιο ιφ-*

aa31 *ρ̣ωδο̣κ̣ο̣[α]β̣ζαν̣αν̣ο̣ τ̣α̣δ̣ο̣[.......]• οισ̣α̣ρ̣ο̣[μαοα]-*

aa32 *οα̣ρ̣{α̣}η̣ι̣[ο]οταν̣ο μισο λ[αυαμ]ο̣ α̣[β]ο̣ γα̣ζ[νο]*

aa33 *αβο ϸηγαν̣ο ζαρ̣ο πανζο̣ ....[οδο]*

aa34 *δαφρηλο φα̣ρ̣ο̣ ι̣ π̣α̣δ̣α̣ρ̣λ̣ι̣γο̣ ο̣τ̣ι̣ μ̣[ο πω]-*

aa35 *στογο μαν̣ο̣ ν̣ι̣βο̣χτ̣ι̣ [ ]ο̣αρα̣[ζο]γ[ο]-*

aa36 *ζγο* [e]*ο̣α̣ρ̣αζογοζα̣γο̣ ....*

在页面底部[f]

aa37 *οιγα̣λφο̣* ....*[ ]* *λ̣α̣δομ̣[ο]-*

aa38 *[........]•ο μο ερο* *ζδο ταβ̣-*

aa39 *[..........]* *δο*

[a] 只有一条与行 2-3 交叉的长划痕可见，同样可能是 *σ'*。 [b] 非常不确定的痕迹。 [c] 或 *ιρωβα-*。 [d] 在此行最末一个单词上面添上了：*ο̣δ̣ο σ̣α̣λ̣[*。 [e] 在起首的 *ο-* 前面（并与其相连）是一个复杂的字母花押（？）。 [f] 三条不同笔迹的注。

ab1 *[ ]••[ ]*

ab2 *[ ]ο αβ[ ]•νογαρα̣[*[a] *]*

ab3 *[ ]π̣αραλ̣α̣δο μασκο ν̣ι[βιχτο αγγ]-*

ab4 *αργο οδο ιαβο σιδο οαρο νινα̣γγ[ο]ο̣τ̣ομο̣*

ab5 *αγγιτο ιαγρο σπορο πισιδο ραδημο οτο*

ab6 *ναμιυγαρημο ιθα̣[ο]α̣[τ]ανο μαπαρσο*

ab7 *ζαμανο μασκο νιβιχτο αγγαργο φρωδ-*

ab8 *οκο χοβηιο χοζηιο αλο ι πουραναν-*

ab9 *ο οδαλο φροζινδανο αβοσαχοανο α-*

ab10 *βοοισαρο οδαλδο ασταδ̣ο μαπαρσο ζα-*

ab11 *μανο αλο αζο οηρολαδο χοαδο οδαλο*

ab12 *μανο π$\overline{\rho}$ο οδαλο μανο φροζινδα-*

ab13 *νο οδαλο ανδαρισο κισο κιδο αλο φρ-*

ab14 *ωδοκο αλιιο αλο π$\overline{\rho\alpha}$νανο σιγισο χο-*

ab15 *ηναδο οισηραδο ταδιιο ι χοανδο οδ-*

ab16 *ο οισαρο ναοαραδο οτο λ̣α̣υαδο αβ̣ινδ{α̣}-*

ab17 *αμο φαρο υαστ̣αμογαρανο διναρο*

ab18 *οιστο οδο φρηλο φα̣ρο ιπαδαρλιγανο*

ab19 *οτο μο πωστογο μανο νιβιχτο αζαδοφ-*

ab20 *αρδαρο πιδο οηρολαδο φρομανο Α-*[b]

ab21 *ζαδοφαρδαρο*[c]

在页面底部[d]

ab22 *ο̣ηϸ̣ο̣λ̣α̣δ̣ο λα̣γο̣ ταβδο ρ̣ι̣ζμ̣ο̣•••••*

ab23 *τ̣α̣[βδο]*

[a] 或 *-ρο[, -ρω[*。 [b]*A-* 表示一个普通的 *α-* 前面有（并连写）一个花式，和 **A1** 中的一样。 [c]后面有一个复杂的花押（？）。 [d]三条不同笔迹的注。

ac1 *φροοαρδινο ρω(σο πιδορω)-*[a]

ac2 *βδο μανο οτιιοσασο*[b]

ac3 *βαζοπονανο*[c] *πορο δι*

ac4 *ι΄ οτομο πορο ναβαγο*

ac5 *ιωλο ναμο*

在页面底部

ac6 *πιδο παρο οιγαλφ*

[a] 漏写？ [b] 或 *ατ-*。 [c] *ο* 写在 *ζ* 之后，好像是第二次添上去的。

ad1 *[ ]ι[κα]-*

ad2 *λ̣δ̣ο̣*[a] *σταδο τ̣[ ]ρ̣[α]-*

ad3 *μα̣χο πορανο οδο φροζινδι̣ν̣ο ο̣[δ]ο̣[*

ad4 *ιο λαδ̣ο οτο πιδοοα̣σ̣αδδινδο μασκο ναβιχτ̣αγο πιδοοασιν[δανο*

ad5 *•γγο οδ̣ο ανδαροζαγγο να̣κ̣ιραμο σα̣γονδο ωσο χοαδο̣[ναβιχτι]-*

ad6 *γ[ι]νδο οτο κιδασ̣ο ε̣μο χο̣α̣ναο'ο αζγαϸαδο οτο λρωγγι[*

ad7 *νο ζαροζιδ̣αγο διναρο̣ σ̣αδο ρ΄ δαφρηλο φαρο παδο̣[ιαρλιγο*

ad8 *τ̣αβδο οτ̣ο πιδο μανηλο α̣νζηϸαγο οιγαλφανο μ̣ο̣λρ[ο ••••]-*

ad9 *γο χοζο οδο ο[αοαρο βοοαδο]*

[a] 或 *λαδο*?

ae *模糊不清的*

an1 *μισιδο αγγιτο μανο*

an2 *βαγασο ασοφαγο γωγνι-*

an3 *γο αλο þαριγανο κ´ ο-*

an4 *δο ε´ δδρ(α)χμο σποριγο*

an5 *οδο ειο ταμαχο σακο*

4.3 清单和账单

af1 *ασο ασταχιρσọ τητοκο μαρδο*[a] *β´ ασο γ[ ]*

af2 *[* [b]*]ạ´ ασο μοζδαμαρηγο μαρδο α´*

af3 *ασο ποþηιο μαρδο α´ ασο χοαρμοιωζο μαρδο*

af4 *α´ ασο μιυροβαμανο μαρδο α´*

背面：只有痕迹

[a] 通观文本该词似乎应读作 *μορδο* 而非 *μαρδο*。 [b] 此处可见痕迹。名字和数字似乎是人为擦掉了。

ag1 *μισιδο εδο γωλγιγο*[a] *μολινδο*

ag2 *οοληζοβαγγο β´ σογδοκạ-*[b]

ag3 *νο β´ οουιρζοκο β´ χο-*

ag4 *ηβανδο β´ ιαμþο ωρομοζ-*

ag5 *δανο β´ μαοιλο*[c] *β´ παρσα-*

ag6 *þαραβο δ´ βοζο καοαν-*

ag7 *ο β´ μηλμοκο β´ οορσι-*

ag8 *γγανο β´ χοβανικανο α´*

ag9 *οανηχανο β´ ιητο*[d] *α´ μαρ-*

ag10 *ηγανο β´ ιαοαρο β´ ταγινο-*

ag11 *κο β´ δοσακανο β´ τιρομ-*

ag12 *αρηγανο β´ τοβạζηνανο*

ag13 *α´ καγαρανο β´ κιρμωγα-*

ag14 *νο β´ ναροτο α´ μιραγọ*

ag15 *β´ παιοκạγọ β´ χọδạρọ-*[e]

ag16 *βαγγọ β′ μιρ̣κ̣αν̣ο β′ α̣-*

ag17 *ργανδδ̣ιγαν̣ο β′ νωστι-*

ag18 *γανο β′ δδιηνανο β′*

ag19 *ζοκο̣ α′ ναμα̣ρο ν′*

ag20 *ζ′*

[a] 或-*τιγο*? [b] 或-*κο*-。最后一个字母写在羊皮纸边缘。 [c] 或-*ικο*? [d] 或 *ιηστο*? [e] 非常可疑。

ah1 *μ̣ω̣ρ̣•[*

ah2 *κ̣αρασο* ‖

ah3 *φρωδαο̣π̣ο* ‖

ah4 *σ̣αμοβοραγο τ̣α̣σ̣κο ε′*

ah5 *κ̣...β................*

ah6 *•αβανοβανδαγο β′*

ah7 *α̣βο καρασο τασκο ς′*

ah8 *σομ̣ωρο •′ δ′* ‖

ah9 *αβο ποσι.... δ′* ‖

在右上角

ah10 *βανιγανο τασκο <γ′>*

（*缝隙*）

ah11 *]κ̣αβσο* |

ah12 *]δα̣κα̣βσο*[a] |

背面

ah13 *υ[.........]α̣γο̣ ασο̣ ο̣ιβσο̣γιν̣..[*

[a] 似乎写成一个词。

ai1: *痕迹*

ai2 *] τιρομα̣ρηγα̣ν̣ο̣ κ̣′ [*

ai3 *]•′ | τ̣α̣γιναν̣ο .... ε̣′ [*

ai4 *πιρ]ω̣ζο ι´ | ε´ | βα̣γο̣•[*

ai5 *]ι̣´ | ε´ | χο̣δ̣δ̣η̣...[*

ai6 *]δο β´ | .....[*

ai7 *]φα̣ρ̣ο ε´ [*

ai8 *]γ´ | καγα̣[ρανο*

ai9 *]γ´ | χο̣δαρ̣οβαγγο β´ [*

ai10 *]....... ι´ | γανω.........[*

ai11 *]•ο ο[*

ai12*: 痕迹*

aj1 *ασο χαραγο γαοι α´*

aj2 *διναρο α´ ασο μοζδα̣-*

aj3 *μαρηγο γαοι διναρο*

aj4 *α´ ασο ποϸιγανο γαο̣-*

aj5 *ι διναρο α´ ασο βορ-*

aj6 *νικανο ο̣δο ασρωϸα̣-*

aj7 *γ̣ο ο̣δο βαγασπανο*

aj8 *• διγ̣α̣ρο α´ οδ̣α̣βο ια-*

aj9 *σπο δ̣ιναρο λασο οδο*

aj10[a] *ωρο̣μ̣ο̣̅ζ̅δ̣̅ο̣̅ α̅λο ιατο̣-*

背面

aj11 *ασπο αβυαγγο̣*

[a]ζ 和 δ 之间有一个空隙，因为绳孔的缘故。

ak1 *]•δο σιδο ασο ασταρ̣[*

ak2 *] ναμαγο φαρ̣ο •[*

ak3 *ο]δο σιδασο̣ ι̣*[a] *χοηνα̣γ[γο*

ak4 *]ζδ̣διναδο α̣βο̣ ϸαυρο̣[*

ak5 *ι]ω̣λανο ποσο γ´ ασο χ[*

ak6 *]•ιωγο*[b] *ποσο γ´ ασ[ο]*

ak7 *[ ]ζο ποσο β′ ασο παπ̣[ο]*

ak8 *[]π̣οσο γ′ ασο νατο-*

ak9 *[••]νδο*[c] *ποσο β′ ασο ο[]-*

ak10 *[αρα]ζοαραυρανο ποσο̣*

ak11 *[]•′ ασο βαγοιηþανο π-*

ak12 *[οσ]ο̣ α′ ασο ιωλοιηþα̣-*

ak13 *[ν]ο ποσο β′ ασο μι-*

ak14 *υροβαμανο ποσο*

ak15 *α′ ασο βαγομαρη-*

ak16 *γο ποσο α′ ασο ο-*

ak17 *ινδοφρομανο̣-*

ak18 *ιαμþο αλο̣ π̣ιια̣-*[d]

ak19 *ροιαμþο ποσο*

ak20 *α′ α̣σ̣ο βα̣χαρ-*

ak21 *αγο πο̣[σο]•′*

背面

ak22-3: *痕迹*

ak24 *[ ]μ̣α̣ν̣ο̣*[a] *π̣ο̣σ̣ο̣*

ak25 *α′ α̣σ̣ο̣ β[ι]βοσ-*

ak26 *ηνο π̣[οσ]ο̣ α̣′*

[a] 可疑。 [b] 一个类似于 *ι* 的连写笔画朝着前面的字母。 [c] 或 *]ιδο* 。 [d] 较小可能是 *πιιο-*。起首处可能是 *π* 或 *τ* 变成了 *δ* 或相反。

al1 *σιδο πιδο ι̣ ....[ ]τ̣ο̣γδο οδ̣[ο Δρ]-*

al2 *αχμο ι′ οτομο λαδο αβο βαγο̣λαγγο αβο οισ̣π̣ο σαρ̣[δο πι]-*

al3 *δο ο̣χ̣ο̣σ̣α̣ρ̣ο̣ αυμαρο π̣ιδο μορδ̣γο οδο πιδο αβη[δγο α]-*

al4 *σιδομο ι β[ρα]δο þο̣[δο*[a] *]Δ̣[ρα]χμ̣ο λ′ ς′ παþαγα̣ρ̣[•••]*

al5 *πιδο ι βραδο σιδο þ[οδ]ο̣ τ̣α̣(δ)α̣βο οισπο μασ̄ φ̄ᾱρο ηβ̣[οΔα]-*

al6 *λανο οδ̣ο φαρο πα̣ρ̣[σ]ι̣γα̣ν̣ο ρωσιγο Δραχμ̣ο λαδ̣ο ε̣′[οτ]-*

al7 *ομọ αλο ι ƿ̣α̣ρ̣ο̣ π̣ιδισιδọ οτ̣ομ̣ο τογδο φα̣ρο̣ ι̣ ωκι̣δ̣[ο*[b] *κα]-*

al8 *λδο γαοανο*[c] *λαβιρ̣ο α̣[βο]ƿ̣α̣ρ̣ο̣ γ̣αο βα̣στο̣ Δραχ[μο •΄]*

al9 *πιδο ρηδοφαρο λιζο̣βιδιγο̣[ο]τομο τογδο̣ π̣ιδο̣ γ̣α̣β[•••]-*

al10 *βιδο λιζοβιδο οδο πιδο χοαδ̣δ̣ησπαδο*[d] *λασοβιδιγ[ο φ]-*

al11 *αρο ηβο̣Δαλανο π̣ιδο μορδγο οδο πιδο αβηδγο Δ̣[ρα]-*

al12 *χμο ι΄ β΄ πιδο̣ ο̣χοσαρο̣*[e] *α̣υ̣μαρο οτ̣ομο λαδο πι[δο]*

背面

al13 *οιƿοιγγο ι αδηι̣ο̣*[f] *αβο βα̣γο̣λ̣αγγο αβο̣ ο̣ι̣σ̣π̣ο̣ [σ]α̣ρ̣δ̣ο̣*[g] *[Δρα]-*

al14 *χμο ι΄ οδο καλδο̣ ƿ̣α̣ρ̣ο̣λ̣η̣ργο μο̣λ̣ο̣ χοα̣ρ̣δο τα̣δ̣ομ̣ο̣[•••]*

al15 *τ̣ογδο Δραχμο̣ β΄ ο̣τ̣ομ̣ο̣ λ̣α̣δαβο ι ιανιγιγο̣ ο̣δ̣α̣β[ο ι]*

al16 *λα̣βι[ρ]ογαγγο̣ Δραχμο̣ β΄ ο̣τομο λα̣δ̣ο καλδ̣ο α̣•[•••]*

al17 *μολο μαλαβο̣ ƿα̣ρ̣ο̣ χ̣ο̣αρδο̣ δ̣ιναρο̣ η΄ οτ̣ομ̣ο̣ λ̣[αδο]*

al18 *φαρ̣ο οιριƿτ̣ομ̣ιƿο ι χοη[οι]γ̣αμωσο̣γα̣νο̣ ο̣δ̣ο̣ πιδο̣φ[αρο]*[g]

al19 *διγ̣α̣ρο β̣΄ οδ[ο ι χ]ο̣η̣ο̣ι[••••]ο̣ πιδο̣••δο ο̣τ̣ομ̣ο̣ λ̣α̣[δαβο]*

al20 *ι ηβο̣δα̣λ̣α̣γγο αβυ̣α̣γγο̣ πιδο̣ ι̣ σαριγγο*[h] *ζαμο ο̣[δο πι]-*

al21 *δο ι σιμιγ̣ο̣ ο̣δ̣ο̣ πιδο ι γ̣α̣μωσ̣ογα̣γ̣ο οδο π̣ι̣δο γαο•[•••]*

al22 *[α]β[ο] ι ποσο διγ̣α̣ρ̣ο̣ η΄ ο̣τ̣ο̣ ηβοΔαλαγγο ασπο̣[αβ]-*

al23 *[ο]ƿ̣α̣ρ̣ο̣ μ̣ο̣ρ̣δο ταδ̣ομο το̣γ̣δ̣ο Δ̣ρ̣α̣χμ̣ο̣ ε̣΄ ο̣το̣[μο λα]-*

al24 *δ̣αβο̣ ι̣ γ̣ω̣γαγγο διν̣αρο β΄ οτομο λα̣δ̣α̣βο̣ ο̣ι̣[σπο]*

al25 *μ̣α̣ο̣ π̣[ι]δ̣ο ηβο̣Δαλο̣χο̣η̣ο̣ι̣ ο̣δ̣αλο ƿα̣[υ]ο̣ φαρ̣ο̣ ι̣ [ ]*

[a] 或 *ƿα[*。 [b] *ι ωκιδ[* 也可以读成 *τωκμο[, γωκιδ[*，等。 [c] 最后两个单词各有一个不清楚的标记。 [d] 或 *χοαδοησπαδο*，*χοαδηοσπαδο* 的误写？ [e] 起首较小可能是 *α-*（行 3 亦如此）。 [f] 或 *δδηιο, αδηνο, δδηνο*？ [g] 可疑。 [h] 不是 *ζαρ-*。

am1A *σ̣ασ̣[κο ωρομοζ]δ̣ο(?) βα̣γ̣δ̣α̣γο γανδομο*

am1B *σ̣α̣σ̣κ̣ο ωρομοζδο βα̣γ̣δ̣α̣γο μισ̣ο̣ γα̣γ̣δ̣ομο τασκο ζ΄* ‖

am2A *α̣σ̣α̣σ̣κ̣ο ωρομοζδ̣ο̣ βανδ̣αγο •*[a] *γανδ̣α̣μο*[b]

ρ̣΄ μ̣΄ ζ΄ ‖

am2B *λ̣ρ̣α̣σκινο αζγαμο τασκο γ΄ β΄*

am3A *σ̣α̣σ̣κο π̣ι̣ιω̣ζ̣α̣ν̣ο̣ α̣ζγα̣μ̣ο̣*[c]

am3B *[ ]• ρ′*[d]

am3C *μ̣ι̣σ̣ο τασκο ζ′ γανδο̣——μ̣ο*[e] ||

am4 *σασκο ωρομοζδ̣[ο βανδαγο . . .]*

am5 + 6A *σασκ̣ο̣ οηρο βανδαγο πιιωζανο̣*

am5 + 6B *只有痕迹*

am7 *ασασκο οηρο βανδ̣[αγο . . .]*

am8 *[βα]ν̣δαγο αζγαμο*

am9A *只有痕迹*

am9B *[ ] χαρο̣ πιλ̣••*[f] *χαρα̣γα̣νο*

am10 *σασκο οηρο βανδα̣γο [ ]*

am11 *α̣βο̣ βο̣ρ̣ζ[α]ο̣ιδ̣ο̣ α̣ρ̣δ̣ιγο̣ βρ̣ανδ̣ο*[g] *η̣ρ̣ο̣*

am12 *ο̣η̣ρ̣ο βανδαγο π̣ι̣δοβ[ο......]*

am13 *οηρο̣ βα̣νδαγο σ̣ασκ̣ο̣*[h] *ρ̣′*

am14 + 15 *οηρο βανδα̣γο α̣[σ]ο̣ μ̣ο̣λοδογο*[i] *βαγο*

am16 *α̣σ̣ο̣ βα̣ν̣ο̣ α̣ζγα̣μ̣ο [ ]*

am17 *α̣σ̣ο η̣ρ̣ναγγο α̣ζγα̣μ̣ο̣ [ ]*

am18 *ασο βανο̣ αζγα[μο]*

am19 *[πιιω]ζα̣ν̣ο̣*

βαγο̣

am20 *ασο βανο αζγα̣μ̣ο̣ σ̣α̣σ̣κο οηρο̣ βα̣ν̣δ̣αγο̣*

am21A *α̣βο βο̣ρ̣ζα̣ο̣ιδ̣ο̣ α̣ρ̣δ̣ιγο̣ β̣ρ̣α̣ν̣δ̣ο̣*[j] *ζ.......... α̣μβα̣λο*

am21B *只有痕迹*

am22 *α̣βο̣ βρη̣δ̣α̣[γ]ο λιστιγιρ̣δ̣ο̣ [ ]*

am23 *σ̣α̣σ̣κ̣ο̣ ο̣η̣ρ̣ο̣ βα̣ν̣δ̣α̣γο̣ α̣ζ[γα]μ̣ο̣(?)*

am24 *ο̣ηρο βα̣ν̣δ̣α̣γο̣ π̣ι̣δ̣οβο...............*

am25A *σ̣[ασ]κ̣[ο]............................. βα̣ν̣δαγο̣ γαν̣δ̣ο̣μ̣ο*

am25B *τ̣ωγο*[k] *β′*

am26 *α̣σ̣ο̣ βα̣ν̣ο̣ λ̣ο̣ο βα̣γο̣ [ ]*

am27A *[ ] .... σ̣ι̣ρ̣γο̣*[l] *αρ[δι]γο*[l]

am27B *[ ] β......... ασο βο̣ρ̣ζα̣ο̣ι[δο]*[l]

am28 *σ̣α̣σ̣κο̣ ο̣η̣ρ̣ο̣ β̣α̣ν̣δ̣α̣γο̣ ....*

am29 *只有痕迹*

am30 + 37 *σασκο οηρο βα̣[νδ]α̣γο αζγαμ̣ο*

am31 *σασκ̣ο οηρο β̣αν̣δ̣αγο̣ αζγα̣μ̣ο̣*

am32 + 33 *σασκο ωρο(μοζδο)*[m] *βα̣ν̣δ̣α̣γο̣ γα̣ν̣δ̣(ομο)*[l]

am34 + 35A *α̣σ̣ο ωρομ̣οζ̣δ̣ο β̣αν̣δ̣α̣γο*[n] *φ̣ο̣γο*[o]

am34 + 35B *αγγ̣ι̣το*

am36 *[ ]••ο ασ̣ο̣ κηραο λ̣ιστογ̣ι̣ρ̣δ̣[ο]*

am37 见 **am30 + 37**

am38A *[οη]ρ̣ο βα̣ν̣δ̣α̣γο*

am38B *[ ] ι̣αο*

[a] 可能是首次尝试写后面那个 *γ-*。较小可能是 *ι*。 [b] 似乎不是-*ομο*。 [c] 此行几乎每个字母都不确定，但是留下的痕迹提示很多东西。 [d] 可能与 **am3A** 笔迹相同。 [e] 如果解读无误，那么在单词中间有一个空隙，因为该处的木头有一个结。 [f] 这些字母形状奇特，可能是一个人名花押。 [g] *αρδ*-和-*ρ*- 非常不确定，但参见 **am21**。 [h] 不是 *τασκο*。 [i] 或-*υο*。 [j] -*ανδο* 非常不确定，但参见 **am11**。 [k] 或-*σο*。 [l] 不确定。 [m] 原文如此，可能是缩写。 [n] 起首的 *β*- 非常不确定，-*γ̣*-表现出一种特别拖长的写法。 [o] 起首字母形状奇特，非常不确定。

[关于 **an** 见 **ae** 后。]

4.4 信件

ba1 *Ασ̣ο̣ δοχ̣τ̣[οα]γ̣ωþο δοχþολο̣γδο μαζ̣α̣δε̣þ̣[••*[a] *οδασο] ο̣α̣ρα̣þ̄ᾱ̣γ̄ο̄ στ̣ο̣ργο κοþα̣γ̣οþ̄ᾱο̄ αβο χο-*

ba2 *αδ̣ηοοα̣νι[ν]δ̣ο̣ ναζ̣α̣ρο βηοαρο λ̄þ̄ο̄δ̄ο̣ να̣βι̣σ̣ο [οτο]μ̣ο̣ ναγατο σιδο̣ λ̄ρ̄ο̣̄γ̄ηιο ταδο þαδ-*

ba3 *ημο ασιδανο οαλο þαταρανο κα̣λ̣δανο α̣σ̣α̣φα̣[γο*[b] *]μισ̣ο̣ φαρ̣δαρο̣ λ̄ρ̄ο̄στανο ναγαυαγο̣ μι-*

ba4 *σιδο̣ τ̣ο̣ο*[c] *ζαγ̣ο κοαδο δ̣αθþομαρηγο ι þαβαστα̣γ̣ο α̣β̣α̣μαγο πιδοοαυαδο κοαδομ̣ο̣* ιαοα̣ρδ̣-

ba5 αοι σιδομο̣[[d] α]σ̣ο[e] μαλαχανο ωζαδο ταδανο ι̣ τα̣οι χο̣βανανο πιδοραλο ι ποσο αβο ιαοαρδα̣ο̣[ι]

ba6 υιρτηιο οτοιηνο ιαοαρδαοι χοαρδηιο οδο̣[να]ϸ̣τ̣η̣ιο̣[f] οτα̣γ̣ο[g] τα̣οι χοβανανο αβο δαθ-

ba7 ϸομαρηγο βραδο οδαβο βραυριγο ζιδο οτο αβη[•]αριγο[h] μαλο αγαδινδο οτο ιθαχοηνιγ̣-

ba8 δο κοαδο ταοι φρομανιγο τα̣δ̣ο αζο ειο σαχοανο οαροαροι νακιρημο πιδο ι σαγο̣

ba9 κοαδο μανο ναγατο κοαδο τοο μαρδο[i] λαδιγηι̣ο̣ ωσιδο μα̣νο α̣βο δαθϸομα̣ρη-

ba10 γο βραδο οδαβο βραυριγο̣ ταρο πισοαφαγο φοϸτα̣δ̣ο ταδο τοο φαρο δ̣αθϸομαρηγο

ba11 βραδο οδο φαρο ι βραυριγο πιδο ιαοα̣ρ̣[δ]α̣ο̣ι̣ χο̣α̣ραοι οδο ναϸταοι οδο πιδο̣ ζ-

ba12 αχμο ασο χοβανανο λαδο κιρο οδο αλδο τοο ιθαζανηιο κοαδο ταλο ι σαχ-

ba13 οανο παρογατο ναϸιιημο ταδο αβο χοβανανο μαρο πισοαμαγο φοϸτιιο

ba14 ταδο αζο χοαδο φρομιιανο κιδο ι σαχοαγ̣ο παρογασαδο ταλιδο ασο ι μανο̣

ba15 μαρηγανο σιγισ̣ο αν{ν}αοαραδο

背面，续写

ba16 ταδο̣ιηνο παδοφρασο κιρανο οδο αλδο ασο ι ταοι χοβανανο βιζδανο[j] κιρ-

ba17 δ̣δ̣ο ταδο αζο̣ αβαφαγο ναβιχτο φρομιιανο ταδο ασο ι χοβανανο̣ φαρο ι μαρηγο λα̣δ̣ο̣[][k]

ba18 ωστιιο οδο α̣λδο σιγισ̣ο̣ ι̣ερο̣ οιζα̣γγο̣δ̣α̣ρ[αδ]ο̣ τ̣αδο̣μο ω̣σο ν̣α̣β̣ιχτ̣ο̣ φ(ρ)ομι̣ι̣ο̣ ατο ζα̣ν̣α̣-

ba19 ν̣ο σαγωνδο ασο ι μαρηγο ι μιυγαρο οιαναργιφο χωζανο οτο μα̣νο ναγατο κοαδο το-

ba20 ο ι̣θαχοηνηιο̣ κοαδο ασ̣ο ι μανο μα̣ρηγανο χο̣α̣δο̣ ••ν̣ο[l] β̣οοημο τ̣α̣λ̣ιδο υαρσο τ̣α̣οι αβο̣

ba21 ι χαρ̣ο̄ μ̄ορη[ο[m]]α̣βα̣τ̣α̣ν̣ο[n] ωστα̣δο τατο χοα̣ν̣[δο ο]τ̣ο̣[n] π̣ι̣δ̣ο ι κ̣ιρδο

在页面底部，收件人

ba22 Α̣βο χοα̣δ̣η̣[ο]οα̣νινδο υαζαρο βηο̣αρο λ̣ρο[δο]υ̣αβ[ι]σο νιια̣βγο̣[o]

[a] 较小可能是 *μαρ-*，不太可能是 *μοζ-* 或 *μορ-*，第四个损坏的字母更像 *α/δ* 而非 *σ* 或 *τ*。第六个是 *ε* 或 *θ*（较小可能是 *β*），第七个是 *ϸ*（不太可能是 *φ*）。 [b]*ασα-* 比 *ασο* 更有可能，其后的字母是 *φ*，*ϸ* 或 *ρ*。 [c] 非常不确定。 [d] 或 *σιδο μα[?* 但空白的面积比 *σιδο μα[ν]ο* 大太多了。 [e] 不清楚，但不太可能是别的单词，因为不符合这里的可写的面积。 [f] 留下的痕迹很像是这个读法，虽然每个字母都不确定。 [g] 或-*δο*。 [h]*η*（或 *σ*?）之后一两个字母丢失了。单词

结尾是-*γο* 或-*σο*，不太可能是-*το* 或-*δο*。 [i]似乎是变体，可能变自 *λαδι-*。 [j]似乎是变体（来自 *βω-?*）。 [k]除了起首的 *λα-* 或 *λο-*其余部分都非常不确定。 [l]单词分隔不确定。 [m]不是 *μαρη[γο]*。 [n]不确定。 [o]最后三个字母非常不确定。

bb1 *Αβο χοα̣δη̣οοα̣ν̣ι[νδο λ]ι̣ζο̣βιδο φρ̣ι̣ιο̣ βραδ̣ο̣*

bb2 *φρ̣ιιο ω̣ρα̅ο̅ χ̅ο̅η̅ο̅ λρο̅δ̅ο̅ ν̅α̅μ̣̅ω̅σ̣ο̣ [ασο μ]ι̣ρ̣̅ο̣̅μ̣̅α̣̅[ρη]-*

bb3 *γο̣ φρ̣ο̣μ̣αλαρο ι μ̣[α]ρ̣ηγο οτα̣ν̣ο̣ ο̣α̣λ̣ο̣ β̣α̣ταρα̣ν̣ο̣*

bb4 *καλ̣δ̣α̣ν̣ο αβο το̣ χοηο χοαδο λρο̅γ̅ο̅ ο̅ηνα̣ν̣ο̣ μισιδ̣ο̣*

bb5 *το χοηο̣ ζα̣ν̣ο κοαδο ϖ̅ρ̅ο̅μ̣οζδο πριγγοοαβγο̣*

bb6 *α̣β[αμα]γο πιδο̣ο̣α̣υ̣α̣[δο] κοα̣δ̣[ο]σαγο φρ̣ο̣μαν̣ο̣*

bb7 *[ασ]ο̣*[a] *<ι̣α̣β̣σ̣ιγα̣νο>*[b] *καδγο ληρδο ωσιδο το̣[ ]χ̣οηο φαρο ϖ-*

bb8 *ρομοζδο παροοαδγο βοο τασιδο σαγο φρο-*

bb9 *μανο ασ̣ο*[c] *ιαβσιγανο καδγο ληραδο ταδο β[α]-*

bb10 *ν̣οο̣ισο̣ α̣δβη̣γο*[d] *π̣ιδο̣κ̣αρλ̣ο̣ <π̣ι̣δ̣ο̣ αβα̣ν̣δαρο̣ αδβη̣γο̣>*[e] *οτο αβο σαγο*

bb11 *φρ̣ο̣μ̣α̣ν̣ο̣ φο̣β̣τ̣ι̣ιο*[f] *κοα̣δ̣ο̣ η̣ρ̣σο ταδ̣ο αλο*

左页边，续写

bb12 *ϖ̅ρ̅ο̅μ̣̅οζδο οισηρο*

背面，收件人

bb13 *α̣β[ο χοαδηοοανι]-*

bb14 *ν̣δο λ̣ι[ζοβ]ι̣δ̣[ο]*

bb15 *λ̣ρο̣ν̣δ̣ο̣ [ ]*

[a]跟着一个很轻的污损的 *ο*，可能表示删除。 [b]加在行上。 [c]或 *αδο*。 [d]或 *ν-*（但这个解读对于加在行末的情况来说不太可能）。 [e]在行上挤着。 [f]非常不确定。

bc1 *Αβο χοαδηοοανινδο λιζοβιδο φρ̣ιιο βρα̣δ̣ο̣*

bc2 *χοη̣ο λρ̅ο̅δ̅ο̣̅ ν̣α̣μ̣ωσο ασο μιρ̣̅ο̣̅[μαρηγο] φρ̣-*

bc3 *ομαλαρο χοβο μ̣αρηγο οτα̣νο̣ ο̣[α]λ̣[ο]β̣αταρ̣-*

bc4 *ανο καλδα̣ν̣ο̣ χο̣α̣δ̣[ο] λ̣ρ̅ο̅γ̅ο̅ ο̅η̣νανο μ̣ισ̣ι̣[δο]τ̣ο̣*

bc5 *χοηο ζανο κοα̣δ̣ο̣ μ̣ιρ̣ογο̣ζγο αβο χοα̣δ̣η̣ο̣*

bc6　*πιδοοαυαδ̣ο κ̣οαδ̣ο α̣λο ια̣μ̣βαγο χοα̣δ̣α̣λιβδ̣-*

bc7　*ημο ταδομο ταλο αβο̣ þ̣α̣ρ̣̅[ο̅] τ̣̅α̣̅ρ̅ο̣ γ̣ι̣ιαβο̣-*[a]

bc8　*γο χοζο αþκ̣αρ̣[δ]α̣δ̣ο*[b] *ταδο χο̣αδηο αβο μ̣ι-*

bc9　*ρ̣̅ο̣̅γ̅ο̅ζγο̣ ι̣̅θ̅α̅φ̣̅[ρ]ο̣μ̣α̣δ̣ο κ̣οαδο̣ ασο*[c]

左页边，第一次续写

bc10　*ιαμβαγο α̣δα̣ο*[d] *αλο*[e] *ιωγο̣ μα̣ρ̣[δο]*

bc11　*οαοαρο̣ πιδο οαρο αβαμαγ[ο]*

bc12　*αβ̣γιο̣̣σηδο*[f] *οτο ι̣ω̣γο μαρδ̣ο̣*

bc13　*χο̣βοσ̣αρο*[g] *εδ̣ρηδο*[h] *ο̣το̣ι̣η̣ι̣ο̣*[i]

背面，第二次续写

bc14　*αβαμαγο φρο̣μαδο κ̣ο̣α̣δ̣ο̣-*

bc15　*ιηνο π̣αροβαλο ωσ̣ι̣δ̣ο̣ το̣*

bc16　*χοηο πιδο̣ μανο̣ ρω̣δο̣ αβο̣*

bc17　*μιρ̅ο̅γ̅ο̅ζγο π̣α̣ροβαλο οτο̣*

bc18　*μαυιρζο κιδοιηιο σηβαδο̣*

bc19　*οδο κιδο αλο μ̣̅ι̅ρ̣̅ο̣̅γ̅ο̣ζγο̣ σαχ-*

bc20　*οα̣γ̣αδο τ̣αδιιο ζιδο̣ μαυι-*

bc21　*ρζο̣ οιδρο καλδο πισα̣μα̣-*

bc22　*γο σ̣α̣χο̣ανο βοαδο̣*

第三次续写

bc23　*οτ̣ο̣ καδγινο σι̣δ̣ο̣ι̣η̣ι̣ο̣ α̣λ̣ο̣*

bc24　*μ̣ι̣γ̣ι̣σ̣ο̣ ριζγο*[j] *σαχο̣ανο̣ τ̣α̣δ̣-*

第四次续写

bc25　*ο̣ι̣η̣ι̣ο̣ π̣ι̣δ̣ο̣κ̣ιþτο μ̣α̣υ̣ιρζο*

收件人

bc26　*Αβο χοαδηοοα̣-*

bc27　*νινδο λιζο̣βιδ̣-*

bc28　*ο̣ φρ̣[ι]ι̣ο̣ β[ραδο]*

背面的另一部分，之前的收件人位置

bc29 *Αβο̣* ....

bc30-31 *痕迹*

[a] 或 *κ*-。 [b]-*α̣δ̣*- 不确定。 [c] 不太可能是 *αλο*。 [d] 较小可能是 *οαδο*；不太可能是 *οδο* 和重写的-*ο*。 [e] 最末的-*ο* 写错，然后在下面重写了。 [f] 如果是这样，参见行 23 的-*γι*-。不确定。 [g] 或-*δαρο*。 [h] 或 *εδοηδο*，如果好像是 *ρ*- 的尾部的痕迹只是污迹的话。 [i] 不确定。 [j] 不是 *ριζγο*。

bd1 *Αβο χοαδηοοανινδο φριιο βραδο χοηο̣*

bd2 *υαζαρο βηοαρο $\overline{λροδο}$ ναμωσο ασο $\overline{μι}$-*

bd3 *ρομαρηγο οτα̣υ̣ο οαλο ϸαταρανο καλ-*

bd4 *δανο αβὸ το χοηο χοαδο λρογο ο̣ηνανο*

bd5 *μισιδο ο̣ι̣νιϸανο καλδο αζο ταλο αρμα-*

bd6 *στ̣ημο ταδο ταο ασο βαγο*...................

bd7 *αβζαδηιο χιρδο ωσιδο ϸαβορο μαλ-*

bd8 *ο πισαμαγο αγαδο ταδο ιϑ$\overline{αο}$ $\overline{χ}$οηυ̣δο κ-*

bd9 *[οαδο ....]••οσαο μανο ζ[...............]*

bd10 *[ ]*

bd11 *[α]-*

左页边，第一次续写

bd12 *νδαρισο κισο ζαο νανι̣ι̣[αβγο ......]-*

bd13 *ζανο μισο κιδομο πιδο[ ]*

bd14 *οδο μανο ωσιδο αλδο [το χοηο]*

bd15 *σινδηιο πιδο [χ]οβο φα[ρο ταδο]*

背面，第二次续写（四行）：模糊不清

收件人 （三行）：模糊不清

be1 *Α̣β[ο χοαδηοοανινδο λιζο]-*

be2 *[βιδο λρουδο ναμωσο ασο]*

be3-11 *只有痕迹*

be12 ....*ρ̣ιγο αβορδο̣*

be13-16 *只有痕迹*

背面，续写

be17 *ταλο ναδο*[a] *αγαδο ταδοιηιο τ̣ο*

be18 *χοηο μαρσκονδο α̣νδαρζο κι-*

be19 *ρο κοαδοιην̣ο ασο þαυρο οαστ-*

be20 *ο ναþιιαδο*

方向改变，在羊皮纸另一端，收件人

be21 *Αβο χοηοοα̣—γ̣ι̣ν̣δ̣ο̣ λ̣ι̣ζο̣-*

be22 *β̣ι̣δ̣ο̣ λ̣ρ̣ο̣[υ]—δ̣ο̣ γ̣[αμωσο]*

be23 *痕迹*

[a] 较小可能是 *ναοο*，肯定不是 *νατο*。

bf1 *Α̣β̣ο̣ μαγ̣ο αζ[ιαδιγο*[a] *]χ[οηο αβο χοαδηοοανινδο]*

bf2 *φριιο βρ̣αδο̣ λρ̣̅ο̣̅δ̣̅ο̣̅ γ̣αμ̣[ωσο ασο μαρ]-*

bf3 *ηγο οτ̣ομο ναγα̣τ̣ο̣ σι{ι̣}δο̣[*[b] *το χοηο λρογο ταδο þαδη]-*

bf4 *μο ασι̣δαγ̣ο̣ ο̣α̣λο̣ þα̣τ̣α̣ρ̣α̣[νο καλδανο αβο το χοηο χο]-*

bf5 *α̣δο λρογο̣ ο̣ηγ̣α̣νο αβ[ο*[c] *μισιδο το χοηο þιιο]*

bf6 *ζανα̣δο σ̣α̣γω̣[νδο]......[*

bf7 *τανο πα̣ρασο̣ ζ[ ].........[*

bf8 *τ̣ο̣ι λι.......α̣νο ....[*

bf9 *þ̣ιιο̣*[d] *ζα̣γ̣α̣δο σ̣ι̣δ̣ο̣μ[ο*

左页边，第一次续写

bf10 *ωσιδ̣ο τ̣ο̣ χοη̣ο̣ λ̣α̣þ̣νο þ̣ι̣ζ-*

bf11 *γο̣ φορþτ̣ιιο*[e] *ταδο αζισο κιρα̣-*

bf12 *γ̣ο σι̣δο̣ τ̣ο̣ χοηο α̣σ̣α̣μαγο*

背面，第二次续写：遗失

bf13 *[þαδο βοοι]*

收件人

bf14 *Α̣βο̣ χοαδηο̣[]-*

bf15 *οαγ[ι]νδο λ[ροδο]*

[a] 或其他更短的拼法，因为这样复原的话空间不太够。 [b] 原文如此？ [c] 根据之前的排列（*καλδ*）*ανο αβο*（FdB），大概应作为错误的重复而删除。 [d] 或-*ριιο*。 [e] 第一个 *ι* 的形状变化了。

bg1 *αβο μανο αζιαδιγο χοηο αβο ωρο[μ]οζδο φαραγανο {χοαδηο}*[a] *ιχοηο ναζαρο β-*

bg2 *ηοαρο λροδο ασπαζαγγο πιδο μο σαρο ναμωσο ασο βορζομιρο χαρανο ιχοβο μαρ-*

bg3 *ηγο οτομο ναγατο σιδο το χοηο λρογο τ[α]δο þ[αδ]ηιο*[b] *ασιδανο οαλο þαταρανο καλ-*

bg4 *δανο αβο το χοηο χοαδο λρογο οηνανο ναμωσο βαρανο μισιδο αγαδο μαρο ασο το*

bg5 *χοηο πωστογο ταδομο ναγατο σαγωνδο νιβιχτημο κοαδανο χοαδηοοανινδο χα-*

bg6 *ραγανο αβο το χοηο πιδοοαναδηιο κοαδανο αβο ριζμο αβο ιοχþοοιρλο μαργο α-*

bg7 *ββοδαχμο ασταδηιο ταδανο ασο μαργο αββοδαχμο παροοιþτηιο οτιιανο ζα-*

bg8 *μιγο κοαδο ιαβοδαχμο ασταδηιο χοαδηοβανδαγο þαραβο φαρο χοαδηοοανινδο λαδ-*

bg9 *ηιο ταδοιανο χοβο ναζανηιο*[c] *ταδανο[ ]το χοηο πιδο χοβο þιζγο ασο χοαδηοο-*

bg10 *ανινδο πιδοοαναννο ναγατηιο οτανο ζα[μι]γο σιδαβο ιοχþοοιρλο αβοδαχμο α[•••]*

bg11 *ασταδο οτιιο χοαδο παροοιþτο οδασο χοαδ[ηο]βανδαγο þαυραβο αβορδηιο ταδανο*

bg12 *[το] χοηο πιδονωγαρο φαρο χοαδηοοανινδο λαδηιο αβο χοβο ταδανο ζαμι-*

bg13 *[γο σιδα]β[ο ιο]χþοοιρλο αββοδαχμο οτιιο χοαδηοοανινδο παροοιþτο φαρο*

bg14 *χοαδηοοανινδο λαηιο*[d] *αβο χοβο ταδο το χοηο σαρ•ο [ ]•• ανοζοι οτο*

bg15 *βαγοπορογο βοοι[κο]þ[α]γοþα[ο*[e] *α]βο το χοηο ••••λη•[ ]η[ι]ο κοαδο*

左页边，续写

bg16 *σαγωνδο ασταδο*[e] *ατο αβαμαγο μαρηγο μαρδο [ ] ταυαζαμ-*

bg17 *ανομο ασ[ο]το χοηο πωστογο λιδο ταδο ζαμιγ[ο σιδα]βο ιοχþοοιρλ-*

bg18 *ο μαργο αββοδαχμο ασταδο οτο χοαδηοα[νινδο χ]οαδο παροι-*[f]

bg19 *þτο φαρο χοαδηοοανινδο λαδο αβο χοβ[ο σ]αγωνδομο ασο*

bg20 *το χοηο [ ]..................................*

背面，收件人

bg21 *αβο μανο[αζιαδ]ιγο χοηο*

bg22 *[α]βο ωρομ[οζδο].....φ....*[g]

bg23 *痕迹*

背面的另一个区域，注

bg24 *π̣ι̣δ̣ο̣ μ̣α̣ρ̣γ[ο α]β[ο]δ̣α̣χ̣μ̣ο*[h]

[a] 看起来更像 *χοαδαλο*，有一个写的难看的 *λ*。可能是第一次尝试写后面那个单词。 [b] *ϸαδημο* 的误写？ [c] 几乎能确定。 [d] 或可能是 *λ̣α̣δ̣η̣ι̣ο̣*，肯定不是 *λ̣α̣υ̣η̣ι̣ο̣*。 [e] 不确定。 [f] 原文如此，不是 *παροοι-*。 [g] 可见的朝此行末尾的字迹似乎与行 1 的文本不符。 [h] 最后一个单词的痕迹非常特别，但该行之前的部分非常不清楚。

bh1 *Αβο τητοκο αδοροφαρνιγανο χοηο υαζαρο βηοα̣ρο λ̄ρ̄ο̄δ̄ο̄*

bh2 *ναμωσο ασο βορζομιρ̄ο̄ χ̄ᾱρ̄ᾱν̄ο̄ χοβο μαρηγο οτανο οαλο ϸατα-*

bh3 *ρανο καλδ̣ο αβο τ̣ο χοηο χοαδο̣ λ̄ρ̄ο̄γ̄ο̄ ο̄ηνανο μισιδο σαγωνδο το χο-*

bh4 *ηο ταρο λ̄ρ̄ο̄γ̄ᾱδ̄ο̄ ο̄το ϸιζγο αρμ̄ᾱηιο ταδομο ναβισο τακαλδο ασο ι*[a]

bh5 *το χοηο λ̄ρ̄ο̄γ̄ο̄ᾱσ̄τ̄ᾱνο οδο ϸιζγοαρμαστο ναγυανο ταδο χοζο ϸαδ̣-*

bh6 *ο βοιανο οτο αμαχο οιδρο ρωσο ραμο μ̣αλο αβο αμαγγανο αρμα-*

bh7 *υαμο ασιδο νιστο πηδαγο κοαδο ϸαοιαμο οτο αζο μαρο λ̄ρ̄ο̄γ̄η̄μ̄ο̄ α-*

bh8 *λο μηγοασπο οδο ιαβαρηγο ασοβαρο οδο ασπο οδο ασπασιγο ταδομ-*

bh9 *ο πιδο ι ναβιχτη̣ι̣ο κοαδο ϸαδ̣ο̣ βοιηιο οτο μανο πιδο μιροβαμο α-*[b]

bh10 *βο ι χοηο χοανδο ταδ̣οιηιο αβο βαγοωρομοζδο ναβιχτο κοαδο-*

bh11 *ιηιο υιρζαδο*

背面，收件人

bh12 *Αβο τητ̣οκο αδ̣ορο̣φα̣-*

bh13 *ρνιγα̣νο λ̄ρ̄ο̄δ̄ο̣ ν̣α̣μ̣ω*

背面另一个区域，注

bh14 *ασο βο̣ρζομ̄ι̣ρ̄ο̄*

[a] 意思是删除？ [b] 一个不完整的 *β* 在行末，大概是要删除。

bi1 *Α̣β̣ο̣ μ̣α̣ν̣ο̣ α̣ζ̣ι̣α̣δ̣ι̣γ̣ο̣ χ̣ο̣α̣δ̣η̣ο αβο χ̣ο̣α̣δ̣η̣ο̣φ̣α̣ρ̣δ̣[α]-*

bi2 *ρ̣ο̣(?) ... χ̣ο̣α̣δ̣η̣ο̣ υ̣α̣ζ̣α̣ρ̣ο̣ β̣η̣ο̣α̣ρ̣ο̣ λ̣ρ̣ο̣δ̣ο̣ ν̣-*

bi3 *α̣μ̣ω̣σ̣ο̣ α̣σ̣ο̣ ο̣η̣ϸ̣ο̣(?) λ̣ι̣ζ̣ο̣β̣ι̣δ̣ο̣(?) χ̣ο̣β̣ο̣ μ̣α̣ρ̣η̣γ̣ο̣ ...*

·欧·亚·历·史·文·化·文·库·

bi4-8 *只有痕迹*

bi9 *[   ]-*

bi10 *δ̣ην̣ο̣ ο̣ι̣σ̣π̣ο •••α̣μ̣ο̣ ταδο μ̣ισο μαλο βοζαδο*

bi11 *ναϸιαμο̣ τ̣αδο α̣σ̣ο ϸα̣υρο ϸαοαμ̣ο ταδο απαϸ-*

bi12 *τ̣ο μανο ...*

bi13-14 *只有痕迹*

左页边，第一次续写

bi15 *τ̣ο̣γδ̣ο ο̣τ̣ο αβο αβ̣ασ̣τ̣ο̣ φα̣ρδαρι* [原文如此] *πιδο τ̣[•]•μο̣[••]*

bi16 *να̣βιο̣σ̣αν̣ο κοα̣δη̣ιο ασο ζιιανο α̣παρσο φ[ρο]-*

bi17 *μ[ι]ι̣αδ̣ο λα̣δ̣ο ωσιδο̣ τ̣ο χοηο χοαδο π[ο]ρ̣δ̣[ο]-*

bi18 *γο σιδο ασο ζι̣ι̣αν̣ο α̣παρσο λαδο νιιαοβ̣ο̣[γο]*

背面，第二次续写

bi19 *[ταδ]ο φρο̣μ̣ι̣ιο α̣τ̣ο αβιραδο κοα̣δ̣ο κ-*

bi20 *[ιρ]αδο ϸα̣υρο π̣α̣ϸ̣τ̣ο̣(?) μ̣[α]λ̣[ο](?) ο̣τ̣ο τ̣ο χοηο*

bi21 *[χο]αδο̣ οαρο ζιγο να̣βο̣α̣δ̣ο*

收件人：模糊不清

ca1 *Αβο νατο οδαβο μοζδαμαρηγο φριιο βρ-*

ca2 *αδαρανο χοηονανο λρ̅ο̅δ̅ο ναμωσο ασο ιαμ-*

ca3 *ϸοχοηοβανδαγο παβαγανο ι μαρηγο μισιδο*

ca4 *ι χοηο αβο ιαμϸοσαπλο βορνικανο ταρο*

ca5 *αβιδο καρανο φο̣ϸταδο οτηιο ταρο υαρ-*

ca6 *γο φρομαδο κιρδο ωσ̣ο σαζαμανδο ταμα-*

ca7 *χο μο πωστογο οινηδο τασιτηνο*[a] *ασο*

ca8 *χοβο καδγο ασβαρο ασταδο οδο υαμο*

ca9 *σιδο ταρο αβο ϸα̅ρ̅ο ασβαρο ασ̣τ̣αδ̣ο̣*

左页边，第一次续写

ca10 *ταδοιηνο αζοηληδο οτο αλο*

ca11 *ι̣αμϸοσπαλο αλδο α̣[..... α]λ̣δ̣ο̣ φρ̣η̣-*[b]

ca12 *τογο αρμαηδο̣ οδο σιδο ιαμϸ̣ο̣-*

ca13　σπαλο ταρο πιδο ι χοηο ιερο φ-

背面，第二次续写

ca14　αρδαρο φρομανο φρο-

ca15　μιιαδο ταδοιηιο ι φρομα-

ca16　νο κιρηδο οδαλοιαοαρο βο-

ca17　οηδο

收件人

ca18　Αβο νατο οδα̣-

ca19　βο μοζδαμα̣-

ca20　ρ̣ηγο λ̣ρ̣οδ̣ο̣

[a] 前三个字母变化了。　[b] 该行最末的解读非常可疑。

cb1　αβο χοασραο χ̄ᾱρ̄ᾱγ̣ο φρι̣ο̣ βρ̣αδο χοηο λρ̄ο̄δο γ̣α̣-

cb2　μωσο ασο ια̣μ̣ϸοχο̣α̣δ̣η̣βανδαγο παβαγανο ι μαρη-

cb3　γο μισιδο̣ το χο̣ηο ζα̣γ̣ο̣ κ̣οαδο̣ α̣σ̣ο̣ γ̣α̣ο̣α̣ζο[a] χ-

cb4　αρογανο φαραμαγο π̣ωστογο αγαδο κο̣α̣δανο

cb5　το χοηο αβο σαγο νωδο αβο ιλιζο παλαγο σταδ-

cb6　ηιο {γ}[b] ταδο α̣σ̣ο̣ ι̣ λιζο̣ αβηδηιο ω̣σ̣ο σαζαμα-

cb7　νδο̣ το χοηο μο̣ π̣ω̣στογο οινηιο ταδο

cb8　ι παλγι οαρηλο̣ α̣βο ι λιζο φορϸιιο κοαδο

cb9　[ι] λιζο α̣βο̣ λ̣ρ̣ο̣υμι[να]γ̣ο̣ γ̣α̣ϸαοαδ̣ο ο̣το το̣

cb10　χοηο αβο παζο̣ γ̣ηρσηιο

背面，收件人

cb11　Αβο χοασραο

cb12　ι̣ χᾱρ̄ᾱνο

cb13　*痕迹*

背面另一个区域，注

cb14　πιδ̣ο̣ ι̣ π̣α̣λ̣-

cb15　γι̣[a]

[a] 几乎可以确定。 [b] 一个非常大非常清楚的 *γ*。理论上是个数字，但看上去好像只是写错了。该行第一个单词好像更正过，因为有一些可见的删掉的字的痕迹，包括一条上标线，而且实际上 *-ηιο* 的一部分写在页边。

cc1 *Αβο ναοαζο χαρογανο υαζαρο*

cc2 *βηοαρο λ̅ρ̅ο̅δ̣ο ναμωσο ασο βα̣-*

cc3 *γοοαραζο ιμαρη̣γο οτομο ναγα̣-*

cc4 *το σιδο τι χοηο λ̅ρ̅ο̅ τ̅αδο þαδ-*

cc5 *ημο ασιδανο οαλο þαταρανο*

cc6 *κ̣αλδανο χοαδο λ̅ρ̅ο̅γ̅ο̅ οηνανο̣*

cc7 *μισιδο μανο ιαπ̣ισοδαρο αβο̣*

cc8 *τι χοηο χοανδο κοαδομο πι-*

cc9 *δ̣ο*[a] *κοδο νιιαζο τα̣δ̣ο τι χοηο*

cc10 *π̣ι̣ταδηιο κοαδο κοδ̣ο λαυ-*

cc11 *ημο ωσιδο μανο α̣βο μι̅ρ̅ο̅-*

cc12 *βαγ̣δαγο ταρο φο̣þταδο τα-*

cc13 *δομο πιδο χοβο φαρο κο̣-*[b]

背面，续写

cc14 *δο þιζγο φοþτιιο ταδδπιδο*[c]

cc15 *ασπο*[d] *αχνωρο βαρανο ο̣τ̣ο̣*

cc16 *παδ̣οαχνωρο κ̣ιρανο οτο̣*

cc17 *ζανο κοαδο μαρηγο κιρδ̣ο̣ λ̣[ι]-*

cc18 *στογιδο οτομο φοþ̣τ̣α̣-*

cc19 *δ̣ηιο̣ οιγωζ̣ο̣γο̣*

方向改变，在羊皮纸的另一端，收件人

cc20 *Α̣βο̣ ν̣α̣ο̣α̣ζ[ο] — χαρογα̣ν̣ο̣*

cc21 .... — ~

[a] 或 *πι|σο*。 [b] 写得像 *κα-*。 [c] 原文如此，*ταΔο πιΔο* 的误写？ [d] *οισπο* 的误写？

cd1 *Αβο ναοαζο χ̅α̅ρ̅ο̅γανο φριιο βραδο χοηο*

cd2 *υαζαρο βηοαρο λ̅ρ̅ο̅δ̅ο να{α}μωσο*[a] *ασο σιιαρ{ο̣}-*[b]

cd3 *ο κασανο ασο χοβο μαρηγο μισιδο αγα-*

cd4 *δο μαρο ασο το χοηο πωστογο ταδο̣-*

cd5 *μο ναγατο σαγωνδο ναβιχτημο π̣ι-*

cd6 *δο οιϸοηγγο ταδο ϸηγανιγο φαρο ϸι-*

cd7 *δο ζαναδο οδο ναγανο ναμιλγο σιδο-*

cd8 *μο ασο ϸ̅α̅σ̅ λιστο χοαρδ̣ο κοαδοιηνο̣*

cd9 *α̣σ̣ο̣ βα̣χλο οιϸ̣οηγγο̣ κορατιγο τ̣[•]-*

cd10 *νημο αγαδο̣ ασο κα̣λδοιηνο αγα̣-*

cd11 *δηι̣ο ταδομ̣ο̣ πισο το χοηο̣*

左页边，续写

cd12 *ιαυα̣μγο φοϸτα̣δ̣η-*

cd13 *ιο σα̣γωνδ̣ο π̣ι̣σο χοι-*

cd14 *ιαχο βρα̣δ̣ο̣*

背面，收件人

cd15 *Α̣βο̣ ναοαζ[ο]*

cd16 *χ̅α̣̅ρ̅ο̅γανο φ[ρ]-*

cd17 *ι̣ι̣ο̣ βρ̣α̣δ̣ο̣ λ̣̅ρ̣̅ο̣̅*

[a] 变自 *ναο-*?　[b] 行末污损的 *ο* 可能意思是删去。

ce1 *αβο ναοαζο χαρανο ιφριιο βραδο χοηο αζαρο βηοαρο̣ λρο-*

ce2 *δο ναμ̣ωσο α̣σο χω̣λο αραμ̣ιγανο μισ̣ιδο μανο π̣ιρο̣*[a] *το χο-*

ce3 *ηο στοργο*[b] *φρομ̣ιγγο οδο αβαστανο ωσ̣ι̣δο το χοηο ζανο̣ κ̣ο̣-*

ce4 *οαδο μανο τ̣αρο*[c] *πιδιστοβαραγο αστο αφφαρδαρο οδο μισο*

ce5 *ανδαρο κισο ταδο ταρο χοβο ληρινδο ταδο̣ τ̣ο χοηο σινδδ-*

ce6 *ο τ̣αδοιηνο μ̣α̣ζ̣ι̣νο οδο μαπιδοκαρλο οδο μαμηγαρο*

ce7 *κ̣ι̣ρ̣ο̣*[d] *ταδαζο αβαϸο κιρανο σιδο το χοηο ϸαδο βο*

背面，收件人

ce8 *α̣β̣ο̣ γ̣αοα̣ζο χα̣ρα̣-*

ce9 *νο̣ ι̣φρι̣ι̣ο βραδ̣ο*

ce10 *χο̣ηο̣ ναμ̣ω~*

背面另一个区域，之前的收件人

ce11 *Α̣β̣[ο] χω̣λ̣[ο αραμιγα]-*

ce12 *νο̣[..............................]*

ce13 *痕迹*

[a] 不是 *μαρο*。 [b] 或 *στορ[ο]γο*。 [c] *δαρο* 变成 *ταρο* (或相反)? 较小可能是 *γαρο*。 [d] 除了起首处比较明显的 *κ*-的痕迹外全都非常不清楚。

cf1 *Αβο ναοαζο χαυρογανο ιφριιο βραδο χοηο αζαρο βηο-*

cf2 *αρο λροδο ναμωσο ασο χωλο αραμιγανο μισιδο <α>μαχο*

cf3 *μοϸαγο ασογωρο παρογωρο αλο το χοηο παρογωρα-*

cf4 *γανο νοζδιγο οδο ναμογαδγο στα̅δ̅(ινδ)ο ωσιδ̣ο το χο-*

cf5 *ηο ζανο κοοαδο μανο ταρο μαρηγο αστο οδο ζινο βα-*

cf6 *νζο οδο μισο γασικο ιωγο ταδομο νιγατο κοοαδ̣ο*

cf7 *ι γασικο το χοηο αβο ρωβο φοϸταδο ωσιδο αλδο*

cf8 *το χοηο μορσκονδο*[a] *γαοανζιγαδο ταδο μανο ασπ-*

cf9 *οδαρο*[b] *λαυο ϸιζγο ταδο ι μαρσκονδο*[c] *καγοζινδο*

cf10 *οδο ι υοληιο οδο ι γασικο οισπο το χοηο οδα-*

左页边，续写

cf11 *λδομο ναλαυο ταδο φρυμιιο κιδο ι*

cf12 *γασικο ασο ρωβο απαρσο αοηλαδο*

cf13 *τακιζαμνιδοιηνο χωζανο ταδομο*

cf14 *απαρσο λαυο*

背面，收件人

cf15 *Αβο ναοαζο χα̣υ̣ρ-*

cf16 *ογα̣ν̣ο̣ λ̣ρ̣ο̣δο ν̣α̣-*

cf17 *μ̣ω̣~*

[a] 不是 *μαρ-*。 [b] 或-*δορο*。 [c] 不是 *μορ-*。

cg1 *Ạβο ναọαζọ χ̣α̣υρ̣ο̣γ̣α̣νο ιφριιο β̣ρα̣δ̣ο̣ χο-*

cg2 *η̣[ο] αζα̣ρ̣ο̣ β̣η̣ο̣[α]ρ̣ο̣ λ̣ρ̣ο̣[δο να]μ̣ωσ̣ο̣ α̣σ̣ο̣ χω̣[λο]*[a]

cg3 *[α]ρ̣[α]μιγανο μισ̣ι̣δ̣ο τ̣ο χο̣ηο ζανο̣ κ̣ο̣[οαδο]*

cg4 *σ̣α̣γγοχιρδο ασ̣ογωρο π̣αρογωρο μο̣þ̣αγο*

cg5 *þαο μαρηγο σταδο ο̣τ̣ο̣ ρ̣αþτο̣ ο̣δ̣ο στ̣•••••*

cg6 *στα̣δινδο τα̣δ̣ο α̣π̣α̣þ̣το σαγωνδο λ̣ι̣ζ[ο]β-*

cg7 *α̣μοιανο αγιτο ταδ̣ο ασο̣ τ̣αν̣ο̣ α̣βο α̣νδα̣-*

cg8 *ρο τα̣ν̣ο þοδο ωσ̣ι̣δο αβαþο τ̣αρο αβο̣ ι̣ λ̣ι̣ζ[ο]*

cg9 *αβο χοβο να̣χσ̣ι̣δ̣ο*[b] *ταδ̣ο το̣ χοηο̣ σ̣ιν̣δαδο̣*

cg10 *πιδο χο̣βο þιζγο̣ τ̣α̣δ̣η̣ι̣ο̣ τ̣α̣ρ̣ο̣ π̣ι̣δ̣ορ̣ο-*

左页边，续写

cg11 *βο τ̣[αδαζο*[a] *π]ητι̣ι̣ημο κοοα̣δ̣ο σαγγο-*

cg12 *χ̣ι̣[ρδο*[c] *χοαδι]σ̣ο φα̣ρο το χο̣ηο λρωγο*

cg13 *γ̣[ακιρ]α̣δο ασιδο φα̣ρο̣ τ̣ο̣ χοηο ναμ-*

cg14 *γη̣λ̣ο σπισα̣δ̣ο̣ σ̣αγω̣ν̣δ̣ο̣ χοηο̣ μ̣-*

cg15 *....α̣δ̣ο̣*

背面，收件人

cg16 *Αβο ν̅α̅ο̅α̅ζ̅ο̅ χα̣-*

cg17 *υ̣ρ̣ογανο λ̣ρ̣ο̣δο*

[a] 非常不确定。 [b] 第二个字母是 *α/δ* 或 *ο*，第三个可能是 *χ* 或 *μ*（变体？），第六个是 *α/δ* 或 *σ*。 [c] *χι-* 几乎可以确定。

ch1 *Αβο ι μανο αζιαδιγο χοηο αβο οαχþογολο*[a] *χοη-*

ch2 *ο ναζαρο βηοα̣ρο λρο̅δ̅ο̅ ν̅αμωσ̣ο̣ α̣σ̣ο ναοαζο χα̣-*

ch3 *ρο̣γανο̣ ι̣χοβο μαρηγο οτανο οαλο þαταρανο̣*

ch4 *καλδανο αζο μαρηγο μαρδο αβο το χοηο χο̣αδο*

ch5 *λ̣̅ρ̅ο̅γ̅ο̣̅ ο̅ηνανο μισ̣ιδο σ̣αγωνδο το χοηο λ̅ρ̅ο̅γ̅α̅-*

ch6 *δο οτασο εδουανο βαγανο {φ}*[b] *πιδο φαρηιο ταδο̣-*

ch7 *μο νιβισο τακαλδανο ασο το χοηο λ̅ρ̅ο̅γ̅οασταγ̣-*

ch8 *ο̣ νιγα̣υα̣γ̣ο οδ̣ο πιδ̣ο̣φαρο ταδο χοζο ϸαδο βοο-*

ch9 *α̣νο μισι̣δο το χο̣ηο*[c] *ζανο κοαδο μανο*[d] *νιγατ̣ο κοα̣-*

ch10 *δ̣(α)γ̣ο ρ̣α̣ϸτη̣γ̣ο*[e] *μορδο ωσιδ̣ομηνο νιγατο κοαδ̣-*

ch11 *ο λαρ̣σιγγο χο̣ζο̣ π̣ι̣δ̣ο μορλο*[f] *ωσιδο το χοηο π̣ι̣δο*

ch12 *χοβο φα̣ρο κιρο̣ ταδο υιρζο ατο ηρσαδο κοαδο ο-*

ch13 *α̣γ̣αφαρο οισβορ̣γο̣ οτο̣*[g] *{χο̣}*[h] *φαρο το χοηοινδο*

ch14 *ταδ̣ιιο υιρζο̣ α̣το̣ ηρσαδο ταλ̣δ̣ο̣ βαγο*[i] *κιραδο κοαδο̣*

ch15 *ζοοινδογο μ̣α̣ρο αγαδο ϸιιαδο̣ ταδο αζισ̣ο μαρηγο*

左页边，续写

ch16 *μαρδο κιρ̣αγ̣ο σιδο το χοηο ϸαδο βοοηιο*

ch17 *οτο πιδο ζα̣οι αχνωρο ζα̣νανο οτο*

ch18 *αζο μα̣ρηγο μαρδο ναμ̣οπ̣αλο̣ π̣ιδ̣οβαν-*

ch19 *δ̣ο̣ κ̣ι̣ρ̣α̣γ̣ο̣*[j] *τ̣αδο*[k] *πισο το χοηο φοϸ̣τιιη-*

ch20 *μο κοα̣δ̣ο το χοηο ασαμαγο μαρηγο*

ch21 *μ̣αρδο αζαρο ναζανηιο̣*

背面，收件人

ch22 *Α̣β[ο]ι̣ μ̣α̣[νο α]ζ[ιαδι]γ[ο]*

ch23 *χοη̣ο α̣βο̣ ο̣α̣χϸο̣γο̣-*

ch24 *λ̣ο̣ χοη̣ο̣ λ̣̅ρ̣̅[ο̅]δ̅ο̅ να-*

ch25 *μ̣ω̣~*

[a]-*γ*- 非常不清楚，可能是修正过的。 [b] 对其后 *φαρηιο* 的预期。 [c]-*η*-好像写在前面的-*ο*-上。 [d] 后面有一个删去的字母或污点。 [e] 几乎可以确定。 [f] 不太可能是 *μορδο*。 [g] 非常不确定。 [h] 对其后 *χοηοινδο* 的预期？ [i] 看上去像 *ταλδαβαγο*,但 *α* 和 *β* 之间连接的线可能只不过是页面折叠的时候另一面印过来的墨水。 [j] 该痕迹很符合这种解读。 [k] 和 *ρ* 的向下部分交叉（来自前面一行的 *μαρδο*）。

ci1 *Αβο βαγο̅ω̅ρ̅ο̅μοζδο βαγατανο χοηο υαζαρο βηοαρο λ̅ρ̅ο̅δ̅ο̅ ̅ν̅αμωσο α-*

ci2 *σο γαρσογο υωστιγο χοβο μαρηγο οτανο οαλο ϸαταρανο καλδανο αβο*

ci3 *το χοηο χοαδο λ̄ρ̄ο̄γ̄ο̄ σ̄η̄νανο μισιδο αγαδο μαρο ασο το χοηοι πωστογο*

ci4 *ταδομο ναγατο σαγωνδο ναβιχτημο κοαδανο ναοαζο χαραγανο αβο*

ci5 *χοηοι πιδοοαυαδηιο κοαδο αβο ιοχϸοοιρλο ζαμιγο αστηιο σιδο*

ci6 *ιαπισοδαρο οαϸολανζο ασταδο ταδοιηιο φαραμαγο λαυηιο ταδο*

ci7 *χοηοι ασο ναοαζο πιδοοαυανο ναγατο οτο ζαμιγο φαρο ναοαζο*

ci8 *φρομαδο λαδο οτοιηιο αβο το χοηοι παροοαναγο λαδο ταδο το χο-*

ci9 *ηοι χοαδο ϸιιηιο ζαναδο κοαδο ασο χοηναγγο καδγο ναιωγο καβιζ-*

ci10 *ο ιαοι λαυινδο οδο ναιωγο σ̄ᾱγ̄ο̄ μ̄ο̄λο φαρο κοαδο μολραγο ταβδογο̣*

左页边，续写

ci11 *ναβαρηιο υιρζανο ζαμιγο ασο αλδομο ναοα-*

ci12 *ζο ασο χοηοι πωστογο αβαραδο πιδο λοοι μολρο*

ci13 *ταδοιηιο αζο οιζανδο ναβαρανο ασιδ̣οιηιο να-*

ci14 *μοπαλο ζαμιγο λαυανο*

背面，收件人

ci15 *Α̣βο βαγοω̄ρ̣ο̣μ̣ο̣ζ̣δ̣ο*

ci16 *β̣α̣γα̣τ̣α̣γ̣ο χοη̣ο λροδ̣ο̣*

ci17 *痕迹*

背面另一个区域，之前的收件人

ci18 *Α̣βο γα̣ρ̣σ̣ο̣γο̣*[a] *ο̣-*

ci19 *δαβ̣ο̣ ιωλ̣οωυ̣-*

ci20 *ρομ̣[ο]ζ̣δ̣ο̣ λρου̣-*

ci21 *δο γ̣αμ̣ω̣~*

[a] 痕迹很符合这样的解读。

cj1 *αβο κολοοαρδαγο*[a] *{ο}*[b] *οδαβο να̣οα̣ζο φριιο*[c]

cj2 *βραδρανο λρ̄ο̄δ̄ο ναμοσο*[d] *ασο οαγ̣ο̣ ϸοπο-*[e]

cj3 *ροβαγγο ασ̣ο χοβο κισατο οτανο οαλο ϸα̣-*

cj4 *ταρανο καλδανο αβο τομαχο χοαδο λ̄ρ̄ο̄δο*[f]

cj5 *οηνα̣νο μισιδο μανο μ̣ο̣ζδα̣βαυ̣δ̣αγο βρ-*

cj6 *αρηγο̣ ταρο φοþταδο*[g] *ταδο τ̣ο χοηο χο̣-*

cj7 *ανδο κοαδο ασαφρηδομο αβο ρηζμο̣*

cj8 *μολο ασταδο αλομαγο οηνιμο κιρα-*

cj9 *νο ωσιδομο αβο þομογοβανδαγο*[h] *τα̣-*

cj10 *ρο̣ φοþταδο τασαφρηδο̣μο μολο λαδο þ-*

cj11 *ιηιο ταδ(ο)μο*[i] *λαυ̣η̣δ̣ο*[j] *οδο σιδο α̣σ̣ο χι-*

左页边，续写

cj12 *ρηγο ι̣γαοανζιγαδο ταδο να-*

cj13 *βισο τα̣δ̣α̣ζο φοþτη̣ιαυ̣ο̣*

cj14 *οτ̣ομ̣ο φοþτ̣α̣δο γιζδο ταδη̣ι̣ο̣*

cj15 *πιδοροβο*

背面，收件人

cj16-18 *痕迹*

[a] 不是 *καλ-*。 [b] 污损的，意即删除。 [c] 变自 *φι-*。 [d] 原文如此。 [e] 较小可能是 *þοχ-*。 [f] *λρογο* 的误写。 [g] 好像是-*þατ*-，但看起来像小-*α*-的部分可能只是偶然写的。 [h] 较小可能是 *þονο*-，但第三个字母污损了。 [i] 好像没有其他可能的解读。 [j] 或-*ιδο*？这个单词写得很难看，因为在页面底部空间不够。

ck1 *Αβο ναοαζο ι φριιο βραδο ιχοηο υαζαρο βηοαρο λρ̅ο̅δ̅ο̅ ν̅α̅μ̣̅ω̣-*

ck2 *σο ασο παρωζοραþτο κιρδιροοα̅ρ̅α̅ρ̅ανο α̅þτοοαλγο μ̣-*

ck3 *ισιδο [α]γαδο μαρο ασο το χοηο πωστογο ταδομο ναγα-*

ck4 *το σαγωνδο πιδο ι ροζγο ναβισηιο ταδο το χοηο*

ck5 *ι̅θ̅α̣̅σ̅ χ̅σ̅α̅ν̅δο κοαδομο πιδο ι ροζγο χοζοδανο αστο*

ck6 *ταδο̣ ι χοζοδανο πισαμαγο αβαρο οδο σαγωνδο πα-*

ck7 *þτο πορδογιρδανο ταδο κιρανο*

背面，收件人：不确定的痕迹

cl1 *Αβο οαιοþαβορο þαβοραυ̣ο̣ φριιο βραδο λ̅ρ̅ο̅δ̅ο̅ ναμωσο ασο ω̅ρ̅ο̅μ̅ο-*

cl2 *ζδοφαραχο κιρδιροσ̅α̅ρ̅α̅ρ̅α̅νο ρωβοχ̅α̅ρ̅σ̅ οτανο οαλο þαταρανο καλδα-*

cl3 *νο χοαδο λ̅ρ̅ο̅γ̅ο̅ οηνανο μισιδο ναοαζο μανο μαρηγο αβαμαγο πιδοοα-*

cl4 *υαδο κοαδανο οηϸομαρδο ζοινιγο ι̣*[a] *βαμοϸνο μαρηγο φαρο οηλο-*

cl5 *οατανο οαλαγο κιρδο οτανο μαρο αβο ρωβο αγαδινδηιο οδασο μαρο*

cl6 *ασπο οαστινδηιο ταλδο ιθα̅ι̅ν̅δο*[b] *ταδο ναϸιζγιστο ωσιδο αλδο το χοηο*

cl7 *πιδο χοβο φαρο σινδδο ταδο αβο οηϸομαρδο χωζο οτομο πιδο ια-*

cl8 *σπο οδο γαλο οισαρο κιρο*[c] *οδαλδο γαλο οδο ιασπο ναχωζηιο τα-*

cl9 *καλδαζο ταρο ηρσημο ταδο αβηϸνωρο ιασπο οδο γαλο χωζ-*[d]

cl10 *ημο οτο φαρο το χοηο αχοαϸνο κιριμο ταδομο πιδο ι ναβι-*

cl11 *χτηιο ατο ζανο*

背面，收件人

cl12 *Αβο οαιο̣ϸ̣αβορο ϸαβ-*

cl13 *ο̣ρ̣ανο φριι̣ο̣ βραδο̣ λ̣ρ̅ο̣*

[a] 不确定，可能是偶然的痕迹。 [b] *ιθ*-一个很奇怪的写法。（亦见于 **cm**5，6） [c] 看上去像 *κιρδο* ，有一个污损的-*ο*。 [d] 行末有一个污损的 *ο*。

cm1 *[Α]βο βρηδαγο οατανανο φριιο βραδο λ̅ρ̅ο̅δ̅ο̅ α̅σ̅ο̅ ω̅ρ̅ο̅μ̅ο̅ζδοφαραχο κιρ̣δ̣ι̣[ρο]-*

cm2 *[ο]α̣̅ρ̣̅α̅ρ̅α̅ν̅ο ρωβοχ̅α̅ρ̅ο̅ ο̅τ̅ανο οαλο ϸαταρανο καλδανο χοαδο λ̅ρ̅ο̅γ[ο]*

cm3 *[οηνα]νο μισιδο ναοαζο μανο μαρηγο αβαμαγο πιδοοαυαδ̣ο̣ κ̣ο̣α̣[δανο]*

cm4 *[ο]ηλοοατανο ασπο οαστηι̣ο οτο ωσο ιασπο βιπο οδο κα̣ραοι [••]-*

cm5 *[••]γ̣ηλο ληρινδηιο ταλδο ιθα̅ι̅νδο ταδο ναϸιζγιστο πιδο ι κ̣ο̣[αδο]*

cm6 *[ταμ]α̣χο αβαγανανο μοϸαγο αβαμ̣αγο ιθα̅ο̅ χ̅οανδο κοαδ̣[ανο]*

cm7 *[ρω]β[ι]γο*[a] *α̣[σπο*[b] *]π̣ιδο γαλιγο οηλινδ̣ηιο*[c] *οτηνο*[d] *ασ̣π̣[ο] ω̣ρ̅α̣̅ο̣̅ [ ]*

cm8 *[νι]σ̣το*[e] *αγατο οτο*[d] *ναβο ρωβιγο αδοριγδο ϸιιαδηιο̣ κ̣[οαδ]-*

cm9 *[ανο]α̣βαγανο ασπο οαστηιο*[f] *ταδομο πιδο ταμαχο σαχ[οανο]*

cm10 *[αβο ρ]ω̣βιγο αβηγαοανο βαστινδο ωσο αλδο το χο̣η̣[ο σ]ι[νδδο]*

cm11 *[ταδο γ]α̣λ̣ο̣ οδο ι̣ασπο χωζο̣ οτομο φοϸτιιο οδαλδο γα̣μ̣-*

cm12 *[α]γ̣ο̣ κ̣ιρηδο οτομο ιασπο οδο γαλο ναφοϸτιιηιο τακα̣λ̣δ̣[ο]*

cm13 *α̣σ̣α̣φα̣γο ρωβιγο χοβο ασπο χωζινδαδο ταδο*

左页边，第一次续写（大约 4 行）：遗失

背面，第二次续写

cm18 *ναβα̣γ[ο]ρ̣••[ ]•β̣••[ ]ν̣α̣β̣α̣γ[ο]*

cm19 *ναφοϸ[τ]ιιηιο τακαλ̣δο ταρο ηρσ-*

cm20 *ημο τατο ναβαγο̣ πιδο αργαγγο αχο̣-*

cm21 *αϸνιλφο χωζημ[ο]ο̣το υαμο αβιμο-*

cm22 *υανο βαγανο νιϸμ̣αρημο τατο απα̣-*[g]

cm23 *ϸτο αργαγγο ζιγο βοδο ταδ̣ομο πιδο ι να̣-*

cm24 *βιχτηιο ατο ζανο*

收件人

cm25 *αβο βρηδαγο οατα̣-*

cm26 *[να]γ̣ο φριιο βραδο λ̣̅ρ̅ο̅δ̅ο*

[a]不确定。 [b]或 *ο[, ν[*。 [c]可能是 *οηλινοηιο*。 [d]起首的 *ο* 污损，在下面重写了。
[e]如果是这样的话，变自 *νι]ν-*。 [f]似乎是 *οαγτηιο*。 [g]或 *απο-*。

cn1 *αβο τητοκο φριιο βραδο*

cn2 *λρουδο ναμω̣σο ασο ναο̣α̣-*

cn3 *ζο οτανο οαλο ϸαταρανο*

cn4 *καλδαγ̣ο α̣βο το χοηο χοαδ̣-*

cn5 *ο λρουγο οηνανο μισιδο το χ-*

cn6 *οηο ζανο κοαδομο μαλο ασπ̣-*

cn7 *ο νιστο α̣σταδο π̣ισιδο ταρο αγα-*

cn8 *δη̣ιο {ω} ωσιδομο βαργο χωζο*

cn9 *ταδομο φοϸτιιο οδο σαγω-*

cn10 *νδο εραδο τα̣δ̣ο νιτιιο ατο ζ-*

cn11 *α̣ν(αν)ο*[a]

[a]漏写。

co1 *Αβο ραμοιωλο ιφριιο βραδο χοηο υαζαρ-*

co2 *ο βηοαρο λ̅ρ̅ο̅δ̅ο̅ ν̅αμωσο ασο ναοαζο ιχοβο*

co3 *μ̣αρηγο̣ οτανο οαλο þαταρανο καλδανο αβ-*

co4 *ο τ̣ο χοηο χοαδο λρο̅γ̅ο̅ ο̅η̅ν̅ανο μισιδο̣ τ̣-*

co5 *ο̣ χοηο ζανο κο̅α̅δ̅ο̅ μ̅α̅ν̅ο̅ αβο σιζοβορο̣*

co6 *υ̣ιρ̣το*[a] *ασιδομο αβο αδο̣ριγο νιστο̣ υ̣-*

co7 *ιρτο τακαλδο σιζοβορο ταλο ηρσαδο̣*

co8 *ταδηιο σιγισο αβηλαδο μακιρο ασι̣-*

co9 *δ̣ο φαρο αδοριγο οαταρο þιιο κιρδο̣*

co10 *ταδηιο κιρο*

背面，收件人

co11 *α̣βο̣ ρ̣αμο̣-*

co12 *ι̣ω̣λ̣ο̣ λ̣ρ̣ο̣δ̣[ο]*

co13 *痕迹*

[a] 不确定。

cp1 *Αβο ναοαζο ιλιζοβιδο ιφριιο βραδο χοηο λρ̅ο̅δ̅ο̅ ν̅α̅μ̅-*

cp2 *ωσο ασο πιδοκο ιλαβιρο ιμαρηγο μισιδο αγαδο μαρο*

cp3 *ασο το χοηο πωστογο ταδομο ναγατο σαγωνδο ν-*

cp4 *αβιχτημο πιδο ιπαλαγανο*[a] *καλδανο ιμοζδαβανδα-*

cp5 *γο αβο σωυοκανιγο αγιτηιο ταδο μανο αβο ισωυ̣οκ-*

cp6 *ανιγο φρ̣ομαδηιο κοαδοιηιο χαληιο οδο υα-*[b]

cp7 *μο σαγωνδο πιδο οηþοφαρδαρο οδο πιδο ανδαρι̣-*[c]

cp8 *σο ιερο ναβισηιο ταδο πιδο οισπαργο ασο το χ-*

cp9 *οηο πωστογο αζδιργο κιρδημο ταδο ισωυο-*

cp10 *κανο αβο π̣ανικαυ̣ο πιδοβανδινδο οτο*

左页边，第一次续写

cp11 *ιπανικανο αβο ικαδγο ανδαρο κισ{ο}-*[d]

cp12 *ο νιστο σαγωνδο ιμαρηγο ικαραο̣-*

cp13 *ι τακαλδανο το χοηο αβο ικαραο̣-*

cp14 *ι ναληρηιο ταδο αζο δαρο α-*

cp15 *νδαρο κισο ταρο νιβαγο*

背面，第二次续写

cp16 *φοϸταδο ναϸιιημο ασιδομο το χο-*

cp17 *ηο ναβισο ταδο αβο ισωυοκανιγο*

cp18 *δ̣αρο*[e] *φοϸτιιανο ταλδο ασποδο βοο-*

cp19 *αδο ταδο μανο νιστο γαοανο οτο̣-*

cp20 *μο αβο οηϸοφαρδαρο φρητογο*

cp21 *φοϸταδο τασαζαμανδο*[f] *ηρσιδο*

cp22 *ταδιιο δαρο αβο το λιζο φοϸτιι-*

cp23 *ημο οδο σιδομο μισο παλαγο*[g] *ια̣-*

第三次续写

cp24 *ζδ̣ο αβορδο ταδομο φαρο ιμοζδα-*

cp25 *βανδαγο βραδο λαδινδο ταδο ναζα{μα}ν-*[h]

cp26 *ημο κιδο τ̣α̣ρ̣ο̣ ηρσ̣ι̣δο οδ̣ο̣ κι̣δ̣ο̣ ν̣η̣ρσ̣ι̣-*

第四次续写

cp27 *δ̣ο οτο μ̣οζδαβανδα̣γο μ̣α̣λ̣ο αρ-*

cp28 *μ̣α̣σ̣τ̣α̣δο τ̣α̣δ̣ο κιρανο̣ πηδ̣αγο κο̣αδο-*

在一片独立的小羊皮纸上，第五次续写

cp29 *μο νιστο φρομα-*

cp30 *δο κιδιιο χαλημο*

cp31 *οδο σαγωνδο το χ-*

cp32 *ο̣ηο αβο ικαραοι̣ οαρο̣*

cp33 *ναληρηιο οτο χο̣-*

cp34 *β̣ανδηιο τατανο α-*

cp35 *βο λιζο ναληρι̣ν̣δ̣-*

cp36 *ο*

在主信件的背面，收件人

cp37 *Α̣βο ναο̣α̣ζο ιφ-*

cp38 *ρ̣ι̣ιο̣ βραδο ιχο̣η̣[ο]*

cp39 ....

[a] 较小可能是 *ιπαυαγανο*。 [b] 或 *ιγα-?* [c] 变自 *ανδαρο?* [d] 行末污损的 *ο* 很明显是要删去。 [e] 或 *οαρο*。 [f] 变自 *σαζ-?* [g] 较小可能是 *παυαγο*。 [h] 抄手可能想着行 21 的 *τασαζαμανδο*。

cq1 *Αβο μανο αζιαδιγο χοηοι αβο ραμο χοηοι υαζαρο βηοαρο λ̄ρ̄ο̄δ̄ο̄ να-*

cq2 *μωσο ασο καλοοιαρδαγο χοβο μαρηγο οτομο βαγο ναγατο σιδο το χο-*

cq3 *ηοι λ̄ρ̄ο̄γο ταδο ραδημο ασιδανο οαλο ρ̣αταρανο κ̣αλδανο αζο μαρηγο̣*

cq4 *μαρδο αβο το χοηο χοαδο λ̄ρ̄ο̄γ̄ο̣ οιηνανο μισιδο μανο μαρηγο μαρδο*

cq5 *αβο το χοηοι τοχαμηιο ταδο νανο το χοηοι αβαμαγο ζανηιο οδο̣*

cq6 *αζο̣ α̣βο̣ το χοηοι ωσιδο μανο μαρηγο μαρδο ασαρολο*[a] *πιδο ιαοιαρδοι*

cq7 *χοζο νιιαζο ταδομο αστωρδο τ̣α̣ρο*[b] *φορταδινδο ταδομο το χοηοι*

cq8 *πιδο χοβο φαρο πησινδδηιο ταδομο ιαοιοαρδαοοι φορτ̣ιιο ταδο*

cq9 *απαροτο αζο μαρηγο μαρδο κιρανο σιδο το χοηοι ασαμαγο β{α}-*

cq10 *αδο βοοηιο οδο σιδο ασ̣ο το χοηοι φρομανο αβιρανο ταδο*

cq11 *αβο σαρο πιδοροβανο ραδο αλο ρωδο κιρανο οτομο φο-*

cq12 *ρταδο φαρο το χοηο διναρο α΄ ταδο το χοηοι πιδο χοβο*

cq13 (*φαρο*)[c] *φρομιιο πιδοροβαδο*

背面，收件人

cq14 *Αβο ραμο̣ λ̣ρ̣ο̣δ̣ο̣*

cq15 *ναμωσο ασο καλ̣*[d]

cq16 *ναμ̣ω̣~*[e]

[a] 或-*αλο?* [b] 或 *οαρο, δαρο*。 [c] 可能漏写了。 [d] 未写完。 [e] 错误的重复？

cr1 *ασο κηρ̣α̣ο ωρομοζδανο καδαγοβιδο αβο β[αβο οδαβο]*

cr2 *μ̣ιρ[ο]σ̣π̣α̣λο οδαβ[ο]β̣α̣γ̣δαγο οδαβο ο̣ινδοσαναγ̣ο[οδαβ]ο̣ ν[••]-*[a]

cr3 *οβανδαγο λ̄ρ̄ο̄δ̄ο̄ μ̄ῑσ̄ῑδ̄ο λαυηδο τω{τ̣}μαχο*[b] *ασο̣[•••]•να̣ρ̣[ο]-*[c]

cr4 *λαργο ζιιο μιροβανδαγανο ιαο παρο σηλαγο τασκο̣[ι΄ οισ]π̣ο̣*

cr5 *οτο οιζαγγοδαρο μακιρηδο χρονο ρ΄ ν΄ ζ΄ μ̣α̣ο σ̣[]-*[d]

cr6 *πανδ̣α̣ρομ̣ιδο σ̣[πι]ι̣ο*[e] *λαβιρο π̣α̣ροοαναγο̣[*

背面，收件人

cr7 *αβο βαβο βạν-*

cr8 *δαγο οιṿδοσạναγọ*

cr9 *痕迹*

背面另一个区域，注

cr10 *]τασκο ι´*

[a] 或 *ω[*. 行 2-5 残留的字母在两篇残片上，无法和主残片拼接。 [b] 错误重复的 *τ*（？）可能人为的画出去了。 [c] 不确定。 [d] 较小可能是 *ạ[σ]-*。 [e] 不确定。起首字母也可能是 *α/δ*。

da1 *ạσọ[κηρα]ọ ω̣[ρομο]ζδ̣ανọ [καδαγοβιδο αβο βι]-*

da2 *ιανọβιδο οδ̣ạβο πηρολαδο ο[δαβο οιβριιο οδα]-*

da3 *βọ ναβ̣[αγο ο]δαβο δωγο λροδο μ̣ι̣σ̣[ιδο*

da4 *αζι[....ηκω]ιογαδγο δ´ ọδọ ..[*

da5 *γ´[ ]ηκ̣ω̣ιογạ[δ]γο γ´ ....[....ηκωιο]-*

da6 *γạδ̣γọ[*[a] *] μιροβạ[μο*[b] *]......[*

da7 *ạβο ναργọ ọι̣σ̣αγαδινδọ σ̣ιδο ...[ ]ο π̣ι̣δ̣ορọβ̣[ο]-*

da8 *τηṿ[ο]β̣ạλ̣ọ οδο ναγαṿο οδο σ̣ιηβο [*

da9 *υη[ ]..τ̣ọ γạọạṿọ*[a] *ωγοτ̣ο οδα{β}λδο*[c] *ạσọ[•••]-*

左页边，续写

da10 *ηδο κọạδανο ναργο κ̣ιρι̣νδọ ọτο ọ[ι]-*

da11 *ζạ[γγ]ọδ̣αρο μακιρηδο χβονο ρ´ ϙ´ η´*

da12 *μ̣αο αδọβ̣[ο]χọη̣ο*[a] *χοạδ̣ο φρομạδ̣ọ*

背面，收件人

da13 *ạβọ βηναβι̣δ̣ọ*

da14 *[π]ηβ̣ọλ̣[α]δ̣ọ οιβρ-*

da15 *[ιιο]........ ṿα~*

背面另一个区域，注

da16 *ạσ̣π̣ọι̣ọ—ṿο*[a] *δ´ οαṿ•[•••]-*

da17 *κ̣ọ γ´ — σ̣κọπ̣•[ ]β[ ]...........*

da18 *[α]λ̣ο βραδ̣ο — γ′[ ]δα̣ῥγ̣ο*

[a] 不确定。 [b] 或 *μιροβα[νδαγο]?* [c] 例如 *οδαβο* 变成了 *οδαλδο?*

db1 *α̣σ̣ο κηραο̣[ωρομο]ζ[δαν]ο̣ κ̣αδ̣ογ[οβιδο αβο]β̣ι̣ι̣α̣-*

db2 *νοβ̣ιδο ο̣δαβ̣ο̣[οι]βριιο οδαβο πηρολ̣α̣δο οδα-*

db3 *βο ναβα̣γο̣ λ̣ροδο̣[μισιδο]τ̣ωμαχο χαρο οδο*

db4 *[μ]αρδανο χοη̣[ο]λ̣ο ταδο ι ιαο σιδο ῥτ-*

db5 *[•••]γ̣δαγο αστ̣ι̣γ̣δ̣ο̣*

db6 *[ ]δ̣ο λιστογ̣ιρ̣δ̣ο̣*[a] *βο̣-*

db7 *[•••]*

背面，收件人

db8 *[Αβ]ο̣ β̣[ιιανοβι]-*

db9 *δο π̣ηρο̣λ̣[αδο]*

db10 *ο̣[ι]β[ρι]ι̣ο ν[α]*

[a] 不确定。

dc1 *ασο κηραο ωρομοζδανο καδαγοβιδο αβο βιιανοβιδο*

dc2 *οδαβο πηρολαδο οδαβο ναβαγο οδαβο οιβριιο οδαβο*

dc3 *δωγο λ̅ρ̅ο̅δ̅ο̅ μισιδο υαζαρο •ι•ηογαο*[a] *αβο πορλαγγανο πορ-*

dc4 *δογο αστο ταδο κιρηδο κοαδο οισπο <αβο> λαδοκανο βορδο βοοινδ-*

dc5 *αδο οτο οαλο ιωγο οαρολαγγο οιληρηδο κοαδο οαρο ασιστο*

左页边，续写

dc6 *βοοαδο πιδοο κοαδο αζο*

dc7 *αβο ζιμγο ασπο αβο λαδοκ[α]-*

dc8 *νο φρομιιειμο λριγδο οτο*

dc9 *[ο]ιζαγγοδαρο μακιρηδο*

背面，收件人

dc10 *αβο βιιανοβιδο π-*

dc11 *ηραλαδο*[b] *[οι]βριιο να[]*

[a] 不确定。 [b] 原文如此。

dd1 *ασο κηραο ω̅ρ̅ο̅μ̣οζδανο καδαγοβιδο αβο βιιανοβι-*

dd2 *δο οδαβο ασποιονο οδαβο πηþοδαδο οδαβο ασβιδο ο-*

dd3 *δαβο ναβαγο οδαβο οιβριιο οδαβο δωγο λ̅ρ̅οδο μισιδο*

dd4 *þαβορο σαγο πορο ταρο αβιιο καρανο αγαδο τασιδοιηιο*

dd5 *ναβανδο ασπο ασταδο τασιδασο ιμανο χοβο φαροου-*

dd6 *ανο οαþο αζγαμο κιραδο ταδηιο λαυηδο þαοινδο ιωγο̣*

dd7 *πανδαγο οτο οιζαγγοδαρο μακιρηδο χþονο ρ´ ϙ´*[a]

dd8 *η´ μα̅ο̅̅ δαδο οαραζοβοροσαμο σιρολαρ̣ο*[b] *παροαναγο*

背面，收件人

dd9 *α̣β̣[ο βιι]α̣ν̣[ο]β̣ι̣δ̣ο̣ α̣-*

dd10 *σ̣[πο]ι̣ο̣ν̣ο̣ π̣η̣þ̣ο̣δα̣-*[c]

dd11 *[δ]ο̣ [ασ]β̣[ι]δ̣ο̣ ...*

背面另一个区域，注

dd12 *þ̣α̣β̣ο̣ρ̣ο̣ — ο̣α̣þ̣ο̣*[d]

[a] 可能变自 ρ'。 [b] 或-*λαοο*，这些字母下面皮革的表面被磨去了，因此 *λ* 和 *ρ* 的下半部分遗失了。 [c] 这个单词的痕迹非常清晰，但解读收件人的其他部分只能靠猜。 [d] 两个单词的不确定痕迹。

de1 *ασ̣ο̣ κ̣[ηραο*[a] *ωρομοζδανο καδαγοβιδο αβο]*

de2 *βη[ναβιδο οδαβο   οδαβο οιβρ]-*

de3 *ιι̣[ο*

de4 *•[*

三行遗失了

de8-9 *只有痕迹*

左页边，续写

de10 *κα̣δγοσ̣τ̣αγγο ο[•••]-*

de11 *þ̣ο οτο οιζαγγο μ̣α̣κ̣ιρηδο̣ χ-*

de12 *ϸονο ρ′ ϙ′ θ′ μα̣ο̣ α̣ββ[ο]μ̣ιρο-*

de13 *β̣α̣γ̣δ̣α̣γ̣ο̣*[b] *παροοηνα̣[γο*

[a] 起首字母不确定，只有顶端保留下来了。 [b] 痕迹模糊但和这个解读很契合。

df1 *α̣βο ναβαγο πο̣ρο[*[a] *]•α̣ρ̣ι̣γ[ο]φρ̣ι̣[ιο βρ]-*

df2 *αδο α̣ζα̣ρο βηοαρο λ̣ρ̣ο̣δ̣ο̣ [ασο •]•λ̣μ̣α̣ζαδ̣ο̣*[b]

df3 *βαι̣ι̣ασπανο οταγ̣ο̣ οα̣λ̣ο̣ ϸα̣[τ]αρα̣νο κ̣α-*

df4 *λ̣δα̣νο {κα̣λ̣δ̣ανο} αβο̣ τ̣ο βραδο χο̣αδο λρ̄ο̄δ̄ο̄*[c]

df5 *ο̣ηγ̣α̣γο μισιδ̣ο μ̣α̣ϸ̣τ̣ρ̣ο̣*[d] *α̣•••α̣γ̣ο̣*[e] *γ̣α̣-*[f]

df6 *μιλ̣[γ]ο̣*[g] *φο̣ϸ̣τ̣α̣δ̣ο ϸη̣ιο*[h] *ταδομο φοϸτι̣ι̣ο̣*

df7 *[ο]τομο̣ α̣μ̣βα̣λο*[i] *ϸ̣ο̣δ̣ο̣*[j] *αγαδο̣ π̣α̣ρ̣οβα̣λ̣ο̣*

df8 *ο̣τ̣ομο λασο ι′ βρ̣ακο*[k] *παμαγ̣ο̣•[ ]*

左页边，续写

df9 *αβο το βραδο φοϸ̣τ̣α̣δ̣ο̣*[l]

背面，收件人

df10 *[αβο ναβαγο]πο̣ρ̣-*[m]

df11 *[ο]............................*

[a] 或 *παρο-*。 [b] 或*-λν-*。 [c]*λρογο* 的误写。 [d] 或 *αφτρο*? [e]*ναγανο* 看上去不太可能。 [f] 或 *νο-*。 [g] 或 *μιι[-*。 [h] 或 *ϸηνο*。 [i] 或 *αμβολο*。 [j] 或 *ϸαδο*。 [k] 或 *βοδκο, βαακο*，等。 [l] 后面跟着的看上去像*-το* 或*-σο*；可能仅仅是~，例如一个末尾的花式？ [m] 或 *πα̣ρ-*。

dg1 *[α]βο ναβαγο ι φριιο βραδο̣[λροδο ναμωσο ασο γο]ρα̣μ̣βαδο*[a] *κ̣η̣ρ̣αοανο οτα̣-*

dg2 *[νο]οαλ̣ο ϸαταρανο καλδαν[ο χοαδο λρογ]ο̣ οηναγ̣ο̣ μ̣ισιδο το̣ β̣ρ̣[αδο]*[b] *ζανο*

dg3 *[κ]οαδομο̣ χαρο οδο μαρδανο̣[χοηο]•αδινδο ταδο [το] β[ραδ]ο̣*[b] *σ̣ινδηιο τ-*

dg4 *[αδομ]ο̣ ναμιλγο λα̣.............. ι χαρ[ο*[c] *]π̣αροβαλο*

背面，收件人

dg5 *[α]βο̣ ναβαγο̣ ι φρ[ιιο]β[ραδο]*

dg6 *λ̣ρ̄ο̄δ̄ο̄ ναμωσ̣ο̣~*[d] *[*

[a] 不确定。 [b] 只是猜测（但不是 *χοηο*）。 [c] 或 *χοϸ[, χορ[, χαϸ[*，较小可能是 *χφ[*。 [d]*-ο* 后

面伸出去（就像 *α*）还有一个末尾的花式。

ea1　*ασο μηιαμο ναμοοινδ(α)δο αβζοδο πιρωζο ϸαυανοϸαο κ-*

ea2　*αδ̣α̣γοβιδο καδαγανο ϸ̅α̅ο̅ αβο βριιωγο οδαβο δ̅α̅σ̅ο̅ οδαβο σπα̣-*

ea3　*λφο*[a] *οδαβο καφανο λροδο μισιδο τωμαχο ζανηδο κοαδο*

ea4　*μανο φαρο ϸαβορο πηϸολαδανο μαρσκο̣ϒ̣δο οδο πιδορ-*

ea5　*α̣στο οδο πιδοχοανο λαδο τακιδο αλο δηιαγο πηϸολαδανο*

ea6　*σαχοαναδο οτο κιδο παρο πορδογαδο ταδηνο ασο δηιαγο̣*

ea7　*χωζηδο ασιδο μαυιρζηδο κιδο ϸαβορο πιδοαζιναδο*[b]

ea8　*οτο μακιδδηιο σαγισο γαμανο κιραδο οτο αλο ϸαβορο*

ea9　*καδαγο οδο πιδοραστο οδο μαρσκονδο οδο πιδ̣ο-*

左页边，续写

ea10　*χοανο υαρσο κισο υαργο οδο σαχοαν-*

ea11　*ο νιστο αφαρσιδο ϸαβορο χοαδο ταδο μα-*

ea12　*υιρζηδο κιδδηιο*[c] *σαγισο γαμανο κιραδο χϸ-*

ea13　*ονο σ´ λ´ θ´*[d] *μ̅α̅ο̅ ϸαρηοαρο μιροβανδαγο*

ea14　*μοροοανδιγο*[e] *παροαναγο*

背面，收件人

ea15　*αβο βριιωγο δα̣-*

ea16　*σ̣ο σπαλβο καφα̣-*

ea17　*νο λ̣̅ρ̣̅[ο̅δ̅ο̅]να~*

背面另一个区域，注

ea18　*ϸαβο—ρο̣ οισαρο*

[a] 原文如此。　[b] 或 *πιδοοζ-*。　[c] 较小可能是 -*δηνο*。　[d] 不太可能是 *α′*。　[e] 或 *γωρο-*?

eb1　*αβο ϸαβ̣ορο πηϸολα̣δανο οδ̣α̣βο γοραμ-*

eb2　*βαδο χοηοοανο λροδο ναμωσο ασο σαδαιω̣-*

eb3　*λο βηρα̣νανο*[a] *οτανο οαλο ϸαταραϒ̣ο κ-*

eb4　*αλδαϒ̣ο̣ αβο̣ τωμαχο χοαδο λρο̣γο οηνα-*

eb5 *νο μισιδ̣ο τ̣ο χοηο̣ ζανιδο κοοαδο σιδο*

eb6 *μανο καδγο οδο πιδοραστο αστο ταδο τ̣ο̣ χο-*

eb7 *ηο χοαδο χοβινδο ταδο σιδο μαρο φρο-*

eb8 *μανο ασταδο τ̣αδο̣μο φρομιιο ταδηι̣ο̣*

eb9 *ρ̄αδο κιρανο οτ̣ο αμο τομ̱αχο*[b] *ζανιδο*

eb10 *σιδομο <σαγισο̣> νιστο ωζ̱α̣δο ταδομο ταρο σα-*

左页边，续写

eb11 *γγισο ασταδο ταδομο ωσο̣ αβο παρα-*

eb12 *βο μαρο φορ̄τιιο οδαλδο πα̣ραβο ρ̄ι-*

eb13 *ζγο ασταδο ταδομο λοο α̣•γαρο*[c] *βα-*

eb14 *γο οιρ̄ι̣γγο χιρο ταδομο μαρο φο̣-*

eb15 *ρ̄τιιο οτο σιδομο φορ̄τιιο ταδομο*

eb16 *ταβη̣δδ̣ο <[ο]δ̣ο̣>*[d] *κι̣ρο κοοαδο μ̱αρ[ο] β̱ο̣ρδο*

eb17 *βοο̣ι̣ν̣δδο*

背面，收件人

eb18 *α̣βο ρ̄αβορ̱ο̣ πη-*

eb19 *ρ̄ο̣λ̣α̣[δα]νο οδαβο*

eb20 *只有痕迹*

[a]*βηρον-* 可能性较小。 [b] 不太可能是 *τω-*。 [c] 或-*ταρο*。单词的前部非常不确定，包括看上去很清楚的起首字母 *ο/α*，因为可能仅仅是镜像字体的印迹（行 7*μαρο* 的 *α*）。痕迹不像是 **ανδαρο*。 [d] 或*[ο]το*?

ec1 *αβο ρ̄αβορο πορ̄ολαδανο χοηο υαζαρο βηο̣-*

ec2 *αρο λροδο ναμωσο ασο οαραρανο σπριγγανο*

ec3 *ι̣χοβο μαρηγο μισιδο μαρο αχτοοαγο κιρινδ-*

ec4 *ο κοαδο το χοηο πορο ζοοανδογο αστο ταλ-*

ec5 *δ̣ο βαγο α̣σ̣τ̣ιιο κοαδο ζο̣ο̣ανδογο αστι̣ι̣ο ταδο̣-*

ec6 *μο ρανζο αζδο κιρο κοαδο ζανανο οτο χο̣ζο*

ec7 *ρ̄αδο βοοανο οδο σιδο ταρο αχτοοαγο α̣σ̣τ̣ι̣ι̣ο̣ σι-*

ec8 *δο πορδο ναγατανο ταδομο ναβισο οδαλο πο-*

ec9 *σανανο μαρο φοþτιιο ταδηνο ασκαδ̣α̣ρο*

左页边，第一次续写

ec10 *παροβα̣λανο σαγονδο ιχοβο οδα-*[a]

ec11 *λινο ναφοþτιιο τασιδομο τα-*[b]

ec12 *ο ασταδο ταδινο ταρο υα̣μγηλο πα̣-*

ec13 *ροβαλανο σαγονδο το χοη̣ο̣ χοαδο οδ̣ο̣*

ec14 *σιδο μαρο̣ φρομανα̣δ̣ο ταδομο υαμγι̣-*[c]

ec15 *λο φρομιιο σαγονδαβο κισατο βραδο*

背面，第二次续写

ec16 *οδο σιδο μισο σαχοανο σταδο ταδο̣-*

ec17 *μο πιδο πωσ̣τογοβαργο αβο*

ec18 *τ̣ο χοηο νιτ̣αδο τασιδο λαδιγο̣*

ec19 *χοιναδο ταδηιο πηρο~*

收件人

ec20 *αβο þ̣α̣βορο ποþο-*

ec21 *λαδα̣νο χοηο λρο̣-*

ec22 *δο ναμωσο̣~*[d]

[a] 或 *οδο*。 [b] 或 *το-*。 [c] 不是 *υαμγη-*。 [d] *-ο* 写的伸出去（就像 *α*）还有一个末尾花式，延伸到下面一行。

ed1 *[ασ]ο̣ μηια̣μο [ν]α̣μοοινδαδο α̣[β]ζ[ο]—[δο]*

ed2 *[πιρ]ω̣ζο þαυα̣[νο]þ̣αο̣ κ̣α̣δαγοβιδ̣ο̣ κ̣α̣δ̣α̣γ[ανο]*

ed3 *[þαο α]βο ζαρ̣οοηρο οδαβο δασ̣ο ο̣—δ̣α̣-*[a]

ed4 *[βο σπα]λβο οδαβο δ̣ωγο̣*[b] *λ[ρ]οδο μ̣ισιδο þα-*

ed5 *β̣ο̣ροωρ[ο]μοζδο*[c] *α̣γ[αδο*[d] *μ]α̣λο αβαμαγο πι-*

ed6 *δοοαυα̣δ̣ο̣[ ]κοοαδοιηιο φαρο αγγαδο-*

ed7 *σ̣π̣αλο*[e] *ζινο πιδο οαυαγο λαδηιο ταδο̣ι̣η-*

ed8 *[ιο]ο̣αυαγο να*[f] *λαδηιο ωσιδο τωμαχο*

左页边，第一次续写（至少两行）：遗失

ed9 *[ ]*

ed10 *[ ]-*

背面，第二次续写

ed11 *ρο απαρσο λαυαδο χþονο σ′ ν′*[g]

ed12 *β′ μ̅α̅ο̅ μ̅ι̅ρο κηραο̣ — ν̣α̣β̣αραγο-*[h]

ed13 *βιδο παροαναγο*

收件人

ed14 *[α]β[ο]ζαρο̣οηρ-*

ed15 *[ο δ]ασο σπαλβο*

ed16 *[δ]ω̣[γ]ο λρ̣οδο*

背面另一个区域，注

ed17 *]* [i] *να-*[j]

ed18 *]... π̣ιδο ζιν̣ο̣ [οι]σ̣α̣ρ<ο>*[k]

[a] 不确定。 [b] 写作 *οω-*。 [c] 只有前两个字母的底部能看到。可能有多种说法，例如 *βο, δο, νο, ω*。 [d] 或 *αμ[, ομ[, οι[*，等。 [e] 几乎可以确定：第一个字母可能是 *α/δ, γ, π, σ*, 或 *τ*，第二个肯定是 *π* 或 *σ*。 [f] 一个独立的单词最后伸出一笔。 [g] 较小可能是 *μ′*。 [h] 或 *ν̣α̣β̣α̣ρ̣[δ]αγο*。 [i] 这行大部分是空白。 [j] 最末的-*α* 伸出一笔。 [k] 最末的-*ο* 加在行下，单词前面的部分不确定。

ee1 *Αβο ωρομοζδο ραμοιωλα[]-*[a]

ee2 *νο οδαβο κιρδι[ρ]οοα̅ρ̅α̅ρ̅α̅ν̅ο̅*

ee3 *[τ]ητοκανο αστ̣ι̣[ι]α̣χιρσιγο υωστιγο̣*

ee4 *λ̅ρ̅ο̅δ̅ο̅ ν̅α̅μωσο α[σ]ο̣ μ̣οζδο χαραγα-*

ee5 *νο χοβο μ[αρηγο οτα]ν̣ο οαλο þα-*

ee6 *ταρανο κα[λδανο χοαδο λ]ρογο οιανο̣*

ee7 *μισιδο αμαχ[ο ωρ]ομοζδο βο̣-*

ee8 *ρνικανο •[ ]ι̣αγο*[b] *λιρδο*

ee9 *κ̣ιδο πα̣[ ]αδο ταδο̣-*

ee10 *μο ωσο μ̣[ ] ω̣[ρο]μοζδ̣<ο̣>*

ee11 *αγγιτ̣ι̣ν̣δ̣[ο]ο μο̣-*[c]

左页边，续写

ee12 *ζδο α̣βασαχανιγο λαδο ω̣σιδο*[d]

ee13 *ζαμα(ν)ο ι πωστιγο οινηδδο*

ee14 *ταδο ι μολρογο ταβηδδο ο-*

ee15 *δο σ̣α̣[ ]...[ ]..[*

背面，收件人

ee16 *Αβο̣ ω̣ρ̣ο̣μ̣[οζδο]*

ee17 *ραμο̣ι̣ω̣λ̣(αν)ο οδ̣[αβο]*

ee18 *κ̣ι̣ρδ̣ι̣ρ̣ο̣ο̣α̣ρ̣α̣ρ̣(ανο)*[e]

[a] 无法复原为 *ραμοιωλα[γα]|νο* 或°*[κα]|νο*，因为 *γ/κ* 下部应该能看见。因此我认为这个单词是完整的，在写这个单词的时候页角已经遗失。 [b] 或-*ασο*。 [c] 不太可能复原为 *ωρ]ομο|ζδο*，因为第一个 *ο* 跟前面的字母连写。 [d] 原文如此。 [e] 未写完?

ef1 *Αβο ασπριγγο̣ φρ̣ι̣[ιο]βραδο λρ̅ο̅δ̅ο̅ ναμω-*

ef2 *[σο ασο]..........[ ]υ̣ωσ̣τ̣ιγο χ̣ο̣βο̣ μ̣α̣-*

ef3 *[ρηγο]οτανο οαλο[ρα]ταρανο καλδ̣α̣ν̣ο̣ χο-*

ef4 *[αδο λρ̅]ο̅γ̅ο̅ σ̅η̅ναγο̣ μισιδοιην̣ο ασ̣ο ω̣ρ̣[ο]-*

ef5 *μοζδο βορ̣γ̣ικαγο̣ ποσο ζιδινδο β′ πα-*

ef6 *ρασαρλο ιωγο ποσ̣[ο]α̣βο ιαλοχιδανο*[a] *ποσ̣-*

ef7 *α̣ν̣ο οδ̣ο ιωγο α̣β̣[ο]ρωσιγο σιδομηνο*

ef8 *α̣βο αστοργο ρωβο[ ]φαρο*[b] *χοηο οαστιν̣δ̣ο̣*

左页边，第一次续写

ef9 *ωσι[δο]μ̣ανδ[•••]ο*[c] *κ̣[]-*

ef10 *[α]λ̣[δο]ο̣λ̣ο̣ι̣η[ ]*

两行或三行遗失

背面，第二次续写

ef13 *ιαμ̣α̣ρλινο[•]ο*[d] *πι[δο]οη-*

ef14 *ζο σαγωγ̣δ̣ηγ̣ο πιδιστ̣-*

ef15 αδ̣ο[e] ....ι̣ ασ̣[ο] χοβο̣ οδασ̣ο̣

ef16 ανδ̣αρ̣ουανο ταδο πιδο̣

ef17 λοι̣ ποσ̣α̣γ̣ο φ[α]ρ̣ο̣ ωρ-

ef18 ομοζδο οι̣στ̣α̣ο[f] κ̣[ιρδο]α̣-

ef19 φαρσιδο χα̣•[ ]ο̣-

ef20 γινδο α̣σ̣ιδ̣ο̣ τ[ωμ]αχο

第三次续写

ef21 α̣νδαρ̣ο̣υανο υαμαχο̣α̣[νδο]

ef22 [ ]•• τ̣ο̣γδο

收件人：只有痕迹

背面另一个区域：一行痕迹

[a] 不太可能是-σανο。 [b] 较小可能是]ϸαρο。 [c] 可能复原为 σαζα]μανδ[ομ]ο。 [d] 或 ιαμο-。 [e] 或-ανο。 [f] 或 οισαρο？单词末尾被上一行 ρ 的尾部所掩盖。

eg1 Αβο ωρομοζδο βορνικανο λ̅ρ̅ο̅δ̣̅ο̅ υ̣α̣-

eg2 β[ι]σο ασο ωρομοζδο χ̅α̅ρ̅α̅νο λαβιροβιδο μι-

eg3 σ̣ι̣[δο]σιδο <ασο> ιοϸολιζιγανο ιαοοιοαρδαοι[a] αγγιτ-

eg4 δο ταδο λοοι ιαδο τοοι πιδο ανδαρζο αο-

eg5 ιηρσο οτο υιρδδιγο βαγο φαρο ιοϸο-

eg6 λιζιγαν̣[ο]λ̣[ανο τα]δ̣ο̣ιηιο αβο̣ χο̣ρι̣ι̣α̣νο[b]

eg7 απαρσο χωζο̣

背面，收件人：只有痕迹

[a] 或-δοοι。 [b] 或 χοϸ-，不太可能是 χαρ-, χαϸ-。第二个 ι 几乎全部遗失，但不太可能有别的解读。

eh1 [αβο ωρομοζδο βονοκανο]

eh2 [ ]

eh3 [ηβο]δαλο ια̣βγο παροπαζο [σωτ]αγγο αβγανα̣[νο[a]]-

eh4 β̣ιδο τοχοαροστανο οδο γαρσιγοστανο λαδοβαρο μισιδο

eh5 *[αγαδο μαρ]ο ασαφαγο πωστιγο ṭ[α]δομο ναγατο σαγονδο ναβιχṭ-*

eh6 *[ιμο π]ịδο μανọ[λ]ρογοστανο ταδαζο λρọγο αγαδιμο π̣ị[σι]-*[b]

eh7 *[δο]•••ọ [κοαδ]ανο αβαφαγο ταρο ιθαο φορταδη[ιο]*

eh8 *[ ]ị[οα]ρζο ληρο ασιδο ιθαοδηịọ φρọṃạḍ-*[c]

eh9 *ο κọạḍọ[ ]ịạọọαρδοι αοοηρσο οτασο ρaυριγανο αμβα-*

eh10 *ρο χωζο ταδο οιχ[οασο]ọ ναφρομιιανο ταḍ-*

左页边，第一次续写（约4行）：遗失

背面，第二次续写

eh15 *χοαδο φρ[ομι]ημο οτομο[ ]-*

eh16 *ο πιδο ζιμανιγο φρομ[ ]*

eh17 *μαρδο ταρο φορτιδο ταδ[ ]*

eh18 *οαρζο ληρο*

收件人

eh19 *[αβο]ωρọ[μο]-*

eh20 *ζḍο βονọκạ-*[d]

eh21 *ṿο λρ̄ōδọ~*

[a] 或 *αβγανο[*。 [b] 不确定。 [c] 或 *φρομαν-*。 [d] 几乎可以确定。较小可能是 *βονα-*。

ja1 *ασο κιλμανο ναμοοị[νδα]ḍο αβζοδο ιη-*

ja2 *βοδαλο ị[α]β[γο]ḳạḍαγοβι[δο κα]ḍαγανο ραο αβο <α>βα-*[a]

ja3 *••[•*[b] *χο]η[ο*[c] *λροδο μ]ịσιḍ[ο ζο]ṿοβạ[νδαγο μανο μα]ρ̣-*

ja4 *ηγọ μ[αρο αβα]μạγο ιθ[αο]πιδοο[αναδο]ḳοαḍο τ-*

ja5 *ωσο βωζọ*[d] *παρ̣ο πọ[ρ]δογο ασ̣το ταδομο το-*

ja6 *γδο ναḳ[ιμιδο].....ạνọ*[e] *ḳịρ̣ịδο ω-*

ja7 *σο κιρο σ̣[ιδο]ο ασο ζονο-*

ja8 *βανδạγο ζι[δαδο]νο απαρσο*

ja9 *αβιρ̣[αδο]•[α]π̣-*

ja10 *αρσο •[ ]...ρ[*

ja11 *κιδο μαρο ζ[*

左页边，续写

ja12　*ταδο ωγοτο βιζα̣γο μα*[f] *κιρο*

背面，收件人

ja13　*α̣βο αβ[α......*

ja14　*χο̣η̣ο λρ[οδο*

背面另一个区域，注

ja15　*[]ζο̣γ̣ο̣—βανδα̣[γο̣]*

[a]*α-* 加在行上。 [b]行首可以看到两个高字母的顶端。 [c]可见一个高字母的顶端。 [d]或*-ρο̣*。
[e]不太可能是*αβιστανο*，因为*β*应该可见。 [f]写作单独的单词末尾伸出一笔。

jb1　*αβο σαρτο χοηβανδα̣γ̣ο̣ φαραχο*[a] *ηβοδαλο ια-*

jb2　*βγο ρωβοχα̣ρο η̣βοδα̣λοχοη̣οα̣γγο λα̣βιρο το̣χο-*

jb3　*αραστανο γα̣ρσιγο̣σ̣τ̣α̣γ̣ο̣ λ̣α̣δοβα̣ρο βα̣γο̣ χο̣η̣ο υαζα̣-*

jb4　*ρο βη̣οαρο̣ λρουδο σπαδ̣οζαγγο ναμωσο σαγονδ-*

jb5　*α̣βο βαγανο α̣σο α̣ζγαρακο*[b] *ραμιναγγο φρο̣μα-*[c]

jb6　*λ̣α̣ρο χοβο μαρηγο οτανο οαλο ϸαταρανο καλδα-*

jb7　*γ̣ο̣ χοαδο λρουγο οι̣γ̣ανο οτο ϸαδο βοοανο μισιδο<μ̣ο>*[d]

jb8　*π̣ι̣δο σπιια̣γγο*[e] *σαχοα̣γ̣ο̣ πορσαδο ταδο̣μο να̣γατο σα-*

jb9　*γονδο σταδο ασιδο̣ α̣μ̣α̣ρδ̣ανο*[f] *κ̣ιδο γαλο̣ σταδινδο*

jb10　*ταδασ̣ο μ̣αρο ϸοδ̣ι̣νδο τασιδ̣ο̣ ζαμανο απα̣ρσο̣*

jb11　*η̣ρ̣σ̣ινδο ταδο σ̣πι[ιο] α̣πα̣ρσο ηρσι̣ο τ̣α̣δ̣δ̣η̣ιο̣ [να]-*

jb12　*β̣α̣γο*[g] *σπ̣ο̣υρ̣ι̣γο̣ απ̣αρσο φρ̣ο̣μ̣ιη̣μο λαδο οιτ̣[αβο]*

背面，续写

jb13　*ι′ ρωσο απαρσο ηρσιδο~*

正面底部，收件人

jb14　*α̣βο σ̣α̣ρ̣το χοηβα̣νδανο φαρ̣α̣χο̣*[a] *η̣βο̣δα̣λο̣ ι̣[αβγο]*

[a]或*φο-*。 [b]或*οζ-*。 [c]或*φρα-*。 [d]*-μο*加在行上。 [e]或*-ογγο*。 [f]或*ομ-, αν-, ον-?*
[g]较小可能是*[οα]|υ̣α̣γο*。

jc1 *Αβο τωσοκο μ̣[α]ρ̣γιγο̣ λ̣ρ̣ο̣̅δ̅ο̅ υ̣α̣-*

jc2 *βισο ασο ιαμβο υωμικαν̣ο ριζμο*

jc3 *υωστιγο μισιδ̣[ο α]β̣ο ι λρουμιναγγο̣*

jc4 *β̣αυρο κισο ρανοβαναο νακιριιο ασο̣*[a]

jc5 *ταοι αβο ι χοβο β̣[αυ]ρ̣ο ρανοβαναο̣*

jc6 *λ̣η̣ρηιο ωσιδο̣*[b] *καλ̣δδαβο*[c] *ιαζαριγο̣*

jc7 *πορδδιγαιο ταδ̣[ο αο]ι̣ηρσο*[d] *ταδαζ-*

jc8 *ο ασποριγο λαδο κιρ̣ιμο οδο οισαρο α̣-*[e]

jc9 *[σιδο]φα̣ρο ι οαρα̣ζ̣[α]γα̣ν̣ιγο̣ ι̣ ζ̣ιανο̣*

jc10 *α̣π̣αρσο λαυο̣ κ̣[οαδο ι]ο̣αραζαγανιγο*

jc11 *γ̣απορδο̣ζ̣ι̣[ι]α̣[ν]ινδο*[f] *πιδ̣ο*[g] *ρ̣ι̣ζμ̣ιγα<γ̣ο̣>*[h]

背面，续写

jc12-17 *只有痕迹*

正面底部，收件人

jc18 *[αβο]τ̣ωσοκο μ̣α̣ργιγο λ̅ρ̅ο̅δ̅ο̅~*

[a] 或 *ασ-*。 [b] 应该是 *ωσο*? 看上去像 *ωσιδα*，最后一笔伸出去，可能抄手一开始想 *ωσιδαβο* 但没写完就停下来因为他发现写错了。 [c] 原文如此。 [d] 字母 *ι*（基本可以肯定）显示出前面的字母可能是 *ο*。 [e] 或 *σ-*, *ο-*。 [f] 或 *ζιν[αδ]ινδο*, *ζι[ι]α̣[δδ]ινδο*, 等。但 *ζιδ̣[δ]ινδο* 跟空间大小不太相符。 [g] 或 *πισο*。 [h] 最后两个不清楚的字母加在行上。

jd1 *[αβο •]•ι̣ιο ι βονακανο λ̅ρ̣̅[ο̅]-*

jd2 *[υδο να]β̣ισο ασο οοραζο β[••]-*

jd3 *[•••••]ιγο*[a] *μισιδο σαζαμ[ανο]*

jd4 *[πωσ]τ̣ιγο οινηιο ταδο̣[*[b] *]*

jd5 *[μ]αρο ηρσο οτο φα̣[*[c] *]*

jd6 *[ ]••γο σαχσιδ̣ο λαδο[*[d] *]*

jd7 *[ ]αροδο*[e] *οηλο οτο [ ]*

jd8 *[ ]••ο̣οραζο*[f] *Δραχ[μο •΄]*

jd9 *[ ]• ταδδηνο α̣•[*

jd10 *[στ]ο οιζα[γγο]-*

jd11 *[δαρο μακιρο]*[g]

[a] 复原为 *β[αμ]\[οιαν]ιγο* 的话跟空间不太符合。 [b] 或 *ταδα[, ταδδ[*。 [c] 或 *φο[*。 [d] 或 *λαδδ[*。 [e] 或 *]δροδο,]βροδο*，不太可能是 *-αδο*。 [f] *οο* 前面的字母可能是 *δ* 或 *ρ*。 [g] 该行后半部分空白。

je1 *αβο μηιαμο βηκο πορο λροδο ναβισο*

je2 *ασο τιροσπαλο οαραζανο πορο οτα-*

je3 *νο οαλο ρ̧αταρανο καλδανο χοαδο λρο-*

je4 *γο οινανο μισιδο χαρο οδο γαο*

je5 *σιδασο παρωζο σαγο πορο παρασο ζιδο*

je6 *πιδο τωγο ταδδηιο ωσο στωρο απαρ-*

je7 *σο λανο πιδοο σιδδηιο ι χαρο αβο μολο*

je8 *ρ̧οδο σαχσιδο οιδρο*[a] *καλδο αμαχο ι*

je9 *τωγιγο πιδοσησαμο τασιδο σασκο παρω-*

je10 *ζο ωζαδγο*[a] *τωγο αστο ταδο χοαδο τω-*

je11 *ζιδο οτηιο οιζαγγο μακιρο*

在页面底部，收件人

je12 *αβο μηιαμο βηκο πορο λρ̣οδο̣~*

[a] *δ* 的字形与通常的不同。

jf1 *αβο ζολαδο φριιο βραδο οδαβο ναμ-*

jf2 *αχονδο χανιγανο λροδο ναμωσο*

jf3 *γαοοανζιγο μισιδο ι ορ̧βιγγο ι μα-*

jf4 *ναγγο βαγο μαρο φορ̧τιιηδο οδο-*

jf5 *μο οιλιργο σαριγο φορ̧τιιο σιδο ο-*

jf6 *ρβαγγο κιρανο οδασο ι χαρο πορ-*

jf7 *δανιγο*[a] *οδο γονζο οδο ροτιγο μαρο*

jf8 *φορ̧τιιο οδαβαχρηγο α′ Δραχμο*

jf9 *ṭωζο οδο α΄ Δραχμο καραφσο*

jf10 *ταδο πακασο*[b] *χιρανο οδομο μισο*

jf11 *σαγισο αστο μαλο ταδδηιο ταρο*

jf12 *φοϸτιιανο οδαβο ζολαδο οδαβο ζαδο-*

jf13 *σμαρο λροδο ναμωσο ασο ζολαδο μισιδο*

jf14 *σογγο πιδο Δροστανο αρμαυηδο χοαδο ο-*

jf15 *δο σραοοιτο ταδομο νιτιιο οτασιδδηνο*

jf16 *μισο σαχοανο οδο φρομανο ασταδο ταδο-*

jf17 *μο νιτιιηδο οδαβο φριιακο Δογγο γοβο κι-*

jf18 *δασο δοδαγο α΄ κανδαγο πιδο ραμινο μαρο*

jf19 *φοϸτιιο οδαβο σπριγγο Δογγο γοβο κιδο ι καρ-*

jf20 *αφσαγγο σαχοανο ι ναρσο μαφροοησο κιδδηνο*

jf21 *ι ναγδ̣ᾳοο*[c] *ωσινδο οδδηνο ανδαρο αβαχρηγο νι-*

jf22 *στο*

背面，续写

jf23 *ọτ̣ọμọ σ̣τ̣ọρο*[d] *ταρο φọ-*

jf24 *ϸ̣ταδο μαν̣ο γαοοανζιγọ π̣ι̣-*[e]

jf25 *δο πιϸᾳμ̣ω̣σο*

[a] 变自*-δανο*?　[b] 较小可能是 *ποκ-*。　[c] 或 *ναμ-*?　[d] 该行起首处的痕迹非常模糊。　[e] 不确定。

jg1 *[αβο •••]γγινο*[a] *ταρχανο φριιο βραδο λ̄ρ̄ο̄δ̣ο ναμωσο ασο κ̣ολοοᾳ[]-*[b]

jg2 *[ρα]ζο γαρωκανọ σ̣[παλο]β[ιδ]ọ*[c] *οτανο οᾳλ̣[ο]ϸ̣αταρ̣ανο κ̣ᾳλ̣[δα]ν̣ọ χ[]-*

jg3 *[οα]δο λ̣̄ρ̣̄[ογο οινανο μισιδο] ᾳγᾳδ̣ο*[d] *μ̣[αρο α]σαφαγọ*[e] *[πωστιγο]...[ ]*

jg4 *....[ναβιχ]τ̣ιμο οτασιδο*[f] *Δ̣ᾳγογγọ*[g] *ν̣ᾳβ[ι]χτ̣[ιμο]*

jg5 *[ ]..[ ]ιμο πιδ̣ọ [ ] ....[ ]•ρ̣•ᾳνο •[ ]χ...[ ]*

jg6 *•[ ]φρμ̣[ανο*[h] *ασ]ταδ̣ο τᾳδ̣ọμ̣ο*[d] *φρμ̣ιιο ταδο ειο σαχοᾳνọ*

jg7 *Δ̣αγογ[γ]η̣λ̣[ο*[i] *πιτι]μ̣αζο*[j] *ναυο αβισταοοαγιμο οτ̣ασιδο Δαγο-*

jg8 *γγο [ναβιχτιμο κ]ọαδαβο σᾳργοϸανανο οαϸọ[αστ]ọ*[k] *ταδδηιο*

jg9 *φα̣ρ̣[αμαγο]φρομιιο λαδο ταδο̣[ ]Δ̣αγογγηλ̣η̣ [ιο]ρ̣σο*[l]

jg10 *αβο σαργοþανανο οαþ̣[ο] ασ̣ι̣δ̣ο̣*[m] *[*

jg11 *[ ]...[ ]...[ ].*[n]

在页面底部，收件人

jg12 *[α]βο̣ ...[φρ]ι̣[ιο βραδο*

[a] 或*]ργινο?* [b] 或 *κ̣ολοοο-*。第一个字母可能是 *κ* 或 *ν*。 [c] 此种复原仅为猜测，因为只有字 *β* 清楚。 [d] 这个单词的痕迹非常独特。 [e] 或 *α]σο-*。 [f] *α* 下面有一个污渍，导致看起来像 *οταπιδο*。 [g] 不确定，类似于 *βαγοτο* 的解读也行得通。 [h] 这些字母的痕迹相当特别。关于特殊拼写参见本行稍后的 *φρμιιο*。 [i] 或 *σαγ-?* [j] *μ* 非常不确定。这个空隙写不下任何高字母，因此不可能复原成 **πιτιιε]μαζο*。 [k] 此处复原的可能有限，因为这里的空隙写不下任何高字母。 [l] 或*]ασο*。 [m] 不确定。 [n] 该行剩下的部分空白。

jh1 *α̣βο μιυροιαζαδο βαγο ολιþαγαναγγο οαρσοχοα̣ν̣δο λαδοαγαλγο υονα̣μγο βαγανο þ̄α̣υ̣[ο]*

jh2 *σ̣αδο υαζαρο βρηοοαρο λ̅ρ̅ο̅δ̅ο̅ σ̅π̅αζαγγο φροβαζαχο πιδο μο σαρο ναμωσ̣ο ασ̣ο νακιν̣-*

jh3 *[ο]ολιþαγανο̣ σαρολαρο ι χοβο λιστηγιρ̣[δο μα]ρ̣η̣[γο*[a] *]οτανο οαλο þαταρανο καλδανο α̣β-*

jh4 *ο το̣ β̣α̣γανοδαμο χοαδο λρογο οινανο σπαζαγγο φροβαζαχο πιδο μο σαρο ναμ̣-*

jh5 *ω̣σο β̣α̣ρανο̣ σ̣αγονδαβο βαγανοδαμο αβδδινο μισιδο καλδασο ταρο <ασο> ολιþαγανο̣ [α]-*

jh6 *[γ]α̣δ̣διμο ταδ̣[ο φρομα]λ̣α̣ρ̣ο πιδο Δ̣ηβαυρο αγιτιμο κοαδο οιδρο αβο ολιþαγανο σαχσ̣-*

jh7 *α̣δο αρμαστο κ̣α̣λ̣δ̣ο̣ υ̣[α]μ̣ο ι κα̣βο̣γγο*[b] *τωγο οδο υαμο ι νωγο τωγο αγαδδηιο ταδο ωσο α-*

jh8 *[σο] σηδχανο*[c] *φρομαλαρο κισο αγαδο ταρο ταδδηιο ι τωγο λαδο φρομιιο οδαλδδηνο*

jh9 *[ζ]ναδο ο̣τ̣η̣ιο*[a] *ποσο κιμιν̣δαδο*[d] *λαδο ταδο ι ποσο ταλο <φαρο> γαδο̣þ̣[ ] πιδοοαυιγο φρο̣-*

jh10 *[μ]ι̣ι̣ο*[e] *λαδο οταζ[ο]μ̣[α]λ̣ο̣[ ]φα̣ρ̣ο σ̣η̣[δ]χα̣ν̣[ο]φρ̣[ομα]λ̣[α]ρο̣ ι̣ ζ[α]ρ̣[ο]τ̣[ω]ζ[ανο*[f] *ο]το πιδο ι τωγο υ̣[αρ]-*

jh11 *σ̣ο μισο αβιστανο κιρδο μαυιρζο κοαδαβο στοργο ταοοανο νηρσινδα̣δο οτομο ι* μολρα̣γο̣

jh12 π̣αροβωστιγο κοαδο βαζοοανινδο[g] παριγο σταδο ταδομηιο φρογιþτιγο πιδο τ̣α̣ο̣ο-[a]

jh13 ανο[h] ταρο φοþτ̣α̣δ̣ο̣ τ̣αδο βαζοοανινδο οβαργινδο

背面，收件人

jh14 [α]β̣ο̣ μ̣ιυρ̣ο̣[ια]ζ[αδο] βαγο̣ ολιþαγαναγγο οα—ρσ̣οχοανδο λαδοαγαλγο υοναμγο̣

jh15 β̣α̣γα̣ν̣ο̣ þ̣α̣νο σα̣δο να̣ζαρο βρηοο̣α̣ρ̣ο̣ λ̅ρ̅ο̣̅ σ̣̅π̣̅αζαγγο πιδο μο σαρο ναμωσ̣ο̣[i]

[a] 不确定。 [b] 变自 τ-? [c] 或 σηαχανο，较小可能是 σκαχανο。起首字母 σ-有些模糊但仍可确定。 [d] ν 变自 δ。 [e] 连接最后一个字母和下一个单词首字母 λ-的那一笔是来自前一行 ζ 尾部。 [f] 这个从句的重构当然是推测。 [g] 起首字母 β-是变体。 [h] 修复此行开头的多个字母都有可能。 [i] 可能是缩写的 ναμω，因为后面的痕迹非常模糊。

ji1 αβο ρυολοβαδρο α̣σα̣ριαριιο βαγο πιζαγγο[a]

ji2 [π]ι̣δ̣ο̣βοστιιο[b] καρο̣γο[c] ζνινδδιιο λαβδδιλα̣γ̣ι[d]

ji3 υ̣α̣σ̣τ̣ι̣ι̣ο̣[e] πιδο ζινα̣γο̣ π̣ιζ̣ι̣ν̣δ̣δ̣ι π̣ιδ̣ο ωγοτο στο-[e]

ji4 ργο στοοαδ̣ο̣ οδο μισο ναβισο π̣ι̣δβηγο̣

ji5 πιδο μα̣ν̣ο þμαναγγο {ζ} υοναρανο þαδγο

ji6 βα̣γο̣ σ̣α̣δ̣ο̣ ναζ{ο̣}α̣ρ̣ο[f] βρηοοαρο λ̅ρ̣̅ο̅δο ασο[g] ζαν-

ji7 ....ν̣ο̣ υ̣α̣β̣ι̣σ̣ασο σ̣ο̣οσι̣ιο [ο]τ̣ιιο οαλο þ-

ji8 [α]τ̣α̣ρ̣[ ]ο̣ κ̣ιδο̣ χοαδασο νοζδο δ̣δ̣ρ̣ο̣γο̣ þιζ[γο]

背面，续写

ji9 οινα̣νο μισ̣ιδ̣ο̣[ ]ο μαρο ζοιμο πι[δο]

ji10 ταοα̣̅γ̅γ̅ο̣̅ φαρο οδο̣ υ̣ηρο κ̣ι̣ρ̣δ̣ο α̣σ̣ιδο̣[[g]]

ji11 ταοα̅γ̅γ̅ο̅ δ̣δ̣ρ̣ω...................................

ji12 ....ο̣ο ανδοχσαγγο̣ σ̣ρ̣ι...........................

ji13 τ̣αρο αο̣...

ji14 *痕迹*

正面底部，收件人

ji15 [αβο]ρ̣υ̣ο̣λ̣οβα̣δρο λ̣̅ρ̅ο̣δ̣ο̣ ναβ̣ι̣[σο]

[a] 或 πιζαγγα-。 [b] 该词的开头非常不确定。 [c] 几乎可以确定。 [d] 或-λδδι-? [e] 或 στα-。

[f] 这个拼写受到后面单词的影响？ [g] 不确定。

jj1 *痕迹*

jj2 *]ο λογδο οδαβο χοασαοοφ-*

jj3 *[ινδο? σπα]ζα̣γγο ναμω αβο̣σαριγο*[a]

jj4 *?τα]λ̣α̣βο καβογο Δροστανο̣*

jj5 *?μαλ]α̣βο ιο̣[]ναιω*[b] *αλο μαλονιγο γ[ω]-*

jj6 *[υριγο?]•α̣νο Δροστανο λιδο οδασο μαλαβο*

jj7 *]φο ϸοδομο οδομο υαρσο μαχο σαχο̣-*

jj8 *[ανο]••• ταδο οισο μαλ*[c] *γοβαδο ασιδομανο*

jj9 *?γα]βδδηιο*[d] *οδο λαρσιγγο αρμαστηι-*

jj10 *[ο]•• γο̣βαδο ακιδο τ̣ογο ϸαδο̣*

jj11 *]λ̣υο ταδ̣ο χανο το̣[ ]*

jj12 *痕迹*

（一些行遗失？）

背面，续写

jj13 *[?να]βηγο*[e] *μαλο ••[*

jj14 *Δογγο σωοανδο*[c] *χο̣[αρ-*

jj15 *ωγοτιγγο ριμαυ̣ο̣[*

jj16 *ρ̣ι̣δο*[f] *βαγο οδο χανζα̣ο̣*[g] *χα̣•[*

jj17 *••ο̣ Δογγο βοδο σογγ[ο] μαχο ριδ̣ο̣*[h] *••[*

jj18 *ιανακο ριστο οδο εζγανδ̣ο ταρο̣[*

jj19 *γο φιϸταδο α̣κιδ̣ομο αβο ταοο β[*

jj20 *σαχοανο ναγατιγο βοοαδο̣[*[d]

jj21 *αδο ναβανδο εζγανδο̣ λ̣ι̣ζο̣*[i] *•[*

jj22 *[]νο μισο πιδοοαυανο̣[*

jj23 *[ ]•[ ]μ̣ο̣ οδο υ•[*

[a] 或 *αβο̣ σαριγο* 是两个单词，第一个 *ο* 写的时候末尾向下伸出一笔，好像抄手偶然把它和之后的 *σ* 相连（例如好像他打算写**αβασαριγο*）。 [b] 前两个字母是 *ιο*-或 *ια*-，其后一个字母可能

因为裂缝而遗失了。 [c]原文如此。 [d]首次见到抄本时有一小块残片断裂，导致行 9 的第一个字母（*β*）和行 20 的最后一个字母（*ο*）部分遗失。 [e]*β* 非常不确定。 [f]第一个字母可能是 *γ, δ, ρ, τ*，第二个 *ι* 或 *ο*；*ιδο* 仅为推测（因为下一行出现了这个单词）。 [g]或-*οο*。最后两个字母之间有缝隙，但可能并没有字母遗失。 [h]几乎可以确定。 [i]可疑。

xa1 *Αβο ωρομοζ̣δ̣ο πο̣[ ]στανιγο*[a] *ιφριιο βραδο*

xa2 *χοη̣ο υ̣αζαρο βηοαρο̣ λροδο ναμωσο ασο σα-*

xa3 *δαιωλο αραμιγανο οτομο νιγατο σιδο το χο-*

xa4 *ηο λρογο ταδο ραδη̣[μο]ασιδανο οα̣λο ρατα̣ρα-*

xa5 *νο καλδανο̣[αβο το χοηο χ]οαδο λρογο οη̣-*

xa6 *νανο μισιδο σιδο̣[ ]ι̣[ ] σαχοανο σταδο τ-*

xa7 *αδομο πιδο πωστο̣β̣α̣ργο αβο το χοηο νιτα-*

xa8 *δ̣ο τασ̣ιδο πιδολαδιγο ερο χοη̣ναδο ταδο πη-*

xa9 *ρο*

背面，收件人

xa10 *Α̣β̣[ο̣ ωρομοζδο]*

xa11 *[πο]στα̣ν̣ι̣γ̣[ο*[b] *]*

xa12 *只有痕迹*

[a]很像是完整的，但可能在 *πο*-（或 *πα*-）和-*στ*-之间有一两个字母遗失。 [b]除-*στ*-之外非常不确定。

xb1 *Αβο τωσοκο λ̅ρ̅ο̅δ̅ο̅ ναβισο ασο κομο-*

xb2 *κανο πανδοκανο οτανο οαλο ραταρ-*

xb3 *ανο καλδανο χοαδ̣ο λ̅ρ̅ο̅γ̅ο̅ οινα̣νο*

xb4 *μισιδομο ταρο ασο χοηοσαγγο*[a] *ραυρο*

xb5 *ιαοαρδοι πιδοβαλινδο τακαλδο ρι-*

xb6 *ιο ταδο φαρο οαρδογο πιδο <α>στωρο*[b] *αμ̣-*

xb7 *βαλο βοοι κοαδο ιαοαρδο ταλαβο ασπ-*

xb8 *ανδαιο αβαραδο οτο σιδο τοοισο φρομι-*

xb9 *ιηιο ταδο αζισο κιριμο*

在页面底部，收件人

xb10 *Αβο τωσοκο λ̅ρ̣̅ο̅δ̅ο̅ ναμωσο~*

[a]第二个-*ο*-似乎污损并重写了。 [b]起首字母 *α*-与 *σ*-重叠，推测是之后添加的。

xc1 *Αβο τητοκο̅ λ̅ρ̅ο̅δ̅ο̅ υ[αβισο]*

xc2 *ασο σαρτο̅ χ̅α̅ρ̅α̅ν̅ο̅ οισβ̣[οργο]*[a]

xc3 *μισιδο καλδο ασο μαλο̣ β̣[οδδ]-*

xc4 *ηιο ταδομο δαγογγο φρο̣[μαδ]-*

xc5 *δηιο ασιδο ταρο σαγισο α̣[χτο]-*

xc6 *οαγο ναγαυηιο ταδομο ν̣[αβι]-*

xc7 *σο ταδδωσο*[b] *φαρο χοηο̣[π]-*

xc8 *ωστιγο φοβταδο κ̣ο̣[αδο]*

xc9 *ι σωταγγο*[c] *αβο ιαμαχιγ[ο ••]-*

xc10 *δο οτηιο ναμγωνο κι[ρδο]*

xc11 *ταδο ειο σαχοανο υαρσ̣[ο •••]-*

xc12 *ανδο νι[σ]τ̣ο σ̣αχσ̣α̣[δο ταδασο μ]-*

xc13 *ωσο δαγογγο̣ κ̣ιρο σαγο̣[νδο]*

背面，续写

xc14 *[ ]α̣χτοοαγο ναγαυηιο*

xc15 *[ταδο]μο ρανζο φρητι-*

xc16 *[γο φ]οβτιιο*

正面底部，收件人

xc17 *Αβο τητοκο̅ λ̅ρ̅ο̅δ̅ο̅ υ̅α̅βισ[ο]*

[a]或 *οιση[*。 [b]原文如此。 [c]起首字母 *σ*-污损，不太可能是 *λ*-。

xd1 *[αβο ••••]οβιδο ιαβαγαν[ο]φρ̣[ιιο βραδο]*

xd2 *[λροδο α]σ̣ο φρομαοαραζο φαρα̣χ̣[ο]*

xd3 *ρω̣βοχ̅α̅ρ̅ο̅ ο̅τανο οαλο βαταραν̣[ο καλδα]-*

xd4 *γ̣ο χοαδο λρογο̣ ο̣ι̣νανο μ̣ισιδο αβο ο̣α̣[ρ]-*[a]

xd5 *νο π̣ιδο αβαγανο α̣στινδο ταδα̣νο ασ̣ο̣[]*

xd6 *γ̣α̣τ̣ο*[b] *ι χαραγανο ζιιανο κιρ[ ]*

xd7 *[ ]χο̣η̣ο αβο οαρνο π̣ιδο ϸ̣[*

xd8 *]δ̣ο .....[*

左页边，续写

xd9 *[ ] ιαβα̣γανο̣[*

xd10 *痕迹*

背面，收件人：只有痕迹

[a] 非常不确定。 [b] 几乎可以确定。

xe1 *Αβο μανο αζιαδιγο χοηο αβο ασπα-*

xe2 *νδοφαρο φριιο βραδο χοηο υ̣αζαρ-*

xe3 *ο̣ βηοαρο λρ̄ο̄δ̄ο̄ ναμωσο ασο τατ̣-*

xe4 *ο̣ ι χοβο μαρηγο οτανο <ϸαταρ(αν)ο>*[a] *καλδαγ̣ο*[b]

xe5 *αβο το χοηο χοαδο λρ̄ο̄γ̄ο̄*[c] *οηνανο*

xe6 *ναμωσο βαρανο μισιδο αλοσιχ-*

xe7 *τογημο*[d] *αζο μαρηγο μαρδο*

xe8 *σαγωνδο το χοηο λρ̄ο̄γ̄η̄ῑο̄*

xe9 *αλο ασπο αλο χαρο ο<δο>*[e] *ασο σα-*

xe10 *ρλαρανο αβηζαρηιο ταδομο*

xe11 *τ̣ο χοηο πιδο χοβο φαρο φρ(ομ)ιιο*

xe12 *γ̣αβιχτο τακαλδανο αζο μαρηγο*

左页边，第一次续写

xe13 *μαρδο ασο το χοηο λρ̄ο̄γ̄ο-*

xe14 *αστανο οδο οισπο ϸιζγο*

xe15 *ιερανο ναγαυα̣νο ταδο αβο*

xe16 *ρωσο νωγογιριγο ζαοι*

背面，第二次续写

xe17 *ζανανο̣ μ̣αρ̣ο μαρ̣σ̣κ̣ογ̣δ̣ο̣*[f]

xe18 *ο<δο>*[e] *αστωρ̣ο̣ ο̣ι̣σπο*[g] *λρ̅σ̅̅γ̅ι̣̅-*[h]

xe19 *νδο σαγω̣γ̣δ̣ο το χοηο καμ-*

xe20 *ο φαρο σιδ̣[ο] π̣ιδο το χοηο αλγ-*[i]

xe21 *ασκωλ••[•]α̣ρ̣μαυινδο τακι-*

xe22 *δο ναρη̣σ̣α̣γ̣[δα]ρ̣ο*[j] *κισο̣ ι̣α̣π̣ι̣σ̣ο̣-*[k]

xe23 *δαρο ηρ̣σ̣α̣δ̣ο̣ τ̣α̣δ̣ο̣*[l] ....

xe24 *χοηο π̣ι̣..........ο̣γο̣[.............]*

第三次续写

xe25 *φοþτιδο κοαδο αλο-*

xe26 *[......]... α̣λ̣ο̣γα̣μ̣ο*

收件人

xe27 *Α̣βο ασπ̣αγ̣δο-*

xe28 *φαρο φρ̣ιιο̣*

xe29 *βρα̣δο*

[a]*þαταρο*（**þαταρανο* 的误写）加在行上。 [b]*-δαο/-δδο* 修正为*-δανο*? 插入的 *ν*（写在*-ο* 上）特别大导致看起来像 *κ*。 [c]注意最后*-ο* 的三角形状！ [d]变自*-τογο*。 [e]*δο* 加在行上。 [f]几乎可以确定。 [g]变自 *οσ-*? [h]变自*-γο*。 [i]较小可能是 *αλο-, αλα-*。 [j]空间似乎对 *ναρησο ανδαρο* 来说不太够。 [k]除了起首的 *ι-*外其他字母的痕迹都很特别。 [l]不确定。

xf1 *[αβο .....]ζοοαραζο þαυ[........*

xf2 *[λροδο ν]αμ̣ω̣σο ασο ωρομ̣[οζδο*

xf3 *[   ] χοβο μα̣ρ̣ηγο οτο ο̣[αλο*[a] *þα]-*

xf4 *[ταρανο]κ̣αλδανο χοαδο λ̣ρ̅[ογο οηνανο]*

xf5 *[μισιδο]ζαρο ασιδο μαρο [*

xf6 *]ρ̣ο ωζαδα̣γινδο σι[δο*

xf7 *αβ]α̣υαγαδο ο̣το γ̣ινδο̣[*

xf8 *]ζα̣ρο ασο οαρ̅α̅ρ̅α[νο*

xf9 *•′ δ]ιγ̣αρο αβο σιρ[*

xf10 *]•´ δ̣ιναρο̣ ạβ[ο*

xf11 *•´ διν]αρο ạ[βο*

不清楚多少行遗失了

背面，续写

xf12 *το χ]οηο ạσαμ̣αγο •[*

xf13 *λ]ηρο κ̣οαδο οα[*

xf14 *]γ̣ημο λαδο οτομ̣[ο*

xf15 *]νδο*

[a] 似乎不可能读为 *οταν[ο*。

xg1 *[αβο]φριιο βραδο λρ̣ο̣[]-*[a]

xg2 *[δο ναμωσο ασο ....]ο̣βοζ[α]νο*[b] *ρωβοχα̅ρ̅ο̣̅[]*

xg3 *[χοβο μαρηγο οτανο οαλο þ]α̣τ̣αρ[α]ν̣ο κ̣αλδα̣ν̣ο̣ χ[]-*

xg4 *[οαδο λρογο οηνανο μισιδο ....]σπιδο α̣βαμαγο πιδ̣ο̣[]-*

xg5 *[οαναδο κοαδανο]......ι̣δηι̣ο̣ ω̣σ̣ιδο τοο φ[•]-*

xg6-10 *痕迹*

[a] 可能右侧边缘所有行都不完整。 [b] 或-*βοζ[ι]νο?*

xh1 *[Αβο .... οδο] Αβο̣ ....ζ......*[a] *.....σ̣ιγο̣ þ̅[̅α̅]̅υ̅ο̣̅[]*[b]

xh2 *[λροδο ναμωσο]ασο ωρ̣ο̣μο̣ζδο βα̣γο̣τω̣[*[c] *]*

xh3 *[χοβο μαρη]γο̣ μισιδα̣σο οιν̣δ̣ο τωμαχ[ο]*

xh4 *]ο̣ ωσ̣ι̣δο̣ χο̣ηοι̣*[d] *αβο̣ οινδο μ̣[•]-*

xh5 *φρο]μ̣α̣δ̣ο οαστο τ̣α̣[δ]η[ιο*

xh6 *]ηρα̣δ̣ο̣ ταδο̣ λ̣οι αþ[*

xh7-9 *不确定痕迹*

背面，续写

xh10 *[]..............[χ]ο̣αδ̣ο̣ τ̣αρο ηρ̣σ̣ι̣δ̣ο̣ ω̣[σιδο*

xh11 *只有痕迹*

xh12 *[]οδο γ[.....]αδ̣ο̣ χ[.....]π̣ιδ̣ο̣ο̣α̣υ̣ιμ̣ο̣*

[a] 看起来像 *ε*-的起首字母其实是 *ησ̣ι̣δο̣*的 *η*-(行 10)从纸的另一侧映过来。 [b] 不确定。字写得很窄，显示出这里是纸页边缘。 [c] 或 *βαγα*-? [d] 不确定。

xi1 *αβο μα̣γ̣ο α̣ζ̣ι̣ι̣[αδι]γο χ[οηο αβο ο]ινδο̣[.......]-*

xi2 *νο̣ ο̣δ̣αβο̣ α̣σ̣π̣ρ̣ι̣γγο̣*[a] *χο̣η̣[ο υα]ζα̣ρ̣ο βη̣[οαρο]*

xi3 *λ̣ρο̣δο γ̣α̣μ̣ω̣σ̣ο α̣σ̣ο̣*[b] *ι̣[α]μϸ̣[ο*[c] *]χ[οβ]ο̣ μ̣α̣ρ̣η̣γ[ο*[c] *οτομο ν]-*

xi4 *α̣γατο̣ τ̣[ο*[d] *χο]η̣ο̣ λ̣ρ̣ογο τ̣αδο̣ ϸ̣α̣δ̣η̣μ̣ο α̣σ̣ι[δα]γ̣ο̣ ο̣[αλο]*

xi5 *ϸ̣α̣τ̣α̣ρ̣α̣γ̣ο̣ [κ]αλδ̣[ανο α]β̣ο το χ[ο]η̣ο̣γ̣α̣νο λρ̣̅ο̣̅[γο ο]ι̣[να]-*

xi6 *γ̣ο̣ μ̣ι̣σ̣ι̣δο σαγω̣νδο̣[το] χοηο̣ τ̣[αρ]ο̣*[c] *λ̣ρ̣[ογο]*

xi7 *[ ]ογο παρο ταδο̣μ̣ο̣ γ̣αβι̣[σηδο]*

xi8 *[μα]ρο λρ̣ο̣γο̣[ ]αλ̣ο ι̣α̣δ̣οχαρλαγ̣ο̣ ο̣δο̣ •αο.....*

xi9 *[ ]γ̣ο•ο̣ χα̣ρο̣ οιρο̣α̣ρη̣γο γ̣α̣τ̣ογανο*[e] *ρ̣...γο φρ.....-*

xi10 *γ̣ο̣ τ̣α̣κ̣ι̣δ̣ο ο̣ι̣ζα̣γγοδ̣α̣ρ̣ο χοα̣να̣δ̣ο ταδο δα̣ρ[ο]*

xi11 *κ̣ιρ̣ο̣[οδα]λ̣δ̣ο̣ μ̣α̣λ̣α̣λ̣ο̣*[f] *αμ̣α̣χο̣ μ̣αρδ̣ο οιμ̣[ ]-*

xi12 *υαδο τα̣σ̣ι̣[δο] δ̣αρο μ̣α̣[ρδο] φοϸτ̣αδο ϸιο̣ τ̣α̣δ̣[η]ν[ο*[c] *φ]-*

xi13 *οϸτιιο̣*

背面，收件人

xi14 *[αβο μαν]ο α̣ζ[ι]ι̣α̣-*

xi15 *[διγ]ο̣ χ[οηο α]β̣ο̣ οιγ̣δ̣ο̣-*

xi16 *痕迹*

背面另一部分：只有痕迹

[a] 前三个字母非常不确定，但-*ριγγο* 非常清楚。 [b] 与下行字母 *ρ* 交叉（上一行 *ασπριγγο* 里的）。 [c] 不确定。 [d] 不太可能是 *σι[δο*。 [e] 或 *μαδο-, νοδο-, ματο-*，等。 [f] 不确定。不是 *μαληλο*。

xj1 *αβο ακα̣νο λρ̣οδο υαβι̣σ̣ο̣ ασ̣ο*

xj2 *οανο μισιδο τοι πιδ̣ο ι̣ αζαδο*

xj3 *αρμαστηιο κοαδο καρογα̣ρ̣ο τω̣-*

xj4 *μα̣χο*[a] *αχανδαδιγ̣δ̣ο̣ ταδο̣ ω̣σο̣*

xj5 *δαγο̣γγο κιρ̣ο κο̣αδο καρ̣ογαρο ωζ-*

xj6 *α̣δγο̣ να̣βα̣ρ̣[τ]αδο*

[a] 看上去像-*μοχο*。

xk1 *αβο ωρομοζδο μαργιγο λροδο υαβισο ασο σαμο*

xk2 *κοροαδο þαραβο μισιδο λασομιρο αβομα̣-*[a]

xk3 *[γο]ι̣θ̣ᾱο πιδοοαυαδ̣ο κο̣[α]δ̣ο̣[ω]ρ̣[ο]μ̣[ο]ζδ̣[ο]π̣[ι]-*[b]

xk4 *σο*[c] *σ̣αυσο παρο ζιδιμο ι χαρο αλο βαρο ωσιδο*

xk5 *[τ]αο̅ ναβανδο σαυσο παρ[ο]α̣σταδο ταδο μαρο*

xk6 *[αο]ι̣ηρ[σ]ο*[d] *οτο λα̣δ̣ο̣ οισ̣α̣ρ̣[ο κι]ριμο*[e] *οδαλδο*[f]

xk7 *λασομ̣ιρο πιδο χοβο̣ π̣αρο ζι{ο}δαδο ταδο̣*

xk8 *υαμογηλο οισαρο κιριμο οτοιηιο χαρ-*

xk9 *ο αλ̣ο̣ χαþιγο παρησο λαυαδο οτοιηι-*

xk10 *ο γαμανο μα̣κιρο*[g] *ασιδαζο υαμογηλο γα-*

左页边，续写

xk11 *μ̣α̣νο φρομ̣ι̣α̣[νο αβ]ο κι̣ρδ̣ο̣ σ̣ιδ̣ομ̣ο̣*

xk12 *μ̣ισο σα̣χ̣ο̣α̣ν̣α̣[δο*[h] *]........[*

背面，收件人

xk13 *αβο ωρομοζδ̣[ο]*

xk14 *μαργιγο λρο̅δ̅[ο]*

[a] 写作 *αβομο*。 [b] 只有行末保留了轻浅痕迹。 [c] *π[ι]δ̣ο*（*δ* 损坏）看上去可能性很小。 [d] *ι* 大部分是复原的，但有一条横笔画与之后的 *η* 相连显示出这里是这个字母。参见行 9 的 *οτοιηι-* 的写法。 [e] 或*]þιμο*。 [f] 在 *λ* 和 *δ* 之间是一个污损的字母（可能 *δ* 写在 *ι* 上）。 [g] 写作 *μο-*。 [h] 不确定。

xl1 *α̣βο βορζαδοοιþνοασπο ι φρομ-*

xl2 *αλαρο λροδο υαβισο ασο μιυροþαβο̣-*

xl3 *ρο ι ρωβοχᾱρ̅ο̅ ο̅τ̅ᾱνο οαλο þαταρ-*

xl4 *ανο καλδανο χοα̣δ̣ο λ̣̅ρ̅ο̅γ̅ο̅ ο̅ι̅ν̅ᾱν̅ο̅ μι-*

xl5 *σιδο ζινδο̣κ̣ο οδο βαβο μαργιγο μ-*

xl6 *αλο πισαμαγο̣ ι̣ π̣ο̣ρο*[a] *α̣γαδο κοαδο ταο-*

xl7 οι αβο ιαοοιγαρο οα̣υ̣μορδαμο τ̣α̣-[b]

xl8 δομηνο ωσ̣ο ϸα̣βορο̣ ιωλοκανο α-

xl9 βο οαδοιο οδαβο αν̣δ̣αρο υαργο οαυμα̣-[c]

xl10 ρδο[d] ασιδομηνο πιδο ιαοοιγαρο ναυιρ-

xl11 ζιδο ωσιδο σαγονδο ταοοι αβο ζα̣ν̣δ̣-[e]

xl12 οκο οδαβο <βα̣βο>[f] οαυμορδδο ταδοιη̣νο πι[δο]

xl13 ιαυαμγο αβλιγγο υιρζο οτο κισο μα̣υ̣(ι)ρ-[g]

xl14 ζο κ̣ι̣δ̣ο̣[ι]η̣ν̣ο σαγισο γαμαν̣ο κιραδο

在页面底部，收件人

xl15 Α̣βο̣ β̣ο̣ρ̣ζ̣α̣δοο̣ι̣ϸνοασ̣π̣ο̣ ι̣ φ̣ρ̣ο̣μ̣α̣-

xl16 λα̣ρο̣ λ̣ρ̣ο̣δ̣ο ναβισο

[a]较小可能是 *πω-*。 [b]变自 *ο-*? [c]或 *οαυμο-*。 [d]较小可能是-*ρ[α]δο*。 [e]不太可能是 *ζινδ-*。 [f]遗漏（可能是漏写）之后又加在行上。 [g]位于行末挤在一起，看起来没有足够空间写应有的-*ι*-。

xm1 Αβο τιροϸταδο λιστηγιρδο οαρ̅α̅ρ̅α̅ν̅ο̅ ϸαμοοαστο ι μανο̣

xm2 ιζιαδιγο χοηο ναζαρο βηοαρο λρο̅δ̅ο̅ ν̅α̅μ̅ωσο ασο οαρ-

xm3 α̅ρ̅α̅ν̅οραμοϸα̅ρ̅ο̅ ο̅α̅ρ̅α̅ρ̅α̅ν̅ο̅ κ̅α̅β̅ο̅ο̅α̅ν̅δ̅α̅ρ̅ζοβιδο ι χο-

xm4 βο μαρηγο μισιδο αλ̣σιχτογιμο αζο μαρηγο μαρδο

xm5 σαγονδο το χοηο τ̣αρο λρο̅γ̅η̅ι̅ο̅ ο̅τ̅ο̅ ασιδουανο βαγα-

xm6 νο αβηζαρηιο αλο αργαο αλο πιδοφαρο σαγονδο

xm7 το χοηο αζανο ταδομο το χοηο πιδο χοβο ϸιζαο να̣-

xm8 βισο οτο ϸαδο βοανο

背面，收件人

xm9 Α̣βο̣ τ̣ι̣ρ̣ο̣[ϸταδο]

xm10 [λιστ]η̣γ[ιρδο]...[ ]

xm11 *痕迹*

xn1 Αβο πιδικο παρσαϸ̅α̅ρ̅α̅β̅ο̅ φριιο βραδο φριιο ωρανο χοηο ναζ-

xn2 αρο βηοαρο λ̅ρ̅ο̅δ̅ο̅ ναμωσο ασο οινδοφρομαιαμϸο χοβο μα-

xn3 ρηγο οτομο ναγατο[a] σιδο το χοηο λ̅ρ̅ο̅γο ταδο ϸαδημο ασιδα-

xn4 *νο οαλο ϸαταρανο καλδανο αβο το χοηο χοαδο λ̅ρ̅ο̅γ̅ο̅ οηνα-*

xn5 *νο μισιδο μανο ναγατο κοαδανο χ̅α̅ρ̅ο̅ αβο ιαμϸοοανινδο*

xn6 *βαστηιο*[b] *ταλδο το χοηο οο ναγανο οδο ναμιλγο αβοιασαδο*[c] *σι-*

xn7 *το αλαμαγο ταρο αβο ρωβο χοαρδο τασιδο αβο χ̅α̅ρ̅ο̅ πιδο*

xn8 *ιαμϸοοανινδο φαρδαρο πορδο ναβιχτο οδο πορδο νι-*

xn9 *ταδηιο ταδηιο ναβισο οδο νιτιιο κοαδο αβο ιαμϸοοανι-*

xn10 *νδο ασο βανδανο*[d] *νιρζαδο ταδο πιδιιο ιερο ασο το χοηο*

xn11 *στοργο σπαχτο ζανανο οτο κιρανο σιδο το χοηο ασα-*

xn12 *μαγο ϸαδο βοο*

背面，收件人

xn13 *Αβο πιδικο παρσαϸα̣-*

xn14 *ρ̅α̅βο χοηο γ̣αμω-*

xn15 *σο~*

背面另一个区域，注释

xn16 *πιδικο*

[a] 或 *νο-*。 [b] 变自 *βαστο?* [c] 或 *αβα-*。 [d] *β* 之后的点可能是第一次尝试写之后的 *α*。

xo1 *[αβ]ο ιμανο εξιιαδιγο̣[χοα]-*

xo2 *[δηο]αβο χοαδηου̣[*[a]

xo3 *] φριιο βραδο ιχοα[δηο]*

xo4 *[να]ζαρο βηοαρο λρου̣[δο να]-*

xo5 *[μω]σ̣ο ασο ρωσανοχη̣ζ[ο ι]*

xo6 *[μαρη]γο μισ̣ιδο αγαδο μα̣[ρο]*

xo7 *[ασο τ]ο̣ χοαδηο ασκαν̣ο κ̣[οα]-*[b]

xo8 *[δομο]γ̣αγατο σαγωνδο̣[*

xo9 *[ ]ναβιχτημο πιδ̣[ο*

xo10 *[ ]σ̣ιδο ιωγοαβδαβο̣[*

xo11 *[σιδ]ο̣μο λαδο παρο οδο̣[*

xo12 *[ ]ο νιστο αβορδο τ[αδο*

xo13 *[ ]χοηνινδο σιδο ι̣ζ[ινο*

xo14 *[ ]ο αβο ριζμο νιστ[ο*

xo15 *[ ] ταλ̣δ̣ο ιζινο μαλ̣[ο*

xo16 *[ ]ο ωχαταδο*[c] *τ[α]δ̣ι[ιο*

xo17 *[ ]χω̣ζανο ατι̣ο̣ α̣βιρ̣[*

xo18 *[ ]*[d]

[a] 或 *χοαδηο̣ι̣γ[*。在*-υ̣-/-̣ιγ-*之前的标记可能是个污点，因为对于 *ο* 来说它太小了。 [b] 最后一个可见的字母只能是 *κ*, *λ* 或 *η*。 [c] 起首字母 *ω* 写得很难看，可能是变体，但它之前的标记似乎不是另一个字母。 [d] 该行后半部分空白。

xp1 *[αβο]••ζ[ ]ρ̣[ ]μ̣[ανο α]-*

xp2 *[ζιαδιγο]χο̣ηο ναζα̣ρο βηοαρο λ̅ρ̅σ̅δ̅σ̅ ν̅α̅μ̅ασο ασο βαγο-*

xp3 *[••••••]χοβο μαρηγο οτομο νιγατο σιδο το χοηο λ̅ρ̅σ̅γο̣*

xp4 *[ταδο ϸα]δημο ασιδανο οαλο ϸαταρανο καλδανο αβο*

xp5 *[το χοη]ο χοαδο λ̅ρ̅σ̅γ̅σ̅ σ̅ηνανο ναμασο βαρανο μισιδο̣*

xp6 *[το χοη]ο ζανο κοαδο πορλαγγοζινο αλο χοασραο*

xp7 *[χοβο οσι]ρδοβιδο οαρο οδο̣ λαδο κιρδο κοαδανο χο-*[a]

xp8 *[ανδο σι]δο*[b] *ναιο το χοηο αβο πορλα̣γγοζινο ϸαυρ-*

xp9 *[ο]μ̣ιυγαρο νακιραγι οδο πορλαγγοζινο αβο το̣*

xp10 *[χο]η̣ο ϸαυρο μιυγαρο κιραγι οτο*[c] *πορλαγγο(ζινο) ιαπιστ-*

xp11 *[αρ•]ι̣ο*[d] *αβο το χοηο νιβιχτο κοαδαζο πισο ωυ-*

xp12 *[ρομο]ζδο ϸαοα̣γι*[e] *ταλδο το χοηο σινδηιο*[f] *δαλδο το*

xp13 *[χοη]ο οδαλο χοασραο πισο ωυρομοζδο ηρσαγι*

xp14 *[τασ]ιδανο σαχοανο αστα{α}γι ταδο πισο ωυρομο-*

xp15 *[ζδο] χοαναυ̣ο̣ οτο πισο ωυρο̣μοζδο οαρο δο λαδ̣-*

xp16 *ο̣ κιραμο κοαδο̣ μ̣α̣ζο̣*[g] *φαρο το χο̣ηο*

背面，方向改变，续写

xp17 *[μιυ]γαρο <να̣>κιραγι*[h] *οδο το χοηο φαραμαγο μιυγαρο νακι-*

xp18 *[ραγ]ι ταδο το χοηο ζανο κοαδο̣ π̣ο̣ρ̣λ̣αγγο̣ζινο πισο ω-*

xp19 *[υρο]μοζδο ϸοδο ταλδο το χοηο σινδηιο*[f] *ταδο το χọ-*

xp20 *[ηο π]ịσο ωυρομοζδο ϸ(αο)αδο*[i] *οδαλο*[j] *το χοηο ϸοδο νακιμ-*

xp21 *[αδο τα]δο αβο χοασραο φορτιιο τασιδοιανο σαχοανο*

xp22 *[αστ]αγι ταδο πισο ωυρομοζδο χοαναγι σιδο το χοη-*

xp23 *[ο ••]μιβικο*[k] *αβο πορλαγγοζινο ϸαụρο μιυγαρο μạκι-*

xp24 *[ραγ]ι οτο καλδο πορλαγγοζινο ασο ωυρομοζδο αγα-*

xp25 *[ ]οτο το χοηο μιυγαρο κịρạγι ταδο μανọ*[l] *γ̣-*

xp26 *[ ]ι ασταγι κοαδο αβο οσιρδοβιδο οδαβο πηρι-*

xp27 *[ ] νακιραγι*

在页面底部，收件人

xp28 *[αβο ....]................... —βο•••οχọạρο χοạσρạọ-*

xp29 *[γανο μα]γ̣ο ạζιạδịγọ —χοηọ ụạ[ζ]αρο βηọạρọ*

xp30 *[λροδο ναμασο]*

[a] 或 *χα-*。 [b] *-δο*。 [c] 变自 *οδο*? [d] 较小可能是 *]μο* 或 *]νο*。 *ι* 的形状显示出前面的字母应该是 *α* 或 *η*。 [e] 写作 *ϸαδạγι*。 [f] 变自 *σιδ-*? [g] *γα-* 可能性较小。 [h] *νạ-*（看上去像 *νο-*）写在行上，前面的看上去像 *δο-* 或 *δα-*（可能是第一次写 *να-* 写错了）。 [i] 写作 *ϸαδο*。参见 *ϸαοạγι* 在行 12 写成 *ϸαδạγι*。 [j] 读为 *οδαλ(δ)ο*? [k] 看上去像变自 *]μικο*（漏写？）。 [l] 不确定，也可以读为 *νανο, μανα-*，等。

xq1 *αβο ωυρομοζδο λ̅ρ̅ο̅δ̅ο̅ ῡαβι-*

xq2 *σο ασọ μạμ[αρ]η[γ]ọ[*[a] *........]ạνο μι-*

xq3 *σιδο ασπαϸσιγο*[b] *μ[αρο]ạγαδινδ-*

xq4 *ο ταδο ασαφαγο νιϸμηρινδο*[c]

xq5 *κọạ[δο] ασπο ληρηιο αβο αχαρο ο-*

xq6 *δομηνο χοζο ζινηιο οδο ναβισο*

xq7 *γαμ[α]γ̣ο κιρηιο οδο ζινọ φρι-*

xq8 *χηϸηιο ταδο χοηβανδο ασφα-*

左页边，第一次续写

xq9 *γο ιωγο τọραγο*[d] *κιρδο ταδο τ̣-*[e]

xq10　*αοι*[f] *φαρο μαρσκονδανο γαμα-*

xq11　*νο μα̣κιρο κα̣λ̣δ̣ο*[g] *μισο*[h]

背面，第二次续写

xq12　*γαμανο κιρηιο ταδαζο πι-*

xq13　*δοκαρλημο*

收件人

xq14　*αβο ωυρ[ο]-*

xq15　*μοζδο̣[λ]-*

xq16　*ρ̣[οδο]υ̣α̣[βισο]*[i]

[a]这个复原中遗失的字母 *αρ* 占了很大空间。 [b]或 *ασπφσιγο*。 [c]或 *νιφμ-*, *νι[]ρμ-*（可能在缝隙里有另一个小字母)。 [d]几乎可以确定。 [e]好像因为该行之前部分折叠造成的镜像印迹而模糊了。（*τοραγο* 的-ο） [f]*τοοι* 的误写？ [g]*λ* 仅有轻浅痕迹，但 *κοαδο* 的可能性较小。 [h]行末似乎是空白。 [i]可能没写完。因为这样复原的话，那点空间肯定写不下。

xr1　*[Αβο οαρανο οδαβο ιαμ]ϸο*[a] *παρσ̣αϸαραβο̣ λ̣ρ̣-*

xr2　*[οδο ναμωσο ασο]φρ̣ομαρ[ι]ζμο ϸ̣α̣β̣[ο]ρ̣-*[b]

xr3　*[ανο μισιδο ω]ρομοζδο μαλ̣ο αγαδ̣ο̣ τ̣αδο̣*

xr4　*[　　　　　]ο τωμα̣χο φαρο α̣μ̣α̣χο̣*

xr5　*[　　　　γαμ]α̣νο κιρ̣ηδο*[c] *οτοιηνο λ̣α̣-*

xr6　　　　　　*]ο οδο ταρβαρσ̣ο̣ ο̣δ̣ο̣ •-*

xr7　　　　　　　　　*μι]σο σιγισο ωσιδο αλδο*[d] *κα̣λδο̣*

xr8　　　　　　*μα]γαγγο μαρηγο̣ λ̣α̣δο .....*

左页边，第一次续写（最少 2 行）：遗失

xr9　*[　　　　　　　　　　　　　　　　　　]*

xr10　*[　　　　　　　　　　　　　　　　　φ]-*

背面，第二次续写

xr11　*ρο̣μιιο λαδο*

收件人

xr12　*Α̣βο οαρα̣-*

xr13 *γ̣ο λ̄ρ̣̄ο̄δ̄ο̄*

[a] 或*]φο*。 [b] 不确定，但痕迹很特别。 [c] 变自 *κιρο*? [d] 表示删除？

xs1 ....*αμο*[a] *αβο μηιαμο̣*

xs2 *βα̣γ̣δαγο̣ ῥιιο απαρσο λαδο βο-*

xs3 ... *υοργο ι΄ β΄ μαυρο υοργο*

xs4 *γ΄*（？）

[a] 不是 *μηιαμο*。

xt *无法识读*

4.5 不确定性质的残片

ya1 *]ξ[*

ya2 *ῥ̣αρο*[a] *λαδο̣ [*

ya3 *[ο]δ̣ο π̣α̣δ̣[*

[a] 或 *φ-*?

yb1 *]•[ ]•[ ]ρ̣στανο οισ̣[*

yb2 *]•ι[ ] τοο μαρο αβο κ̣[ ]••[ ]ρ̣[*

yb3 *]δ̣ο αστο ασιδ̣[ο] ο̣δο ρ̣[*

yb4 *]ι̣μο κ̣[*

yb5 *]ο οαλο σαξ[αμανο*

yb6 *]η̣[ ]...[*

yc1 *]π̣αο̣ αβο λορ•[*

yc2 *]<α̣>*[a] *σ̣α̣υ̣αο̣[*

背面

yc3 *] μ̣α̣ρ̣[ο*

yc4 *]ο̣ι̣σ̣ο̣[*

[a] 加在行上。

文书 yd, ye 模糊不清

4.6 佛教文书

za1 *ναμωο σαρβοβοδδανọ[κι]δο*[a] *τριþτ[•]-*

za2 *νδαγινδ̣[ο*[b] *]π̣ιδο*[c] *μ̣αβαρọ[*[d] *]ρ̣ι̣ζιν̣δο*[e] *ναμ-*

za3 *ωο λωγοασφα̣ροραζο βọ[δδο]ν̣[α]μ̣ω̣ο μ̣α̣υ̣-*

za4 *ακ̣αβο*[f] *βοδ̣δο να̣μωο αβρ••ọ*[g] *β̣ọδ̣δ̣ọ ν̣[αμω]-*

za5 *ο δηβοαγγακαρο βοδδο ναμωο ρ[α]σ̣μ̣ọραζọ*[h]

za6 *βο(δδο) ν̣α̣μω σακ̣ομανο βọδδο ※ λωγοα(σ)φαρο*

za7 *βω̣δ̣ọσατφο ναμωο μ̣ητρα̣γο βω̣δ̣ọσ̣ατφ[ο]*

za8 *ναμωο βικραδο*[i] *βωδοσ̣α̣τφο ν̣α̣μωο μανο-*

za9 *σιρο*[j] *βωδọσατφο ναμωο σιγγοβικρηριδο β-*

za10 *ωδοσατφο ναμ̣ωο αζιλο βωδοσατφο ναμω̣-*

za11 *ο ※ βησραμα̣νο βωδοσατφο*[k] *ιακþα̣ν̣ο þ̣ᾱ̣ο̄*

za12 *ναμωο καραγο ρακþασο ρακþ[α]σ̣ανο þᾱ̣ο̄ ναμω̣-*

za13 *ο κησινδα̣ρο*[l] *κινδαρα̣ν̣ο þᾱο̄ ναμωο*[m] *ναμωο*

za14 *ναμωο νανδοω̣βα̣νδ̣ο ναγανο þᾱο̄ ναμω-*

za15 *ο ναμωο ••ι̣*[n] *π̣ι̣σασ{αν̣}ọ*[o] *πισασανο þαο ναμωο*

za16 *ν̣αμωο μ̣α̣ọ κ̣ọβα̣νανο þᾱο̄ ναμωο σακ̣ο δηβο*

za17 *δηβανο þαο ν̣αμω̣ο μανυ̣α̣ọβραμο ναμωο μ̣α̣-*[p]

za18 *νọ βατρο σιναπιδανọ*[q] *κ̣ιδαβọ*[r] *χαιαγο ρακ̣þọ[]*[s]

za19 *χα̣βρ̣ωσο [α]βανδ̣[αρο*[t] *]βηκ̣ọ*[u] *αβο βιναρο αβο βαγọλ̣α̣-*

za20 *γγο αβο λαχþ̣τ̣α̣[νιγο τ]α̣δηιο[•]γα̣να̣σ̣ι̣•[*[v]

[a] *δ* 似乎是写错了。 [b] 或 *τριþσι[*。该单词最后一个可见的字母大概识读为 *α/δ* 或 *ο*。 [c] 或 *]κιδο*。[d] 起首字母 *μ* 或 *ν*。最末字母 *ο* 非常不确定。 [e] *ρ̣ι̣*（带有上方 *τρι*-那样的短 *ι*）不确定，也可能只有 *ρ*。*ν* 几乎可以确定，虽然理论上应该是 *μ*。 [f] 起首字母 *μ* 很清楚，但后面两个字母非常不

确定。*ḳ*也可能解读为 *η*，较小可能是 *λσ*。 [g] 可能是 *αβρα̣*-或 *αβρη̣*-（但不是 *αβρο̣*-, *αβρι̣*-，等。因为第四个字母和第五个连写)。 [h] 起首字母是 *ρ* 比 *φ* 或 *þ* 可能性大得多。之后跟着 *[·]σ* 或 *[]η* 然后是 *μο*（较小可能是 *γω*）。读为**ρατνοραζο* 不可能。 [i] *κ* 可能性比 *η* 大。最后三个字母模糊了但还是可以确定。 [j] *σι* 小但清楚。 [k] 原文如此。 [l] 或-*ορο*。可能被解释为 *κησ(.......κ)ινδα̣ρο*。 [m] *ωο* 连写。 [n] 可能是 *σ̣[ρ]ι*。 [o] 原文如此？ [p] 可能是 *μα*-或 *μο*-，但 *να*-，*νο*-也有可能。行 18 第一个字母是 *ν* 的可能性大于 *μ*(因此不是 *ναμωο*)，但之后的(可能是 *ρ*或 *δ̣ρ*)污损且模糊不清。 [q] *π* 不是很清楚，但不太可能有其他解读。 [r] 起首字母是 *λ/η* 可能性较小。 [s] 或 *ρακþα̣[]*。可能已经完整。 [t] *β* 可能是单词首字母，但前面还有另一个字母的足够空间。 [u] 基本可以肯定。 [v] 第一个字母是 *γ* 或 *σ* (不和左边连写)，第二个是 *α/δ* 或 *ο*。

α´[a]

zb1 *οτο σιδασο μαρ̣[ο πονaδο ταδο* *]β̣αν[δ]α̣γο •••σαγο̣δο̣χτο χοαοανδο̣*

zb2 *αλο μαδο αλο π[ιδο αλο λογδο αλο πορ]α̣νο αλ̣ο̣ χο̣[α]υο αλο βραδρανο αλο̣*

zb3 *οισπο παρολ̣ω[γοσιγο* *αβι]ρ̣α̣δ̣ο οτο σ̣ιδ̣[ασ]ο μα̣ρ̣ο μισ̣ο πονaδο*

zb4 *ταδο πιριþτο [* *]δ̣ο̣ ολο αλο̣ μ̣α̣δ̣ο αλο πιδο [α]λ̣ο χοαυ̣[ο]*

zb5 *αλο βρα̣δ̣[α]ρανο̣[* *α]β̣ι̣ρ[αδο] ο̣το̣ σ̣ι̣δ̣α̣σ̣ο̣ μ̣αρο̣ μ̣ι̣σ̣ο πονaδο*

zb6 *τ̣αδο σ̣ιδο̣ <μανο> μ̣ω̣[σ]ο̣ μ̣[* *]αρ[ ]ο οαυ̣α̣μ̣ο̣ αλο α̣σ̣το οτα̣υ̣ο οισ-*

zb7 *π̣[ο] βοδ̣[••]γο α̣β̣[ιραδο οτο σιδασο μαρο μισο]π̣ονα̣δο̣ τ̣α̣δ̣ο •[••]βανο̣βανδα̣<γο>*

zb8 *κ̣[ι]δο λιβο τ̣ο̣[* *]•[ ]δ̣ο αβιρ̣αδ̣[ο] να̣μω̣ο βο̣-*

背面

zb9 *δ̣δ̣ο σιδασ̣ο μαρ[ο μισο πονaδο ταδο* *]..........σ̣ομαρ̣γο̣ .... μο̣ρδο*

zb10 *οδο ζοοα̣γ̣δαγο̣[* *].............ο γ̣α̣μ̣ωο σ̣α̣ο̣κ̣ομα̣νο*

zb11 *βοδδο ναμωο̣[* *ν]α̣μωο̣ λ̣ω̣γο̣ασφαροραζο βοδδ̣ο γ̣α̣-*

zb12 *μωο σιρ̣ογρ•[* *]ρ̣β̣......... βοδδο ναμωο ραδαγ̣ο̣κ-*

zb13 *ωταμο βοδδ̣[ο ναμωο* *]ο β[ο]δ̣δ̣ο̣ ναμωο σανδ̣α̣ροβανο β̣ο-*

zb14 *δδο ναμωο ρ[* *να]μ̣ω̣ο̣ ρ̣αδανοζανο βοδδ̣ο ναμ-*

zb15 *ω̣ο ραδανο•[* *σο]μ̣ηρ̣ο̣βηρ̣αμο βοδδο ναμω̣-*

zb16 *ο̣ σ̣ομηρ̣οκ̣•[* *]βοζο̣ β̣ο̣δδο γ̣α̣μ̣ωο̣ ζι•ο̣ βο̣δδο [ ]*

[a] 页面左上角。

zc1]• π•ρ̣[ ]

zc2]ναμωο

zc3]ν̣ιζαδ[αγο]

zc4]ο ιειμ[ο]

zc5]ο̣̄μ̣̄ᾱ̣ρ̄γο[ ]

zc6]το ι̣[a] φ[ ]

zc7]χο ζιρ̣ζ[ ]

zc8]ο α̣σο ••[ ]

zc9]ω̣ζδαν[ ]

背面：只有痕迹

[a] 不确定。

第一页

zd1 *ι ναμω βοδδο̣ ν̣α̣μω δα̣ρμο ναμω*

zd2 *σαγγο μισιδο ασ̣ιδασο μαρ*[a] *π̣[ονο?]•α•[ ]*

zd3 *ιαβαργο αστα̣δο̣ τ̣α̣δο δο[γγο? πιδ]-*

zd4 *[οο]αυ̣αγο? δαγογγο χωζιμο κο[αδο?*

zd5 *[ ] αβο μ̣ο λαμ̣ο αχ[•]•ο̣[*

第二页

zd6 *•••γγο̣ ••ι•ο πιδοβοστιγ[ο σ]αγο̣[νδο? σα]-*

zd7 *καμονο βοδδο αβο μαλο[νιγο?*

zd8 *οδο αξο ο[α]ρηλο αζι̣[ιανο?*

[a] 原文如此。

TiS1 *α̣χ̣ο̣ν̣ο υ̣´ ϙ´ β´ μ̣αυ̣ο σβωλο κ̣α̣λ̣δ̣ο ωσταδο̣[ ]*[a]

TiS2 *βογγο ιμο στοπο̣ μ̣ανο αλχισο χορ̣ασο*[b] *π̣ο̣ρο*

TiS3 *γαζανο*[c] *χοδδηο̣ο αβο ραγοζαμαγανο καλδο*

TiS4 *δορκο*[d] *χαρο δο ταξιγο χαρο σταδο ταδομο κι-*

TiS5 *ρδδιγο δδηβδαρμο αβατανο Δριγδδινδο*[e]

TiS6 *οδομο π̣ισο*[f] *ιμο ζιναλ̣ακο*[g] *δ̣δηβδαρμο κιρδ̣ο*

TiS7 *πιδο αλαγαμαγγο πηυρο ασιδ̣ομο αβο βοδδο<σ̣α̣>στρο*[h]

TiS8 *σταδο οδο πιδο στοργο σραδο*[i] *οδο πιδο ωϸτογδδι-*

TiS9 *γο*[j] *ιωγοτο*[k] *ωσο ασιδασο μαρο̣ πογ̣γ̣ο <οδο>*[l] *ιαβργο*[m]

TiS10 *ασταδο τ̣αδαζαλ̣χισ̣ο οδο μανα̣γγο μαδοπιδδιγο̣*

TiS11 *<ο>δο*[n] *ο̣λο*[o] *οδο βαραδανο ποραν̣ο οδο <μ̣ισ̣ο̣>*[p] *ναμογωυριγα̣-*

TiS12 *ν̣ο̣ οισ̣π̣ο κικο αβο χοβο χοβο ιαγαλαγο*[q]

TiS13 *πρησιν̣δδηιο ναμω βοδδαν̣ο*[r]

[a] 行 1-2 现在损坏了。主要根据 Brigitte Neubacher 的照片识读，照片中行 1 首尾隐藏，其他部分在阴影中。不过整体识读包括数字基本无误。识读的行应该完整（包括行 3、6、9 末尾的空白），不过有够写最多另外两个字母的空白。 [b] 或 *χοο̣ασο*? 但在某些照片上可以看到疑似-*ρ*-尾部的痕迹。 [c] 第一个字母的左半边损坏，但是 *σαζανο* 的可能性小于 *γαζανο*。 [d] 原文如此，不是 *τορκο*。 [e] 三角形的起首字母 *δ*-。 [f] *π*- 完全损坏了，但留下的空间和后面-*ι*-的形状强烈暗示其存在。 [g] 较小可能是-*κακο*。 [h] *σ̣α̣*(?)加在 *σ* 上。 [i] 较小可能是 *γ*-。 [j] 该行第一个字母是 *γ*- 的可能性大于 *σ*-；空间大小排除了 *δ*- 或 *τ*-的可能性。 [k] 较小可能是 *ιωσοτο*。 [l] 加在 -*γ̣γ̣ο* 上，写得很轻很小的字母。 [m] 或-*σο*。 [n] *ο* 加在 *δ* 上。 [o] 前两个字母靠得很近，但不是必须读为 *αλο*。 [p] 加在行上，单个字母不确定，但整个单词的外轮廓很清楚。 [q] 在此行和下一行末有空白。 [r] 后面是一个花体就像大写罗马字母 S。

5 译文

5.1 署明日期的文书

A

（兹于）110 年 Ahrezhn 月 Abamukhwin 日晚，此婚姻契约写于

2. Rob 城名为 Steb 的辖区，

3. 经 Asteb 之自由民，证人（及）（在文件上）盖印者认定，彼等亲见本文件并

4. 于此签名，未亲见本文件者，签（名）于另一写本，

5. （即）当辖区长官 Wind-ormuzd Kulagan 之面，

6. 当 Waraz-ormuzd Khwasrawgan 之面，当 Abdabuk Pabugan 之面，当 Aspal-mir

7. Yolikan 之面，当工匠大师 Bag-bandag 之面，以及当其他 Steb 自由民，

8. 证人（与）（在文件上）加盖（自己）印章的人之面。（因而，该）声明是自由且自愿的，由（我），Zamod 之子 Bag-farn，

9. 以及（我等），Bag-farn 的亲生儿子 Bab 和 Piduk，他们二人现与

10. Ninduk Okhshbadugan 一起自由服役——做出。

现在：我，Bag-farn，要求你，

11. Far-wesh，和你，Nog-sanind，以这位名叫 Ralik 的女士，为拥有充分权力的儿媳，

12. （作为）（我的）儿子们，Bab 和 Piduk 之妻，因此，我，Bag-farn，将

13. 把这里记述的名叫 Ralik 的女士视为儿媳，当作儿媳对待，在

我们现有的每个家，

14. 以及我们将建立的家庭里，都将作为儿媳对待，

15. 正如世俗的既定惯例。

和（由我们），Bab 和 Piduk 做出的声明。我们接受

16. Ralik——我，Bab，和（我），Piduk——（为）妻，当作妻子对待，在我们现有每个家

17. 以及我们将来建立的家里，（当作）拥有权力的女人，正如世俗既定之惯例。

18. 我，Bab，和我，Piduk，将无权使另一个（女人）成为（我们的）妻子，亦不能

19. 占有一个自由的（女人为）妾，而 Ralik 未同意此事；若我，Bab，或我，Piduk

20. 使另一个（女人）成（我们之）妻，或占有一个自由的（女人为）妾，而 Ralik 未同意，那么

21. （我们）将给予皇家财库二十第纳尔铸制金币，并给予对方同样数量。

22. 该声明由（我们）Muzda-wanind 之子 Ninduk、Ninduk 之子 Yamsh-bandag 与 Pap 及 Yat 做出，

23. 他们的房屋名为 Okhshbadugan，我们自己请求 Ralik，

24. 关于此事，我们一致同意，（我们）将无权——我 Ninduk，我 Yamsh-

25. bandag，我 Pap，以及我 Yat——指派责任和任务给 Ralik，亦不能指派（给）任何将来由 Ralik 生育的孩子。

26. 若 Ralik 生育儿子，她将独自拥有，

27. 她亦可使他如（他的）祖父和父亲一样自由（履行）义务；

28. 若生育女儿，即使父、母及家族同意送出（她），那么

29. 他们可以送出她。若我 Ninduk，或我 Yamsh-bandag，或我 Pap，或我 Yat，未这样做，

30. 或若（我们）指派责任和任务给 Ralik，或（我们）如此要求，

31. 关于 Ralik 之后代们，（孩子）做我们的婢女或奴隶，而非自由服役

32. 如同（它的）祖父和父亲，那么（我们）将给予皇家财库二十第纳尔铸制金币之罚金，

33. 并给予对方同样之数额，我们的要求与争论亦因此无效。

34. 嫁妆(包括)一条毛毯、一只枕头、一……、……外衣、一……、

35. 四只手镯、两……、三双鞋子、两口羊、……三量度器[小麦]。

36. ……

Aa

1-2. 第 134 年 Dematrigan 月 Din 日。

3. 我 Basuk，已收到来自（你）Zuwanind

4-5. Kharagan 之二第纳尔铸制金币。所以，此（为）你的（收据）证明。

Aa'

1-2. 第 134 年 Dematrigan 月 Din 日……

B

1. 第 137 年 Shabat 月。

2. 我 Aspal-bid，已收到来自

3. 你，仓库管理员 Zuwanind 之

4. 清单所列物品：

5. 四十量度标准面粉和谷物，

6. 十二罐酒，十只筛，

7. 十袋干草，十四捆紫花苜蓿，

8. 一只小鸡。

9. 所以，此（为）你的（收据）证明。

B'

第 137 年 Shabat 月。

2. 我 Aspal-bid，已收到

3. 来自你，仓库管理员 Zuwanind 之

4. 清单所列物品：

5. 四十量度标准的面粉和谷物，

6. 十二罐酒，

7. 十只筛，十袋干草，

8. 十四捆紫花苜蓿，一只小鸡。

9. 所以，此（为）你的（收据）证明。

C

第 157 年 Drematigan 月。

此礼品契约写于

2. Rob 城名为 Regan 之辖区，当在场之自由民（和）证人之面：

3. （即）当 Ormuzd Burzaduran 之面，当 Kusirdakhm 领主之面，

4. （当）Bag-lad Mashukan（之面），当 Malrug 居民 Far-waraz 之面，以及当其他市民之面。

5. （那么，该）声明是自由（且）自愿做出。（我）Shar-wanind，Rewgan 居民，Skakh 之子，向你，Yamsh-spal，Yamsh-spal Burkan 之子，做出（该）声明。

6. 现在，我 Shar-wanind，有一（块）平整土地，

7. 我的祖传地产，位于 Wadod，这（块）土地名为 Larkad，关于该田地之

8. 边界：东、南至河流水源处为界；

9. 西至 Yamsh-spal 之地；北至 Istakhirs 居民 Mir-bandag 的葡萄园。

10. 从而，于此所述之土地及邻近之水源，由我（当作）礼物赠送于你

11. Yamsh(-spal)，作为劳务报酬，而我已自你 Yamsh-spal 处收到（我的）礼品的回礼。因此我感到满意且满足，

12. 所以，于此所述之土地及邻近之水源将来

13. 可以完全归你 Yamsh-spal 所有；你可以拥有（并）占有（它），连同你的儿子和后代们，

14. 无要求（且）无争议，从现在直到永远。若将来任何人——

15. 不管是我 Shar-wanind 自己，或我的兄弟们，或我的儿子们，或我的后代们——

16-17. 关于上述土地，或关于邻近水源，继续提出要求或与你 Yamsh-spal、你的兄弟们、你的儿子们或你的后代们争论，那么他的要求

18. 和争论将无效，另外，他将支付二十第纳尔铸制金币之罚金给皇家财库，

19. 并支付同样数额给对方。

（此）文件，此礼品契约，是令人满意

20-21. 且有效的，（它）写于此地。由我 Shar-wanind，和于此写有（名字）的证人一起，加盖印章于此礼品契约之上，使之令人满意且有效。

C'

第 157 年 Drematigan 月。

此礼品契约写于

2. Kandban 城名为 Rewgan 之辖区，当自由民（和）证人之面，

3. 他们在场且盖印于上：（即）当 Ormuzd Burzaduran 之面，

4. 当 Kusirdakhm 领主之面，当[Bag]-lad Mashukan[之面]，当

5. Malrug 居民 Far-waraz 之面，并当其他市民之面。（那么，该）[声明之做出是]自由（且）

6. 自愿的。（我）——Rewgan 之居民、Rewgan 之子——向你

7. Yamsh-spal，Yamsh-spal Burnikan 之子，做出（该）声明：

现在，我 Shar-wanind，有一（块）平整土地，

8. 我的祖传地产，位于 Wadod，这（块）土地名为 Larkad，关于该田地

9. 之边界：东、南至河流水源（为）界；

10. 西至 Yamsh-spal 之地；北至

11. Istakhirs 居民 Mir-bandag 的葡萄园。从而，于此所述的葡萄

园及邻近水源，由我（当作）礼物赠送于

12. 你 Yamsh-spal，作为劳务报酬，而我已自你 Yamsh-spal 处收到（我的）礼品之回礼。

13. 因此我感到满意且高兴，所以，于此所述之土地

14. 及邻近彼之水源将来可以完全归你 Yamsh-spal 所有；你可以拥有（并）占有（它），

15. 连同（你的）儿子们和（你的）后代们，无要求且无争议，从现在直到

16. 永远。若将来（任何人）——不管是我 Shar-wanind 自己，

17. 或我的兄弟们，或我的儿子们、我的后代们——继续提出要求（或）与你 Yamsh-spal、

18. 你的兄弟们、你的儿子们、你的后代们争论，涉及此中所述之地产，或涉及

19. 邻近水源，那么他的[要求]和争论无效，

20. 另外，他将支付二十第纳尔铸制金币之罚金给皇家财库，并支付同样数额

21. 给对方。（此）文件，礼品契约，自写于此地时令人满意且有效。

22-23. 由我 Shar-wanind，和于此写有（名字）的证人一起，加盖印章于此礼品契约之上，使之令人满意且有效。

D

（兹于）第 195 年……月，

2. 当领主 Keraw

3. 停留在 K[……]。

于是他支付[了]

4. （作为）支出（从）Keraw 的地产：（给）N[……]

5. 和 Soras 和 Aspan[d]

6. 六十四夸脱谷物。

E

（这是）你的（收据）证明。

E'

第243年Ab（月）。

现在

2. Kandban居民Aspiy，带来了

3-4. Muzd收据之十配克谷物。所以，

5. 这（是）你的（收据）证明。

F

（兹于）247年Spandarmid月Ormuzd日，（此）盖印文书

2. 关于释放，写于Lan城Burzawid要塞的长官法庭，

3. 经Zar-wer Wibriyan认定，并当市场监管人Talm-zen之面，当

4. （该）声明由我Asbid Nunukan自由且自愿做出，我（以前）买来的（你）Zer，

5. Bag-bandag之子，自Pidud本地人Yamsh-lad、Sadayol和Tayag处，

6. （归还）全部款额，而现在我从你Zer处收到全部金额[1]；

7. 因而，我自己感到满意且满足，并且

8. 你Zer被我释放，无要求且无争议。那么（整个）将来时期

9. 你Zer，是自由的，无要求且无争议来自我Asbid自己

10. 以及来自我的兄弟们和来自我的儿子们，以及来自我的后代们，

11. 及来自其他任何人。无论谁将来——不管任何人，或者我

12. Asbid自己，或我的兄弟们，或儿子们，或后代们——任何人

13. 追捕你Zer，作为奴隶（或）学徒，（或）根据法律提出要求，（并）

14. 制造另一份盖印文书或契约（且）如此声称：

〔1〕字面含义为“接收到（我）自己的头上”。

15. 我 Asbid，未曾收到来自你 Zer 的全部金额[1]，

16. 而你 Zer 未被我释放。那么，他的要求和争论

17. 在法庭上（被认为）不正当且无效。另外，他应付 *bredag*

18. 五十第纳尔铸制金币之罚金，并付对方同样数额。此盖印文件

19. 由我 Asbid，和证人一起盖印；以使之（被认为）有效。

F'

（兹于）第 247 年 Spandarmid 月 Ormuzd 日，（此）关于释放的盖印文书写于

2. Lan 城 Burzawid 的长官法庭，当 Zar-wer Wibriyan 之面，

3. 当市场监管人 Talm-zen 之面，（该）声明由（我）Asbid Nunukan 自由且自愿做出：

4. 我（以前）买来的（你）Zer，Bag-bandag 之子，自 Yamsh-lad、Sadayol 和

5. Tayag 处，他们是 Pidud 本地人，（归还）全部款额，而现在

6. 我从你 Zer 处收到全部金额[2]；因而，我自己感到满意且满足，

7. 而你 Zer 被我释放，无要求且无争议。那么（整个）将来时期，你

8. Zer，是自由的，无要求且无争议来自我 Asbid、我的

9. 兄弟们，来自我的儿子们、来自我的后代们，及其他任何人。无论谁

10. 将来——不管任何人，我 Asbid Nunukan，还是

11. 我的兄弟们或儿子们或后代们，或其他任何人——任何人

12. 追捕你 Zer，作为奴隶（或）学徒，（或）根据法律提出要求，（并）制造另一份盖印文件或

13-14. 契约（且）如此宣称：我 Asbid，未曾收到来自你 Zer 的全部金额[3]，而你 Zer 未被我释放，无要求

---

[1] 字面含义为“接收到（我）自己的头上”。

[2] 字面含义为“接收到（我）自己的头上”。

[3] 字面含义为“接收到（我）自己的头上”。

15. 且无争议，那么他的要求和争论在法庭上（被认为）不正当且无效，

16. 另外，他应付 *bredag* 财库罚金

17. 五十第纳尔铸制金币，并付对方同样数额。此盖印文件，由我 Asbid，

18. 和证人一起盖印；以使之（被认为）有效。

F *背面*

由 Asbid 盖印（印 A）。

由 Asbid 盖印（印 B）。

由 Talm-zen 盖印（印 C）。

G

第 249 年 Dremat[igan]月。

2. 现在，我 Dremat[igan]，

3. （为）谷仓管理员，已收到来自你

4-5. O[rm]uzd Bu[rnikan]的谷物，……其被征收给 *kanarang*s，是来自（他们）自己土地的耕作。

6. 现在，我 Muzd 已全部收到

7. 一百二十配克谷物，因此，

8. 你 Ormuzd 无（剩余的）[债务]。

9. 所以，这（是）你的（收据）证明。

H

第 250 年

2. *Ardeyushtug 月。

现在，

3. 我 Muzd Kharagan，

4. 谷仓管理员，已全部收到来自你 Ormuzd

5-6. Burnikan 的谷物和干草，其被征收（给）*kanarang*s，所有（数量）之应得物

7. 为新交付，一百八

8. 配克谷物和六担干草，

9. 总共，因此

10. 你 Ormuzd 不再有（剩余的）债务。因此这

11. （是）你的（收据）证明。

H'

第 250 年 Ard[eyushtug]月。

2. [现在]，我

3. M[uzd Kharagan，]谷仓管理员，已全部收到来自你 Ormuzd

4. Burnikan

5. 的谷物[和干草，其被征收给 *kanarang*s，所有数量之应得物为]

6. 新交[付，一百八

7. 配克谷物[和六担干草，总共，

8. 因此，你 Ormuzd 无剩余之债务……]

I'

（兹于）第 260 年，Aban 月，[此……盖印文件……写……当]

2. 自由民[……之面]，他们

3. [在场……]且（他们）[盖印于上……：即当……]

4. [……]tay Pand[ukan]之面，[该声明由我 Zanduk、我 Zanduk 之子 Ram-gul]，

5. 由[我们]自愿，[并由我 Sasan 之子 Ormuzd、其地产]

6. 名为[……]n，给你 Ya[msh……]。

7. 并且他们[已收取我金币和羊]作为[嚈哒税，且我没有其他财产]

8. [可用于支付]作为[嚈哒税……]

9. [Waraz] khag（为）界限……。

I

……[我们将支付……]给[……]财[库，且我 Zanduk、和我 Ram-gul，和我 Or]

2. muzd，将欠并将支付同样的罚金给对方。

I *背面*

Za[nduk]（和）Ram-g[ul]（印 A）

Ii

（兹于）第 260 年 Latter Aban 月，[此盖印文件……写于此处的城……]

2. 名为 Yamarg 的辖区，当[自由民……之面]

3. 他们[在场]且（他们）盖印于上[……：即当

4. [……]nd Yamshan 之面，且当 Ormuzd Garbidan 之面，[……该声明]

5. 由我 Zinduk，和我 Zind[uk 之子 Ram-gul，和我 Ormuzd，Sasan 之子，Malr 居民做出。并且我

6. Or]muzd，Malr[居民]，Sasan 之子，向[你 Yamsh……做出（该）声明……]。

[他们]

7. 已向我收取金币和羊[作为嚈]哒税，[我没有其他财产]

8. 可供支付[嚈哒]税。但是现在，我们已收到[价款] ……

9. [于此]所述……

10. [……]1 Raman……[或]

11. 多一点或少一点……

12. 边界[以]干河为界限

13. 更远之南部所有者……

16. 界限……

17. 你 Yamsh，……

20. 你有权……

21. 所以……

J

（兹于）第 295 年 Siwan 月，（此）盖印文件，此买卖契约，写于

2. Malr 城 *khar*s 之法庭，当 Yatak Sibukan 之面，当 Mir-Shabur Yolaban 之面，当

3. Bag-wanind Mashan 之面，并当其他自由民(和)证人之面，他们

4. 在场，在（他们）中间，且（他们）盖印于上，（该）声明自由（且）自愿做出，由我 Wyem，

5. Burz-mihr 之子，和我 Bag-re-mareg，Bur 之子，Malr 居民，国王之仆，我们的

6. 地产名为 Wyeshwarazan。我向你做出声明，你 Rishtak，Waraz-shabur 之子，并向你

7. Waraz-shabur， Burz-mihr 之子， Malr 居民，Shabur Shaburan 之仆：

现在，我 Wyem，和我

8. Bag-re-mareg（负有）严重且……债务，嚈哒领主对我们家族征收大笔赋税，

9. 我的家族中无其他（剩余）财产可以支付嚈哒赋税。但是我们有

10. 一可自由使用的地产在 Malr，是我自己的祖传地产，此地产名为 Sangin。

这是

11. 于此所述的地产，（其面积为）七 *lukhs*——或多一点或少一点——可供播种谷物，关于

12. 其边界：东至灌渠（为）界，（渠）那面的地产属于你 Rishtak，

13. 渠另一边是葡萄园 Waraz-khag；西至御道（为）界，北至

14. 御道为界，御道那面的地产属于你 Rishtak，南至总督的地产

15. （为）界。

于此所述之地产现已被我——我 Wyem，和我 Bag-re-mareg 出售

16. 给你 Rishtak、你 Waraz-shabur，售八第纳尔铸制金币；我们已收到全部价款，且

17. 我们感到满意且满足，获益而未遭受损失。

因此现在，从明天（及）（所有）将来时期，

18. （关于）此处所述之地产，正如陈述过的边界四至（和）邻

近的水源与通道，于是

19. 将完全属于你 Rishtak，和你 Waraz-shabur，及你们的兄弟们，和你们的儿子们和你们的后代们，

20. 从现在直到永远，无欠付、无税金、无索取、无克扣，所以没有一个人

21. 能够对你造成损害。我 Wyem，（对其）无（任何）权力，我 Bag-re-mareg 亦如此；关于此处所述之地产，

22. （我们）无任何要求或争论；若自明天以后（或）在（任何）将来时期发生此等事情：我 Wyem，也不是我

23. Bag-re-mareg、也不是我们的兄弟们，也不是我们的儿子们，也不是我们的（任何）后代们[1]，其中任何人

24. （就）关于此处所述地产继续提出要求或争议，或若我们把你带至法庭、皇家法庭，或若我们如此宣称：

25. 我们未曾出售于此所述之地产给你，或我们未曾收到全部价款。那么，我们的起诉

26. （和）争论在法庭上无论如何都将无效。另外，我们将支付罚金二十第纳尔铸制金币给皇家财库，

27. 并且，我们将支付二十第纳尔给对方。若其他任何人扣留此所述之地产，并

28. 把你带至法庭、皇家法庭，那么，我 Wyem、我 Bag-re-mareg 及我们的后代们将在开庭后出庭，

29-30. 并使（该地产）脱离对方。若我们未在开庭后出庭，且未使（该地产）脱离对方，那么，我们将支付

31. 与此处所写相同的罚金。

（此）盖印文件，购买契约，被（认为）正当且有效，不会给证人带来不便。

[1] 此处译文中出现一系列否定词可能缘于两种选择句法结构的混淆。

J'

（兹于）295年，Siwan月，当（此）盖印文书，此买卖契约写于此处Malr城*Khars*的法庭，

2. 当Yatak Sibukan面，当Mir-Shabur Yolaban面，当Bag-wanind Mashan面，以及当其他

3. 在（他们）之中出席的自由民和证人的面，（他们）为此事做证，（他们）在此盖（他们）的印，当

4. 我自由（且）自愿地做出（此）声明时，我Wyem，Burz-mihr之子，和我Bag-re-mareg ，Bur之子，Malr居民，国王之仆，我们的

5. 地产人称Wyeshwarazan。我对你做出（此）声明，你Rishtak，Waraz-shabur之子，和你Waraz-shabur，

6. Burz-mihr之子，Malr居民，Shabur Shaburan之仆，你们的地产人称Burzmihran。

现在

7. 我Wyem和我Bag-re-mareg（有）一很重的和……债务，且对我们家族征收的嚈达税（数目）巨大，

8. 且我们家族中无其他财产（所余）能够供我们用来缴纳嚈达税。但我们有

9. 一处可以自由使用的地产在此Malr，我们自己的祖传地产，此地产名为Sangin。

这

10. 是此处所述地产的边界：东（至）灌溉渠，水渠的源头（为）边界，（其）外的地产属于你Rishtak

11. 西至御道（为）边界，北至御道，（其）外的地产属于你Rishtak，

12. （为）边界；南至总督的地产（为）边界。

因此此处所述的地产由我出售——我Wyem，和我Bag-re-

13. Mareg——将上述边界的地产，售予你Rishtak，和你Waraz

14. Shabur，售价八第纳尔铸制金币；我们已经收到全部价款，且我们对此满意和满足，且

15. 从中受益而没有损失。

因此现在，从明天起（到）一切将来时间，（正如）此处所述的地产，正如

16. 所述边界四至的地产（和）与之连接的水源和道路，这一地产于是应正当和完全地属于你 Rishtak，和你 Waraz-shabur

17. 以及属于你们的兄弟们和你们的儿子们和你们的后代们，从此时到永远，

18. 无欠付、无税金、无索取、无克扣，所以没有一个人能够对你造成损害。并且我 Wyem，（对其）无（任何）权力，

19. 我 Bag-re-mareg 亦如此，我们的（任何）后代们亦不能继续对此处描述的地产宣称和争取任何权力；

20. 如果发生了这样的事：从明天（或）在未来（任何时候），我 Wyem，或我 Bag-re-mareg，或

21. 我们的兄弟们，或我们的儿子们，或我们的后代们，就此处所述之地产宣称和争取任何权利，

22. 或若我们带你到法庭，到皇家法庭，或若我们扣留此地产，若我们宣称此处描述的这份地产

23. 未曾由我们售予你且我们未曾收到全额款项，那么我们的声明（和）争议

24. 在法庭无论如何均无效，我们还应支付罚金二十第纳尔铸制金币给皇家财库，且我们应支付二十第纳尔

25. 给对方。且若有任何其他人欲扣留此处描述的地产，且欲带你到法庭和

26. 到皇家法庭，那么我 Wyem 和我 Bag-re-mareg，及我们的后代们将在开庭（后）出庭并且将使（该地产）脱离

27. 对方，且若我们没有在开庭（后）出庭且未能使（该地产）脱离对方，那么我们将支付同样的罚金

28. 与此处所写的一样。

（此）盖印文书，此买卖契约，被（认为）是好的且有效的，将

不会给证人带来不便。

J *背面*

Wyem（印 A）。

Bag-re-mareg（印 B）。

Yatak Sibukan（印 C）。

Mir-Shabur Yolaban（印 D）。

Bag-wanind Mashan（印 E）。

K

（兹于）356 年，Mirgan 月

2. Gosht 日，我 Tet，

3. 地产 Shaburan 的主人，以及我 Piy，

4. 地产 Sursah 的主人，从你 Muzd

5. Pazburan 处收到，十蒲式耳谷物和

6. 二十一罐葡萄酒，借贷

7. 四个月。若我 Tet，和我

8-10. Piy，未能在 Rizm 的（适当）时间支付十蒲式耳谷物和二十一罐葡萄酒，那么

11. 我 Tet，和我 Piy，将以五比一（的比率）欠债。

12. 且我 Tet，为 Piy 担保，因此

13-14. 若 Piy 未能支付，那么我 Tet 将从（我）自己（的财产）支付。

15. 此签名文书由我 Tet，和我

16. Piy 写给你 Muzd，关于谷物和

17. 葡萄酒。

L

（兹于）379 年，Ab 月，（此）盖印文书，此买卖契约，写于

2. 此处 Warnu 城，由神 Wakhsh 见证，

3. 我们 Warnu 这里崇拜此神，且当 Torman Aspandagan 之面，且当 Sisan Sibukan 之面，且当

4. Samb Abkharagan 之面，且亦当其他市民之面，（此）声明

5. 自由且自愿做出，由我 Waraz-wyesh，Muzd 之子，和我 Muzd

6. Waraz-wyesh 之子，Warnu 市民，*khar* 之仆做出，我们的地产名为 Zinadasagan

7. 我们为你们做出（此）声明，你 Bazanuk，Peshtams 之子，和你

8. Zhun-lad，和你 Sag，和你 Tut，Bazanuk 之子，Malr 市民

9. Fruma-rizm Shaburan 之仆，你们的地产名为 Hun-sekhan。

现在：我

10. Waraz-wyesh，和我 Muzd 欠一笔债，且我们家族中没有其他财产（余下）

11. 可供我们处置用来还（我们的）债。但我们有

12. 一处可自由使用的地产在此 Warnu，此地产名为 Sagadag。

（这处地产）（面积）为

13. 二度量值——或者多一点或者少一点——可供播种谷物，关于此

14. 地产的边界描述如下：东至 Wakhsh-yamsh 的地产（为）边界；

15. 南至你 Bazanuk 的地产（为）边界，（其）外

16. 为 Abkharagan（家族）的地产；西至 Burzmiran（家族）的地产（为）边界；

17. 北至 Wakhsh-yamsh 的地产（为）边界。

因此

18. 此处所述地产现在由我们出售，正如所述边界四至，（及）邻近的水源

19. 和通道，售予你 Bazanuk，和你 Zhun-lad，和

20. 你 Sag，和你 Tut，和你们的兄弟们和你们的儿子们

21. （和）后代们，售价二十第纳尔铸制金币，我们已收到全部价款

22. 我们对此满意并满足。

因此现在，从明天起（和）（一切）将来

23. 时间，此处所述的地产完全且正当地归于你 Bazanuk，和你 Zhun-lad，和你 Sag，

24. 和你 Tut，和你们的兄弟们和你们的儿子们和后代们，作为祖传地产；

25. 你们应将其作为一项（正当）完成的交易，从现在到永远

26. 无税金、无欠付、无要求、无争议，因此无人

27. 能对你造成任何损害。那么，若在明天以后（或）将来（任何）时候发生

28. 我 Waraz-wyesh，或我 Muzd，或我们的兄弟们，或我们的儿子们（和）后代们，

29. 继续对此处所述的地产宣称任何权力和争议，或（若）我们带你 Bazanuk，

30. 或你 Zhun-lad，或你 Sag，或你 Tut，或你们的兄弟们，或

31. 你们的儿子们（和）后代们，到法庭、（到）皇家法庭，或（若）我们宣称

32. 我们未曾出售它给你们，那么我们的宣称（和）争议将在法庭无论如何无效，且

33. 我们亦将支付罚金四十第纳尔铸制金币给皇家财库，且

34. 我们将欠并且将支付同样的罚金给对方。

L'

（兹于）379 年，Ab 月，（此）盖印文书，此买卖契约，写于此处 Warnu 城，

2. 由神 Wakhsh 见证，我们 Warnu 这里崇拜此神，且当 Torman Aspandagan 之面，且当 Sisan

3. Sibukan 之面，且当 Samb Abkharagan 之面，且亦当其他市民之面，（此）声明自由且自愿做出，

4. 由我 Waraz-wyesh，Muzd 之子，和我 Muzd，Waraz-wyesh 之子，Warnu 市民，*khar* 之仆做出，

5. 我们的地产名为 Zinadasagan。我们为你们做出（此）声明，你 Bazanuk，Peshtasm 之子，

6. 和你 Zhun-lad，和你 Sag，和你 Tut，Bazanuk 之子，Malr 市民，Fruma-

7. rizm Shaburan 之仆，你们的地产名为 Hun-sekhan。

现在：我 Waraz-wyesh，和我

8. Muzd 欠一笔债，且我们家族中没有其他财产（余下）

9. 可供我们处置用来还（我们的）债。但我们有一处可自由使用的地产在此 Warnu，此地产名为 Sagadag。

10. （这处地产）（面积）为二度量值——或者多一点或者少一点——可供播种谷物，关于此

11. 地产的边界描述如下：向东和向北至 Wakhsh-yamsh 的地产（为）边界；

12. 南至你 Bazanuk 的地产（为）边界，（其）外为 Abkharagan（家族）的地产；

13. 西至 Burzmiran（家族）的地产（为）边界；

因此

14. 此处所述地产现在由我们出售，正如所述边界四至，（及）邻近的水源和道路，售予你

15. Bazanuk，和你 Zhun-lad，和你 Sag，和你 Tut，和你们的后代们，售价

16. 二十第纳尔铸制金币，我们已收到全部价款，我们对此满意并满足。

因此现在，从

17. 明天起（和）（一切）将来时间，此处所述的地产完全且正当地归于你 Bazanuk，和你 Zhun-lad，和你 Sag，

18. 和你 Tut，和你们的兄弟们和你们的儿子们和后代们，作为祖传地产；

19. 你们应将其作为一项（正当）完成的交易，从现在到永远，

无税金、无欠付、无要求、

20. 无争议，因此无人能对你造成任何损害。那么你 Bazanuk，连同你的家族成员，在未来（对）其拥有权力：

21. 可以出售此处所述的地产，以及典当（它），以及出租（它）

22. 以及赠送（它）作为礼物，以及你们自己保留（它），一切随你们自己的便。那么，若在明天以后

23. （或）将来（任何）时候发生我 Waraz-wyesh，或我 Muzd，或我们的兄弟们，或我们的儿子们（和）后代们，

24. 继续对此处所述的地产宣称任何权力和争议，或（若）我们带你 Bazanuk，或你 Zhun-

25. lad，或你们的兄弟们，或你们的儿子们（和）后代们，到法庭，（到）皇家法庭，或（若）

26. 我们从你那里扣留此处所述之地产，或（若）我们宣称我们未曾出售它给你们，

27. 那么我们的宣称（和）争议将在法庭无论如何无效，且我们亦将支付罚金四十第纳尔铸制金币给皇家财库，

28. 且我们将欠并且将支付同样的罚金给对方。另外，若有任何其他人

29. 意图从你们那里扣留此处所述的地产，那么我 Waraz-wyesh，（和我 Muzd）将在开庭后出庭站在你的一方，且我们将使（此地产）脱离

30. 对方。那么，若我们在开庭（后）没有出庭站在你的一方并使（此地产）脱离对方，那么

31. 我们将支付此处所写同样数目的罚金。

L *背面*

Waraz-wyesh（印 A）。

The god Wakhsh（印 B）。

Torman（印 C）。

Sisan（印 D）。

Samb（印 E）。

M

（兹于）388 年，Khandig 月

2. 我 Nane-band，从你 Mus 那里，收到了全部的

3. 作为归还债务的，（国王）Kawad 的三第纳尔，

4. 此款项由 Moyan 借出。

5. 那么若在将来 Moyan

6. 与你 Mus，或与你的家族成员争论，

7. 那么我 Nane-band，将以二比一（的比率）支付。

m

……葡萄园（？）[……及此葡萄园的，其]

2. 名为[……以下为]边[界：东至……为边界，其外为]

3. [属于……]的土地；西（？）至[……为边界；北至……]

4. ……南至……

5. [那么……]亦由我们给你（单数）……，

6. 且我们还给你……，

7. 道路（？）和火炉（？）……

8. 由我 Gob[……以及由我 Bur，……]。

9. 因此现在我们[同意这个价格]……

10. 为十七第纳尔。当[此价款支付后……]，

11. 那么……将属……

12. 于你……

13. 十七第纳尔金……

14. 你归还……；

15. 那么它们将不属于……，且[它们将属于我 Gob……]

16. 且属于我 Bur[……连同]

17. 十七第纳尔。

现在……

18. 我们将接受运送（？）过来的干草（？）……

19. 我们将……

20. 至……

N

（兹于）407 年，Khandig 月

2. Ashtad 日，（此）盖印文书，（此）

3. 担保契约，写于此处 Samingan 区，

4. 在 Sandaran，Rob 之 *khars* 的法庭，

5. 当 Frama-rizm Shaburan 之面，

6. *qaghan* 之 *tapaghlïgh iltäbir* 繁华荣耀，

7. Rob 之 *khars*，Parpaz 之主，以及

8. 当 Khulkhan 之面，*ïnal tarkhan*，（庄园）Wilargan 之主，

9. 以及当 Suren 之面，Rob 之 *khars* 的管理员。

10. 现在：我 Samsit，Biyan-bid 之子，

11. Mahon 市民，我们（原文如此！）这名为 Biyanbidan 的家族，

12. Rob 之 *khars* 的（众）仆，向你担保，你 Tak，Bet 之子，Madr 市民，

13. 你们（复数！）这名为 Burzmiran 的家族，*khar* of Rob 之众仆，

14. 我们全体同意从明天起（和）到（一切）将来

15. 时期，我们将不损害生命，既不杀戮也不……，

16. 不向庄园，不向城堡（和）城墙，不向（他的）妻子（和）

17. 孩子们，不向（他的）兄弟，不向（他的）儿子，不向（他的）父系亲属，不向

18. 农田，不向葡萄园，不向女奴们（和）奴隶们，不向金（器）（和）

19. 银器，不向动物们；从（价值）一千第纳尔降低到（价值）一便士，我们将不使用此种方式造成伤害（和）

20. 损失，以此种方式，其[1]表现出（要）进攻、毁坏（和）

[1] 原文如此，也许是“我们”的误写（由于漏写字母）。

21. 违法，针对 Wiralan（家族）；无论用何种方式，我 Samsit，

22. 和我的兄弟们、儿子们（和）后代们若非法地（和）毁坏性地引起损伤

23. 那么我 Samsit，（和）我的兄弟们，儿子们（和）后代们，自了残生，以及

24. 我们将支付一千第纳尔金子给 Rob 之 *khars* 的财库且我们将支付一千

25. 第纳尔金子给你 Tak，（以及）给你的兄弟们，儿子们（和）后代们。

26. 此外，在费用支付后，（此）担保契约，（此盖印文书），

27. 被（认为）是正当且有效的，就（其）写于此处时，从现在到永远。

28. 并且……盖印文书已写就。任何人

29. 制作此文书的人，均（认为）它有效（且）权威，正如（它）写给你

30. Tak，（以及）给你的家族成员；我们将赶走一切敌人

31. 并且保护一切我们自己的（家族），正如我们所担保的那样。

N'

（兹于）407 年，Khandig 月，Ashtad 日，（此）盖印文书，（此）担保契约，写于

2. 此处 Samingan 区，在 Sandaran，Rob 之 *khars* 的法庭，当 Framarizm Shaburan 之面，

3. *qaghan* 之 *tapaghlïgh iltäbir* 繁华荣耀，Rob 之 *khars*，Parpaz 之主，以及当 Khulkhan 之面，*ïnal tarkhan*，

4. （庄园）Wilargan 之主，以及当 Suren 之面，Rob 之 *khars* 的管理员。

现在：我 Samsit，Biyan-

5. bid 之子，Mahon 市民，我这名为 Biyanbidan 的家族，Rob 之 *khars* 的（众）仆，向你担保，你 Tak，

6. Bet 之子，Madr 市民，你们（复数！）这名为 Burzmiran 的家族，*khar* of Rob 之众仆，我们全体同意

7. 从明天起（和）到（一切）将来时期，我们将不损害生命[1]，既不杀戮

8. 也不……，不向庄园，不向城堡（和）城墙，不向（他的）妻子（和）孩子们，不向

9. （他的）父系亲属，不向农田，不向葡萄园，不向女奴们（和）奴隶们，不向金（器）（和）银器，

10. 不向动物们；从（价值）一千第纳尔降低到（价值）一便士，

11. 我们将不造成夺取占领、伤害（和）损失，向 Wiralan（家族）表现出（要）进攻、违法（和）损害；并且

12. 我们将不追赶一切敌人，不保持我们自己的（家族排布），无论用何种方式，若将引起损害，剥夺

13. （和）损失，无论用何种方式，若将发生损害（和）损失于熟练工匠或于

14. 学生（和）学徒，由我 Samsit 引起，和由我的兄弟们，儿子们（和）后代们

15. 那么我 Samsit，和我的兄弟们，儿子们（和）后代们，将支付罚金；

16. 我们将支付一千第纳尔金子作为罚金给 Rob 之 *khars* 的财库，

17. 且我们将支付一千第纳尔金子给你 Tak，以及给你的兄弟们，

18. 儿子们（和）后代们。此外，在费用支付后，（此）担保契约，（此）盖印文书，

19. 被（认为）是正当且有效的，就（其）写于此处时，从现在到

20. 永远。

并且……盖印文书已写就。任何人

21. 制作此文书的人，均（认为）它有效（且）权威，正如（它）

[1] MS“杀”（预期应该是）。

写给你 Tak，（以及）给

22. 你的家族成员。

N *背面*

Samsit（印 A）。

The lord（印 B）。

Khulkhan（印 C）。

Suren（印 D）。

Nn

（兹于）436 年，Ab 月，Wad 日，（此）买卖契约写于

2. 此处名为 Lizg 之城，见证于神明

3. Wakhsh，那神奇的、恩惠的授予者和愿望的达成者，他的名望普达

4. 整个大地，且见证于 Kulzan，

5. Lizg 人民的领袖，并且亦当其他自由民（和）证人之面，他们

6. （作为）证人，见证（此）盖印文书，（此）买卖契约，将他们之名签于另一签名文书

7. 并且他们盖他们的印于其上。（那么此）声明自由（且）自愿地由我做出，我 Bay， 和我

8. Khay，和我 Yoz，和我 Wanak，Khwas 之子，Lizg 市民，Kanag Gozgan 之众仆，

9. 我们的家族名为 Nanan。我做出（此）声明给你 Bramarz

10. 和你 Moyan，Laguk 之子，你们的家族名为 Lagukan，

11. Kanag Gozgan 之众仆。

现在：由我 Yoz 之子 Bay，和我 Khay，和我

12. Yoz，和我 Wanak，Khwas 之子，Lizg 市民，我们的家族

13. 名为 Nanan——现在：khagan 的税金和我们应付给领主的款项，我 Bay，和我 Khay，

14. 已经欠付，并且我在家族中还没有财产（所余）可供支付 khagan 的

15. 税金和领主的款项，除了（一块）耕地。现在我

16. Bay 有（一块）土地在 Larg 河上，其已经由我售予你 Bramarz

17-18. 售价二十五第纳尔国王铸制的金币。现在这是（那块地）的边界如下：东至 Kalf 河（为）界，西至

19. 山坡（为）界，北至……（为）界（且）另一边的边界（是）葡萄园 Abniyanan，

20. 南至 Kinsarg 水库（为）界。

现在，我 Bay，

21. 和我 Khay，和我 Yoz，和我 Wanak，Khwas 之子，我们的家族

22-23. 名为 Nanan——我们现在把（这块地产）售予你 Bramarz，任何人若要就（这块）此处所述的土地与你 Bramarz 争论，或战斗，或争议，诉诸法律

24. 引起诉讼，我将主张（这块地产）脱离每一个对手；

25. 若我没有主张（这块地产）脱离（对方）且在开庭（后）未出庭，

26. 那么我将支付给 Goz(g)an 财库罚金

27. 达五十第纳尔国王铸制的金币且

28. 我将支付五十第纳尔给你 Bramarz，且我将（同样）支付（它）给你的兄弟们

29. 孩子们（和）后代们；此盖印文书，（此）买卖

30. 契约，在费用支付之后，被（认为）是正当（且）有效的，

31. 其写于此处。

Nn'

（兹于）436 年，Ab 月，Wad 日，（此）买卖契约写于此处

2. 名为 Lizg 之城，见证于神明 Wakhsh，那神奇的、恩惠的授予者和愿望的达成者，他的

3. 名望和奇迹的力量普达整个大地，且见证于 Kulzan，

4. Lizg 人民的领袖，并且亦当其他自由民（和）证人之面，他们

5. （作为）证人，见证（此）盖印文书，（此）买卖契约，将他

们之名签于另一签名文书并且（他们）盖他们的印于其上。

6. （那么此）声明自由（且）自愿地由我做出，我 Yoz 之子 Bay，和我 Khay，和我 Yoz，和我 Wanak，Khwas 之子，

7. Lizg 市民，我们的（家族）名为 Nanan，Kanag Gozgan 之众仆，我们的家族名为 Nanan。我做出（此）声明给你

8. Bramarz 和你 Moyan，Laguk 之子，你们的家族名为 Lagukan，

9. Kanag Gozgan 之众仆。

现在：由我 Yoz 之子 Bay，和我 Khay，和我 Wanak，Khwas 之子，

10-11. Lizg 市民，你们（原文如此！）的家族名为 Nanan——现在：khagan 的税金和我们（应付）给领主的款项，我 Bay，和我 Khay，已经欠付，并且我在家族中没有财产（所余）

12. 可供支付[khagan]的税金和领主的款项，除了（一块）耕地。现在我 Bay 有（一块）土地在 Larg 河上，

13. [其已经]由我[售予]你 Bramarz，售价二十五第纳尔国王铸制的金币。现在这是（那块地）的边界如下：

14. 东至 Kalf 河（为）界，西至山坡（为）界，北至

15. ……（为）界（和）葡萄园 Abniyanan（为）界，南至 Kinsarg 水库（为）界。

现在，我 Bay，和我

16. [Khay]，和我 Yoz，和我 Wanak，Khwas 之子，我们的家族名为 Nanan——我们

17. [现在]把（这块地产）售予你 Bramarz，任何人若要就（这块）此处所述的土地与你 Bramarz 争论，或战斗，

18. 或争议，诉诸法律引起诉讼，我将主张（这块地产）脱离每一个对手；若我没有主张（这块地产）脱离（对方）

19. 且在开庭（后）未出庭，那么我将支付给 Goz(g)an 财库罚金达五十第纳尔国王铸制的金币且

20. 我将支付五十第纳尔给你 Bramarz，且我将（同样）支付给你的兄弟们、孩子们（和）后代们；在

21. 费用支付之后，此盖印文书，（此）买卖契约，被（认为）是正当（且）有效的，其写于此处。

O

（兹于）440 年，Sabul 月，我写

2. （此）保证契约于此在 Sozargan，在 Kalf，在

3. 人称 Stof 之城，当神明 Wakhsh 之面，

4. 众神之王，在 Stof 崇拜此神，当 Zhulad，

5. Pidud 的 *khar* 之面，亦当其他自由民之面，

6. 他们盖（他们的）印于（此）保证契约之上。

现在：

7. 我 Yobig，Astof 市民，家族名为 Yobigan

8. Pidud 的 *khar* 之众仆，以及我的兄弟们（和）儿子们，有一争执，

9. 情况如下，即我 Yobig 与你争执，你

10. Bramarz，原因是我用剑刺了（你的）兄弟。

11. 因此我们——你 Bramarz，连同我 Yobig

12. 合法地同意，我给你一个保证——我 Yobig，和

13. 我的兄弟们（和）儿子们——给你 Bramarz。

14. 即我 Yobig 自己，和我的兄弟们

15-16. 我的儿子们均不再与你 Bramarz 争执。若我仍争执——[我 Yobig]自己

17. 或我的兄弟们（或）儿子们——与[你 Bramarz，那么我的]

18. 主张（和）争议将在法庭无效，

19. 我还将支付给 Gozgan 财库一笔罚金

20. 达五十第纳尔铸制金币，且

21. 我将支付五十第纳尔给你 Bramarz。在费用支付之后

22. 此保证契约[被]（认为）是正当（且）有效的，

23. [其]写于此处。

O'

（兹于）440 年，Sabul 月，（此）保证契约写于

2. 此在 Sozargan，在 Kalf，在人称 Stof 之城，

3. 当神明 Wakhsh 之面，众神之王，在 Stof 崇拜此神，当

4. Zhulad，Pidud 的 *khar* 之面，亦当其他自由民之面他们

5. 盖印于（此）保证契约。

现在：我 Yobig，Astof 市民，其

6. 家族名为 Yogan，Pidud 的 *khar*， Zhulad 之仆，与你有一争执，你 Bramarz。

7. 我这样（与）你争执，即[1]我用剑刺了（你的）兄弟，

8. 而你 Bramarz 宣告我为非法。因此我们自己达成一协议

9. 我们合法地同意，并且我给你一个保证——我 Yobig——

10. 给你 Laguk 之子 Bramarz，关于此争执，

11. 我用剑刺了（你的）兄弟的我 Yobig 和你 Bramarz 的争执，

12. 我将不再争执，不管是我 Yobig 自己，或我的兄弟们（和）儿子们

13. 或我自己的（家族和）家庭，或我的（同伴）市民。

14. 若我仍争执——[我 Yobig]自己，或我的兄弟们，或

15. 我的儿子们，或我自己的（家族和）家庭，或市民们，

16. 或区里的人们——那么我的主张（和）争议将在法庭无效，

17. 我还将支付一笔罚金，我 Yobig 自己

18. 和我的兄弟们（和）儿子们——给 Gozgan 领主们的财库，

19. 达五十第纳尔铸制金币，且我将支付五十第纳尔给

20. 你 Bramarz。在费用支付之后，此

21. 盖印文书，（此）保证契约被（认为）是正当（且）有效的，

22. [其]写于此处。

[1] 此处误插入“通过我 Yobig”。

P

（兹于）446 年，Ab 月，Wahman 日，[此盖印文书，此买卖]

2. 契约，[写于]此处在 Samingan 区，在 Marogan，[Rob 之 *Khars* 的市场]

3. 见证于神明 Ram-set，见证于 Zhun-lad，Rob 之 *Khar*，[当 *tarkhan* Khusaru 之面，和当]

4. Deb-raz 之面。

现在：我出售，我 Ye[zd-gird，Kaw 之子]

5. 给你 Fanz，（和）你 Wind-marg，（和）你[Pusk，Bag-mareg 之子]，你们的

6. 家族人称 Gabaliyan，一个属于（我们）作为兄弟的男孩[……售价]

7. 三第纳尔。

那么现在，你们有权（做）任何与你们（相称）的事，

8. [你们自己]保留（他）、卖掉（他）、典当（他），（作为）一件礼物赠送（他），为[一件罪行]扣押他，[或]

9. [回报他的服务]让（他）[自由]。若任何人在关于 Khalas 的事上与你 Fanz 争论，[那么我 Yaskul]

10. 和我 Yazd-gird，将使[他被]释放和脱离[主张者]；若

11. 他没有被我们释放和脱离，那么我们将（以）二（比）一（的比率）支付。

P'

（兹于）446 年，Ab 月，Wahman 日，[此盖印文书，此买卖契约，写于]

2. 此处在 Samingan 区，在 Marogan，[Rob 之 *Khars* 的市场，见证于神明]

3. Ram-set，恩惠的赐予者和愿望的达成者，奇迹的，在[这里 Maro]gan，在市场崇拜他，

4. 见证于 Zhun-lad Shaburan，*[qaghan]*之*[tapaghlïgh] iltäbir* 繁华

[荣耀]

5. Rob 之 *Khar*，且当 *tarkhan* Khusaru 之面，和当 D[eb-raz……] 之面，

6. Rob 之 *Khars* 的市场的高级监督，且亦当其他自由民之面，

7. 他们见证此事。

现在：我出售，我 Y[askul，和]

8. 我 Yezd-gird，Kaw 之子，Khwastu 市民，他现在正在此[Samingan 区，]

9. 和我们的兄弟们（和）儿子们，给你 Fanz，和[你 Wind]-marg，

10. （和）你 Pusk，Bag-mareg 之子，你们的家族人称 Gaba[liyan]，

11. 且给你的兄弟们、儿子们（和）后代们一个[属于]

12-13. （我们）作为兄弟的男孩，这个男孩名为 Khalas——（因为）我们无力抚养他（和）饥荒——售价三波斯第纳尔。

那么现在，此处所述的这个男孩

14. 完全且正当地属于你 Fanz，和你 Wind-marg，和（你的）兄弟们、儿子们和后代们，

15. 此后，从现在到永远。并且你们（复数）有权（做）任何

16. 与你（单数！）相称的事，你们自己保留（他）、卖掉（他）、典当（他），（作为）一件礼物赠送（他），

17. 交换（他或）出租他，为一件罪行扣押（他），（或）为了（回报）服务释放（他）。那么

18. 你（单数）有权用任何惯例（对待）交易来的（奴隶）和

19. （家生）奴隶的方式对待他。现在，若有任何人，从明天起

20. 或在未来（任何）时候，因为 Khalas 与你 Fanz 争论，[或与]

21. 你们家族任何成员争论，（或若）他们以盗窃或暴力（？）的方式得到了（他），[那么我]

22. Yaskul，和我 Yazd-gird，和我们家族的成员将使[他被]释放和[脱离主张者；然而]；

23. 若我们未能[使他]被释放(和)脱离以及[我们未能]做到任何[我

们答应会做的事

24. 那么我们将支付]给你 Fanz[和]给你们的[家族成员……]

[……此买卖]契约……

P *背面*

Yaskul（印 A）。

The god Ram-set（印 B）。

The khar of Rob（印 C）。

[Khusa]ru the tarkhan（印 D）。

[Deb]-raz（印 E）。

Q

（兹于）449 年，第二新年月，Din 日，

2. （此）出租契约写于此处在 Samingan 区，在 Marogan，

3. Rob 之 *Khars* 的市场，见证于神明 Ram-set，恩惠的赐予者和愿望的达成者，

4. 奇迹的，他的位置在[这里 Maro]gan，在市场，这里的人崇拜他，

5-6. 见证于 Zhun-lad Shaburan，*qaghan* 之 *tapaghlïgh iltäbir* 繁华荣耀，Rob 之 *Khar*，（且）当 *tarkhan*，*tarkhan* Khusaru 之子的面，

7. 且当着 Deb-raz，Rob 之 *Khar* 的市场的高级监督之面，还当着

8. 其他自由民的面，他们在（他们）之中出席，且他们

9. 见证此事。

现在：我 Yalgan 之子 Deb，Tarmid 本地人，收到

10. 来自城堡，我们（原文如此）的家族人称 Horigan，且我们现在

11. 在此 Samingan 区，和我 Deb 之妻 Wiraz-finz，和我们的

12. 兄弟们（和）儿子们收到，从你 Khudew-mareg，和你 Wisburg-mareg，连同（你的）

13. 兄弟们，Hinsar 之子，和你们的兄弟们、儿子们（和）后代们那里，

14. [四十]上等的，本地流通的（国王）Kawad 的波斯银迪拉姆，（作为）支付利息的借款。那么

15. 我们将每月支付二（国王）Kawad 的波斯（迪拉姆）（作为）利息。且若你 Khudew-

16. Mareg，和你家族的成员，你们自己需要迪拉姆，那么

17. 不再方便让（它们）继续生利，则给（单数）我们消息，提前一个月声明

18. 则我们将在（合适的）时间给（你）四十（国王）Kawad 的（迪拉姆）及全部应计利息。

19. 若我们未能给（你这些），则你（单数）有权，你 Khudew-mareg，和

20-21. 你的兄弟们（和）儿子们——从家中（或）家外财产内确定一件我们可支付的不退还的罚金，声明者个人确定这样一件罚金，牲口（或）奴[隶……]，

22. 其总额达到（比率）二（比）一，并且对我们强制执行，声明者我们自己，[不顾任何]抗议，是（你们）的应得款。

23. 那么，在罚金结算时，（他将被）强制的、无抵抗的（交给）你（单数）自己的

24. 征收款项者，直到

25. 你们得到全额此处所述迪拉姆——连本带利——那么

26. 我们将没有（任何）权利减扣罚金，或指责，或

27. 上诉，或缔结更高级的贷款契约（或）誓言。且

28. 若我们有抱怨罚金，或有不实

29. 行为，超出了我们的保证，那么我们将向法官，

30. 向财库支付八十波斯迪拉姆罚金，且亦

31. 支付八十波斯（迪拉姆）给对方。

此贷款契约

32. 写于……任何

33-34. 制造它的人，他将被（认为）对任何人有效（且）权威。

Q'

（兹于）449 年，第二新年[月]，Din 日，（此）出租契约写于

2. 此处[在 Samingan 区，在]Marogan，Rob 之 *Khars* 的市场，见证于

3. 神明 Ram-[set，恩惠的赐予者(和)]愿望的[达成者]，奇迹的，他的位置

4. [在]这里 Maro[gan，在市场，这里的人崇拜他，见证于 Zhun-lad Shaburan

5. [*qaghan* 之 *tapaghlïgh iltäbir*]繁华荣耀，Rob 之 *Khar*，且当 *tarkhan*，*tarkhan* Khusa[ru 之子]的面

6. [且当着 Deb-raz]，Rob 之 *Khar* 的市场的高级监督之面，[还

7. 当着其他自由民的面]，[他们]在[他们之中出席]，且(他们) [见证]此事。

8. 现在：我 Yalgan 之子 Deb，Tarmid 市民，收到来自城堡，[我的家族人称 Horigan，和我 Wiraz-finz，]

9. [Deb 之]妻，[我]的[家族人称……]……

Q *背面*

Del （原文如此）（和）Wiraz-finz（印 A）。

[神明 Ram-set]（印 B）。

The khar of Rob（印 C）。

The tarkhan（印 D）。

Deb-raz（印 E）。

R

（兹于）452 年，Ab 月，二十（日）晚，

2. （此）盖印文书，（此）保证契约，写于 Gaz，在

3. Andar 区，当 Gaz 的会计 Sit 之面。（那么此）声明为

4. 我 Pap，和我 Gamanig，和我 Gazar，

5. Sawug 之子，Gaz 居民做出，给你 Gugn 之子 Kanag，和

6. 你 Laguk 之子 Moyan，Lizg 居民，和你 Finz-

7. Lad，Khag 居民，你们在 Lizg 清算一笔账。

8-9. 情况如下，我 Pap，和你发生了争执和诉讼，你 Kanag，和你 Moyan，和你 Finz-lad。

10. 我们在 Walakh 人民的首领 Sor 面前做出声明，且我们的

11. 主张和争执被放弃，且我给你（单数！）一个保证，包含以下

12. 条款，从明天起（和）（一切）将来时间

13. 我 Pap，和我的兄弟们，孩子们（和）后代们，

14-15. 将无权与你争执，你 Kanag，和你 Moyan，你和 Finz-lad，和你的兄弟们、孩子们（和）后代们，

16. 亦不能诉讼。且若发生我进行争执，那么

17. 我将支付一笔罚金，我 Pap，和我的兄弟们，孩子们（和）后代们

18. 给 Skag Gozgan 的财库，达一百（国王）Kawad 的迪拉姆，并且

19. 我将支付一百（国王）Kawad 的迪拉姆给你 Kanag，和你 Moyan，

20. 和你 Finz-lad，和你的兄弟们、孩子们（和）

21. 后代们。在费用支付后，（此）盖印文书，（此）保证契约，

22. 被（认为）正当且有效。

S

（兹于）470 年，Bukhsig 月，Risht 日，（此）

2. 盖印文书，（此）保证契约，写于此处在 Gaz，在 Wanindan

3. 城堡的法庭上，当着 Ser the Turk，Gaz 的 *tudun* 之面，且见证于 Sit，

4. Gaz 的会计。

现在：（此）声明自由且自愿地由我们做出，我 Potan，和我

5. Miyar，来自 Bun-sughlig 的 Farn-agad 之子，他现在因为召唤

6. 来到 Gaz，他为突厥 Ser，Gaz 的 *tudun*，

7. Akhsh 的仆人服务， 给你 Baz，和你 Gugnag，和你 Gord，

8. Lizg 居民，领主 Magatur Buklah 之仆。

现在，我 Potan

9-10. 和我 Miyar，有一主张，并且和你们发生了诉（讼）与争执，你 Baz，和你 Gognag 和你 Gord。那么我们的主张被放弃，且我们的争执

11. 亦在突厥 Ser，Gaz 的 *tudun*，和 Gaz 的会计 Sit 面前了结，

12. 我给你此保证，包含以下条款：我将没有（任何）权利——

13. 我 Potan 没有，或我 Miyar，或我们的兄弟们、孩子们

14. （和）后代们，或任何其他人均没有——在提到的此诉（讼和）争执中，我们

15. 声明者，和你 Baz，和你 Gognag，和你 Gord。

16. 那么，关于此主张，根本没有任何人再有权去斗争和争执。且若

17. 发生此事，从明天直到永远，关于

18. 此诉（讼和）争执，我们声明者，和你 Baz，和你 Gognag，

19. 和你 Gord，任何人再斗争，或吵架，或争执，（或）诉诸法律

20. 或提起诉讼，（若）我们，声明者自己，或我们的兄弟们（和）孩子们他们自己，或

21. 任何其他人关于我们的债务争执，那么我们，声明者将

22. 前往每一场（和）任何一场诉讼，在（你）身边，且我（原文如此）将使（财产）释放并脱离所有的

23. 原告；且若我们没有前往每一场（和）任何一场诉讼在（你）身边，且

24. 没有使（财产）释放并脱离对方，脱离那个报错误希望的人，且

25. 未像我们自己现在保证和写于此处的一样行动，那么我们将支付一笔罚金

26. 给法庭财库达二百（国王）Kawad 的迪拉姆，且我们亦支付

二百（国王）Kawad 迪拉姆

27-28. 给对方。（此）盖印文书，（此）保证契约，被（认为）有效且权威。

29-30. 470 年，Bukhsig 月。（此）[盖印文书]，此保证（契约），由我（盖印），我 Potan，和我 Mi[yar……]

S *背面*

——（印 C）。

突厥[Ser]盖印（印 B）。

声明者（？）[盖印]（印 A）。

Ss

476 年，新年月，（一月）初（？），[Ormuzd]日，[此盖印文书，此借贷]

2. 契约[写于]此处在 Amber，当着神明 Ram-set 之面，和当着 Akhsh[(?)……]

[现在：我收到……]

3. 我 Berd 之子 Tis，（来自）Bokhara，我 Y[amsh-bandag(?)之子 Akhsh，和我 Fin[z-lad(?)，……]

4. Amber 的市场商人，和我们的兄[弟们]、孩子们（和）后[代，从你处，你……]，

5. Amber 的市场商人，和你的兄弟们（和）孩子们，[二]

6. 百[上等，本地流通的国王 Kawad 的银]迪拉姆，（作为）一小段时间的借款，条件是，我保证[归还……]

7. 两个月之内……若[我们没有连本带利归还]，

8. 在[第三个]月初，在 Or[muzd]日，未在 Akhsh 面前归还此处[所述债务]……

9. ……[且若我们和我们的]兄弟们、儿子们（和）后[代]未能[支付……]，那么从时间（？）……

10. ……时间（？）……

Ss *背面*

……

T

（兹于）478 年，第二新年月，我 Bag-aziyas，伟大的突厥公主，Qutlugh

2. Tapaghlïgh Bilgä Sävüg 的皇后，Khalach (人民)的公主，Kadagstan 的贵妇，从神明 Kamird 处，通过媒介 Kamird-far

3. Bek 之子，祈祷者，为了高贵的婴儿的生命，他病得快死了——那伟大力量的（作用）

4. 和奇迹我曾见过，来自（你）Kamird 神，你将会使他活下来并且健康。现在，我，皇后，Kadagstan 的贵妇，为了

5. 高贵的婴儿的生命，向你，Kamird 神，和你祈祷者 Kamird-far，那块

6. 位于 Asp 的农田，那份名为 Bashunan Pargan 的地产，将作为荣誉（标志）。我还给你（单数！）一个人，一个女人

7. 名叫 Warag，我从 *bredag* 和从王子……那里收到她，作为伟大职责的（标志），（作为）一名女奴，取悦（你），为（你）所用

8. 那么现在，在（一切）将来时间，（一切）将来之日，你（单数!）有权力——你 Kamird 神，和你 Kamird-far——

9. 在这片农田上，在这份名为 Bashunan Pargan 的地产上，由我，皇后，Kadagstan 的贵妇给你，作为

10. 伟大信仰（的标志）和作为名望（的标志）。那么你们有权拥有并持有这土地，无债务、无责任、

11. 无赋税、无……，无作为诸侯的责任，无克扣；你（单数！）（将）拥有且持有这土地，且有权拥有那个名叫 Warag 的女人，

12. 在家中（作为）管家，（或）之后卖了（她），或因罪行（扣押）她，（或）为了（回报）服务而使她（自由）。

愿你的力量和奇迹的能力，

13. Kamird 神，生长和增加；你祈祷者 Kamird-far 也一样，我以

此给

14. (Kamird)神和给你的贡献——因此日复一日的为 Kamird 神和其他神明服务，并且从我的

15. 手和我的儿子和 *bredag* 家族的人之手要求恩惠。将来无（其他）人能（在此事上）有权，我自己，皇后，

16. Kadagstan 的贵妇没有，我的儿子们（和）后代们，（任何）其他 *bredag* 家族的人均没有，任何（家族中）出生的人或

17. 姻亲，任何人若与你争执，(Kamird)神，或你祈祷者 Kamird-far，或与你（单数！）的兄弟，儿子（或）后代，关于此农田

18. 或关于这个（名叫）Warag 的女人，或追捕（你），囚禁（你），战斗，争吵，带（你）到法庭，判你说谎或

19. 错误，或制造（另一个）契约，那么他将支付一笔罚金给 *bredag* 财库达一百第纳尔铸制金币，且他将支付同样的罚金

20. 给对方。

我的这份契约，我 Bag-aziyas，伟大的突厥公主，Qutlugh Tapaghlïgh Bilgä Sävüg 的皇后

21. Khalach（人民）的公主，Kadagstan 的贵妇，在信仰和对神的敬畏中（做出）。且此契约在我的允许下盖印；

22. 因此它被（认为）是正当（且）有效且权威的。

这一声明中，Absih，发言人和 Kadagstan 大使（出席）。Baralbag，

23. Kadagstan 军队的将军，Warlugan（人民）的领主，将是强制执行者。

T'

（兹于）478 年，第二新年月，此盖印文书写成。

现在：我 Bag-aziyas，伟大的突厥公主，

2. Qutlugh Tapaghlïgh Bilgä Sävüg 的皇后，Khalach（人民）的公主，Kadagstan 的贵妇，从神明 Kamird，恩惠的赐予者和愿望的满足者，

3. 那伟大力量的（作用）和奇迹我曾见过，为了高贵婴儿的生命的缘故，他病得快死了——你施展伟大的奇迹和威望的事迹，

Kamird 神，

4. 众神之王，通过媒介祈祷者 Kamird-far，保住这个高贵婴儿的生命，使他痊愈，给他生命。

5. 现在，我，皇后，Kadagstan 的贵妇，为了高贵婴儿的生命，向你，Kamird 神，和你 Kamird-far，

6. 祈祷者，那块位于 Asp 的农田，那份名为 Bashunan Pargan 的地产，将作为荣誉（的标志）。我还给你（单数！）

7. 一个人，一个名叫 Warag 的女人，我从 *bredag* 从王子……那里收到她，作为伟大职责（的标志），（作为）一名女奴，取悦（你），为（你）所用

8. 那么现在，在（一切）将来时间，（一切）将来之日，你（单数！）有权力——你 Kamird 神，和你 Kamird-far，祈祷者——在这片农

9. [田]上，在这份名为 Bashunan Pargan 的地产上，由我，皇后，Kadagstan 的贵妇给你，作为伟大信仰（标志）和作为名望（的标志）[给出的]。

10. 那么你们有权拥有并持有这土地，无债务，无责任，无赋税，无……，无作为诸侯的责任，无克扣；

11-12. 你（单数！）（将）拥有且持有这土地，不被扣押，不被限制，不用来服役，不与法院（和）领主的命令有关，不与市政府有关，不与市民有关；且你（单数！）有权拥有那个名叫 Warag 的女人在家，（或）之后卖了（她），把（她）给出去，因罪行（扣押）她，

13. （或）为了（回报）服务而使她（自由），随你的便。

愿你的力量和奇迹的能力，Kamird 神，生长和增加；你祈祷者 Kamird-far

14. 也一样，日复一日，时复一时，因给（Kamird）神和给你的贡献——因此对 Kamird 神和其他神明，

15. 你为之服务的，保持公正和纯洁，并且为我和我的儿子和 *bredag* 家族的人降下恩惠。

16. 无（其他）人（在此事上）有权，我自己，皇后，Kadagstan 的贵妇没有，我的儿子们（和）后代们，

17. （任何）其他 *bredag* 家族的人，任何（家族中）出生的人或姻亲均没有；任何人若与你争执，（Kamird）神，或你祈祷者 Kamird-far，关于此农田

18. 或关于这个（名叫）Warag 的女人，或追捕（你），囚禁（你），战斗，判你说谎或错误，或制造（另一个）契约，那么他将支付

19. [一笔罚金]给 *bredag* 财库达一百第纳尔铸制金币，且他将支付同样的罚金给对方。

我的这份契约，我 Bag-

20. [aziyas，伟大的]突厥公主，Qutlugh Tapaghlïgh Bilgä Säv ü g 的皇后 Khalach（人民）的公主，Kadagstan 的贵妇，在信仰和神的……（做出）。

21. 且此契约在我的允许下盖印；因此它被（认为）是正当（且）有效且权威的。

这一声明中，Absih，发言人（和）Kadagstan 大[使和会计]

22. （出席）。Baralbag，Kadagstan 军队的将军，Warlugan（人民）的领主，将是强制执行者。

Tt

（兹于）483 年，Hurezhn 月，Risht 日，（此）

2. 盖印文书，（此）……契约（关于）给提供的服务（回报）信任（？），写于此处在 Lizg，在

3. 城堡的法庭，当着神明 Wakhsh 之面，众神之王，恩惠的赐予者（和）愿望的满足者，他

4. （的）位置在 Lizg，且当着 Hilitber，Lizg 人民的首领，且亦

5. 当着其他自由民（和）见证人的面，

6. 他们（作为）（此）盖印文书，（此）……契约的见证人，签（名）于另一签名文书上，

7. 且（他们）盖（他们的）印于此。

情况如下，你 Babay，和你 Abgas，

8. 和你 Zhulad Gozgan，Kanag 之子，Lizg 居民，我自己的仆人们，

9-10. 为我，Lizg 的领主 Aspring Kanduran Urbiyan 服务，你们良好且自愿的努力，我在关于你们的责任方面完全满意；

11. 因此现在，为了（回报）（你们的）自愿的服务和为了（你们）热心的努力，我已经赐予

12. 和给你（单数！）……和税金……和……，在这里 Lizg 镇，

13-14. 这些将是你（单数！）自己的，在此条件下，三分之一的……和税金（？）和……，（除了）（？）Hilitber 和除了 Khay-bet 的(份)，将归你 Babay，

15-16. 你自己，连同（你的）兄弟们和（你的）后代们，因此无人有权（与你）争执或扣押你们。且现在，若（发生了），从明天起

17. 或（一切）将来时间，（有）任何人与你斗争，你 Babay，和

18. 你 Abgas，和你 Zhulad Gozgan，或你们的兄弟们、儿子们（和）

19. 后代们，关于此处所述的利益，即……和税金（？）——（若）任何人

20. （与你斗争）或（与你）争执任何事，（或）诉诸法律（或）提起诉讼，（或）制作另一份契约或盖印文书，

21-22. （无论）旧的或新的，那么一切原告的主张和争执，以及制造出来用来（替代）此契约的任何东西将不会在法庭上被（认为）有效和权威，此外

23. 任何原告（将）支付一笔罚金给法庭财库达五百（国王）Kawad 的迪拉姆，

24. 且他亦将支付五百（国王）Kawad 的迪拉姆给你 Babay，和你的兄弟们、

25. 儿子们（和）后代们。

在费用支付之后，此盖印文书

26-27. （此）……契约，被（认为）良好（且）有力的且有效的（且）权威的，其写于此处。

U

（兹于）490 年，此盖印文书，（此）耕作契约和租约，写于此处 Madr 区，

2. （在）Rob 之 *khars* 的法庭，当着 Puruk Samsitan 的面，且当着神明 Wakhsh 的面，在 Gandar 崇拜此神，当着

3. Bay-rizm 的面，Madr 的管理员，且亦当着（他们）之中的自由民的面，（他们）见证

4. 此事，此契约由我 Wakhsh-mareg Urolan，和我 Urol 和我 Hilitber 做出

5. （给）你，Kamid-far 之子 Bek，和你，Bek 之子 Kamid-far，如下

6. 条款，名（为）Wadam-stan 的那个葡萄园（一直）属于我们。

7. 因此在此地产上的耕作权现在由我给你 Bek，且我们已经从你 Bek 处收到了全额支付的价款，（且）因此我们自己

8-9. 感到满意和满足，（款额为）：一个人……一副牛犁和六只羊；支付之后你 Bek 没有其他债务。

那么现在，你（将）有和持有（此葡萄园）——你 Bek 自己，连同（你的）兄弟们、儿子们（和）此后的后代们，

10. （和你的）家庭和后嗣，从现在到永远。一切为此葡萄园应当（支付）的价款，

11. 如惯例一个葡萄园应付的——那么你，Bek 自己[1]（将）全部为我完成。此名（为）Wadam-stan 葡萄园的边界

12. （如下）：东至名为 Ukusak 的葡萄园，西至名（为）Palkan 的葡萄园

13. 这两处（都）是你 Bek 自己的地产；北至御道，往南同样至

14. Palakan(为)界。现在无论多少葡萄酒在这个名(为)Wadam-stan 的葡萄园年复一年地产出，

〔1〕原为“我，Bek 自己”！

15. 少一点或多一点，其中三分之一将正当且恰当地属于你 Bek，而耕作（产物），

16. 如同在 Rizm 区的惯例，作物和藤蔓和房子和……和……不在此限。

那么现在，你们（将）拥有（单数）

17. 和持有（复数！）此名为 Wadam-stan 的葡萄园，从一边到另一边，从边界到边界——你 Bek 自己，连同（你的）兄弟们、儿子们（和）之后的后代们

18. （和你的）家庭和后嗣。

现在，任何人在将来和明天之后，

19. 无论我 Wakhsh-mareg Urolan，或我 Urol，或我 Hilitber，或我们的兄弟们、儿子们（和）后代们，

20. 或其他 Rob 或 Bamyan 的人，任何人与 Bek 争执，或和你 Kamid-far，

21. 或和你们（复数）的兄弟们、儿子们（和）后代们，关于此名（为）Wadam-stan 的葡萄园，

22. （或）追捕（你），囚禁（你），战斗，要求，争辩，带（你）到法庭，对簿公堂称你说谎或错误（或任何）其他情况

23. 超出此处所写，（或）制造另一个盖印文书，（无论）旧的或新的，那么他的

24. 主张（和）争论在法官（和）法庭被（认为）不正当和无效，且他将支付一笔罚金

25. 给 *bredag* 的财库达一百第纳尔铸制金币，且他将支付五百迪拉姆给对方。

U'

（兹于）490 年，此盖印文书，（此）耕作契约，写于此处 Madr 区，在 Khar-stai，Rob 之 *khars* 的法庭，当着 Pur[as]p（？）

2. Samsitan 的面，且当着神明 Wakhsh 的面，在 Gandar 崇拜此神，当着 Waran Spandugan 的面，当着 Bay-rizm 的面，

3. Madr 的管理员，且亦当着（他们）之中的自由民的面，（他们）见证此事，

4. 它自由且自愿地由我 Wakhsh-mareg Urolan，和我 Urol，和我 Hilitber 做出(给)

5. 你，Kamid-far 之子 Bek，和你，Bek 之子 Kamid-far，如下条款，它（一直）属于

6. 我 Wakhsh-mareg Urlan，和我 Urol，和我 Hilitber，那个名（为）Wadam-stan 的葡萄园。

7. 因此在此地产上的耕作权现在由我给你 Bek，且全

8. 额价款我们已经收到，（且）我们自己对此，关于你的责任感到满意和满足，（即：）

9-10. 一个人……一副牛犁和六只羊；支付之后你 Bek 没有其他债务。

那么现在，你们（将）有（单数）和持有（复数！）此名（为）Wadam-stan 的葡萄园——你

11. Bek 自己，连同（你的）兄弟们、儿子们（和）此后的后代们，（和你的）家庭和后嗣，从现在到永远。

12. 无论什么葡萄酒在这个葡萄园年复一年地产出，少一点或多一点，其中

13. 三分之一将正当且恰当地属于你 Bek，和一部分耕作（产物），如同在 Rizm 区的惯例，

14. 藤蔓和作物……和房子和……和……不在此限。

15. 此名（为）Wadam-stan 葡萄园的边界（如下）：东至名为 Ukusak 的葡萄园，

16. 西至名（为）Palkan 的葡萄园，这两处（都）是你 Bek 自己的地产；

17. 北至御道，往南同样至 Palkan（为）界。

那么现在，你们（将）拥有（单数）和持有（复数！）

18. 此葡萄园，你 Bek 自己，连同（你的）兄弟们，儿子们（和）

之后的后代们，从一边到另一边，

19. 从边界到边界，如此处所述。

现在，任何人在将来

20. 和明天之后，无论我 Ukhsh-mareg Urolan，或我 Urol，或我 Hilitber，

21. 或我们的兄弟们、儿子们（和）后代们，或其他 Rob 或 Bamyan 的人，

22. 任何人与 Bek 争执，或和你（单数）的兄弟们、儿子们（和）后代们，关于此

23. 名（为）Wadam-stan 的葡萄园争执，（或）追捕（你），囚禁（你），战斗，要求，争辩，带（你）到法庭，

24. 对簿公堂，（或）制造另一个盖印文书，（无论）旧的或新的，那么他的主张（和）

25. 争论在法庭被（认为）不正当和无效，且他将支付一笔罚金给 *bredag* 的财库

26. 达一百第纳尔铸制金币，且他将支付五百迪拉姆给对方。

（此）盖印文书由我盖印，我 Wakhsh-mareg Urolan

27. 用（我）自己的指甲，且在我的要求下，还由那些盖（他们的）印（于其上）的人封印，因此它被（认为）是正当（且）有效的。

Uu

（兹于）500 年，Pusig 月，Mihr 日，（此）

2. 盖印文书，（此）保证契约，写于此，当着神明 Wakhsh 的面，

3. 众神之王，奇迹的（和）威望的，对他的崇拜

4. 和他的位置在 Lizag，且当着 Rahul 的面，

5. Lizag 人民的首领，且当着 Wiyus 的面，Wulakh 的工头，

6. 且当着 *tudun* Yakan 的面，且当着 Babay 的面，当着

7. Salak 的面，且当着聚集的 Lizag 居民，无论贵

8. 贱。

现在，我 Khay，和

9. 我 Khatul，Pabag 之子，和我们的孩子（和）

10. 后代们，Lizag 居民，

11. Gar 之王 Yan Gozgan 之众仆，与你们争执，你 Meyam，和你

12. Zhulad，Piy 之子，Lizag 居民，

13. 同一位领主的仆人们，连同你们的孩子们（和）后代们，

14. 关于债务，为此

15. Nospi，Samingan 居民，与我们争执。

现在我，Khay，和我 Khatul

16-18. 和我的（原文如此！）孩子们（和）后代们收到全额罚金，从你处，你 Meyam，你和 Zhulad，和 Nospil 家族，因此从现在到永远我们——

19. 我，Khay，和我 Khatul，和我们的孩子们（和）

20-22. 后代们——与你们再无争执，和你 Meyam，或和你 Zhulad，或和你们的孩子们（和）后代们，无论关于奴隶（事宜），或

23. 罚金，或债务，或小（事），

24. 或大（事）。且我们将无权（与）你争执，

25. 无论关于奴隶（事宜），或 Nospil 家族的罚金

26. 或（任何）其他债务。因此，若我们再（与）你争执任何事，

27. 无论关于奴隶（事宜），或债务，那么我们的主张和

28. 争辩将在法庭无效，且

29. 我们亦将支付一笔罚金给法庭财库达五百（国王）Kawad 的迪拉姆，

30-32. 且我们亦将支付五百迪拉姆给你 Meyam，和你的兄弟们（和）孩子们。

在费用（支付）后，（此）盖印文书被（认为）权威。

Un *背面*

盖印（印 F）。

市民盖印（印 E）。

Wiyus 盖印（印 D）。

Rahul 盖印（印 C）。

神明 Wakhsh 盖印（印 B）。

原告盖印（印 A）。

V

（兹于）507 年，新年月，（此）买卖契约写于此在 Rizm，在

2. Kah 城堡，见证于（且）当着神明 Wakhsh 的面，恩惠的赐予者（和）愿望的满足者，伟大的（和）奇迹的，

3. 在此处 Kah 崇拜他，且当着 Sor 的面，（庄园）Spandagan 的领主，Rizm 的总督，且亦当着

4. 此区聚集的自由民的面，他们在（他们）之中出席，他们为此事见证，

5. 此给予和出售契约是自由且自愿由我 Absih，和我 Sor，和我

6. Wakhsh-burd，和我 Meyam，Wahran 之子做出，我们的家族人称 Spandagan，

7. Rob 的 *Khar* 的众仆。

现在，一份财产被给予和出售，自由且自愿的，在 Askin（一份）可自由处置的（财产），

8. 我们自己的祖传地产，此地产人称 Zerd 村，给你 Zar-yol 之子

9. Zar-yol，和你 Bredag，和你 Sand，Luguran 家族之诸仆，他们的家族在此在 Rizm

10. 人称 Surkhih Lizak。名为 Zerd 村的地产已经给你（单数！），售价

11. 一百五十上等本地流通的阿拉伯银迪拉姆，我已经收到全部价款，（且）我感到满意（和）满足，

12. （且）款额我认为是有益的而非有损的。

现在，此

13. 为此处所述的地产的边界，地产的名字（是）Zerd：东至一条水渠，水渠另一边是首领们的地产，再往东过去是另外

14. 一条水渠，水渠再那边的地产，Rob 的 *Khar* 已经给了（庄园）

领主 Baradikan；西至

15. Spandagan（家）的地产（为）边界，再往西（是）Sapandagan（家），其

16. 名（为）Miyah 村；南至 Kesunan（家）的地产（为）界，人称 Naruwan；北至

17. Kharbigan（家）从 Spandagan（家）买的地产（为）界，人称 Palag。

因此（此地产）现在由我给你（单数！），正如

18. 此处所述的边界四至，（连同）水和土地，镇子和近郊，……和……，从一边

19. 到一边，从边界到边界，从明天起和（一切）将来时间，从现在到永远，

20. 无税金，无债务，无对任何人的责任，关于此处所述的地产。

21. 在此地产上播种需用四蒲式耳谷物，或多一点或少一点。现在你（单数）有权——

22. 你 Zar-yol，和你 Bredag，和你 Sand，和你们的兄弟们、儿子们（和）后代们——从

23. 明天起（和）（一切）将来时间，从现在到永远，（关于）此处所述的地产，

24. 你们自己拥有和持有（它），（和）之后卖掉（它），典当（它），出租（它），用（它）交换另一（块）土地，建一座修道院或寺庙，

25. 建一处坟墓或火葬场，作为一个儿子的聘礼给出去（或）作为一个女儿的陪嫁，耕种（它），

26. 让（它）休耕，挖一道渠，随你们的便，就像一个所有者对一块买来（和）祖传的地产（惯）有的权力，

27. 那么没有（其他）人对此处所述的这块地产有权，（无论）与你 Zar-

28. yog（原文如此！）争执，或与你 Bredag，或与你 Sand，或与

你们的（复数）兄弟们、儿子们（和）后代们，

29. 无论扣留（它），或夺取（它），或制造一个契约——（无论）旧的或新的，无论一个买卖

30. 契约，或一个典当契约，或一个租赁契约。若有（任何人），从明天

31. （或）在（任何）将来时间，他争执，（或）扣押（地产），（或）不允许（你）拥有（和）持有（它），或做坏事，那么

32-33. 我们，声明者，在此保证[1]：我们已经保证（我们）将出席每一个（和）任何一个诉讼，（在你一方，你 Zar-yol，和你 Bredag，和你 Sand，和你们的兄弟们、儿子们和后代们，以及）我们将使（该地产）释放和脱离（自每一场诉讼）[2]，自每一次争执，自每一次扣留；若我们没有出席每一场诉讼在（你）一方，且

34. 没有使（地产）释放和脱离自每一次扣留，或（若）我 Sor 自己，或我 Wakhsh-burd，或我 Meyam，或我们的

35. 兄弟们、儿子们（和）后代们，自己扣留（该地产），（或）不允许（你）拥有（和）持有（它），或

36. 制造另一种契约（和）盖印文书，或关于（我们）自己的生命和保证，我们没有做到

37. 所保证和此处所述的，那么我们将被（判）非法，根据每一条法律，且将支付一笔罚金

38. 给 *bredag* 财库达三百上等的、本地流通的银迪拉姆，且

39. 我们亦将支付和给同样一笔罚金给对方。

在费用支付之后，（此）买卖契约被（认为）是正当

40. 充分、有效和权威的，如此处所写。

V'

（兹于）507 年，新年月，（此）盖印文书，（此）买卖契约写于此在 Kah 城堡，见证于

〔1〕此处到下一个注有内容遗漏。
〔2〕上一个注到此处有内容遗漏。

2. （且）当着神明 Wakhsh 的面，恩惠的赐予者（和）愿望的满足者，伟大的（和）奇迹的，在此处 Kah 崇拜他，且当着

3. Sor 的面，（庄园）Spandagan 的领主，Rizm 的总督，且亦当着此区聚集的自由民的面，他们

4. 在（他们）之中出席，他们为此事见证，此契约是自由且自愿由我

5. Absih，和我 Sor，和我

6. Wakhsh-burd，和我 Meyam，Wahran 之子做出，Rob 的 *Khar* 的众仆，我们的家族人称 Spandagan。

现在，我们有一块地产（包括）在 Askin 的耕地，此

7. 地产人称 Zerd 村。现在它被我自由且自愿的给予和出售给你 Zar-yol 之子

8. Zar-yol，和你 Bredag，和你 Sand，和你们的兄弟们、儿子们（和）后代们，

9. Luguran 家之诸仆，他们的家族在此在 Rizm 人称 Surkhih Lizak。名为 Zerd 村的地产

10. 已经给你（单数！），售价一百五十上等本地流通的阿拉伯银迪拉姆，

11. 我已经收到全部价款，（且）我感到满意（和）满足，（且）款额我认为是有益的而

12. 非有损的。

但是现在，此处所述的名为 Zerd 村的，以下

13. 为地产的边界：东至一条水渠，水渠另一边是首领们的地产，再往东过去是（另外一条）水渠，

14. 水渠再那边的地产，Rob 的 *Khar* 已经给了（庄园）领主 Baradikan，（属于他）自己；西至

15. Spandagan（家）的地产，再往西（是）Sapandagan（家）地产的边界，其

16. 名（为）Miyah 村；南至 Kesunan（家）的地产（为）界，人

称 Naruwan；

17. 北至 Kharbigan（家）从 Spandagan（家）买的地产（为）界，人称 Palag。

因此（此地产）现在

18. 由我出售给你，自由且自愿，如此处所述的边界四至，（连同）水和土地，

19. 镇子和近郊，……和……，从一边到一边，从边界到边界，

20. 无税金、无债务、无责任，对任何人惯例支付（？）的责任，关于

21. 此处所述的地产。在此地产上播种需用四蒲式耳谷物，或多一点

22. 或少一点。但是现在你（单数）有权——你 Zar-yol，和你 Bredag，和你 Sand，

23. 和你们的兄弟们、儿子们（和）后代们——（关于）此处所述的地产，从明天起

24. （和）（一切）将来时间，从现在到永远，你们自己拥有和持有（它），

25. （和）之后卖掉（它）、放弃（它）、典当（它）、出租（它），作为一个儿子的聘礼给出去（或）

26. 作为一个女儿的陪嫁，建一座修道院或寺庙，建一处坟墓或火葬场，耕种（它），

27. 让（它）休耕，用（它）交换另一（块）土地，挖一道渠，随你们的便，就像一个所有者

28. 对一块买来（和）祖传的地产（惯）有的权力，那么没有（其他）人有权扣留（它），

29. 或夺取（它），或做坏事，无论一个领主，或 Rob 的人，或 Bamyan 的人

30. 或此区的人，或我，声明者自己。若有（任何人），从明天起

31. （或）在（任何）将来时间，他扣押（地产），（或）不允

许（你）拥有（和）持有（它），或

32. 制造另一个契约（或）盖印文书——无论旧的或新的，无论买卖契约或典当契约，或

33. 租赁契约——（或）扣押（该地产），或带（你）到法庭，那么我 Sor，和我 Wakhsh-burd，和我 Meyam，

34. 和我们的兄弟们、儿子们和后代们在此保证：我们已经保证

35. （我们）将出席每一个（和）任何一个诉讼，在你一方，你 Zar-yol，和你 Bredag，和你 Sand，

36-37. 和你们的兄弟们、儿子们和后代们，以及我们将使（该地产）释放和脱离自每一场诉讼，自每一次扣留，自每一次争执；若我们没有出席每一场诉讼在（你）一方，

38. 且没有使（地产）释放和脱离自每一次争执，或（若）我 Sor，或我 Wakhsh-burd，或我 Meyam，

39. 或我们的兄弟们、儿子们（和）后代们，或（某个）属于 Spandagan（庄园）的人，无论领主或奴隶，自己争执，或

40. 扣留（该地产），（或）不允许（你）拥有（和）持有（它），或制造另一种契约（和）盖印文书，

41. 或关于（我们）自己的保证和声明，我们没有做到所保证和

42. 此处所述的，那么我们将被（判）非法，根据每一条法律，且将支付一笔罚金给 *bredag* 财库

43. 达三百上等的，本地流通的银迪拉姆，且我们亦将支付和给同样一笔罚金

44. 给对方。

在费用支付之后，（此）买卖契约被（认为）是正当充分，有效和

45. 权威的，如此处所写。

W

（兹于）525 年，Pusig 月，（此）盖印文书，（此）买卖契约，写于此处在 Gandar，当着

2. 神明 Wakhsh 的面，恩惠的赐予者（和）愿望的满足者，伟大

的（和）奇迹的，在 Gandar 崇拜他，且当着

3. Wisbur-ziniy Samsitan 的面，Shaburan 家的管理人，且亦当着此区聚集的自由民的面，

4. 他们在（他们）中出席，且（他们）见证此事。一份出售契约

5. 由我们自由且自愿做出，我 Hilitber，Bah 之子，和我 Wurol 之子 Zard，

6. Gandar 的长者，我的家族人称 Wurolan，Rob 之 *khar* 的众仆，

7. 条款如下：

我要缴纳一大笔人头税和收成税[1]，且我在（我的）家中没有其他办法

8. 能够缴纳人头税和收成税[2]。但我有一块地产（包括）水源和土地，

9. 在此处 Askin 的平原上，此地产人称 Nogfarnan，现在由我售予

10. 你 Wahran，和你 Mir，Bek 之子，Asp 居民，*ser* 之仆们，

11. 售价六十上等本地流通的阿拉伯银迪拉姆，且（价款）已经由我们全额收到，且我们感到满意（和）满足，（且）

12. 我们认为价格是有益的而非有害的。

现在该名（为）Nogfarnan 的地产边界（如下：）

13. 东至名（为）Piroz-barn 的地产，西至 Warawang 葡萄园的左侧（为）界；

14. 南至 Sinz Sawan 的地产（为）界；北至水渠的水。那里，在 Askin，

15. 需用五十夸脱谷物（作为）种子，或者多一点或者少一点。

16. 那么此地产现在由我出售，如此处所述的边界四至，（包括）水源和土地，（连同）镇子

17. 和郊区，从一边到一边，从边界到边界，无税金，无应付款，无债务，对任何人无责任，

---

〔1〕原文为“指定的税金”，见“词汇表”部分。

〔2〕原文为“指定的税金”，见“词汇表”部分。

18. 关于此处所述的地产。你（单数）有权，从明天起（和）（一切）将来时间，从

19. 现在到永远——你 Wahran，和你 Mir，和你（单数）的兄弟们、儿子们（和）后代们——

20. 你们自己拥有和持有（该地产），之后卖掉（它）、放弃（它）、典当（它）、出租（它），用（它）换另一（块）土地

21. 把（它）当作一个儿子的聘礼（或）一个女儿的陪嫁，建一座修道院或寺庙，建一座坟墓或火葬场，随

22. 你们的便，就像拥有者（惯）有的对一块用钱买来的（和）祖传的地产所有的权力一样，那么没有（其他）人

23. 有权扣留（它），或夺取（它），或做错的事，

24. 若有任何人争执（或）扣留（该地产），斗争，争辩，（或）不允许（你）拥有（和）持有（它），无论

25. Rob 的人，或 Bamyan 的人，或突厥人，或阿拉伯人，或本地人，或其他什么人来争辩，那么

26. 我 Wurol，和我 Hilitber，和我 Zard，和我们的兄弟们、儿子们（和）后代们，保证如下：

27. 我们保证我们将出席每一场（和）任何一场诉讼站在（你）一边，且我们将使（该地产）释放和脱离自任何一场争执，自任何扣留；

28. 若我们没有出席每一场（和）任何一场诉讼站在（你）一边，没有使（它）释放和脱离自每一场争执，

29. 或（若）我们自己，声明者，争执（或）扣留（该地产），不允许（你们）拥有（和）持有（它），或

30. 制造另一个契约（或）盖印文书，（无论）旧的或新的，那么我们的主张和争辩将在法庭被（认为）无效和无权威，

31. 且我们亦将支付一笔罚金给 *bredag* 财库达一百二十上等本地流通的阿拉伯银迪拉姆，

32. 且我们亦将支付同样的罚金给对方。

在费用支付之后，（此）买卖契约被（认为）正当（且）充分的，

33. 有效且权威的，如其写于此处。

W'

（兹于）525 年，Pusig 月，（此）盖印文书，（此）买卖契约，写于此处在 Gandar，当着神明 Wakhsh 的面，恩惠的赐予者

2. （和）愿望的满足者，伟大的（和）奇迹的，在 Gandar 崇拜他，他的位置在此，且当着 Wisbur-ziniy Samsitan 的面，

3. Shaburan 家的管理人，且亦当着此区聚集的自由民的面，他们在（他们）中出席，

4. 且（他们）见证此事。一份出售契约由我们自由且自愿做出，我 Hilitber，Bah 之子，

5. 和我 Wurol 之子 Zard，Gandar 的长者，Rob 之 *khar* 的众仆，我的家族人称 Wurolan，

现在：

6. 我们，声明者，要缴纳一大笔人头税和收成税[1]，且我们还欠很多债，

7. 我在家中没有这样的我们能够自由处置的资产和办法能够缴纳阿拉伯人头税和收成税[2]以及（还）债。但我们

8. 有一块地产在此处 Askin 的平原上，即我们自己的祖传地产，此地产人称 Nogfarnan，

9-10. 现在由我售予你 Wahran，和你 Mir，Bek 之子，Asp 居民，*ser* 之仆们，售价总共六十上等本地流通的阿拉伯银迪拉姆，且（价款）已经由我们全额收到，且我们感到满意（和）满足，（且）此价格

11. 我们认为是有益的而非有害的。

现在该名（为）Nogfarnan 的地产边界（如下）：东至名（为）

12. Piroz-barn 的地产，西至 Warawang 葡萄园的左侧（为）界；南至 Sinz Sawan 的地产

---

〔1〕原文为“指定的税金”，见“词汇表”部分。

〔2〕原文为“指定的税金”，见“词汇表”部分。

13. （为）界；北至灌溉渠的水。那里，在 Askin，在该地产上需要用

14. 五十夸脱谷物（作为）种子，或者多一点或者少一点。

那么此地产现在由我出售，如此处所述的边界四至，

15. （包括）水源和土地，从一边到一边，从边界到边界，（连同）镇子和郊区，无税金，无应付款，无债务，

16. 对任何人无责任，关于此处所述的地产。你（单数）有权，你 Wahran，和你 Mir，和你（复数）的兄弟们、儿子们（和）

17. 后代们——从明天起（和）（一切）将来时间，从现在到永远——对此地产

18. 你们自己拥有和持有（该地产），之后卖掉（它）、放弃（它）、典当（它）、出租（它），用（它）换另一（块）土地

19. 建一座修道院或寺庙，给一个儿子做聘礼（或）给一个女儿做陪嫁，建一座坟墓或火葬场，随

20. 你们的便，就像拥有者（惯）有的对一块用钱买来的（和）祖传的地产所有的权力一样，那么没有（其他）人

21. 有权扣留（它），或夺取（它），或做错的事，无论 Rob 的人，或 Bamyan 的人，或突厥人，或阿拉伯人，或本地人，或

22. 其他什么人，无论制造一个契约——旧的或者新的，或买卖契约，或者典当契约，或者交换礼品的契约，

23-24. 或关于履行领主责任的契约，任何人无权制造任何其他契约或盖印文书。若有任何人从明天起（或）在（一切）将来时间，他与你 Wahran，或与你 Mir，或与你（单数）的兄弟们、儿子们（和）

25. 后代们争执，（或）扣留（该地产），斗争，争辩，（或）不允许（你）拥有（和）持有（它），（或）制造另一个契约（或）盖印文书，那么

26. 我 Wurol，和我 Hilitber，和我 Zard，和我们的兄弟们、儿子们（和）后代们，保证如下：

27. 我们保证我们将出席每一场（和）任何一场诉讼站在（你）

一边，且我们将使（该地产）释放和脱离自任何一场争执，自任何扣留；若

28. 我们没有出席每一场（和）任何一场诉讼站在（你）一边，没有使（它）释放和脱离自每一场争执和每一次扣押，或（若）

29. 我们自己，声明者，争执（或）扣留（该地产），不允许（你们）拥有（和）持有（它），或制造另一个契约（或）盖印文书，

30. 或关于我们自己的声明和（我们）自己的保证我们被认为说谎或发了一个违背我们保证的誓言，违背我们自己

31. 在此处所写，那么我们将被（判）非法，根据每一条法律，且我们亦将支付一笔罚金给 *bredag* 财库

32. 达一百二十上等本地流通的阿拉伯银迪拉姆，且我们亦将支付同样的罚金给对方。

在

33. 费用支付之后，（此）盖印文书，（此）买卖契约，被（认为）正当（且）充分的，有效且权威的，如其写于此处。

X

（兹于）527 年，Dremitagan 月，此盖印文书写于此处在 Zuwer 城堡，

2. 在 Wargun（人民）的法庭，当面见证于 Sävüglig，Wargun（人民）的领主，Kadagstan 军队的将军，且亦当着市民（和）

3. 此区自由民的面，他们在（他们）中出席且见证此事。

现在：我

4. Kamird-far，和我 Bab，Bek 之诸子，和你有一场争吵，你 Wahran，和你 Mir

5. 我们互相指责。现在我们一致同意，

6. 我们没有必要争吵，我们没有必要毁掉（我们的）家族；因此现在当着 Bah，

7. Kurad 会计的面，当着 Kurwad 其他人的面，做出彼此协议，我们的水渠和……，

8. 和我们的宅子和人和家和地产，大大小小，或好或坏，山

9. 和河谷，（将）平等地属于（我们），我们将像传统的兄弟和兄弟一样一起生活。且

10. 我们三人将共同拥有一个名（叫）Zeran 的女人——我 Kamird-far，和我 Wahran，和我 Mir——

11. 无论我 Kamird-far，或我 Bab，或我的兄弟们、儿子们（和）后代们都没有权利

12. 引起损害和其他非法（行为），针对你 Wahran，或你 Mir，

13. 我们也不能复仇，我们亦不能向领主的人或向其他任何人诋毁你们（复数），

14. 我们也不应抱怨，或（关于）任何（我们）家族、房子和庄园女奴

15. 和奴隶（和）牲畜和任何其他事——我们均不应从你们处拿走，但

16. 你们对每一样都（共同的）拥有权力，正如惯例兄弟和兄弟一起（生活）那样。无论你 Wahran，或

17. 你 Mir，都没有权力针对我们的人引起损害和损失，亦不能

18. 复仇，或强迫和武力逼迫我们（其他人），而是我们将（一起）平等生活，且

19. 对我们来说共同拥有和接受家族中的（每样东西）是很合适的，无论好坏。现在

20. 我们四兄弟中的任何一个若违反了这则写于此处的声明，

21. 或不与其他人一起生活，或引起损害（或）非法（行为）或诉讼，或（若）

22. 家族中出现了争吵，且为人所知，（那么）这些损害（和）非法（行为）由这些人负责——

23. 无论是因我 Kamird-far，或我 Bab，或因你

24. Wahran，或你 Mir，或因我们的（其他）兄弟们、儿子们（和）后代们——

25. 那么……他将分不到任何（财产）被逐出家族。现在任何人

26. 若做出了违反此声明的错误行为，（若）发生了违法（行为），诉讼（或）争吵，那么

27. 他将支付一笔罚金给 *bredag* 财库

28. 达一百第纳尔铸制金币，（且）他（亦）将支付相同的数目给对方。

在费用支付后，此

29. 契约被（认为）是正当（且）充分（且）权威的，根据印章和文本，如

30. 此处所写。在此之外，（一切）其他契约，无论新旧，

31. 被（认为）无权威，此契约被（认为）正当（且）充分（且）权威。

X'

（兹于）527 年，Dremitagan 月，此盖印文书写于此处在 Zuwer 城堡，在

2. Wargun（人民）的法庭，当面见证于 Sävüglig，Wargun（人民）的领主，Kadagstan 军队的将军，且亦当着

3. 市民（和）此区自由民的面，他们在（他们）中出席且见证此事。

4. 现在：我 Kamird-far，和我 Bab，Bek 之诸子，和你有一场争吵，你 Wahran，和你

5. Mir，Bek 之诸子，我们互相指责。现在

6. 我们一致同意，我们没有必要争吵，我们没有必要毁掉（我们的）家族；因此

7. 现在当着 Bah，Kurad 会计的面，当着 Kurwad 其他人的面，做出彼此协议，我们的

8. 水渠和……，和我们的宅子和人和家和地产，大大小小，

9. 或好或坏，山和河谷，女奴和奴隶，（将）平等地属于（我们），我们将像

10. 传统的兄弟和兄弟一样一起生活。且我们三人将共同拥有一个名（叫）Zeran 的女人——我

11. Kamird-far，和我 Wahran，和我 Mir——无论我 Kamird-far，

12. 或我 Bab，或我的兄弟们、儿子们（和）后代们都没有权利引起损害和其他非法（行为），针对你 Wahran，或

13. 你 Mir，我们也不能复仇，我们亦不能向领主的人

14. 或向城市（的统治者），或向其他任何人诋毁你们，我们也不应抱怨，任何

15. 我们所有的（我们的）家族女奴和奴隶，或多或少——我们均不应从你们处拿走，

16. （把他们）给其他人，而是你们对每一样都（共同的）拥有权力，正如惯例兄弟和兄弟一起（生活）在自己

17. 家族中那样，无论你 Wahran，或你 Mir，都没有权力

18. 针对我们的人引起损害和损失，亦不能引起损失和犯法或复仇，或

19-20. 强迫和武力逼迫我们（其他人），而是我们将（一起）平等生活，且对我们来说共同拥有和接受家族中的（每样东西）是很合适的，无论好坏。现在我们四兄弟中的任何一个

21. 若违反了这则写于此处的声明，或不与其他人一起生活，或引起损害（或）

22. 非法（行为）或诉讼，或（若）家族中出现了争吵，且为人所知，（那么）

23. 这些损害（和）非法（行为）由这些人负责——无论是我 Kamird-far，或我 Bab，

24. 或你 Wahran，或你 Mir，或 Bek 或 Khamir，Kamird-far 的儿子们，或我们的（其他）兄弟们、儿子们（和）后代们，因为

25. 我们中间的任何人做了——那么……他将分不到任何（财产）被逐出家族。现在任何人在

26. （任何）将来时间做出了违反此声明的行为，（若）发生了

违法（行为），诉讼（或）争吵（或）其他（任何事），

27. 或（若）他制造另一个契约（或）盖印文书，（无论）旧的或新的，那么他的

28. 另一个盖印文书和法律要求都被（认为）在法庭无效且无权威，且

29. 他亦将支付一笔罚金给 *bredag* 财库达一百第纳尔铸制金币，（且）他（亦）将支付相同的数目给

30. 对方。

在费用支付后，此

31. 契约被（认为）权威的，如此处所写。

Y

1-2. 以上帝之名！

来自 Kera-tonga Tonga-spara，Kadag 人民之王，威望的 *qaghan* 的统治者，繁华荣耀！

3. 现在：Bek 之子 Mir 一方，

4-5. 来自 Asp（的男人），现在……为我自己服务。他有一个兄弟名（叫）Bab，

6. 现在他完全从 Mir 处离开了。现在 Mir

7. 对我提出一个要求：赐予我一个文件（陈述）如下，

8-10. 无人能够与我争辩，我 Mir，或与我的人民，或关于我的土地，因为 Bab 的债务或承诺（或）争执，也不能要求（任何事），或拿走（任何东西）。

11. 因此现在，我，*ser* 领主，Kadag 人之王，听到了

12. Mir（送来的）要求，在我看来这很必要，且我

13. 现在在我的允许下给出了命令，

14. 赐予（此）文书（陈述）如下：无人有权，无论

15. 自由民或贵族，无论市民或

16. 官员，无论工头或任何其他人，

22. 任何人无权拿走（任何东西），或扣押（任何东西），或要

求（任何东西），

23. 或造成伤害和错误

17. 关于 Mir 自己，或关于 Mir 的兄弟们（和）儿子们，

18. 或关于 Mir 的人民，或关于 Mir 的耕

19. 地，或关于 Mir 的名（为）Palkan 的葡萄园——

20. 无人能因为与 Bab 的争执做这些，或因为 Bab 的债务，

21. 或因为同样的承诺，或因为同样的责任（或）诉讼；

23[后续]. 但任何人

24. 因为 Bab 的争执引起针对 Mir 的伤害和错误，将支付一笔罚金

25. 达一百第纳尔铸制金币。

那么

26. 此协议的强制执行者（为）Oz，Kurwad 的会计。——

27. 549 年。

5.2　无法确定日期的文书和残片

aa

（兹于）100 +（？）年[……]，[……]月，[此]契约

2. 写于此处在[Kand]ban[城]，在名为

3. Frumu[d-marg]自治区，[见证于]这些证人

4-5. 他们[见证]此文书——那些不见证[当前文书的人见证了]其他抄本（？）的契约，且（他们的）签名

6. 写于（此处，即）[……]-wesh，[……]uk，Yog-abdab，Wakhsh-

7. wanind，（和）Ya[msh-wani]nd.（那么此）声明由我 Lad-guzg 做出，

8. Yol-guzg 之子，[Frum]ud-marg 居民。

现在：我

9. 欠……一笔债，且我的……

10. ……此后（我）不能偿还债务。但[我有]

11. 一份地产可以自由处置，在[此处]Frumud-marg，

12. 此[地产]在 Rob 的……名为……，关于此

13. 地产边界为：东至……

14. ……，南[至]Shahr-spa[……]的地产[……]和 Sal[……]

15. ……地产[……]Kad，西至

16. ……

那么此处所述的[地产]由我售予

17. ……和附近连接的水源，

18. [从此之后他属于你]，名（为）Froduk，Frodag 之子，

19. ……；且我已经收到，

20. 我 Lad-guzg，[交换]此处所述的地产……

21. ……全部价款给我……

22. 对此我感到满意，并未遭受损失，[因此]

23. 将来此处所述的地产

24. 将正当（且）完全地属于（你）[Froduk]，你将拥有（且）持有（它），连同你的孩子们

25. （和）你的后代们，从现在（起）——它将

26. 不被主张（且）不被争辩。若将来有（任何人）——

27. 无论是我 Lad-guzg 自己，

28. ……，或我的儿子们，或我的后代们，

29-30. [或]任何其他人——主张任何事（或）继续与 Froduk 争辩（或与）

31. Froduk 的后代们，那么（他的）[主张]（和）争辩

32. 将[无]效，且[我们将支付]

33. 五个金[第纳尔]给皇家财库，[且]

34. 同样数目给对方。

那么此契约

35. 由我写于此处，我 Waraz-guzg。

36. （签名：）Waraz-guzg。

37-39. 证人……——……此事……——由 Lad-muzd 盖印。

ab

……

3. ……[由我]出售此处所[述]的地[产]

4. 和邻近的水源；

5. 我已收到全部价款。对此我感到满意

6. 未遭受损失，因此在将来

7. 此处所述的地产

8. 正当且完全属于 Froduk，连同（他的）儿子们

9. 和（他的）后代们，

10. 无主张（和）无争辩。若将来有（任何人）——

11. 无论我 Wesh-lad 自己，或

12. 我的儿子们，或我的后代们，

13. 或任何其他人——他

14-15. 若主张或争辩，同 Froduk 或同他的儿子们（在）任何事上，那么他的主张和

16. 争辩将无效，且他将支付一笔罚金

17-18. 给他的阁下达二十第纳尔，和同样数目给对方。

19. 此契约由我 Azad-

20. fardar 所写，在 Wesh-lad 的命令下。（签名：）

21. Azad-fardar。

22-23. Wesh-lad（盖印）（印 A）。——Lag 盖印（印 B）。Rizm-……盖印（印 C）。

ac

Fruwardin 日

2. 我收到，我 Utiy-sas，

3. Baz-punag 之子，十第纳尔。

4. 质押（是）我的儿子

5. （他的）名字（是）Yol。

6. 给借贷证人的（复本）。

ad

……

2. 此为[……我们，……，和]

3. 我们的儿子们和后代们和……

4. 已经给了。且由（我们）声明，声明者（的名字）写于此处，……

5. 且我们将不会违反此刻[我们所做的保证]，[其名字]

6. [写于此处]。任何人若对此声明持有异议，以及进行欺骗[……将支付一笔罚金给皇家财库]

7. 达一百第纳尔铸制金币（和）同样数目给对方。

[且……]

8. 已经盖印，且如我之愿，证人盖印[于此文书。它将被]

9. （认为）正当且[有效]

ae

（大部分不可辨认，但能读出一些词的痕迹，如 *αστο μανο ταδο ω*[*σο*]，行 4，*ζαμιγο παδουαμονδο*，行 7。背面有一个竖着写的词的痕迹，大概是盖印者的名字： [.........*μο*]*ζδο*。）

an

1-2. 现在：我，Bagas，从你处收到，你 Gognig，

3. 连同市民们，二十

4. 五迪拉姆，全额。

5. 这（是）你们的收据。

5.3 清单和账单

af

来自 Astakhirs，(来自) Tetuk：两个人。

来自 G[……]：

2. 一个[人]。

来自 Muzda-mareg：一个人。

3. 来自 Pushey：一个人。

来自 Khwarm-yoz：

4. 一个人。

来自 Mihrbaman：一个人。

ag

现在：这是（生产）自 Golg 的葡萄酒。

2. Wulezbang：二。

Sugdukan（家）：

3. 二。

Wuhirzuk：二。

4. Khwade-band：二。

Yamsh Ormuzdan：

5. 二。

Mawil：二。

波斯

6. 总督：四。

Buz Kawan：

7. 二。

Melmuk：二。

Wursingan（家）：

8. 二。

Khubanikan（家）：一。

9. Wanekhan：二。

Yet：一。

10. Maregan（家）：二。

Yawar：二。

Taginuk：

11. 二。

Dusakan（家）：二。

12. Tirmaregan（家）：二。

Tubazenan（家）：

13. 一。

Kagaran（家）：二。

Kirmogan（家）：

14. 二。

Narut：一。

Miran（家）：

15. 二。

Payukan（家）：二。

Khudarbang：

16. 二。

Mirkan（家）：二。

17. Argandigan（家）：二。

Hostigan（家）：

18. 二。

Dyenan（家）：二。

19. Zuk：一。

共计：五十

20. 七。

ah

……Mor[……]。

2. Karas。

3. Frodasp。

4. （给）Sam-burag：五夸脱。

5. ……

6. （给）[ ]aban-bandag：二。

7. 给 Karas：六夸脱。

8. （给）Sumor：……-四。

9. 给 Pusi[……]：四。

10. （给）Banigan（家）：三夸脱。

11. ……夸脱。

12. ……夸脱。

（*背面*）13. ……来自……

ai

……Tirmaregan（家）：二十-……

3. Taginan（家）：……-五。

4. [……Pir]oz：十五。

Bag-……

5. ……：十五。

Khudew-……

6. ……：二。

7. ……-far：五。

8. ……：三。

Kaga[ran 家：……]

……：

9. 三。

Khudarbang：二。

10. ……：十。

Gano[……

aj

来自 Kharag，一头牛：

2. 一第纳尔。

来自 Muzda-

3. mareg，一头牛：一第纳尔。

4. 来自 Pushigan（家），一头牛：

5. 一第纳尔。

来自

6. Burnikan（家）和 Asroshan（家）

7. 和 Bagaspan（家），……：

8. 一第纳尔。

以及为

9. （诸）马匹：十第纳尔。

以及

10-11. Ormuzd 连同 Yat-asp 的税金。

ak

……那些来自……

2. 的清单……

3. 且那些应是 …… 来自领主的 ……

4. 在城中……

5. [来自] Yolan：三口羊。

来自

6. Kh[……]yog：三口羊。

来自

7. [……]z：两口羊。

来自 Pap：

8. 三口羊。

来自 Nat-

9. [……]nd：两口羊。

来自

10. Waraz-warahran：……羊。

11. 来自 Bagwyeshan：

12. 一口羊。

来自 Yolwyeshan：

13. 两口羊。

来自

14. Mihrbaman：一口羊。

15. 来自 Bag-mareg：

16. 一口羊。

来自

17. Wind-fruman-

18. yamsh 和 Piyar-

19. Yamsh：一口羊。

20. 来自 Bakharag：

21. ……羊。

（*背面*）

22. ……

23. ……

[来自]

24. [……]man：一口羊。

25. 来自 Bib-

26. Sen：一口羊。

al

……那些[我]为了……支付的……和

2. 十第纳尔。和我每年给寺庙

3. 结算的……为了那些死去的人和离去的人，

4. 我的兄弟支付（？）的（总数），三十六迪拉姆

5. （作为）……为了（我的）兄弟所支付的（？）。那么每个月

6. （我）交五迪拉姆（作为）生存许可，为嚈哒人和为波斯人。[且]

7. 我交出（？）城市且支付给……，

8. 当抄写员 Gawan[在]城里拴了牛，……迪拉姆

9. 为城堡守卫 Red-far。且我支付，为了……-

10. Bid，城堡守卫首领，和为了 Khwade-spad，十人队成员，

11. 给嚈哒人，为了死去的人和离去的人
12. 十二迪拉姆结算……且我为（*背面*）
13. 亚麻（织物作为）给寺院的供养每年支付
14. 十迪拉姆。而且当城市统治者喝酒时，那么我[再]
15. 支付二迪拉姆。且我支付给……和给
16. 寺院缮写室二迪拉姆。且我支付，当……
17. 在此城喝酒，八迪拉姆。且我[支付]，
18. （作为）供养和荣[耀]（的标志），为领主 Wirishtmish，
19. 二迪拉姆，且领主……且我[支付]
20. 嚈哒税，为上釉（瓷）器[和为]
21. 银的那些，和为供养，和为草[料]
22. [为]羊，八第纳尔。一匹属于嚈哒人的马
23. 死[于]城中：那么我支付五迪拉姆。且[我支付]
24. 二第纳尔给……且我[每]
25. 月支付，为嚈哒人领主或国王，为……

am1A　通过仆人 Ormuzd（？）：小麦。

am1B　通过仆人 Ormuzd：另外 7 夸脱小麦。

am2A　通过仆人 Ormuzd：小麦。

（年？）147。

am2B　分配……：52 夸脱。

am3A　通过。[1]分配洋葱：

am3B　100 [……]。

am3C　另外 7 夸脱小麦。

am4　通过 [仆人] Ormuzd：……

am5 + 6A　通过仆人 Wer：洋葱。

am5 + 6B　*仅见痕迹*

am7　通过仆人 Wer：……

---

[1] 意为取消？

am8 分配（收到）[通过]仆人[……].

am9A *仅见痕迹*

am9B ……*khar*, Pil[……] Kharagan.

am10 通过仆人 Wer：……

am11 在 Burzawid，面粉……

am12 （通过）仆人 Wer：胡椒（？）……

am13 通过(?) 仆人 Wer：100。

am14 + 15 （通过）仆人 Wer：一份葡萄酒收入（？）

am16 分配（收到），来自皇后……

am17 分配（收到），来自 Ernang……

am18 分配（收到），来自皇后……

am19 ……一份[洋]葱（？）。

am20 分配（收到），来自皇后，通过仆人 Wer。

am21A 在 Burzawid，面粉……立刻（？）

am21B *仅见痕迹*

am22 在 *bredag* 的庄园……

am23 分配（？）（收到），通过仆人 Wer：……

am24 (通过) 仆人 Wer：胡椒（？）……

am25A [通过] 仆人……：小麦。

am25B 税金：2。

am26 来自皇后：二份……

am27A ……证明（收据）。面粉(?)……

am27B ……来自 Burzawid。

am28 通过仆人 Wer：……

am29 *仅见痕迹*

am30 + 37 分配（收到），通过仆人 Wer。

am31 分配（收到），通过仆人 Wer。

am32 + 33 通过仆人 Or（muzd）：小麦。

am34 + 35A 来自（原文如此）仆人 Ormuzd：……

am34 + 35B　收到。

am36　……来自 Keraw 的庄园。

am37　*见* **am30 + 37**

am38A　[通过] 仆人 [Wer]：

am38B　……谷物。

[**an** 见 **ae** 后。]

5.4　信件

ba

来自公主 Dukht-anosh，贵族……，[且来自][1] Warahran 伟大的 Kushan-shah，致

2. Khwadew-wanind，一千一万（次），无限问候。（当）我听说你很健康，因此

3. 我感到快乐；然而若我听说你比健康还好，那我将更高兴。

4. 此外，你应知太监 Dathsh-mareg 向我上诉说：我的玉米，

5. 对其我在蝗灾方面负责——因为你的牧羊人们和羊

6. 进入玉米地，并且它们吃和糟蹋玉米，而且你的牧羊人们

7. 打了 Dathsh-mareg 的兄弟和侄子。他们来到这，没有……且他们声称

8. 那是出于你的命令。我不相信这些话，因为

9. 我听说你是一个正直的人。现在我让 Dathsh-mareg 的

10. 兄弟和侄子去你那里，到你面前。因此你可以对于 Dathsh-mareg 的

11. 兄弟和对（他的）侄子在吃和糟蹋玉米以及关于

12. （他们受到）牧羊人的伤害方面做出判断。若你认为

13. 我不应该关注（他们）对此事的说法，那么把牧羊人们送到我这我的面前来，

〔1〕或者是[通过中间人]?

14. 然后我自己将命令不管谁关注这个说法

15. 都不应该相信我的仆人在此事上（说的）任何事，且

16. 我将惩罚他们。若是你的牧羊人们犯了错，

17. 那么我将命令给你写一封（信），然后你应为了（我的）仆人惩罚牧羊人们；

18. 若还有任何此外情况，请立刻写信给我，以便我能知道

19. 我应该从（我的）仆人那里要求损失的赔偿。

此外我听说你

20. 主张我自己是……被我的仆人们。在此事上你仅仅

21. 放……向统治者，你对此主张并且做了。

22. 致 Khwadew-wanind，一千次一万次，无限问候，（如其）所便。

bb

致城堡的将军 Khwadew-wani[nd]，（我）亲爱的兄弟（和）

2. 亲爱的同伴，领主，致意（和）效忠[来自 M]ihr-ma[re]g，

3. 管理员，（他的）仆人。我将更加快乐

4. 当我亲自见到阁下您健康。

此外

5. 阁下您应知，缎织工 Ohrmuzd

6. 向 [我]上诉（说）：“Sag 正在执行

7. [对] Absigan（家）的命令。”现在阁下您

8. 应该……向 Ohrmuzd。那么不管

9. Sag 正在对 Absigan（家）执行什么命令

10. 你应防止（对）皇后的不敬，对内部（居民）的不敬，且

11. 你应该给 Sag 一个命令（说）：“来，然后

12. 与 Ohrmuzd 谈谈。”

13-15. 致城堡的将军[Khwadew-wan]ind，致意。

bc

致城堡的将军 Khwadew-wanind，（我）亲爱的兄弟

2. 领主，致意（和）效忠来自 Mihr-[mareg]，

3. 管理员，他的仆人。我将更加快乐

4. 当我亲自见到（你）健康。

此外

5. 阁下您应知，Mi(h)r-guzg

6. 对领主请求（说）：“我是……和（我的）搭档，

7-8. 因此对我来说非常合适，如果我跟着（他）去那个城市。”因此领主

9. 命令 Mihr-guzg：“关于

10-13. （你的）搭档的财产，你们应该用一个誓言和一个人（作为人质）向我保证守信，且你将……一个人你们自己。”且他

14. 命令我：

15. “照看他们。”现在，阁下

16. 您，为了我的缘故，

17. 应该照看 Mihr-guzg；且

18. 不要允许（任何人）控告他

19. 或和 Mihr-guzg 争执[1]

20. 那么不要允许他受罚

21-22. 直到有陈述到我的面前。

23. 且……其……和

24. 他的陈述，那么

25. 不要允许他被扣押。

26-28. 致城堡将军 Khwadew-wanind，（我的）亲爱的兄（弟）。

[*来自之前的信：*]29-31. 致……

bd

致 Khwadew-wanind，（我的）亲爱的兄弟，领主，

2. 一千一万次致意（和）效忠来自

[1] 原文为“不要允许（任何人）其欲控告他和欲争执”。

3. Mihr-mareg。

4. 我将更快乐当

我亲自看到阁下您健康。

5. 此外——请保密！——当我在那里（和你一起），

6-7. 你一直买……从 Bag-……现在 Shabur

8. 来到我的面前，他宣称，

9. 我[……]

10. ……

11. ……

12. [它]（对）其他任何人的生命都不合适……

13. ……也……我……

14. 且我。现在，若

15. 请[阁下您]在你的权威下，

16. ……

17. ……

18. ……

19. ……

20-22. [致 Khwadew-wanind，我亲爱的兄弟，致意。]

be

致[城堡将军 Khwadew-wanind，致意（和）效忠来自]

3. ……

4-11. ……

12. ……

13-16. ……[若……]

17. 不应来此，那么阁下

18. 您应教导他的人民

19-20. 他不可带他们出城。

21-23. 致城堡将军 Khwadew-wanind，致意（和）[效忠]。

bf

致我尊[敬]的领[主 Khwadew-wanind]，

2. （我）亲爱的兄弟，致意（和）效[忠来自……他的仆]人。

3. （当）我听说[阁下您健康，因此]我感到[快乐]；

4. 然而[我将]更快乐[当]我亲自见到[阁下您]

5. 健康在……

[此外，阁下您]

6. 应知……

7. ……拿走……

8. 你……[阁下您]

9. 应知我的……

10-11. 现在阁下您应送一份上等礼物，那么我这一方会

12-13. （如此）行动以便阁下您对我[感到满意]。

14-15. 致 Khwadew-wanind，致[意]。

bg

致我尊敬的领主，领主 Ohrmuzd Faragan，一千

2. 一万次致意（和）效忠，连同在弯曲膝盖上的头，来自 Burz-mihr Khahran，他的仆人。

3. （当）我听说阁下您健康，因此我感到快乐；[1]然而我将更快乐，当

4. 我亲自见到阁下您健康（并）致意效忠。

此外，一封信从阁下您那来到这里，

5. 因此我得知（阁下您）如何写信给我说 Khwadew-wanind

6. Kharagan 对阁下您上诉（说）在 Rizm，在（名为）Yukhsh-wirl 的牧场，

7. 那里有一条溪流，该溪流从牧场被阻断，他——（即）

8. 总督 Khwadew-bandag，把这块有溪流的土地给了 Khwadew-

〔1〕原文为“你很快乐”。

wanind，

9. 那么您已经得知（这是）他的财产；那么阁下您善良的

10. 听到的要求由 Khwadew-wanind（呈上），（为）那土地，其为……在 Yukhsh-wirl 溪

11. 他自己阻断的，且他从 Khwadew-bandag 总督那里得到的——那么

12. 阁下[您]再次把它给 Khwadew-wanind 自己；这样，（对于）那块土地，

13. [在 Yu]khsh-wirl 溪]的那块，Khwadew-wanind 阻断的那条溪——

14. 我（？）应把（它）给 Khwadew-wanind 自己，那么阁下您……且

15. 皇家……Kushan-shah(?)给阁下您……

16. 它如何应为……给我，（您的）仆从。[现在]就在

17. 我见到来自阁下您的此信时，那块

18. 有溪流，在（名为）Yukhsh-wirl 牧场的那块土地，Khwadew-wa[nind 自己]阻断的——那么

19. （我）把它给 Khwadew-wanind 自己，如我得到的

20. 来自阁下您的命令。

21-23. 致我[尊敬]领主，Ohrmuzd……

24. 关于一牧场（和？）溪流。

bh

致领主 Tetuk Adurfarnigan，一千一万次问候

2. （和）效忠来自 Burz-mihr Khahran，他的仆人。且我将更快乐，

3. 若我亲自见到阁下您健康。

此外，如阁下您那么

4. 健康和顺利，写信给我。当我听到来自

5. 阁下您关于（您的）健康和顺利，那么我将极为愉悦。

6. 且我将待在 Amangan 直到 Ram 日，

7. 因为（我们）还尚不知应当去哪。我在这里很健康，

8. 连同 Meg-asp 和其他骑手和马匹和马夫们。我

9. 写信给你提及这些你应感到高兴。

且我

10. 请求领主关于 Mir-bam，于是他已经写信给 Bag-ormuzd 说

11. 他应该释放他。

12-13. 致 Tetuk Adurfarnigan，致意（和）效忠。

14. 来自 Burz-mihr。

bi

致我尊敬的领主，Khwadew-fardar（？）

2. ……领主，一千，一万次致意（和）

3. 效忠来自城堡将军（？）Wesh（？），他的仆人。

……

10. 我们将……他们全部。那么我们在这里将不再安全，

11. 因此我们将离开这座城市。因此

12. ……我……

……

15. 支付。且我将继续写信给……关于……，

16-17. （说）他应该命令他返还（部分）罚金。现在，阁下您自己欠

18. 的那部分罚金适于返还，

19. [因此]下命令说他应该找到（它），以便于

20. 他实行此城的协议（？）于此（？）且阁下您

21. 自己在那里将不会受损。

ca

致 Nat 和 Muzda-mareg，（我）亲爱的

2. 兄弟们、领主们，问候（和）效忠来自 Yamsh-

3. khwadew-bandag Pabagan，（他们的）仆人。

此外，

4-5. 领主已经派遣 Yamsh-spal Burnikan 去你那，且他

6. 已经命令在那里实行服役。现在你一

7. 见到此信，不管

8. 你家中有什么（可用的）骑手以及同样

9. 不管什么骑手在那城里，

10. 你应带他们出发。且

11-12. 你——二者均……且信使……应和 Yamsh-spal 在一起，且不管

13-14. 将来 Yamsh-spal 带去任何关于领主事情的命令，

15-17. 你均应执行命令且负责。

18-20. 致 Nat 和 Muzda-marcg，问候。

cb

致 Khwasraw Khahran，（我）亲爱的兄弟，领主，致意（和）

2. 效忠来自 Yamsh-khwadew-bandag Pabagan，（他的）仆人。

3-4. 此外，阁下您应知一封给我的信来自 Nawaz Kharugan，（说）：

5. 阁下您是在 Sag 的……在 Palag 城堡

6. 且然后离开了城堡。现在，

7. 阁下您一见到此信，

8. 你应该把 Palag 的人们送到那边的城堡，这样

9. 城堡将不会落入敌人之手，而阁下

10. 您将不会变得悲痛。[1]

11-12. 致 Khwasraw Khahran，[致意]。

14-15. 关于 Palag 的人。

cc

致 Nawaz Kharugan，一千

2. 一万次问候（和）效忠来自

3. Bag-waraz，（他的）仆人。（当）我听说

[1] 直译为“（你的）脸上”。

4. 阁下您健康，因此我感到快乐；

5. 然而我将更快乐

6. 若我亲自见到（你）健康。

7. 此外，我之前

8. 告诉阁下您我

9. 需要一只狗，于是阁下您

10. 保证：“我（将）给（你）一只狗。”

11-12. 现在我派 Mihr-bandag 去你那里。那么

13. 托你的权威，

14. 给我一只好狗，那么

15. 我将为一切[1]谢你且

16. 我将回报（你）。

且

17. 你应知（你的）仆人做了……

18. ……且我已经把（它）给

19. 你……

20-21. 致 Nawaz Kharugan，[致意]。

cd

致 Nawaz Khahrugan，（我）亲爱的兄弟，领主，

2. 一千一万次问候（和）效忠来自 Siyar

3. Kasan，他的仆人。

此外，

4. 一封信从阁下您那里来到我这，因此

5. 我得知（阁下您）如何写信给我关于

6-7. 亚麻。（阁下您）应认识到（您的）高贵权威，以及面包（和）盐

8. 那些我所吃的来自国王之手，（且应知）

[1] 原文为 *ασπο*“马”，大概是 *οισπο*“一切，每件事”？

9-10. 我正[极力催促]他们从 Balkh 带来亚麻衬衫。若他们真的带来了，

11-12. 我将把那个送给阁下您

13-14. 如同送给一位长兄。

15-17. 致 Nawaz Khahrugan，（我）亲爱的兄弟，致意。

ce

致 Nawaz Kharan，（我）亲爱的兄弟，领主，一千一万次问候

2. （和）效忠来自 Khol Aramigan。

此外，对我，一个老人（？）来说，阁下您

3. （是）伟大的希望和支持。现在阁下您应知

4. Ash-fardar 是我的担保人，在那里（和你一起），且

5. 其他人也有他们自己的（人）在那里（和你一起）。因此（若）它使你愉悦，

6. 请勿打击他们，拘禁（他们），或

7. 使（他们）损失，那么作为回报我将以一种使阁下您愉快（的方式）行动。

8-10. 致 Nawaz Kharan，（我）亲爱的兄弟，领主，效忠。

[*来自之前信件：*]11-13. 致 Khol [Aramigan，…]。

cf

致 Nawaz Khahrugan，（我）亲爱的兄弟，领主，一千一万次

2. 问候（和）效忠来自 Khol Aramigan。

此外，我们的

3-4. 宗族（包括）小家庭（和）大家庭，对于阁下您的大家庭成员都非常友好和好客。现在，阁下您

5. 应知我有一个奴隶在那里（和你一起）和一名女奴

6. 还有一名妾。我听说

7. 阁下您送了一名妾给 Rob。现在若

8. 阁下您需要人，那么

9. 给我一头骡子，一头好的，然后人（将）被……

10. 且……且妾（将）完全（是）阁下您的；且

11. 若你不给我（骡子），那么命令（某人）去

12. 从 Rob 处把妾带回来[1]，

13. 且一旦我需要他们，

14. 你应该把（奴隶和妾）还给我。

15-17. 致 Nawaz Khahrugan，问候（和）效忠。

cg

致 Nawaz Khahrugan，（我）亲爱的兄弟，领主，

2. 一千一万次问[候和效]忠来自[Khol

3. Ara]migan

此外，阁下您应知

4. Sang-khird 的小家庭（和）大家庭（和）宗族

5. 已经是国王的仆从，且他们真诚的……

6. 因此，随着城堡

7. Bamyan 被捕获得越来越多，他从（一）人跑到另

8-9. 一人处，现在他回到（你）那里，到他自己的城堡。因此（若）阁下您愿意

10. 善良的接受他在那里（和你一起）。

11. [且]我承诺 Sang-

12. kh[ird 一方将[不会]对你[做]错误[的事]，

13. 而是将会为阁下您服务

14-15. 如一位领主所[希望的]。

16-17. 致 Nawaz Khahrugan，致意。

ch

致我尊敬的领主，领主 Wakhsh-gul，

2. 一千一万次问候（和）效忠来自 Nawaz

3. Kharugan，他的仆人。那么我将更快乐

[1] 直译为“命令某个将把妾带回来的人”。

4. 当我亲自，（您的）仆人，见到阁下您
5. 健康。
此外，如阁下您如此健康
6. 且您被贵族们赋予权威，
7. 您应写信给我。若我能从您那里听说（您的）健康
8. 和荣誉，那么我将极为愉悦。
9. 此外，阁下您应知我听说
10. Rashten 死了。现在我们听说
11. （他）病得很重，快要死了。现在阁下您能否
12. 基于您的权威行事，允许他回到
13. Wanafar 王子那里。权威是阁下您的，
14. 那么给他允许使他回去。若命运使他
15. 能够活着回去，那么我，（您的）仆
16. 人，我这一方将（如此）行事，使阁下您愉快，
17. 且我将为（他）的生命感谢您，且
18. 我（您的）仆人，将相应的回报。
19. 我正在送（这封信）给阁下您，
20-21. 那么阁下您请勿觉得我冒犯，（您的）仆人。
22-25. 致[我尊敬]的领主，Wakhsh-gul 领主，问候（和）效忠。

ci

致领主 Bag-ohrmuzd Bagatan，一千一万次问候（和）效忠
2. 来自 *hostig* Garsug，他的仆人。那么我将更快乐，当
3. 我亲自见到阁下您健康。
此外，一封信来自阁下您那里，
4. 因此我得知（阁下您）如何写信给我，即 Nawaz Kharagan
5. 向领主请求（说）：“在 Yukhsh-wirl 那里有（一块）地，
6. 以前是一片干草地，你应把它给我。”那么
7. 领主听取了 Nawaz 提出的要求且
8. 命令这块地给 Nawaz，且他在阁下您的权威下给了它。

9. 阁下您自己应知他们不会从领主的家中给出一夸脱谷物
10. 或一加仑葡萄酒，给（任何）没有拿着盖印文书的人，
11. 更别说（一块）土地！但若 Nawaz
12. 带给我一份文书带着领主的两个印，
13. 那么我将不会给他任何伤害而是
14. 立刻给他地。
15-17. 致领主 Bag-ohrmuzd Bagatan，致意……

[*来自之前的信件*：]18-21. 致 Garsug 和 Yol-ohrmuzd，问候（和）效忠。

cj

致 Kulu-ardag 和 Nawaz，（我）亲爱的
2. 兄弟，问候（和）效忠来自
3. *shupur-bang* Wan，他们渺小的（仆人），
4. 我将更快乐当我亲自看到您是健康的[1]。

5-6. 此外，我把（我的）侄子 Muzda-bandag 派去（您）那里。那么阁下您说了：

7. “无论我将多少
8. 葡萄酒带到 Rezm，我将做到……”
9. 现在我把 Shumug-bandag 派去（您）那里，
10. 那么您将给我多少葡萄酒，
11. 你们应该把（它）给我。且不管什么
12. 要求，关于这个交易（价格），你应写来，
13. 那么我将送（它）去。
14. 且我送去了一个小地毯（？），那么
15. （请）接受它。

ck

致 Nawaz，（我）亲爱的兄弟、领主，一千一万次问候（和）效忠

〔1〕原文为名词“健康”。

2. 来自 *hasht-walg* Kirdir-Warahran“对 Peroz 真诚的”。

3. 此外，一封信从阁下您处来到这里，因此我得知

4. 您关于葡萄园写信。阁下您

5. 这样说：“我关于葡萄园有一个要求。”

6-7. 那么把（您的）要求带到我面前，我将如我有责任应做的那样实行协议。[1]

cl

致 Way-shabur Shaburan，（我）亲爱的兄弟，问候（和）效忠来自

2. Kirdir-Wararan“通过 Ohrmuzd 荣耀者”，Rob 的统治者。那么我将更快乐当

3. 我亲自见到（您是）健康的。

此外，Nawaz 我的仆人向我上诉

4. （说）：“Zwin 居民 Wesh-mard，皇后的仆人，

5. 做了……对 Wel-watan，他们来到 Rob 这里并且

6. 从这里带（走）了马匹。”若（情况）如此，可不太好。现在，若

7. 阁下您愿意，在您的权威下，找出 Wesh-mard 且

8. 为我关于马匹和小偷们做出判决。如果您不找出小偷和马匹，那么

9. 当我到（你）那里，我（将）找出马匹和小偷，毫不容情

10. 且我（将）引起阁下您的不愉快。

我已经写信告知此事

11. 那么您应知道。

12-13. 致 Way-shabur Shaburan，（我）亲爱的兄弟，问候。

cm

致 Bredag Watanan，（我）亲爱的兄弟，问候来自 Kirdir-Wararan

[1] 直译为“如我的责任要实现的协议，那么我将实现”。

“通过 Ohrmuzd 荣耀者”，

2. Rob 的统治者。且我将更快乐当我亲自（见到你）是健康的。

3. 此外，Nawaz 我的仆人向我上诉（说）：

4. “Wel-watan 带（走）了马匹，现在 Bip 和（他）的同伙

5. 把这些马藏在……”若（情况）如此，可不太好，因为

6. [你们]，阿富汗的宗族，这样对我说：

7. “[Ro]b 的人偷（走）[马匹]”，且他们，（即）那些看守马的人，

8. （按照推测）[未]曾注意到……！且你不应否认（？）Rob 的人

9. 那些阿富汗人带（走）了马。因为你们的[陈]述，我

10. 我束缚 Rob 的那些没有犯错的人。现在若阁下您[愿意]，

11. 你们应当找出小偷和马匹，并且把（他们）送来给我。且若

12. 你们做坏事，且你不把马匹和小偷给我送来，当

13. Rob 的人从你那里要求他们的马匹，那么……

14. ……

15. ……

16. ……

17. ……

18. 人质……[若]

19. 你不送来人质，那么当我到（你）那里去，

20-21. 我（将）（从）你那里要求一个人质，非常严厉不快，

22. 我还要责备那些领主，[1]（且）因此你

23. 将遭受剧烈的伤害。

我

24. 已经写信给你告知此事，因此你应悉知。

25-26. 知 Bredag Watanan，（我）亲爱的兄弟，致意。

---

[1] 或“那些神”？

cn

致 Tetuk，（我）亲爱的兄弟，

2. 致意（和）效忠来自 Nawaz。

3. 且我将更快乐

4-5. 当我亲自看到阁下您健康。

此外，阁下

6-7. 您应知我这里没有（任何）马匹。那么，您来到（现在您所在）之处；

8. （因此）现在，为了搜寻一批

9. 并送来我处，且

10-11. 告诉我事情是怎样的，以便我知晓。[1]

co

致 Ram-yol，（我）亲爱的兄弟，领主，一千

2. 一万次致意（和）效忠来自 Nawaz，他的

3. 仆人。那么我将更快乐当

4. 我亲自看到阁下您健康。

此外，阁下

5. 您（应）知我

6. 释放了 Sizbur，但我没有释放 Adurig。

7. 因此若 Sizbur 到（你）那里，

8. 不要做任何对他不公的事，但

9. （若）你能惩罚 Adurig，

10. 请这样做！[2]

11-13. 致 Ram-yol，问候[和效忠]。

cp

致城堡将军 Nawaz，（我）亲爱的兄弟，领主，问候（和）效忠

2. 来自抄手 Piduk，（他的）仆人。

---

〔1〕原文为“于是你应知晓”。

〔2〕直译为“做它”。

此外，一封信来自

3. 阁下您处，因此我得知

4. （阁下您）写信给我关于 Palag 人民和 Muzda-bandag

5. 夺取 Sohukan（家）（代理人）的时机，那么我

6. （按照推测）命令 Sohukan（家）的（代理人）毁掉他。此外，

7. 你还写道了 Wesh-fardar 和其他

8-9. 事情：我因阁下您的信得知了每件事。Sohukan（家）

10. 与 Panikan（家）有联系，且

11. Panikan（家）的家族中现在没有任何人除了

12. 仆人（和）随从。

13. 因此若阁下您

14. 没有随从，那么我

15-16. 无法派任何其他人去（你）那里（作为）人质。但阁下您

17-18. 应写信给我，然后我将派 Sohukan（家）的（代理人）去（你）那里，那么若他被吓到（？）

19. 那不是我的错。

且

20. 我派去 Wesh-fardar（作为）信使。

21. 他一回（来），

22. 我（将）派他去（你城堡）那里。

23. 我得到不管什么（关于）Palag 的进一步消息，

24. 我把它给 Muzda-

25. Bandag 的兄弟。[1] 我不知道

26. 谁正在去（你）那里，谁没去。

27. 且（若）Muzda-bandag 留在这里，

28. 我会让（他）明白

29. 我没有命令

〔1〕或“Muzda-bandag（我的）兄弟”。

30. （任何人）伤害他。[1]

31. 由于阁下您

32-34. 没有或没保留随从在那，因此

35-36. 他们不会继续让你留在城堡。……

37-39. 致 Nawaz，（我）亲爱的兄弟，领主，……

cq

致我尊敬的领主，领主 Ram，一千一万次问候（和）

2. 效忠来自 Kalu-ardag，他的仆人。且，阁下，（由于）我听说阁下您

3. 健康，因此我感到高兴；但我将更高兴当我亲自，（您的）仆

4. 人，见到阁下您健康。

此外，（由于）我，（您的）仆人，

5. 与阁下您有关系，瞧！阁下您应认可我和

6-7. 我阁下您。现在我，（您的）仆人，今年需要大量粮食，因此我已经送了一头牛（？）到（你）那里。那么，（若）阁下您

8. 在你的权威下能够让我如愿，给我粮食，

9. 接下来我，（你的）仆人，将（以此种方式）行事，让阁下您

10. 对我满意，且不管我从阁下您那里接到什么命令，

11. 我将充满敬意地接受（它）[2]（并）愉快地实行……

且我

12-13. 已经为阁下您送去一第纳尔；（希望）阁下您在您的权威下接受（它）。

14-15. 致 Ram，问候（和）效忠来自 Kal(u-ardag)。

16. 效忠。

cr

来自管理者 Keraw Ormuzdan，致 B[ab 和]

2. Mir-spal 和 Bandag 和 Wind-sanag [和] N[……]-

---

〔1〕直译为“命令（任何人）其可能会伤害他”。

〔2〕直译为“我将接受（它）在（我的）头上”。

3-4. bandag，问候。

此外，因为欠[……]-保管员 Ziy Mirbandagan 的谷物，你应该给全部（？）[十]夸脱葡萄酒。

5. 勿要违反。

157 年，

6. Spandarmid 月。根据书记员 S[pi]y(?)所写。

7-9. 致 Bab, Bandag, Wind-sanag……

10. ……十夸脱。

da

来自[管理者][Keraw] O[rmu]zdan，[致

2. Bi]yan-bid 和 Pesh-lad [和 Wibriy 和]

3. Nab[ag] 和 Dog，致意。

此[外]，……

4. ……四，且……

5. 三……三……

6. ……Mir-ba[m][1]……

7. 被视为职责，其……接受……，

8. 且他们的……和面包和……

9. ……隐瞒了（？）错误……或来自……

10. 你应[确保]他们实行（他们的）职责。且

11. 勿要违反。

198 年，

12. Adur 月。由领主自己下令。

13-15. 致 Benabid, Pesh-lad, Wibr[iy ……]，效忠。

16-18. Asp-yun(?)：四，Wan-……三，Skup……连同（他的）兄弟：三，……

[1] 或“Mir - ba[ndag]”。

db

来自管理[者]Keraw [Ormu]z[dan]，[致] Biyan-

2. bid 和[Wi]briy 和 Pesh-lad 和

3. Nabag，致意。

[此外]，您的统治者和

4. 勇敢的领主……因此那些谷物其

5. ……他们是……

6. ……地产

7. ……

8-9. [致] B[iyan-bi]d, Pesh-l[ad]和 W[i]b[ri]y，效[忠]。

dc

来自管理者 Keraw Ormuzdan，致 Biyan-bid

2. 和 Pesh-lad 和 Nabag 和 Wibriy 和

3. Dog，致意。

此外，有一千……欠 Purlangan（家），

4. 那么你应（以此方式）行事，即他们全都被带到 Ladkan。

5. 且你应在那里建造一个干草仓库以便于干草

6. 储存（？），因为我

7-8. 正在命令在 Ladkan 养马过冬。且

9. 请勿违反。

10-11. 致 Biyan-bid, Peshalad（和）[Wi]briy，效忠。

dd

来自管理者 Keraw Ohrmuzdan，致 Biyan-bid

2. 和 Asp-yun 和 Pesh-dad 和 Asbid

3. 和 Nabag 和 Wibriy 和 Dog，致意。

此外，

4. Sag 之子 Shabur 来到了我们这里。那么无论

5-6. 他们带着多少马，无论他为它们从我的财产中分配多少干草，把（它）给他。他们立刻就走。

7. 勿要违反。

198 年。

8. Dadw 月。据记录保管员 Waraz-bursam 所写。

9-11. 致[Biy]an-bid, As[p]-yun, Pesh-da[d, As]b[i]d……

12. （关于）Shabur 的干草。

de

来自管理者 K[eraw Ormuzdan，致]

2. Be[nabid 和……和 Wibr]iy(?)

3. ……

4. ……

5. ……

6. ……

7. ……

8. ……

9. ……

10. Kadagstang……

11. 勿要违反。

12-13. 199 年，Ab 月。据 Mir-bandag 所授的权力。

df

致 Nabag Pur[……] ……，（我）亲[爱的兄]弟，

2. 一千一万次问候[来自……] lm-azad

3. Bayaspan。且我将更快乐

4. 当我亲自见到你，（我的）兄弟，是健康的。[1]

5-6. 此外，你应派送……（和）盐。然后把（它们）送来给我，

7. 并且为了处理相应的费用（和）收入。

8-9. 且我已经送去十……羊毛的……给（你），我的兄弟。

10-11. [致 Nabag] Pur[……]

[1] 原文为名词“健康”。

dg

致 Nabag,(我) 亲爱的兄弟,[问候和效忠来自 Gu]rambad Kerawan。且

2. 我将更快乐当我[亲自]见到[你是健康的]。

此外，你，（我的）兄[弟]，应知

3.（你的）统治者和勇敢的[领主]已经……我……因此,（若）[你]愿意，（我的）兄[弟],

4. [给我]盐……处理统治者的……

5-6. 致 Nabag，（我的）亲[爱的]兄[弟]，问候（和）效忠。

ea

1-2. 来自 Meyam，Kadag 人民的国王，众王 Peroz 的著名（和）繁荣之王的统治者，致 Briyog 和 Das 和 Spalf

3. 和 Kafan，致意。

此外，你应知

4. 我已经给了 Shabur Peshladan 随从和土地

5. 和 *pidoxoano*。因此（你们中的）任何人

6. 若和 Deyag Peshladan 有生意往来，以及任何人被欠债,

7. 你们应该从 Deyag 处要求；但不允许（任何人）对……Shabur,

8. 也不许对他做任何错事。[1]且

9-11. 没有人有任何权利或（其他）要求针对 Shabur 的家族、土地、随从和 *pidoxoano*，除了 Shabur 自己，因此不要

12. 允许（任何人）对他做任何错事。[2]

13-14. 239 年，Sharewar 月，据 Murwand 的 Mir-bandag 所书。

15-17. 致 Briyog, Das, Spalb（和）Kafan，问[候]（和）效忠。

18. （关于）Shabur 的决定。

eb

致 Shabur Peshladan 和 Gurambad

〔1〕直译为“不要允许（任何人）其将……Shabur，或其将对他做任何错事”。

〔2〕直译为“不要允许（任何人）其将对他做任何错事”。

2. Khwadewan，问候（和）效忠来自 Sadayol

3. Beranan。且我将更快乐

4. 当我亲自见到您健康。

5. 此外，阁下您应知，任何

6. 属于我的家族和土地的东西——

7. （那些东西）都属于阁下您自己。因此（你）对我有任何

8. 命令，你将命令我且

9. 我将愉快地实行。

你们亦应知，

10. 我没有任何债务，因此（若）我

11-12. 应有的任何东西，你应现在把（它）用旅行车队（？）送来给我。且若旅行车队（？）

13-14. 是好的，那么你应该买两个……很多亚麻（织物）给我，且把（它们）送来我这里。

15. 且你给我送来任何东西，

16-17. 你们应该为我盖印，且你应该（以此种方式）形式，即它们被带到这里。

18-20. 致 Shabur Peshladan 和[Gurambad……]。

ec

致领主 Shabur Pushladan，一千一万次

2. 问候（和）效忠来自 Wararan Springan

3. 他的仆人。

此外，这里他们报告说

4. 阁下您的儿子活着。若

5. 命运让他活着，

6. 尽快通知我让我知道

7. 让我愉悦。且任何到你那里的报告如果

8. 有我该听到的，写信给我。且若

9. 你把公主（？）送来，那么

10. 我将照料他们胜于对我自己；若

11. 你不送他们来，那么我将用任何我能做到的方法

12. 在那边照料他们

13. 就如同阁下您亲自照料。且

14. 你有任何（给我）这里的命令，

15. 你应该下命令给我就像（你给你的）弟弟一样。

16. 如果有任何进一步消息，

17-18. 我将让（此）信的送信人带过去。那么无论

19. 他正式地陈述了什么，你都可以相信它。

20-22. 致领主 Shabur Pushladan，问候（和）效忠。

ed

1-2. [来自]Meyam，Kadag[人民的国王]，众王[Per]oz 的著名的（和）[繁荣的]统治者，

3. 致 Zarwer 和 Das 和

4. [Spa]lb 和 Dog，致意。

此外

5. Shabur-ormuzd 来[到这]里（并）向我上诉

6-7. （说）他曾经把一个女人卖给 Angad-spal，但他

8. 没有付款。现在你

9. ……

10. ……

11. 他应把[她]还回来。

252 年[1]

12-13. Mihr 月。据军需官 Keraw 所写。

14-16. 致 Zarwer，[D]as，Spalb（和）[Dog]，致意。

17-19. ……关于女人的[决]定。

〔1〕有一点像242。

ee

致 Ormuzd Ramyolan

2. 和 Kirdi[r]-warahran

3. [T]etukan，Asti[y]akhirs 的 *hostig*

4. 问候（和）效忠来自 Muzd Kharagan，

5. 他们的[仆人]。

6. 我将更快乐当我[亲自]看到（你）健康。

7. 此外，我[……Or]muzd

8. Burnikan……

9. 其将……因此

10. ……我现在……O[r]muzd

11. 收到他们……

12. Abasakhan(?)的 Muzd 给它。现在

13. 你一看到此信，

14. 你应封印此盖印文书

15. 且……

16-18. 致 Orm[uzd] Ramyol(an) 和 Kirdir-wara(h)ran。

ef

致 Aspring，（我）亲爱的兄弟，问候（和）效忠

2. [来自……][……的] *hostig*，他的

3. 仆[人]。那么我将更[快乐]当

4-5. 亲[自]见到（你）健康。

此外，去年他们从 Ormuzd Burnikan 带走两口羊：

6. 一口羊为了……羊

7. 和一个为了给养，即我们

8. 为了领主带给伟大的 Rob。

9. 现在……

10. 当（？）……

11. ……

12. ……

13. ……根[据]（他们的）能力，

14. 如他们所承诺

15. ……来自他们自己和来自

16. 其他人[的]。因此关于

17-18. 那两口羊，向 Ormuzd[做出了]承诺，

19-20. 但……曾是……其你们

21-22. 其他人全体[应]支付的。

eg

致 Ormuzd Burnikan，无限问候

2. 来自首席书记员 Ormuzd Khahran。

此外

3. 不论从 Yush-liz 人民那里收到了多少粮食，

4. 你应根据指示交出两份

5. 且将三分之一[给]

6. Yush-liz 人民。[然后]

7. 你应要求它回到……

eh

[致 Ormuzd Bunukan，……问候和效忠来自……]，

3. [Heph]thal 的 *yabghu*, Parpaz 的*[sot]ang*(?), Afghans 的首席……，

4. Tukharistan 和 Gharchistan 的法官。

此外

5. 一封你的信到了这里，因此我得知[你]写信

6. [给我为]了我的健康。我健康状况很好，[之后（？）

7. 我听说消息]送到你那里这样（说）：

8. “……关照农耕。”但给你的命令应如下：

9-10. “你应交出粮食（然后）从市民的仓库里要求（它）。”我不会命令损[失……]，因此

11. ……

12. ……

13. ……

14. ……

15. 我亲自命令。且我……

16. 考虑到冬天（？）……

17. 派人去（你）那，然后……“……

18. 照料农耕”。

19-20. [致] Ormuzd Bunukan，致意。

ja

1-2. 来自 Kilman，[Ka]dag 人民之王，嚈哒著名的（和）繁荣的 yab[ghu]的统治者，致 Aba[……

3. ……领主，致意。]

此外，[我的仆]人[Zhu]n-ba[ndag]

4. 向我[上诉]（说）：

5. “Tos 欠一笔税（？）金

6. [他]不[想]交给我，[而是]找[借口]（？）。”

7-8. 现在你应（以此种方式）行事，即[无论 Tos]从 Zhun-bandag 那里[拿走了什么]，[后者将]

9. 把（它）拿回来……

10. 回来……

11. 其这里……

12. 不要暗中（？）搞鬼！

13-14. 致领主 Ab[a...]，致[意]。

15. （关于）Zhun-banda[g]。

jb

致 Sart Khudewbandan，嚈哒荣耀的 *yabghu*，

2. Rob 的统治者，嚈哒人领主的书记员，

3. Tukharistan (和) Gharchistan 的法官，贵族领主，一千

4. 一万次问候（和）效忠，屈膝下拜，如

5. 向神明，来自 Azgarak，Ramin 的管理人，

6. 他的仆人。且我将更快乐，当

7. 我亲自看见（你）健康和快乐。

此外，我

8. 询问了关于 Spiy 的事且我得知

9. 其情。但（至于他的）那些小偷同伴，

10. 他们已经从这里逃（走）。只要

11. 他们一回来，Spiy 应（也）回来，那么

12. 我（将）命令（他们）归还他的全部存款在

13. 他回来十天之内。

14. 致 Sart Khwadewbandan，荣耀的嚈哒 *y[abghu]*。

jc

致 Tosuk of Marg，无限问候

2. 来 Rizm 的 *hostig* Yamsh Homikan。

3-4. 此外，无人能在敌人的城市进行拦路抢劫，更

5. 不能在一个人自己的城市拦路抢劫！

6. 现在，既然罚款

7. 是因为你，你应该缴纳，那么我

8. （将）判全额并（做一个）决断。

9-10. [但]你应归还 Warazagan 人民的损失，[因为] Warazagan 人民

11. 并不因为……而应遭损失……Rizm 人民

12. ……

13. ……

14. ……

15. ……

16. ……

17. ……

18. [致] Tosuk of Marg，致意。

jd

[致……]iy Bunakan，

2. 无限问[候]来自

3. B[...]的 Wuraz。

此外，一旦

4. 你见到（此）[信]，

5. 你应来此……且……

6. ……被判支付罚金，……

7. 你应带来……，且

8-9. [你应支付……]迪拉姆[给……]-wuraz，那么……他们。

10-11. [……勿要]违[反]。

je

致 Bek 之子 Meyam，无限问候

2. 来自 Warazan 之子 Tir-spal。且

3. 我将更快乐当我亲自

4. 见到（你）健康。

此外，关于那些驴和奶牛，

5. 从 Sag 之子 Paroz 那拿走

6-7. 作为赋税的，你应现在就把（那些）动物还给他，因为他的驴

8. 被判支付作为葡萄酒的回报。直到我们

9-10. 决定了税金的安排，无论什么 Paroz 应该支付的税他都（将）亲自支付。

11. 请勿违反对他的命令。

12. 致 Bek 之子 Meyam，致意。

jf

致 Zhulad，（我）亲爱的兄弟，和致

2. 聚集的家族成员，忠实的问候（和）效忠。

3-4. 此外，你们应把我那份……送来这里，且

5. 你应送来给我……丝绸（？）

6-8. 我要用他们做盔甲（？）。且除此（之外）送来一副驴鞍和包和缰绳（？）。且支付一迪拉姆（作为）费用

9. 和一迪拉姆（作为）追加罚款（？）。

10. 那么我将买……且（若）我

11-12. 我这有更多东西，我将把它送去（你）那。

且致 Zhulad 和 Zhad-

13. Smar，问候（和）效忠来自 Zhulad。

此外，

14. 因为你们仍保持（良好的）健康状况，你们（二人）

15. 和……，你应给我送来（消息）。那么无论什么

16. 进一步的消息和命令，你们得到的，

17. 给我（消息）。且你应对 Friyak 这样说：

18-19. “送一个……到这来，从家（？）因为 Ramin。”且对 Spring 这样说：

20. “不要说任何关于追加罚款（？）的事，因为他们的

21-22. 权威一致，没有其他需要（支付）给他们的罚金。”

23-24. 且我已经送了……到（你）那，我的忠实的问候和……

jg

[致……]]ngin *tarkhan*，（我）亲爱的兄弟，问候（和）效忠来自 Kul-w[ara]z，

2. Garokan 军[队]的将[领]。我将更[快乐]当

3. [我]亲[自见到你]健[康]。

[此外，一封信]从你那里来到[这]，[那么我]

4. [得知你写信]给我，(关于)[你]写[给我]的事：

5. “我……在……”，[无论什么]

6-7. 命[令你]打算给我，命令我，且我[承诺]（去做）相应的事——我绝非不忠！且（关于）

8. [你写信给我]所说：“[那里有]干草在 Sargushanan”，

9. 请把它给[我]，然后……它相应，

10. ……干草在 Sargushanan……但……

11. ……

12. 致[……ngin，*tarkhan*，我亲爱的兄弟……]。

jh

致 Ulishagan 的神明 Mihr-yazad，奇迹的，恩惠赐予者，著名的众神之王，

2. 一百一千一万次问候（效忠）连同低头屈膝下拜，来自 Nakin

3. Ulishagan 首领，他的侍从[和仆人]。我将更快乐当

4. 我亲自见到你最神圣的（权威）健康（并且）献上效忠连同低头屈膝下拜，

5. 如同惯例向最神圣的（神明）（献上效忠）。

此外，当我从（你所在的）那里，从 Ulishagan[来]，

6-7. 管[理者]囚禁了我，（说）：“当你带来旧税和新税，他们都是被判给 Ulishagan 的。”现在

8. 某人从 Sed-khan 的管理者这里来到（你）那里，因此请给他税金。且若他们

9. 需有一……且（若）他们需要给他羊，请把（你）那里的羊给……[应]要求，

10. 且我[这里将支付金子给 Sed-khan 的管理者]。关于税金

11. 需要允许再有任何延迟，因此罚款就不会太多。且(关于)我的盖印文书，

12-13. 借贷契约，其中 Baz-wanind 是债务人，我已经把它送到（你）那，他的贡献是关于罚金的，因此（罚金）是（用）Baz-wanind 的借款结算。

14. 致 Ulishagan 的神明 Mihr-[yazad]奇迹的，恩惠赐予者，著名的

15. 众神之王，一百一千一万次问候（效忠）连同低头屈膝。

ji

致 Rahulabhadra，尊敬的学者，领主

2. 被启发而理解……博学的……

3. ……亲自，认识到（即使）在隐匿处，巨大地

4. 褒扬和极大的尊敬

5. 为了（他的）精神，……僧侣的能力，

6. 领主，一百一千一万次问候（和）

7. 无限[效忠]连同屈膝（？）来自 Swusiy。且

8. 他[将]更快乐当他亲自[1]在近旁见到（你）本人，健康（且）适宜。

9. 此外……，我生活在这里，通过

10. 你的权威和……去做什么……

11. 你的健康……

12. ……

13. 那里……

14. ……

15. 致 Rahulabhadra，无限致意。

jj

[从……

2. 到……]（我的）女人和（她的）丈夫（？）

3. ……[以前一万次问候和屈]膝，效忠稽首！

4. [此外，我得知在那里]在 Kabug（？）[你]（很）健康。

5. [我也是，在这里]在（？）Yunayo（？），连同[家人和……]（生活）在这（？），

6. 经历着（直译为“见到”）（良好的）健康。且我从这里去……

7. 且我[解决了]我们的所有生意。

8. 因此让他在这里陈述一切我

[1] 原文为“我亲自见到（你）”（跟常用的句式“我将更快乐当我亲自见到……”弄混了）。

9. [被推测为]弄错的事（？）。你之前病了
10. ……[但]他说你很快乐
11. ……那么家族
12. ……[*背面*]
13. 文书（？）这里……
14. 发誓（？）……
15. 秘密不洁……
16. 分享（？）且……
17. 仅仅作为我们的……
18. Yanak 死了（？），且
19-20.（给你）那里派去了信使……（因）此我的生意你能得知……
21. 连同信使，城堡（？）……
22. 亦要求……
23. 和……

xa

致 Pustan 的 Ormuzd，（我）亲爱的兄弟，
2. 领主，一千一万次问候（和）致意来自
3. Sadayol Aramigan。（因为）我听说阁下您
4. 健康，因此[我]快乐；然而我将更快乐
5. 当我亲自见到[阁下您]健康。
6. 此外，不论有什么消息……，
7. 我已经让（此）信的送信人把它送去给阁下您。
8-9. 那么无论他正式陈述什么事，你应相信（它）。
10-11. 致[Pu]stan 的[Ormuzd]……

xb

致 Tosuk，无限问候来自 Kumukan
2. Pandukan。我将更快乐
3. 当我亲自见到（你）健康。
4-5. 此外，我的粮食正从领主的城市在运送（给你）的路上。当

你应该时，

6. 你应相应地（准备好？）为了 Wardug 的动物，

7-8. 因此他将带着粮食去那里，给在 Aspanday 的（你）。且无论你那一方命令什么，

9. 我这一方（将）去做。

10. 致 Tosuk，问候（和）效忠。

xc

致 Tetuk，[无限]致意

2. 来自王[子]Sart Khahran。

3. 此外，当你从这里[离开]，

4. 我命[令]你说：

5-6. “无论你在那听到什么[消]息，[写]信给我。”

7-8. 现在你送了一封信给领主（说）

9. *Sotang*……我们的（代表？）

10. 且辱骂[了]他。

11-12. 此时绝非决[定好的]……[因此从]

13. 现在（起）你应如此行事，即

14. 你[一]听到（任何）消息

15-16. 立刻给我送信。

17. 致 Tetuk，无限致意。

xd

[致……]-bid，阿富汗，（我）亲[爱的兄弟

2. 问候来]自 Fruma-waraz，荣耀的……

3. Rob 的统治者。我将更快乐[当]

4. 我亲自见到（你）健康。

此外，

5. 他们在[War]nu(?)，因为阿富汗人，因此

6. [你应]对 Nat Kharagan 实行惩罚……

7. ……领主在 Warnu 和……

8. ……

9. ……阿富汗……

10. ……

xe

致我亲爱的领主，Aspand-

2. far，（我）亲爱的兄弟，领主，一千

3. 一万次问候（和）效忠来自 Tat，

4. 他的仆人。且（我将）更快乐当

5. 我亲自见到阁下您健康

6. （并）为您效忠。

此外，

7. 我，（您的）仆人，急切盼望

8. 阁下您健康，

9. 连同马（和）驴，且

10. 从来自首领们的烦恼中解脱。因此

11. 阁下您以您的权威请[1]

12. 写信给我。当我，（您的）仆

13-15. 人，应从阁下您那里得知（您的）健康和一切好事，那么在

16-17. （那）一天我将体验新生。这里的人

18. 和牲畜全都健康

19. 正如阁下您的愿望

20-21. 那些生活在阁下您的影响（？）之下的他们。因此

22. 任何其他人

23. 先来，那么……阁下

24. 您……

25. 送……（他是）（？）……

26. ……（且）成功。

---

[1] 原文中是 *φρuιo*“亲爱的”而非 *φρομιιo*“请”。

27-29. 致 Aspand-far，（我）亲爱的兄弟。

xf

[致……]z-waraz Shah[……，

2. 问候和效]忠来自 Orm[uzd

3. ……]，他的仆人。且[那么

4. 我将更快乐]当[我]亲自[见到你]健[康]。

5-6. [此外]，这里应付的金子……，其

7. 被索要……且不是……

8. ……金子从 Warahra[n……

9. ……第]纳尔给阁下[……]

10. ……第纳尔给……

11. [……第纳]尔[给]……

12. ……[阁下]您从我……

13. ……您应保留……那么……

14. 我……给……且我……

15. ……

xg

[致……]，（我）亲爱的兄弟，问[候

2. 和致意来自……]-buzan，Rob 的统治者，

3. [他的仆人，且]我将更[快乐]当

4. [我亲自见到您健康]。

[此外，……]spid 向我上[诉]

5. [说：“……] ……”现在你……

6-10. ……

xh

[致……和]致……，国王……，

2. [问候和效忠]来自 Ormuzd bag-to[……，

3. 他们的仆人]。

此外，从 Wind 你的

4-5. ……现在领主[命令]Wind 领导……那么……

6. ……应……它，且那么二……

7. ……

8. ……

9. ……

10. ……他自己到（你）那里。现[在]……

11. ……

12. 我要求……和……

xi

致我[尊敬的]领[主，W]ind-[……]n，

2. 和领主 Aspring，[一千一万次]

3. 问候（和）效忠来自 Yamsh（？），[他们的]仆人。[因为我]

4. 听说[阁下您]健康，因此我快乐；[那么]

5. 我将更快乐当[我亲自见到]阁下您健[康]。

6. 此外，因为[阁下]您[健康且]

7. ……，[你应]写信给我……

8. ……[我这]里健康，连同……和……

9. ……统治者（？），Wirwareg（？）Natugan（？）……

10. 那么无论谁说相反的话，那么

11. 你应使……那里。[且]若人们在这里（？）和（？）我们[短缺]（？），

12-13. 那么无[论]人[们]（？）在那里（和你）你需要送去，你应送[它们]去。

14-15. [致我]尊[敬的领主]，Wind-[……n]。

xj

致 Akan，无限致意来自

2-4. Wan。

此外，你因此仍保持自由，因你们控制了（？）工人们。因此现在

5-6. 你应如此行事即没有必要让工人们被（承担）责任。

xk

致 Marg 的 Ormuzd，无限致意来自 Sam，

2. Kurwad 总督。

此外，Las-mir

3. 向我上诉（说）：“Ormuzd（？）

4. 在 Sahs 的债务方面剥夺了我，（即）一头驴连同其所负载的（衣料）。”现在

5. （若）Sahs 的债务确实在你那，

6. 你应把它交过来，且我（将）做一个判决（和）决定。若

7. Las-mir 在他的债务方面被剥夺，

8. 我（将）做出相应的决定，且

9. 他将归还驴和衣料给他。且

10. 不要对他不公正，以免（？）我也

11. 下命令（对你）不公正。不论

12. 我[将有]什么 ……

13-14. 致 Marg 的 Ormuzd，问候。

xl

致管理者 Burzad-wishnasp，

2. 无限致意来自 Mihr-Shabur

3. Rob 的统治者。且我将更快乐

4. 当我亲自见到（你）健康。

5. 此外，Zinduk 和 Bab，Marg 的居民，

6. 带来了……这里到我的面前，（说）：“你

7. 为了收割召集我们，且

8-9. 现在 Shabur Yolkan 正在召集我们为……和为其他事物

10. 不放我们来收割。”

11-12. 现在，因为你召集了 Zanduk 和 Bab，

13. 同样你应该释放他们，且你不应允许任何人

14. 对他们不公。[1]

15-16. 致管理者 Burzad-wishnasp，无限致意。

xm

致 Tir-ushtad 的守卫，*sham-wast* Warahran，我

2. 尊敬的领主，一千一万次问候（和）效忠来自

3. Warahran“由于 Warahran 大地和平”，年老的议员，他的

4. 仆人。

此外，我（你的）仆人，热切希望

5-6. 阁下您那里健康，且不受来自领主们的烦恼所扰，带着尊崇和敬意，如

7. 阁下您应有的。因此阁下您因您的善良应写信给我，

8. 且我将快乐。

9-11. 致 Tir-[ushtad]的守卫，……

xn

致波斯总督 Pidik，（我）亲爱的兄弟，（我）亲爱的伙伴，领主，一千

2. 一万次问候（和）效忠来自 Wind-fruma-yamsh，他的

3. 仆人。（因）我听说阁下您健康，因此我快乐；然而

4. 我将更快乐当我亲自见到阁下您健康。

5. 此外，我听说统治者捆绑了 Yamsh-wanind。

6. 那么，若阁下您记得那些面包和盐，

7. 那些你和我在你所在的 Rob 所吃的，无论什么

8. 更多的你应该写并应该送给统治者关于 Yamsh-wanind 的话，

9. 请写并且送去，以便

10. 他将从（他）的捆绑中释放 Yamsh-wanind！那么，关于此事，

11. 我将确认从阁下您那里（受到）巨大恩惠且我将如此行事即阁下您

[1] 直译为“你不应允许任何对他们不公的人”。

12. 将对我感到满意。

13-15. 致波斯总督 Pidik，领主，效忠。

16. Pidik。

xo

[致]我尊敬的[领主]，

2. Khwadew-h[...]，

3. （我）亲爱的兄弟，领[主，

4. 一]千一万次问[候和

5. 效]忠来自 Rosan-khez，[他的

6-7. 仆人]。

此外，一张便条[从阁]下您处来到这[里]，因[此

8. 我]得知……

9. 阁下您给我写信关于[……

10. ……]Yog-abdab……，

11. 我（作为）贷款给了，且……

12. ……没有得到。那[么]……

13. ……他们宣称那女[人]……

14. ……未曾……在 Rizm。

15. 那么若那女人

16. 下来此处……，

17-18. 我将要求她……以便[……能]得到她。

xp

[致……，我

2. 尊敬的]领主，一千一万次问候（和）效忠来自 Bag-

3. [……]，他的仆人。（因）我听说阁下您健康，

4. [因此]我[高兴]；然而我将更快乐当

5. 我亲自见到[阁下您]健康（且）献上效忠。

此外，

6. [阁下您]应知 Purlang-zin，连同 Khwasraw

7. [您的 *usi*]*rd-bid*，做出誓言和宣誓

8-9. 宣[布]阁下您将永不会损毁 Purlang-zin 城，Purlang-zin 亦不会

10. 损毁[阁]下您的城。且 Purlang（-zin）之[前]

11. 给阁下您写信（说）：“我

12. 将前去面见 Oh[rm]uzd；因此，若阁下您愿意，无论您

13. 或 Khwasraw 应来面见 Ohrmuzd，

14-15. [且]那么无论那里有什么争论，我将在 Ohrmu[zd]面前做出宣言，且当着 Ohrmuzd 的面我们将宣誓做证

16-17. 我将不会伤害阁下您而阁下您[将]不会伤害我。”

18. 因此阁下您应知 Purlang-zin 已经去面见

19. O[hr]muzd。因此，若阁下您愿意，阁下您

20. 应去面见 Ohrmuzd，且若阁下[您]不想去，

21. 您应派 Khwasraw 去，那么无论他

22. [有]什么争议，（他）将当 Ohrmuzd 面声明阁下您的

23. ……[将]不会损毁 Purlang-zin 的城，

24. 且若 Purlang-zin[将……]从 Ohrmuzd

25. 且阁下您将引起损害，那么我

26-27. 将有……他不会对 usird-bid（这样）做且对……

28-29. [致……]Bu...khwar Khwasraw[gan，我]尊敬的领主，一千一万次

30. [问候和效忠]……

xq

致 Ohrmuzd，无限致意

2. 来自 Ma-m[ar]e[g…]an。

3. 此外，Aspash 的居民来[此]。

4. 他们抱怨你

5. 在……养马，

6. 且你剥削我们非常厉害，且你

7. 不公正，且你调戏（？）妇女。

8. 于是 Khude-band

9. 做了一个……对抗你。因此

10-11. 你不要对你的人民不公正。若

12. 继续做坏事，我

13. （将）囚禁（你）。

14-16. 致 Ohrmuzd，无[限致意]。

xr

[致 Waran 和 Yam]sh（？）波斯总督，

2. 致[意和效忠来自]Fruma-rizm Shabur[an]。

3. [此外，O]rmuzd 来了这，因此

4-5. [我得知]你们对我们的[仆人][不公]正（？），且……他们

6. ……和……和

7. ……更多任何事。现在，若

8. [有任何东西你应该]给[我]的仆人，

9. ……

10. ……

11. 请你给（它）。

12-13. 致 Waran，致意。

xs

1-2. ……应归还给 Meyam 的仆人

3-4. 十二标准度量的……（和）三（？）标准度量的……

5.5 不确定性质的残片

ya

……

2. 城（？）……法律（？）……

3. 和（？）……

yb

……[……]-stan……

2. 你这里在……

3. ……是……其（？）……和……

4. ……

5. ……那么立刻……

6. ……

yc

……在……

2. ……

3. ……这里（？）……

4. ……

5.6 佛教文书

za

礼敬一切佛[其]

2. 为……（且）将……在未来。礼敬

3. Lokeśvararāja 佛。礼敬

4. Mahākāśyapa(?)佛。礼敬……佛。礼敬

5. Dīpaṃkara 佛。礼敬 Raśmirāja(?)

6. 佛。礼敬 Śākyamuni 佛。

向 Lokeśvara

7. 菩提萨埵：礼敬。向 Maitreya 菩提萨埵：

8. 礼敬。向……菩提萨埵：礼敬。向

9. Mañjuśrī 菩提萨埵：礼敬。向 Siṃha-vikrīḍita

10. 菩提萨埵：礼敬。向……菩提萨埵：礼敬。

11. 向菩提萨埵 Vaiśramaṇa，yakṣas 之王：

12. 礼敬。向 rākṣasa，rākṣasas 之王：礼敬。

13. 向……，kinnaras 之王：礼敬，礼敬，

14. 礼敬。向 Nandopananda，nāgas 之王：礼敬，

15. 礼敬。向……piśāca(?)，piśācas 之王：礼敬，

16. 礼敬。向……，kumbhāṇḍas：礼敬。向 Śakra deva，

17. Devas 之王：礼敬。向 Mahābrahmā：礼敬。

18. 为我（？），Batr Sinapidan，在 Khayag，（此为）一护身符，

19. 夜以继日，从内到外，在僧院，在寺院，

20. 在火葬场，因此它……

zb

（叶？）1.

且无论此后有什么[功绩]，[那么]愿[……]-bandag（和)[...]sag-dukht 所有者，

2. 连同（他们的）母亲们，父[亲们，女儿们，儿子]们，姐妹们（和）兄弟们，（且）连同

3. 所有（他们的）已故[的亲人，获得]（它）；且无论此后有什么更多的功绩，

4. 那么[愿]（我们的）后嗣[连同她们的丈夫们]（和）妻子们，（和）（后者的）母亲们，父亲们，姐妹们

5. （和）兄弟们[……]获得（它）；且无论此后有什么更多的功绩，

6. 那么无论[仆人们]现在[属于]我的……住宅（？）或家——愿他们全都

7. ……获[得它；且无论此后]有[什么更多的]功绩，那么愿[……]ban-bandag，

8. [抄写]此文的人，[……]获得（它）。礼敬

9. 佛。无论此后[有什么更多的功绩]，[那么愿……]（无论）死去的

10. 和活着的[……获得它]。

礼敬 Śākyamuni

11. 佛，礼敬[……佛，礼]敬 Lokeśvararāja 佛，

12. 礼敬[……佛，礼敬……]佛，礼敬 Ratnakottama

13. 佛[，礼敬……] buddha,，礼敬 Candrabhānu 佛，

14. 礼敬 R[……佛，礼]敬 Ratiṃjaha(?) 佛，礼敬

15. Ratna-[……佛，礼敬 Su]meru-……佛，礼敬

16. Sumeruk[alpa 佛，礼敬……]佛，礼敬……佛……

zd

Namo buddha, namo dharma, namo saṃgha. 此外，此后[和在]将来无论有什么 *p[uṇya]*，因此我提出此[要]求，即[……]在这世界……[我愿成为] ……启蒙的[如]Śākyamuni 佛且在今[生]我[愿]在彼处重生……

TiS

（兹于）492 年，Sbol 月，我，Khuras 之子 Alkhis，Gazan 的领主，建了这座佛塔（作为）在 Ragzamagan(?)（虔诚的）根基（？）。（在那时）当

4. 那里有一个突厥统治者和一个阿拉伯统治者，由我做成了 deyadharma（有功德的礼物）被保存在……，

6. 且此后我做了此 Zinalaka-*deyadharma*

7. 在我对 *buddha-śāstra* 自愿的信仰中，且在伟大的信念(*śraddhā*)和在……无论什么德功(*puṇya*)将在此后升起，现在和（在）将来，愿我 Alkhis，和我的父母

11. 和妻子和兄弟们（和）儿子们和（其他）亲属亦……愿每一个（和）（我们）所有达成（他）自己的愿望。礼敬向佛。

6 正字法和语法注释

6.1 正字法

6.1.1 字母 *α*, *δ* 和 *Δ*

由于巴克特里亚文草书中的 *α* 和 *δ* 通常没有区别，因此在转写时选择这个还是那个几乎永远靠推测。在少数例子中，例如 *þιζαο* 或 *þιζδο*“善良”（**xm7**），*κιραδο*（单数第三人称虚拟语气）或 *κιρδδο*（单数第三人称过去时虚拟语气），*βαμαδιγο* 或 *βαμδδιγο*“借贷”（**K6**）*δριστο* 或 *αριστο*“共同地”（**N14**，此处我选择了 *αριστο* 完全是基于词源学考虑），两种读法理论上均可行，不过通常只有一种读法更符合巴克特里亚文语言学和正字法。例如，*κιρδδιμο*“我成了”（**V11**）不能读成**κιραδιμο*，因为在较晚文本中字母 *δ* 在上颚元音(*η* 和 *ι*)前总是双写。[1]这一正字法惯例首次在 **ea** 中得到验证（239 年，*μακιδδηιο* 和 *κιδδηιο*），最后的在这种位置单写 *δ* 的例子是在 **N**（407 年，*αβοδηιο*, *διναρο* 与 *δδιναρο* 并存，*χανδιγο* 与 *χανδδιγο* 并存）。[2]一个特麻烦的问题是单词“领主”，该词的拼写在苏尔赫·科塔勒铭文可以确定为 *χοαδηο*。相应的，我在早期文书例如 **A**（110 年，在一个人名 *χοαδηολαδο* 中）和 **bc** 中写成 *χοαδηο*。在后来的文书例如 **N** 中有明显统一的拼写为 *χοδδηο*，其最初出现时可能是错误的。然而，根据刚才提到的拼写规则来看，在这个时期，可能人们认为在 *η* 之前

[1] *δ* 在*ρ*之前同样双写，例如*δδραχμο*“迪拉姆”，*μοδδρο* 即之前的*μολρο*“封印”。*δδρ* 这样的拼写之前在**L**（379年）中得到验证。*δδ*在*α*之前，例如*κιρδδαμο*“我们变成”（**L22**）仅见于此文书中。（除了唯一一个*ανδδαροζαγγο*在**V36**中，这可能只不过是一个错误）。复数第二人称以-*ηδδο*结尾仅见于**eb**和**ee**。

[2] 晚期文书中唯一的例外似乎是**Ss6**（476年）中的*πιτα̣δ̣ι̣μ̣[α]ζ[ο*，我大胆地将其修正为*πιτα̣δ̣(δ)ι̣μ̣[α]ζ[ο*。关于**S**中的*πιΔιιο*和**X**中的 *Διναρο*见下文。

应该双写 δ。此外，字首 *χοα-*在 J（295 年）和之后文书中通常缩写为 *χο-*，[1] 例如短语 *χογαμο (οδο) χοσινδο*“自由地（和）自愿地”（**J-W**）对应 *χοακαμο (οδο) χοασινδο* (**A-F**)，因此像**χοαδηο* 在任何后期文献中都是双重反常。实际上 *χοδδηο* 这样的形式某种程度上被准梵文 *vakhudivaḥ* 所证实是对 *βαγο χοδδηο*（NumH 244）的转写，此外还有新波斯语中的巴克特里亚借词 *xidēv*（《列王纪》Šāhnāma 等），粟特文的 *xyδyw*（Sundermann 1997, p. 155）作为证据。

正如在 Sims-Williams 2005, p. 25 所指出的，一系列文书中使用了一种特殊的、带尖角的 δ 的形式(类似于用作数字 δ′ = 4)。这个字母本书中转写为 *Δ*，这种用法在嚈哒时期之前未见。其似乎在古兹甘（Guzgan）之后的文书中（**R, S, Ss, Uu**）特别普遍，不过在 **X, al**（*BD*1 中未与 δ 区分），**jd**, **jf**, **jg**, **jh** 和 Tang-i Safedak 铭文（Lee—Sims-Williams 2003, p. 164，行 5 和注 e）中也出现过。*Δ* 通常与 δ 不能互换，它只限用于几种特定场合：

(i)在 *Δαγογγο*, *Δογγο* 和衍生词中（通常是 *δαγογγο*，*δογγο*）< **aită̆t-gauna-ka-*，*Δ* 表示一个古伊朗语中元音后面的 **-t-* 放在首字母位置时的情况；

(ii) *Δ* 用在外来词 *ηβοΔαλο*“嚈哒人”和其衍生词（除了 *ηβοδαλο*）和在 *καροΔαρο*“工头”（除了 *καρδαρο*）时，其亦似借词；

(iii) *Δ* 出现时与后面的 ρ 有直接关系，包括在借词 *Δραχμο*“德拉克马”中（除了 *δδραχμο*）和 *Δ* 表示一个之前的 λ 的情况下：*Δρωγομιγο*（参见 *δδρωγο*，之前的 **λρωγο*），*Δροστανο*（之前的 *λροστανο*），*Δριγδδινδο*（Tang-i Safedak 铭文，行 5；参见 *δδριγδο*，之前的 *λριγδο*）；

(iv) Δ 在 *Διναρο* 中出现在 ι 和 η 之前（除了 *δδιναρο*，较早的 *δαναρο*），*πιΔιιο*（除了 *πιδδιιο*）和 *Δηβαυρο*。

最起码在(iii)和(iv)下所列的例子中，*Δ* 与 δδ 功能相同。可能在 δ

[1] *χοα*简写为*χο*最终变得更为普遍，例如像*οαρσοχονδδιγο* (**Uu, V, W**), *σαχονο* (**X**), *ναμαχονδο* (**V, W, jf**)这样的形式对应较早的*οαρσοχοανδο*, *σαχοανο*, *ναμαχοανδο*。

大部分时候发摩擦音[đ]的时期，*δδ* 和 *Δ* 明确用来指 [d]。

此外，各种 *δ* 的复杂变体可见于 **je**，包括行 8 的 *οιδρο*，行 10 的 *ωζαδγο*。我没有把这些变体转写为 *Δ*，因为还不清楚它是否具有相同功能。**ωζαΔγο* 的拼写变异得很厉害，没有其他这样的过去分词中带 *Δ* (或 *δδ*)的例子，甚至**οιΔρο* 严格说来也不能和(iii)中所列的例子相比，因为这里的 *δ* 来自古代伊朗语中元音后面的 *-*t*-。

6.1.2 上标线

上标线（长度不定）是缩写的标志。最常见的是表示省略一个字母 *υ*，例如在 $\mu\overline{\alpha o}$ 中表示 *μαυο*“月”或在 $\pi\overline{o\rho o}$ 中表示 *πουρο*“儿子”,不过也可以指别的缩写形式,例如 $\beta\alpha\gamma o\beta\overline{\alpha o}$ (**A**7)为 *βαγοβανδαγο* (人名)，$\overline{\pi\iota\rho\iota}\beta\tau o$ (**C**7) 为 *πιδοριβτο* “遗产”，$\mu\overline{o\lambda}\rho o$ (**R**21)为 *μολραγο* “封印文书”，$\beta\overline{\alpha}\sigma\tau o$ (**T**11')为 *βασταγο*“边界”，$\sigma\tau\overline{\alpha\delta o}$ 为 *σταδινδο* “（他们）曾是”(**cf**4)。在最后一例中，我们怀疑抄写者最初写成了单数第三人称过去式的 *σταδο*,然后他为了改正所以加了一个表示缩写的标记指示省略了复数第三人称词尾（见下文§6.2.2.6 p.351 注〔1〕）。关于频繁出现的$\overline{\iota\theta\alpha o}$, $\overline{\iota\theta\alpha}$-“这样”的上标线,用来指示省略了应有（但从不写出）的 *υ* = [h]，参见词汇表相关词条。

缩写标志并非系统使用。例如用 *χοηο* 替代 *χοαδηο*/*χοδδηο* 非常常见，但从未这样标志。亦参见 *μολρο* (**F**17')，*μοδδρο* (**S**29*, **Uu**31) 替代 *μολραγο*，*μοδδραγο*； *δι* (**ac**3)替代 *διναρο*“第纳尔”。另一方面，又有缩写标志在未缩写的词中冗余使用的情况，例如 $\overline{\delta\iota}\nu\alpha\rho o$ (**C**18f)，$\delta\overline{\delta}\iota\nu\alpha\rho o$ (**T**19')和 $\mu\overline{o\lambda\rho\alpha\gamma o}$ (**R**2)。

在最晚的文本中，从文书 **T**（478 年）开始，上标线频繁使用于大量单词中，这些词其他地方都很正常，只是用 *ο* 或 *οο* 表示半元音[w]，例如 $\overline{o}\alpha\rho\sigma o\chi o\delta\alpha\nu o$“奇迹的”，$\chi o\delta\delta\eta o\overline{\alpha}\gamma\gamma o$“威严的”，$\beta o\overline{o\alpha\delta o}$“或许”，$\tau\alpha o\overline{\alpha\nu}o$ 或 $\tau\overline{\alpha o}o\alpha\nu o$“上等的”，$\tau\alpha\overline{o}$或 $\tau\alpha\overline{oo}$ “你”。这种情况在较早文本中也有个别出现：$\overline{\nu\alpha o\alpha\zeta o}$ “Nawaz”（**cg**16），$\kappa\overline{o\alpha\delta o}$ “那”（**co**5），[*τ*]$\alpha\overline{o}$ “你”(**xk**5), $\kappa\alpha\beta\overline{oo\alpha\nu\delta\alpha}\rho\zeta o\beta\iota\delta o$“年老的议员”

（**xm3**）。这样用的理由大概是表示[w]的 *o* 被认为是 *oo* 的缩写，如此一来，像 *τα̅ο̅οανο* 这样的例子又成了如上所说对缩写标志的滥用。实际上，上标线某种程度上就表示[w]，这有助于解释一些不明确形式，例如 *οαρζιαο̅* [warzyāw]“耕作”(**U**7)或 *αβηο̅α̅λαχο*“除了*οαλαχο”（而非“除了*αλαχο”）（**T**10'）。

6.1.3 词尾

在这些文书中，实际上每一个单词都以一个元音字母结尾，通常是-*o*。除了一些缩写单词，只限于信件背面的地址（例如人名 *καλοοιαρδαγο* 的缩写 *καλ*，**cq**15），仅见的以辅音字母结尾的拼写有 *οιγαλφ*“证人、见证”(**ac**)，地名 *καλφ* 和 *αστωφ*，*στωφ* (**O**)，*οοχωþ*“争执”(**X**)和 *υομαρογαρ*“财产”(**Y**)。由于这些字母 *φ*, *þ* 和 *ρ* 都有一个类似于 *o* 的圈，很明显这样的拼写只是因为对于本该是（有些已被证实）*οιγαλφο*，**καλφο*，**αστωφο*，**οοχωþο* 和 *υομαρογαρο* 的拼写做了偶然的图像上的简化。

以-*ω* 结尾仅见于 *ναμω*，只出现过一次（**za**6），是 *ναμωο* 的变体或错误拼写，印地语“namo”，有时候出现在信件背面作为伊朗语 *ναμωσο*“尊敬”的简写。*Ναμωσο* 缩写成 *να* 也很常见。同样的拼写也作为否定式小词出现过一次（**ed**8），以及用 *μα*（**ja**12）表示禁止。（通常这两个小词都写作 *να*-，*μα*-，是前缀）。

极少单词以-*ι* 结尾（除了冠词 *ι* 本身）。在 **xp** 中，将来分词词尾总是写成-*αγι*，虽然在其他单词中用的是-*γο*(*μαρηγο*，**xp**3；*φαραμαγο*，**xp**17）。在 **aa** 这份最早的文书中，总是写成-*τι* 而非-*το*，例如 *οτι*，*αγγιτι*，*νιβοχτι* 等；亦参见 **cc** 中的 *τι*，**C** 中的 *ναβιχτι*。[1]一些其他文书，但都早于 **L**，惯常使用-*οι*（而非-*o* 或-*oo*）表示结尾的[w]或[u]: *αγρηοι* 及其变体(**E-H**)，*βοοι* (**xb**)，*γαοι* (**aj**)，*ζαοι* (**ch**，**xe**)，*ιαοι* (**B-L**，**ci**)，*ιαοαρδαοι* 及其变体(**H**，**ba**，**cq**，**eg**，**eh**，**xb**)，*καραοι* (**cm**，

[1] 然而，其后**X**1中的无疑不包括以*ναβιχτιμοδδρογο*–*ι*结尾的*ναβιχτι*，但可以解释为*ναβιχτο* + *ειμο* + *μοδδρογο*，参见**U**1中的*ναβιχτο εμοδδρογο*。

cp)，*λοι*，*λοοι* (**ci**，**eg**，**xh**)，*ναϸταοι* (**ba**)，[1]*ταοι*，*ταοοι* (**B-L**，**ba**，**xl**，**xq**)，[2]*ταοι* (**J**，**L**，**jc**)，*τοι*，*τοοι* (**L**，**bf**(?)，**eg**，**xj**)，*χοαραοι* (**ba**)，*χοηοι* (**C**，**al**，**ci**，**cq**)。然而词尾-*ι* 仅见于极少数拼写，并且明显是缩写，例如 *δι* (**ac**)替代 *διναρο*，*παλγι* “Palag 居民” (**cb**)替代**παλγιγο*，*μαχιρσοβωστι* 和 *μαχιρσοβωστιγο* 均为“买卖契约” (**J**)，*μορ̄δδι* 和 *μορδδιιο* 均为“垂死的” (**T**)，*παδαχϸανηι* 和 *παδαχϸανηιο* 均为“你有权” (**T**)，*πιδδι* 和 *πιδδιιο* “在此” (**T**)。

6.2 形态和语法

6.2.1 名词、形容词和代词

贵霜（Kushan）时期的巴克特里亚文展现出一种两个数和两个格的系统，其中阳性主题词干最常见名词类型有以下词尾：直接单数-*ο*，间接单数-*ι* 或-*ε*，直接复数-*ε*，间接复数-*ανο*。由于词尾元音的差别消失，这个系统缩减为两种形式，一种未标记的形式无词尾（拼写时以-*ο* 结尾，有时以-*ι* 或-Ø 结尾，如§6.1.3 所描述的），这种形式既用于单数也用于复数，一种是标记的复数形式-*ανο*。阴性词干和阳性不再区分，参见 *λιζο* “城堡”相对于较早的 *λιζα*（苏尔赫・科塔勒铭文）等，虽然也有个别例子中阴性形容词为-*σο* 和-*νζο* 形式而阳性形式为-*γο* 和-*γγο*，例如 *ναβιχτιγο*“写(分词)”，阴性 *νοβιχτισο*，以及 **τοροσαγγο* “土耳其的”，阴性 *τοροσανζο*。冠词 *ι* 在极少情况下会写作阴性形式 *ια*-，出现时与一个早期阴性词 *ιαμαργο* “草地，牧场”连用，但也和一个早期中性词 *ιαρωσο* “白天”连同（参见 *ια νιϸαλμο* “位置”，苏尔赫・科塔勒铭文）。-*r*-词干 *βραδο* “兄弟”是唯一一个在无标记形式和复数形式之外还保留了格位系统痕迹的名词，其复数或间接格（？）形式为 *βραδαρο*（仅见于 **F10**，也许仅仅是拼错了），它的无标记形式为 *βραδο*，不规则复数为 *βραδρανο*，*βραδαρανο* “兄弟们”

(之后变成规则复数 *βραδανο*)。[1] 一小部分其他名词有不规则复数形式，例如 *πουρανανο*，*πορανανο*“儿子们”，*φροζινδινο*，*φροζινδινανο* 等“后代们”（也有规则形式 *πορανο* 和 *φροζινδανο*）。关于处理固定名词如只有复数形式的词见下文§6.2.2.6。

代词和代词性形容词有特殊的复数形式词尾-*ουανο*，例如 *ειμο*“这”，复数 *ειμουανο*，*οισπο*“全部”，复数 *οισπουανο*。性的痕迹在代词性系统里表现出来的是有生命的关系词 *κιδο*，*ακιδο*“谁”和无生命的 *ασιδο*，*σιδο*“哪个”之间的区别（虽然并非总是如此），以及不定代词 *κισο*“某人”和 *σαγισο*，*σιγισο*“某物”之间的区别。副词 *κοαδο*，*κοοαδο*“哪里”也用作间接格，对应主格-acc. *ασιδο* 和 *κιδο*。第一和第二人称单数代词的间接形式 *μανο* 和 *ταοι*(变体 *ταο*, *ταοο*, *ταοοι*)与主格 *αζο*“我”和 *τοι*“你”(变体 *τοοι*, *το*, *τοο*, *τογο*, *τοουο*)区分。前接代词（第一人称单数-*μο*，第二人称单数*-*δο*, -*δηιο*，第三人称单数-*ηιο* 及变体，第一人称复数-*μηνο*，第二人称复数-*δηνο*，第三人称复数-*ηνο* 及变体）的功能完全等同于间接形式。

6.2.2 动词

在巴克特里亚文中，如同其他中古伊朗语言一样，动词系统基于现在时和过去时词干的差异。[2] 一小部分动词有两种看起来没有差别的现在时词干变体，一种是颚音化的，一种是非颚音化的（*νιþμαρ*- ~ *νιþμηρ*-, *πιδοοασ*- ~ *πιδοοησ*-, *χοαν*- ~ *χοην*-）。某些情况下现在时和过去时词干词源不同，例如 *αβαρ*-/^{1}*αγαδο*“带来”，*βο*-/^{1}*κιρδο*“成为”，*ηρσ*-/^{2}*αγαδο*“来”，*ληρ*-/*λριγδο*“有，拥有”。其他动词证明有一个次级过去时词干来自现在时词干加上后缀-*αδο*，例如 *πιδοοασαδο*，*πιδοοασ*-的过去时词干“声明”。（次级过去时词干能够根据现在时词干推出，因此在词汇表中不作为单独词条列出。）

---

〔1〕一个-*n*-词干 *ζαμανο*“时间”的间接形式作为古老形式在连词 *κιζαμνιδο*“一……就……”中可见，参见词汇表相关词条。

〔2〕关于可能来自古代伊朗语的完成时词干的一小部分系动词词形，见§6.2.2.2。

6.2.2.1　现在时词干的词性

现在时[陈述语气]

第一人称单数-*ημο*, -*ιμο*, -*ειμο*, *-*εμο*

第一人称复数-*αμο*

第二人称单数-*ηιο*

(一度为 -*ηι*, **T**8)

第二人称复数-*ηδο*

(一度为-*ηδδο*, **ee**13)

第三人称单数(A 类) -*ιδο*, (B 类) –*δο*

第三人称复数-*ινδο*

有时候主语代词 *αζο* 被作为动词第一人称单数形式的后缀表示"保证，承诺"：*πιτιιεμαζο* (**N**10); *[πιτι]μαζο* (**jg**7)；亦参见下文§6.2.2.3关于第一人称单数现在时。第一人称单数的通常拼写以-*ημο*（在早期文书及词干后以-*ι*-结尾）和-*ιμο* 结尾。关于-*ειμο*（仅有 *φρομιιειμο*, **dc**8）和*-*εμο*（由 *πιτιιεμαζο*"我保证"间接证明，见上文）形式，似乎限定于以-*ι*-结尾的词干。

两类动词，A 类和 B 类，仅在第三人称单数现在时陈述语气中有所区别。在第三人称单数现在时被动态（？）*ναβισιδο*"（它）被写"见词汇表 *ναβισ*-条。

现在时陈述语气系动词也在过去时和完成时中用作助动词，部分是不规则形式，大部分为前属词：

第一人称单数前属词-*ημο*，后来也有-*ιμο*（**jg**, **xm**）

第一人称复数前属词-*αμο*，否定形式 *ναμο*

第二人称单数前属词-*ηιο*

第二人称复数前属词-*ηδο*（仅见于用作助动词）

第三人称单数 *αστο*，前属词-*ιστο*，否定 *νιστο*

第三人称复数 *αστινδο*，前属词-*ινδο*，否定 *νινδο*

[现在时]虚拟语气

第一人称单数-*ανο*

第一人称复数-*αμο*

第三人称单数-*αδο*

第三人称复数-*ινδαδο*, -*ινδδο*

唯一一例 **K**13 中的 *νατωζδο* 可能是规则否定第三人称单数虚拟语气**νατωζαδο* 的误写，因为非常常见的第三人称单数虚拟语气词尾-*αδο* 在其他任何地方都并不缩写为-*δο*。[1]相对而言比较少见的第三人称复数虚拟语气的缩写形式-*ινδδο* (*βοοινδδο*, **X**28', **eb**17)其实并不比-*ινδαδο* (*βοοινδαδο*, **X**31, **dc**4f; *κιμινδαδο*, **jh**9; *χωξινδαδο*, **cm**13; neg. *νηρσινδαδο*, **jh**11)少见，这个应该是对的。（参见下文的§6.2.2.3关于第三人称单数过去时虚拟语气中-*δαδο* 之外的-*δδο*。）

系动词的现在时虚拟语气，也在过去时虚拟语气中用作助动词，有以下形式：第一人称单数前属词-*ανο*；第三人称单数 *ασταδο*，前属词-*αδο*, -*δο*（后者仅用于过去时虚拟语气的助动词），否定式 *ναδο*。

[现在时]祈愿语气

第一人称单数-*ηιο*

第一人称复数-*ινδηιο* (only in **A**); -*αμηιο*

第二人称单数-*ηιο*, -*ιιο*(?)

第二人称复数-*ηδο*

第三人称单数-*ηιο*, -*ιιο;* -*δηιο*, -*δδηιο*

第三人称复数-*ινδηιο*, -*ινδδηιο*, -*ενδδηιο*

-*ηιο* 的变体-*ιιο* 在第三人称单数祈愿语气中已经固定下来了（*αστιιο*, *ηρσιιο*, *νακιριιο*），但唯一一个第二人称单数的例子是模糊不明的 *φορτιιο*，否定式 *ναφορτιιο*。因为这种形式所出现的抄本中，有其他例子用-*ι*- 来替代较早的-*η*- (**eb**, **ec**)，因此它很像是 *φορτιιηιο* 第二人称单数祈愿语气的变体（缩写），但也不能否定它是第二人称单数命令式的可能性。

-*ενδδηιο* 的第三人称复数形式（仅有 *αβζιιενδδηιο*, **J**20'）可能限

[1] *Νατωζδο*不太可能是否定式第三人称单数现在时，因为动词*τωζ*-似乎属于A类（第三人称单数现在时*τωζιδο*，**je**10f）。

于以-ι- 结尾的词干（参见上文关于第一人称单数现在时-ειμο, *-εμο）。关于早期-ινδο 的第三人称复数祈愿语气形式一些可能的例子，见 p.352 注〔1〕。

现在时祈愿语气系动词亦用作过去时祈愿语气的助动词，有以下形式：第二人称单数前属词-ηιο(?)；[1]第三人称单数 αστηιο, αστιιο（后者仅见于 **ec**），前属词-ηιο, -αιο(?)；[2] 第三人称复数前属词-ινδηιο（仅见于过去时祈愿语气助动词，除非 υοσινδηιο，**A**28 被修订为 υοσινδ(ινδ)ηιο）。

在 *BD*1 中引用了两个段落用作"使用祈愿语气表达叙述性的（非情态动词）过去时态"的例证。然而 **R**8 中的†ιθδδηιο 似读为 ιαδαυηιο 更佳（见下文§6.2.2.2），且 **aa**10 中的*[νατ]ω̣ζη̣ι̣ο̣*，如果对这里破损严重的文本所做修复正确的话，可能实际上表达的是过去时情态动词：*πα̣ρ̣ο̣ [νατ]ω̣ζη̣ι̣ο̣*"我[无]力支付债务"（而非仅仅 *BD*1 中的"我[没]有支付债务"）；亦参见 ταδοιανο χοβο ναζανη̣ι̣ο̣"那么你将（？）不认为（它是）他的财产"(**bg9**)，关于此处见下文§6.2.2.7。

[现在时]命令语气

第二人称单数-ο

第三人称单数-ο, -ι

因为在这些文书写作的时代，词尾的-ο 和-ι 所表示的原因很可能已经消失，因此命令语气形式，如第二人称单数祈使语气通常没有结尾。第三人称单数命令语气中-ι 这样的拼写只出现在[w]之后（参见上文§6.1.3），βοοι, **xb**7。

出现在从句中的无词尾第二人称单数形式可以被认为是命令语气。而出现在独立分句中的同样形式则在词汇表中被定义为第二人称单数祈使语气，虽然原则上讲无法排除其中有些是命令语气的可能性。

〔1〕不确定，因为所有例子中主语都是το χοηο"阁下您"，这个称呼既可以被认为是第二人称，也可以被认为是第三人称。

〔2〕仅在πορδδιγαιο"应欠"或"应欠了"（**jc7**）。不清楚这是否只是-ηιο的语言变体，或是另一种形式（可能是-αυ-ηιο，第三人称单数完成时祈使语气的缩写，参见§6.2.2.2）。

第三人称单数命令语气形式在从句和独立分句中都有。

一个可能的第一人称单数命令语气形式是 *ζανο*（**cn**10f），但它看起来更像第一人称单数虚拟语气 *ζαναvο* 漏掉字母的误写，后者在别处也有出现。

祈使语气

第二人称单数-*ο*

第二人称复数-*ηδο*, -*ηδδο*, -*ιδο*

如上文指出的，词汇表中作为第二人称单数祈使语气列出的形式，有一部分可能是第二人称单数命令语气。**U**11 中的 *κιρομο* 看上去好像包含有一个第二人称单数祈使语气，其后缀有一个间接宾语-*μο*"为我"，但该段话被损坏了。第二人称复数祈使语气的通常拼法是-*ηδο*： 变体有-*ηδδο*（**eb**16, **ee**14）和-*ιδο*（**eb**5, 9），每种各只出现过两次。

现在时不定词？

在 *BD*1 中，我假定有一个现在时不定词-*ηιο*，仅见于 **C**18（*λᾱη̅ι̅ο*）和 **aa**30 (*χοηνηιο ο̣ι̣σ̣η̣ρ[ηιο]*)，在功能上和由过去时词干构成的普通不定词相同。然而 *λᾱη̅ι̅ο* 可以确定是第三人称单数祈愿语气，这是因为更正了对 *αβινδαμο* 的解释（见词汇表相关词条）。正如 Yoshida 2003, p. 157b 所指出的，**aa** 中保存很糟糕的段落不足以作为定义另一个未被验证的语法范畴的基础。除了 **C**15-17 中的相似段落〔*κιδανο*...*χοανδο οισαρδο αβζιιηιο* "其将继续宣称（to claim）（或）争议（to argue）者"〕中有两个从属于第三人称单数祈愿语气动词 *αβζιιηιο* 的不定词外，很可能 **aa**29f 有两个祈愿动词和一个不定词：*κ̣ι̣δ̣α̣ν̣ο̣*···*[σ].ι̣γ̣ι̣σ̣ο χοηνηιο ο̣ι̣σ̣α̣ρ[δο αβ]ζι̣ι̣ηιο* "其将宣称任何事（或）继续争议（to argue）者"。

现在时分词

仅见于做形容词或名词的固定形式，例如 *ζοοινδογο* "生存，活着的"，*οισηρινδο* "原告，主张者"。

将来时分词

一个将来时分词-*αγι* 仅见于 **xp**。其功能类似于一个限定动词，其主语似乎可以是任何人或数词，例如 *αξο πισο ωυ[ρομο]ζδο þαοαγι*（写作 *þαδαγι*）“我将出发面见 Ohrmuzd”（**xp**11f），*δαλδο το [χοη]ο οδαλο χοασραο πισο ωυρομοζδο ηρσαγι* “无论[阁下]您或 Khwasraw 应前来面见 Ohrmuzd”（**xp**12f），*το χοηο φαραμαγο μιυγαρο νακι[ραγ]ι* “阁下您将不会对我造成损害”（**xp**17f）。系动词的将来时分词是 *ασταγι*，在*[τασ]ιδανο σαχοανο αστα{α}γι* “无论争论什么那将有”（**xp**14）中也一样。

如果 **bd**5 中的 *οινιþανο* 是一个必须分词“使其被注意！”这一形式大概是借自中古波斯语。

6.2.2.2　来自完成时词干（？）的形式

有两三种系动词的独立形式也许是来自古代伊朗语的完成时词干（见 Sims-Williams 2005, p. 24b）。基本形式是前属词第三人称单数完成时（？）*-αυ-*，在此短语中可见 *οτο ιθααυασιδο* “且其发生如此”（= *οδο* + *-δο* + *ιθαο* + *-αυ-* + ^{1}*ασιδο*?），**R**7-8。若这个分析正确，那么相似短语 *ιαδαυηιο ασιδο*“其发生如此”（= *ιθαο* + *-δο* + *-αυηιο* + ^{1}*ασιδο*?），**Tt**7 也许包含一个前属词第三人称单数完成时祈愿语气（？），一个来自*-αυ-*的次级形式。有可能 *πορδδιγαιο* “应欠”或“应已欠”（**jc**7）中的*-αιο* 是这个*-αυηιο* 的缩写变体，关于这一可能性，参见 p.343 注〔2〕。

6.2.2.3　来自过去时词干的形式

所有的巴克特里亚文过去时词干均以*-δο* 或*-το/-τι* 结尾。这个限定形式中的大部分都来自过去时词干，该词干包含一个助动词“to be”的前属词形式，该助动词后缀于词干最末的-δ-或-*τ*-。为了简单易懂，在下文范例中主要归纳带-δ-的常见形式，晚期文本中双写 *δ* 的形式（主要在上颚元音前，见上文§6.1.1）并不涉及。

过去式[陈述语气]

第一人称单数*-δ-ημο, -δ-ιμο, -δ-ομο*

第一人称复数*-δ-αμο*，否定式 *ναμο* + *-δο*（仅见于 **P**13'）

第二人称单数*-δ-ηιο*（一度为*-δ-ηι*, **T**6），否定式 *να-* + **-δ-ηιο*

（仅见于 **F**16）

第二人称复数-*δ-ηδο*（仅见于 **S**12）

第三人称单数-*δο*，否定式 *νιστο* + -*δο*

第三人称复数-*δ-ινδο*，否定式 *νινδο* + -*δο*

关于过去式否定形式见下文§6.2.2.5。否定形式第二人称单数过去式仅见于 *ναυιρτηιο* (**F**16)，来自过去时词干中的-*τ*-。

当动词在主语前时，作为从句中第一个（有时候是第二个）单词，前属小词 1-*δο* 也许会后缀于带-*δ*-或-*τ*-的第三人称单数过去式，此种情况下辅音连接如下：-*δ*- + -*δο* = -*το*（或-*τι*），晚期-*δδιδο*；-*τ*- + -*δο* = -*τιδο*。例如：*πιδοοασατο*"已声明"(**A**)，晚期 *πιδοοασαδδιδο*（**Nn**, **R**）；*αγγιτιδο*"已收到"（**A**）。其他单词有时后缀于第三人称单数过去式，如在 *λαδαβο* 中（第三人称单数过去式 + *αβο*）。在现在时陈述语气中（见上文§6.2.2.1），主语代词 *αζο* 可以后缀于动词 *πιτιι*-"保证"的第一人称单数形式：*πιτα̣δ̣(δ)ι̣μ̣[α]ζ[ο]* (**Ss**6)。

过去时虚拟语气

第三人称单数-*δ-αδο*, -*δ-δο*，否定式 *ναδο* + -*δο*（仅见于 **be**17）

第三人称单数是过去时虚拟语气所见唯一一种形式。通常如预期拼写为-*δ-αδο*，但变体-*δ-δο*（*αγγιτδο*, **eg**3f; *κιρδδο*, **P**11, **ba**16f, **X**26′f(?); *οαυμορδδο*, **xl**12）多次出现，无法认为是误写（*BD*1 中曾假设为误写）。参见上文§6.2.2.1 关于除-*ινδαδο* 外第三人称复数现在时虚拟语气同时存在-*ινδδο* 的论述。

过去时虚拟语气最常见是用来表达一种可能的、可实现的环境或条件，例如 *οδαλδο λασομιρο πιδο χοβο παρο ζιδαδο*"且若 Las-mir 在他的债务方面被剥夺"（**xk**6f），但最起码有一次其表达了过去时的不可实现的环境或条件（这一语境通常由过去时祈愿语气来表达）：*ταδομο*… *ανδαρο προαρζο νιστο σταδο* $\bar{\sigma}\bar{\kappa}$ *οαδομο*… *ναργο τογδαδο*"我没有其他财产……从中……可以被我用于支付"(**Nn**11′f)。

过去时祈愿语气

第三人称单数-*δ-ηιο*，否定式 *να* + -*δ-ηιο*（仅见于 **ed**8）

第三人称复数-*δ-ινδηιο*（仅见于 **cl**5, 6）

过去时祈愿语气仅见第三人称，用于：

(i) 指如听说的过去发生行为的状态。此种情况下过去时祈愿语气通常带有小词-*ανο*，参见下文§6.2.2.7。不带小词：*ταδο τι χοηο πιταδηιο κοαδο κοδο λαυημο*“那么阁下您承诺过：‘我（将）给（你）一条狗。’”（**cc**9-11）。

(ii) 表达一个过去时，不可能实现的情况或条件，例如 *καλδοιηνο αγαδηιο ταδομο πισο το χοηο ιαυαμγο φορταδηιο*“如果他们已经把（他们）带来，我本将送去同样的给阁下您”（**cd**10-13）；*ταδομηνο* … *ανδαρο σαγισο ταοι νιστο ασταδο ασιδομηνο* … *λαδδηιο*“我们当时没有其他财产……其我们可以给的”（**J**8'）。

(iii) 作为一个行为现在时或现在完成时，例如 *δογγο πιτιιαμο οδο μαχο πιταδδηιο ακιδ°*“我们如此保证，且我们已（因此）保证……”（**V**32）；*μαχο ιαχασο αβσιστηιο*“我们的争执已（因此）被解决”（**S**10f）。

不定词

不定词和过去时词干相同。[1]有时候不定词由前置词 *αβο* 支配，例如 *ιθασαγωνδο ασνωυο πορδο αβο λριγδο*“如（某人）应对待一位儿媳”**A**14f。系动词的前属词形式有时候会后缀于不定词，例如 *ναγατανο*，不定词+第一人称单数虚拟语气-*ανο*，**ec**8； *νιταδηιο*，不定词+第二人称单数现在时-*ηιο*，**xn**8f。一个不定词前面加上一个 *πορδο*“（它是）适当的”会构成一个复合词，这一现象由以下短语表明：失掉了最后的-*ο* 的 *πορδ-αγγιτο*“（我们）接受（将是）适当的”**X**19，和 *πορδο-γιρδ-ανο*“（因）我有责任实施（此协议）”（=*πορδο*+不定词 *κιρδο* + 第一人称单数虚拟语气-*ανο*），**ck**7。

〔1〕我本以为（见Sims-Williams—Cribb 1996, p. 89）*λριγδο, δδριγδο*“保持”是过去时不定词中唯一一个颚音化例子，但吉田丰使我相信*δδραγδο* (**X**18)也是过去时不定词，因此发音变异并不依赖于语法功能。

过去分词

过去分词有两种形式。第一种与过去时词干相同，第二种为过去时词干加上后缀-*γο*（变体-*αγο*，-*ιγο*，-*ογο*，晚期还有-*ιιο*，-*ι*），阴性-*ισο*，可能还有-*σο*。[1]这两种形式的过去分词都普遍被用作形容词和名词。他们还能被表示“必要”的动词[*βαρτ*- 或 *αβαρτ*-(?), *γαοο*-]支配。在限定动词系统中，第一种形式形成过去式、过去时虚拟语气和过去时祈愿语气的基础，而第二种形式被用作构成完成时和过去完成时。

有一个例子中过去分词可能添加了前属小词 [1]-*δο*，见词汇表*πιδοσησ*-条。

完成时

第三人称复数-*γ*-*ινδο*

第三人称复数完成时，唯一见到的一种形式，由一个带-*γο* 的过去分词 + 系动词的前属第三人称复数现在时陈述语气构成。完成时在表达含义上并不总能和简单过去时明显区分，但典型的完成时与一个现在的结果和一个过去的事件相关，例如有很多例 *ναβιχτιγινδο*（及其变体拼写），出现在与文书写作有关的词中。

过去完成时

在 M4f 中有一个第三人称复数过去完成时（过去分词-*γο* + 系动词的第三人称复数过去时）：*παρο κιρδδιγο ασταδινδο*“（曾经）被借出”。

6.2.2.4　主语和宾语标记

直接宾语，包括人或专名，通常由前置词 *αβο* 标记，例如 *οδαλδο αβο τωμαχο αβο λαδο* … *οιηλαμο*“或若我们应带你到法庭”（**J**24），*αβο σηρο τορκο* … *σπισαμο*“我们为突厥的 Ser 服务”（**S**6）。

原则上，及物动词形式来自与直接宾语一致的过去时词干。在主语为间接表达和宾语为主格形式两种情况下可能有所差别，如 **F**7f：

〔1〕仅见的阴性形式是*νοβιχτισο*“写了written”(**A**13)，可能还有*πιδορωφσο*“妾”（**A**18f, 20），如果后者被分析为**πιδορωβδαγο*“接受了”的阴性形式的话（失落了-*δ*-且有同化现象）。

οτομο το ζηρο αζαδο … *υιρτηιο*“且我已使你 Zer，自由”。然而，此处的直接宾语亦可由前置词 *αβο* 所标记，如 *κιδαβο βανοζινιιο ασο λαρσο βογδο*“（你），把这个高贵的婴儿从病中救活的人”（**T**4'f）。即使在主语由特殊的间接形式表达的情况下，例如 **A**15f：*αγγιτιδο αμαχο μανο βαβο οδο πιδοκο αβο ραλικο ολο*“我们——我 Bab，和（我）Piduk——已经接受 Ralik 作为妻子”，或在动词明确表现出与宾语一致的情况下，如 **O**9f：*μανο ιωβιγο αβαφαγο βραμαρζο* … *αχασαδδηιο*“我 Yobig，打了你 Bramarz”很可能也是这样。

有时候，一个来自过去时词干的及物动词形式并不与直接宾语一致，而是与间接宾语一致（所谓的“间接作用”结构，参见 Yoshida 2003, p. 157b）。例如：*ταδομο ναγατο σαγωνδο νιβιχτημο*“因此我已听说（阁下您）如果写了信给我”（**bg**5，各处均有类似句型），*ταδομο πιδο ι ναβιχτηιο*“我已写信给你提及此事”（**bh**8f，**cl**10f 和 **cm**23f 类似），*μαχο λαδδηδο ειο χοησιιαοο* “我们给了你们这一保证”（**S**12）。

在极少数情况下一个来自过去时词干的及物动词形式看上去是跟主语一致：*βραδο πιδο χαγγαρο ζιδδιμο*“我用一把剑刺了（你的）兄弟”（**O**10f, 7', 11'），*ταδο παþτο ναυαþταμο χοαδο* “因此我们自己制定了一项契约”（**O**8'f），*καλδο υ[α]μο ι καβογγο τωγο οδο ναμο ι νωγο τωγο αγαδδηιο*“当你带来了旧税和新税时”（**jh**7）。[1]

6.2.2.5　否定式和禁止式

在大多数情况下，否定式和禁止式分别由前缀 *να*-和 *μα*-表示。在元音前 *να*-和 *μα*-简写成 *ν*-和 *μ*-，例如 *μ-αζο*“不是我”(**T**15)，*ν-ηρσιδο*“没有正在来”（**cp**26f），*ν-ιστο*“不是”（各处），*ν-ωζιδο*“不是责任”（**H**10）。在最晚期的文本中（从 **O** 和 **jg** 开始）前缀通常写成独立单词 *ναυο* 或 *ναγο* 以及 *μαυο* 或 *μαγο*。

[1]后一个例子比较不确定。间接作用结构（“当你带来了旧税和新税”“when *you were brought* both the old tax and the new tax”）与上下文并不很合适，但很难排除是第三人称单数过去时祈愿语气结构的被动态的可能性。（“当旧税和新税被带来”“when both the old tax and the new tax *were brought*”）。

第三人称过去式（陈述语气）形式不是由 *να*-来否定，而是由系动词的否定式第三人称单数和否定式第三人称复数的现在时形式来否定，该形式置于未变化的过去时词干前，例如第三人称单数 *νιστο παραλαδο*（~肯定式 *παραλαδο*），第三人称复数 *νινδο αγγιτο*（~肯定式 *αγγιτινδο*）。否定式第三人称单数过去式因此与否定式不定词区分，后者有前缀 *να*-，例如 *ναγιρτο*“不抱怨”，**Q**26。唯一一个否定式第一人称复数过去式的例子是 *ναμο ϸιιαδο*（**P**13'），这一形式与第三人称形式构成相同，但唯一一个所知的否定式第二人称单数过去式 *ναυιρτηιο*（**F**16）显示出这一形式并未普遍使用。同样的对比还出现在 *ναδο αγαδο*（**be**17）对照 *να λαδηιο*（**ed**8）中，这分别是唯一所见的过去时虚拟语气否定形式和过去时祈愿语气否定形式。

祈使语气中没有否定前缀，（现在时和过去时）陈述语气中也没有禁止式，命令语气（第二人称单数否定式 *ναλαυο*，**cf**11）、不定式、过去时虚拟语气或过去时祈愿语气中，否定式和禁止式形式的存在都在现在时虚拟语气、现在时祈愿语气和将来分词中得到证明。

在虚拟语气的情况下，否定式形式表达对假设或将来情形的否定，和禁止式形式表达对愿望的否定，两者有所区别。在即将引用的段落中，*ναυο* 在一系列从句中行使了前置的 *μαυο* 的功能来表达虚拟语气，因此变得特异：*μαυο παδαχϸανο βοοαδο … υαρσο κισο μαζο … οδο μαυο μαναγγο πορο φροζινδαν[ανο] οδο ναυο ανδαρο βρηδαγανιιο ναυο ζαδο μαρδο οδο ναυο παχϸιιο* …“无人将有权……，我没有……，我的儿子们（和）后代们也没有，*bredag* 家中的（任何）其他（人）也没有，（在家中）出生的人或联姻的人也没有”（**T**16'f）。

似乎将来分词的否定式和禁止式形式如同在虚拟语气中一样，在语义学上有所不同，但目前所见的例子太少，无法在此基础上对其进行论证。在 **xp**16-18 中，一个否定式将来分词被用于继续一个由禁止式小词开头的句子：*μ̣α̣ζ̣ο̣* φαρο το χ̣ο̣ηο *[μιυ]γαρο* <*ν*α̣>*κιραγι οδο το χοηο φαραμαγο μιυγαρο νακι[ραγ]ι*“我将不会给阁下您引起损害，且阁下您将不会对我引起损害”。祈愿语气的禁止式形式用于反对，而否定式前缀在其他背景下通常用于否定祈愿。在 **A**19 和 20 中，禁止式 *μανοσινδηιο* 两次出现在关系从句中：*σιδανο ραλικο μανοσινδηιο* “对其 Ralik 不会同意”。

6.2.2.6　单数和复数

对第三人称单数和复数的使用似乎多少有点前后不一致。

一方面，一个没有标志数量但逻辑上是复数的名词可以支配一个第三人称单数动词，例如 *σαγγοχιρδο ασογωρο παρογωρο μοϸαγο ϸαο μαρηγο σταδο* “Sang-khird 的近亲（和）远亲（和）氏族已是国王的众仆”（**cg**4f）：[1] *αγγιτο μανο … δδραχμο κοαδαγο γ'*“我……已收到……Kawad 的三迪拉姆”（**M**2f）；*τασιτηνο ασο χοβο καδγο ασβαρο ασταδο οδο ναμο σιδο ταρο αβο ϸα̅ρ̅ο ασβαρο ασταδο ταδοιηνο αζοηληδο* “无论你的家族中你有多少（可用的）骑手且无论在那城市里有多少骑手，你应带他们出发”（**ca**7-10）。如例子所显示的，这种形式的一致在两种情况中均能看到，一种是第三人称单数过去式，由简单过去时词干不带助动词构成，因此可能被认为它本身没有标记数量，另一种是动词性形式和一个明显的第三人称单数词尾。

另一方面，第三人称复数形式-*ινδο* 有时候与一个形式上和逻辑上都不是复数的名词连用。这种情况下，该名词可能被认为是只有复数形式的词。最明显的例子是 *οαυαγο* “价格”，该词多次出现用作 *αγγιτινδο/νινδο αγγιτο* “已经/尚未收到”的宾语（不过它在 **F**15 中是作为单数对待）。其他例子包括 *ταοανο*“罚金”**jh**11，12f(?)和 **Uu**17f，以及 *αζδο* “消息” **cp**23-5。另一方面或许像 *αβδδινινδο* “（其）为惯例”（**P**19'等）和 *ακιδδηιο σπασο … -ινδο* “其有服务”（**V**2f）这样的句子并不说明 *αβδδινο* “惯例”和 *σπασο* “服务”是复数，而是证明了非个人的第三人称复数，名词作为谓语而非主语。亦参见非个人的第三人称复数过去式 *πιδοοασαδδινδο*“（它）已被声明”（**ad**4）

〔1〕在**cf**2-4的相应段落中，*σταδο*的上标线似乎是对*σταδ(ιν)δο*的订正（见 § 6.1.2），提示这一用法并不正确。

和第三人称复数完成时*σαγονδο* ··· *ναβιχτιγινδο*“如已被写的”（**J**18, 13'）。后一种形式或许更可取，因为并没有第三人称单数完成时。（对比第三人称单数现在时在常见短语中的使用：*σαγονδ-* ··· *ναβισιδο*“如所写的”**J**30f 等）。

写给多于一个人的信件有一个特点是通用第二人称单数和第二人称复数。一些这样的例子中，有人可能会推测书写者忽然忘记了他在给谁写信，但另外一些例子里，书写者写了确定的收件人或特别地向他的多个收信人之一提出要求。很不同的是一个表面上是第二人称单数祈使语气的形式与一个复数紧密联合使用于反复出现的短语中：*χοαρο οδο ληρηδο*“你们（将）有（单数）和持有（复数！）”（**U**16f, 10', 17'f）。这看起来像是一个由于第二人称祈使语气缺少词尾因此未标记而得以实现的语群变化，参见上文关于无标记的第三人称单数过去式形式含义不明确的内容。

6.2.2.7　前属小词-*ανο*

小词-*ανο* 在从句开头的语群中总是最后一个前属词，跟着小词 1-*δο* 和前属代词（任何一个如果有的话）。其功能可以被笼统的定义为“假设的”。在现在时祈愿语气或现在时虚拟语气中，它频繁伴随动词出现，而且通常用于条件结构中，例如*καλδανο αζο βαβο αλαζο πιδοκο ανδαρο ολο κιρινδηιο αλο αζαδο πιδορωφσο ληρινδηιο σιδανο ραλικο μανοσινδηιο ταδανο λαυινδηιο ταοανο*“若我 Bab，或我 Piduk 使另一个（女人）成了（我们的）妻子，或使一个自由的（女人成了）妾，Ralik 对此不同意，那么（我们）将支付一笔罚金……”（**A**19-21）；*οτανο οαλο þαταρανο καλδανο αβο το χοηο χοαδο λρογο οηνανο*“且那么我将更快乐当我本人见到阁下您健康”（**ci**2-3 及各处）。有时-*ανο* 作为将来分词（仅见于 **xp**）或现在时陈述语气出现[1]而非情态动词形式。

〔1〕唯一一个伴随无疑是现在时陈述语气的-*ανο*出现的是第三人称复数的*ναληρινδο*，**cp**35f和*κιρινδο*，**da**10；亦参见Sims-Williams—Cribb 1996, pp. 86-87，类似的例子见于 Rabatak铭文。然而，如果说这些例子证明了更早的第三人称复数祈愿语气-*ινδο*，也不是完全不可能。

至于过去时祈愿语气（很少见的简单过去式，**ba**6f, **ch**9f, **cl**4f），小词-*ανο* 表示一个已告知的行为在过去已经听说，例如 *νιβιχτημο κοαδανο χοαδηοοανινδο χαραγανο αβο το χοηο πιδοοαυαδηιο κοαδανο αβο ριζμο αβο ιοχϸοοιρλο μαργο αββοδαχμο ασταδηιο ταδανο ασο μαργο αββοδαχμο παροοιϸτηιο*“（阁下您）已经写信给我说 Khwadew-wanind Kharagan 曾向阁下您申诉（说）：在 Rizm，在（名为）Yukhsh-wirl 的草原上，有一条河，然后那条河被从草原上阻塞了……”(**bg**5-7)。在这一类持续叙述的例子中，小词-ανο 并不在每一个从句前重复出现：*ταδανο…ι ποσο αβο ιαοαρδαο[ι] υιρτηιο οτοιηνο ιαοαρδαοι χοαρδηιο οδο[να]ϸτηιο οτανο ταοι χοβανανο αβο δαθϸομαρηγο βραδο οδαβο βραυριγο ζιδο*“羊带进玉米地且它们吃和[糟蹋]玉米，且你的牧羊人打了 Dathsh-mareg 的兄弟和侄子”(**ba**5-7)。类似的用法还见于现在时祈愿语气，例如 *ναβιχτημο κοαδανο ναοαζο χαραγανο αβο χοηοι πιδοοαυαδηιο κοαδο αβο ιοχϸοοιρλο ζαμιγο αστηιο*“（阁下您）已经写信给我说 Nawaz Kharagan 已向阁下申诉（说）：在 Yukhsh-wirl 有（一块）土地。”（**ci**4f）；*ιθ̄ᾱō̄ χ̄ōανδο κοαδ[ανο ρω]β[ι]γο α[σπο]… οηλινδηιο*“（你）因此对我说过，[Ro]b 的人正在把马[匹]带（走）”（**cm**6f）。然而在 **bg**9 中，-*ανο* + 现在时祈愿语气必然和过去时有关，因为它出现时作为已知叙述的一部分，其中所有其他动词都是过去时祈愿语气。此种情况下，现在时祈愿语气也许有两个功能，表示（和-*ανο* 一起）叙述的是传闻，与此同时也表示过去时语境（参见上文§6.2.2.1 关于现在时祈愿语气的内容）：*ταδοιανο χοβο ναζανηιο*“那么你将不认为（她是）他的财产”“then you would not recognize (it as) his property”（而非“you did not …”）。